知行合一王陽明

（1472—1529）

度陰山 著

目錄

第三章　王陽明如何做到知行合一之平定寧王

第四章　王陽明如何做到知行合一之廣西戡亂

序章

心學誕生的前夜

心學橫空出世

如果老天爺在一五〇八年高坐雲端俯瞰人間，他會看到這一年發生在地球上的一些大事。在中國，大明帝國的實際領導人劉瑾創建了內廠，這是繼明帝國三大特務組織（錦衣衛、東廠、西廠）之後的又一更加殘暴、更加摧殘人性的機構；在日本，幕府掀起的內訌颶風歸於平靜；在歐洲，神聖羅馬帝國皇帝的軍隊進攻威尼斯共和國失敗；在中美洲，西班牙人把非洲的尼格羅人運到西印度群島作為奴隸，美洲的「黑奴」便是自此開始。

老天爺如果擦亮雙眼仔細觀看，還會看到未來的宗教精神導師馬丁・路德正在威頓堡大學慷慨激昂地鼓吹他自己的宗教思想。如果他將注意力轉到中國，則會看到廣西柳州的農民起義被血腥鎮壓，看到山東曹州的農民正在掀起抗暴的烽火，還能看到已上任三年的皇帝朱厚照（明武宗）正在紫禁城裡不眠不休地縱欲。

只有一件事他可能沒有看到，或者說，他不屑於看到。這件事發生在大明帝國貴州龍場（今修文縣）驛站中，當事人是驛站站長王陽明，叫「龍場悟道」。多年以後，中國思想史把它定義為：心學的誕生。

老天爺看不到，是因為貴州龍場在原始森林中，連目光最敏銳的鳥兒都看不到；老天爺不屑於看到，因為那時的心學還未散發它最耀眼的光芒。

自心學誕生的那一刻起，就註定了它的不同凡響。七年後，王陽明被明帝國的中央政府派到江西剿匪時，他的忠實門徒已達千人。在他一五二九年離開人間時，他的門徒已以萬計。在他去世的五百多年中，真心實意地把他當作精神導師的偉大人物不勝枚舉，曾國藩、康有為、孫中山、毛澤東都是他忠實的擁躉。一五一三年，日本人了庵桂梧把心學帶回日本，三百多年後，日本人在王陽明心學影響下發動了舉世皆驚的「明治維新」，搖身一變而成為世界強國。

所有的一切都無可置疑地表明，心學是一門能讓一個人乃至一個國家迅速強大起來的神奇學說。不過在一五〇八年它來到人間時，恐怕只有王陽明一人認為它具有如此神奇的功效。

和很多偉大思想的誕生一樣，表面上看，心學誕生在電光石火間。一五〇八年一個春天的夜晚，王陽明在睡夢中突然驚醒，像著了魔一樣喊叫起來。他的兩個僕從被驚醒時，他已開始自言自語：「是了！是了！聖人之道，從我們自己的心中求取，完全滿足。從前枝枝節節地去推求事物的原理，真是大誤。實際上，『格』就是『正』的意思，正其不正，便歸於正。心以外沒有『物』。淺近而言，人能『為善去惡』就是『格物功夫』。『物格』而後『知致』，『知』是心的本體，心自然會『知』。見父知孝；見兄知弟；見孺子入井，自然知惻隱；這便是『良知』，不假外求。倘若『良知』勃發，就沒有了私意障礙，就可以充足他的惻隱之心，惻隱之心充足到極點，就是『仁』了。在常人，不能夠沒有私意障礙，所以要用『致知格物』一段功夫去勝私復理，到心的『良知』沒有障礙，能夠充塞流行便是『致知』。『致知』就『意誠』了，把心這樣推上去，可以直到『治國』、『平天下』。」

想到這裡，王陽明感覺到胸中爽快異常，向著靜寂的夜空一聲長嘯。這就是心學史的開篇「龍場悟道」，歸納為八個字則是：「吾性自足，不假外求」。用王陽明的解釋就是，人人心中都有良知，良知無所不能，能解決一切問題，不需要任何外來幫助。

多年以後，當心學璀璨奪目時，我們不禁要問，為什麼是王陽明創建了心學，而不是別人？王陽明為什麼突然「頓悟」出心學，而不是別的什麼「學」？如果以「既成事實」的角度來看，這個問題必然使人發笑。因為就是王陽明創建了心學，而不是別人。即使王陽明本人也對自己何以能創建心學沒有一目了然的答案。龍場悟道後沒過幾年，他到江西剿匪，有弟子問他：「堯舜那樣偉大的聖人為什麼不製作禮樂，非要等到周公呢？」他回答：「聖人的心是面明鏡，物來則照，物不來也不去強求。堯舜沒有製作禮樂，只是因為他們那個時代還不需要，沒有這件事來找他們。周公制作禮樂，只是因為禮樂這件事刻不容緩，來找周公了。」

用今天的話來說，就是時勢造英雄。

那麼，到底是什麼樣的時勢造就了王陽明和他的心學呢？

心學誕生的前夜

現在，讓我們看看心學誕生的前夜發生了什麼事。

這個夜很漫長，有很多人行走在夜色中。我們最先看到的是一個道士模樣的人，他正倒騎著驢，行走在西元九六〇年的一條大路上。當有人告訴他趙匡胤做了皇帝、建立了大宋時，他驚喜得從驢上摔了下來，說：「從此天下定矣。」他叫陳摶，是五代末期華山裡神乎其神的一個道士。在他身後，我們看見他的弟子穆修，而穆修的身後則是他的弟子周敦頤，周敦頤精通儒釋道三家學問，是當時的大學問家，世人評價他的品行時說他「胸懷灑落如風光霽月」。周敦頤最為人所熟知的就是那篇美輪美奐的《愛蓮說》。另外，他受到祖師爺陳摶道士的影響，以道家的語境寫了一本書叫《太極圖說》。書中提到了「無極」這一概念，它是萬物的造物主，也是萬物運行的標準。在周敦頤的身後，我們會看到兩個相貌相似，神情卻迥然不同的人。一個臉上蕩漾著和氣的顏色，而另一位則神情嚴肅，活像僵屍。這兩人是親兄弟，和氣的那位是哥哥，名叫程顥，嚴肅的那位是弟弟，名叫程頤。

多年以後，兄弟倆從老師周敦頤《太極圖說》的「無極」理論中，抽出「理」和「道」的概念，自成一家，也就是理學的雛形。理學認為，在超現實、超社會之上存在一種標準，它是人們一切行為的規範。周敦頤說它叫「無極」，二程說它叫「天理」。而「天理」的敵人則是「人欲」（不合理、不正當的行為和欲望）。每個人的一生最應該做的事就是去發現（格物窮理）和遵循這個「天理」，祛除「人欲」。歸根結底，就是要「存天理，滅人欲」。我們可以舉個例子來說明「天理」和「人欲」。餓了吃飯是「天理」，但非要吃魚翅鮑魚，這就是「人欲」；睏了睡覺是「天理」，但非要有美女陪睡，這就是「人欲」；一個人如果餓了非不吃飯，睏了非不睡覺，這也是「人欲」，雖然它不是不合理的欲望，但卻是不合理的行為，因為違反了人的生理規律。由此可知，天理其實就是滿足我們生存下來最基本的需求，除此之外的都是人欲。

如何「存天理滅人欲」，程顥和程頤的方法不同。程顥認為，人性本是善的，天理就在我心中，所以只需要在自身上下功夫就可以了。而程頤雖然也認為人性是善的，但是卻認為不能僅僅在心上用功，必須要去外界尋找天理。也就是說，必須要依靠外界的力量「格物致知」來讓自己的人性達到至善的境界。

二人的主張不同，是因為心性不同。有這樣一則軼事，很能說明問題：兄弟二人去參加宴會。宴會上，哥哥程顥對主人送到懷裡的歌女溫存備至，而弟弟程頤對懷裡的美女連看都不看一眼，反而氣得七竅生煙。回家後，他指責哥哥有失體統。程顥大吃一驚，說：「我當時在飯局上，懷裡有美女，心中就有美女，我現在回家了，懷裡沒有美女，心中也沒有了，而你直到現在，心中還有美女？」

這個故事恰好驗證了兩人的思想。程顥認為，一切都是心的問題。而程頤則認為，必須要時刻約束自己，讓外界的規則來規範自己的心。

南宋時，朱熹繼承了程頤的思想，而陸九淵則繼承了程顥的思想。朱熹和陸九淵憑藉天資將這兩種思想發揚光大，這就是後來的程朱理學和陸九淵心學。

無論是程朱理學還是陸九淵心學，目的都是為了存天理去人欲。為什麼要存天理去人欲呢？

另一位理學大師張載給出了答案：為天地立心（為社會重建精神價值），為生民立命（為民眾確立生命意義），為往聖繼絕學（為前聖繼承已絕之學統），為萬世開太平（為萬世開拓太平之基業）。

如此精彩雄壯的格言，在中國乃至世界史上只此一次。這四句話，就是理學家的名片。

實際上，理學的思路雖然來自道家，但創造它的人都承認，理學是儒家思想，是新儒學。不過，理學談的卻是儒家鼻祖孔子最不願意談的問題：「性和天道」（子罕言性與天道），表面上看，這背離了孔子的方向，但其實不是這樣。

孔子之後，儒家分為六派（李斯為代表的小康派，孟子為代表的大同派，董仲舒為代表的天人感應派，孟子、荀子和告子為代表的心性派，荀子為代表的考證派，司馬遷為代表的記纂派），其中有兩派在日後發揚光大，一派是天人感應派，在兩漢時期威風八面；另一派則是心性派，多年以後，它改頭換面成為理學。

孟子說人性本善，荀子說人性本惡，告子則說人性可善可惡。理學家則說孟子說得對，荀子說得也有道理，而告子給我們提了個醒，我們應該隨時注意自己的心，要「存天理滅人欲」。

理學的誕生，是個深遠的話題。儒學在西漢取得正統地位後風光了幾百年。魏晉五胡亂華時，儒家四平八穩的主張在亂世失去作用，於是銷聲匿跡，直到南北朝結束後，隋唐大一統王朝到來，儒學才躡手躡腳地回到人們的視線中來。不過，四百多年不在人間，魏晉南北朝時期佛道二教的高度繁榮，使得儒家思想沒有了競爭力。唐代的韓愈曾向皇帝提出抑制佛、道二教，重新把儒家思想放到尊位上來的建議。韓愈的呼籲很快就化為泡影，唐帝國滅亡後，中國又迎來了一個血肉橫飛的小分裂時代（五代十國），到處都是武夫當權，儒學再次顯示了它脆弱的一面——只有在大一統時代才有力量——而退隱。

北宋統一中國後，第一任皇帝趙匡胤「抑武揚文」，儒學在告別人世接近七百年後終於迎來了復興時刻。這一復興是震動天地的。幾乎是一夜之間，北宋帝國成了儒家知識份子的樂園。人人都以讀儒書、參加科考而高中為生平最幸福的事，連北宋的皇帝都指著儒書讚歎說：「書中自有顏如玉，書中自有黃金屋。」

我們都知道，儒家知識份子有個極堅韌的行為就是，千方百計把他們侍奉的對象（皇帝）納入自己設計的圈套中。他們要求皇帝必須具備基本的仁義道德：必須要這樣，必須不能那樣。他們的政治理想就是：聖君賢相。但問題就出在這裡，儒家知識份子從來沒有想過要設計一種制度來限制皇權，而只是透過各種說教來讓君聖相賢。一旦君不聖，相不賢，他們只能乾瞪眼。

董仲舒曾用「天人感應」的方式來限制皇權，但漢武帝窮兵黷武的歷史照樣發生了。「天人感應」的思想認為，國君做了壞事，老天就發怒；國君做了好事，老天就高興。北宋的儒家知識份子拿不出別的辦法，但如果還拿「天人感應」來忽悠，他們自己都會為自己枯竭的想像力羞愧。所以，北宋的儒家知識分子們開始對「天人感應」進行升級。

意想不到的是，這段時期發生的一件事給理學的誕生提供了溫床。一〇五八年，王安石在皇帝趙頊（宋神宗）的全力支持下進行變法。儒家的保守派群起而攻之，王安石將他們統統從中央驅趕到洛陽。正是在洛陽，以程頤為代表的洛陽知識份子群沒有政事的煩擾，所以專心致志地搞起思想來。也正是在這時，這些儒家知識份子放棄了儒家知識份子本應堅守處理現實問題的實際性，而淩空蹈虛地談起了天道和人性。

據說，程頤年輕時聽了周敦頤對《太極圖說》的解釋後，大呼過癮地說：「周老師是天下第一等人。」朱熹很小的時候就曾問過老師：「頭頂是天，那麼天之上是什麼？」陸九淵三四歲的時候就問老爹：「天地的邊際在哪裡？」

正是這種區別於注重現實的古典儒者的探索精神，讓理學誕生人間。理學雖然誕生於南宋，可在南宋時命運多舛。朱熹晚年發生了「慶元黨禁」，一大批理學家和信奉理學的朝野著名人士被列入偽黨名錄。理學受到重創，直到南宋滅亡，都未恢復元氣。不過元朝初期，蒙古人對思想的寬鬆政策使理學重獲青春。理學就在它倒下的地方（中國南方，當年的南宋地區）站起來，開始發光發熱。一三一四年，元朝皇帝把朱熹特別推崇的「四書」作為科舉考試的內容，並且指定朱熹的《四書集注》作為它的參考書。直到此時，理學在全中國被普及，漸漸有了壓倒其他思想的權威。

然而，自理學誕生的那一刻到它擁有唯我獨尊的地位時，它自身不可避免的缺陷始終像個惡靈一樣跟隨著它。

首先，理學在「存天理去人欲」的執行上過於嚴苛。這一點，程頤登峰造極。程頤認為，人生應該嚴肅，並且要絕對嚴肅。他曾給小皇帝趙煦（宋哲宗）上課，當時是春天，樹枝發出清新的芽，惹人憐愛。趙煦趁程頤不注意，折了一根樹枝。程頤發現，臉色大變，說：「春天正是萬物復蘇之時，您怎麼忍心折殺它們，這真是沒有天理。」這種忽視甚至是扼殺情感的理學，實在讓人無法喜歡上它。

其次，理學萌芽於北宋王安石變法時，宣導理學的那些人因為沒有政務在身，所以不對政治負責，於是提出了個人道德主義。他們希望每個政治家都應該具備他們所說的個人道德素質，程頤認為，一個出色的政治家必須是完美的道德家，必須要有古典儒家所要求的一切美德：仁義禮智信，甚至包括個人衛生。司馬光就曾攻擊王安石，認為王安石一年才洗一次澡，連鬍子裡都是蝨子，這樣一個連「修身」都做不到的人，怎麼能齊家、治國、平天下？

問題是，個人的道德和能力扯不上半點關係，可理學家非要認定，個人道德是能力的基石，沒有個人道德，能力就大打折扣。王安石對那群高彈高調個人道德主義的理學家反擊說，你們說的那些都是「壁上行」，根本沒有實現的可能。

的確沒有實現的可能。程頤還算是合格的，他的一生極端嚴肅，幾乎沒有笑過。但別的理學家就沒有這種能力了。久而久之，理學家們大談特談的「存天理去人欲」漸漸變成說給別人聽的口號。正是因為說給別人聽，所以調越高越好，這讓人在那些嚴苛的道德規定下無所適從的同時，也註定了理學師傅們不能知行合一。早在朱熹時代的南宋時期，就已經有人指責理學家是道貌岸然的偽君子。說一套卻做一套，理學宗師們規定的那些道德要求，都是讓別人用的，理學信奉者只是講師，不是實踐者。

最後，也是最致命的，理學邁進明朝時，在明朝各位皇帝的努力下，被打造成了國家意識形態。這個變異過程漫長但卻相當順利。明王朝開國皇帝朱元璋建國不久，就在那位充滿神話色彩的劉伯溫的建議下，全盤接受了元王朝的科舉制。朱元璋在思想控制上比蒙古人狠一百倍，他把理學之外的所有學說統統列入異端，甚至是孟子的「弔民伐罪」思想都被他砍了。如此一來，理學一方面作為科舉考試的內容，使得凡是想透過讀書改變人生的人必須接受，由此普及全國；另一方面，理學由此成了明帝國的唯一思想，成為國家意識形態。

如你所知，一種思想被確定為國家意識形態後，就成了不言而喻的真理。這樣會給生活在其中的人帶來下列的刻板印象：一切都臻於完美，你只要在它那一套架構中調節自己的生活，補充自己的知識，完善自己的心靈，就一切圓滿。本身，理學就有一個嚴密完整的體系，在這一嚴密完整的體系中，一切問題都有答案，你不必再去尋找答案。實際上，在一個嚴密的體系裡，你也找不到不同的答案。最有天賦的思想家就是最大膽的懷疑者。但你一旦懷疑，你就成了異端、叛逆。明朝第三任皇帝朱棣時期，一個靈性十足的思想者朱季友對朱棣說：「朱熹理學有很多缺陷，即使不抵制，也不能把它普及。」朱棣咆哮道：「你真是儒家的逆賊！」這位異端受到了嚴厲的廷杖懲罰，屁股被打爛，割下腐肉幾斤，由於走路的姿勢很怪，好多年他外出都要人背著行走。顯然，理學在明代，已經嚴重制約了人們的想像力和探索精神。才華出眾的思想家們只有一件事可以做，那就是：實踐理學。

明代最著名的理學實踐家主要有兩人。一位是山西理學泰斗薛瑄，他對自己曾說過的一段話沾沾自喜，他說：「自有朱熹後，人間大道已明，不需任何多餘的著述，躬行就可以了。」；另一位則是江西人吳與弼，他是聖人的奴隸，不僅恭維朱熹，而且恭維一切聖人。他經常夢到自己匍匐在周文王、孔子、朱熹的腳下聆聽教誨。比如在他六十七歲那年的五月二十六日，他在日記中這樣記載：「昨天晚上，我夢見孔子的孫子子思來訪我。他說他是按孔子的命令來的，我感動得要死，也就在夢中醒來了。」吳與弼特別注重行，所以在他門下學習的人肯定是個出色的勞動力。但他的弟子中也有叛逆者，此人就是陳白沙。陳白沙慕名而來，幾天過後就發現吳與弼沒什麼突破性思想，於是賴在床上，不去勞動。吳與弼就用棍子擊打他，憤怒地說：「如此懶惰，怎麼能做程頤、朱熹的門徒！」

陳白沙細皮嫩肉，當然經受不起棍棒的考驗，於是哀叫著離開了吳與弼。當他肉體的疼痛還未消失時，他的精神更劇烈地疼痛起來。這種疼痛就是：朱熹的理學好像是錯誤的，他叫人到外面去「格物」而獲得「天理」，縱然把外面的理格了，又怎麼能和我的心意一樣？朱熹注解的「四書」是天理，我去格它，結果我的心發現他的注解有問題，可是大家都說他的話都是天理啊！這該如何是好？

陳白沙無論如何都解不開這個心結，他從朱熹理學的殿堂裡竄了出來，去探索陸九淵心學。要瞭解陸九淵心學，就必須和朱熹理學相參照。朱熹理學的修養方法是以讀經書和持敬為主。所謂持敬，就是統一自己的精神，抑制人欲，經常自覺天理。它的實踐方法就是靜坐。如果說「讀經書」是知性修養法，那麼，「持敬」就是實踐修養法。朱熹認為，這兩者必須要互相幫助、互相依存，才能達到皤然領悟天下事物之理的境界。陸九淵心學在修養上特別重視靜坐，主張直觀性的感悟真理。朱熹則重視讀經書，朱熹理學和陸九淵心學的區別，就是在修養上，至於他們的終極目標都是一樣的：得到天理，鍛鍊內心。

陳白沙轉投陸九淵心學，奠定了他明代第一位心學家的不容置疑的地位。不過，他是從朱熹理學逃到陸九淵心學這裡的，所以他仍然沒有解決朱熹理學的「格物」問題。事實就是這樣：

理學當時已經是一個完美、嚴密的體系，在它內部，很難產生獨創型的學者。

而當時是清一色的理學天下，想要在思想上被人矚目，必須要從朱熹理學開始。王陽明當然也不例外。

那麼，他是如何突破朱熹理學，一舉創建王陽明心學的呢？

讓我們從頭開始說起。

第一章

為什麼悟道的是王陽明？

何謂第一等事？

對於大明帝國第八任皇帝朱見深（明憲宗）來說，一四七二年絕對不是個好年頭。韃靼（明朝時由也速迭兒開始，最終由達延汗統一的東部蒙古）從年初到年末持續不斷地攻擊帝國北疆；大運河因為乾旱而枯竭，南方運往北京的糧食只能走遙遠而艱險的海路；四川爆發大規模的農民武裝暴動，政府軍接二連三地慘敗；蘇州發生洪災，兩萬餘人被沖進大海成了魚蝦的美食。朱見深和他的政府焦頭爛額。

但對於浙江余姚王華家來說，一四七二年是個非常好的年頭。因為就在此年九月三十，王華的老婆生下了一個嬰兒，這個嬰兒就是王陽明。

王陽明早慧，四歲之前，他就把爺爺王天敘經常朗誦的書籍內容全部爛熟在胸。和大多數孩子一樣，他生性活潑、頑皮好動，有一種惹人發火的好奇心。當他四歲開口說話後，總是把王天敘追問得走投無路。同時，他對任何事物都有一種令人難以置信的刻苦鑽研的心。七八歲時，他迷上了中國象棋，很快就把自己沉浸到這個沒有硝煙的戰場上去了。

那個時候，他不是在和別人玩象棋，就是在去和別人玩象棋的路上。吃飯時，他身邊擺著棋譜，睡覺時，他枕邊擺著棋譜，即使洗澡時，他的木桶旁邊也擺著棋譜。最瘋狂時，他廢寢忘食，幾乎忘了自己還有很多儒家經典要讀。

他的父親王華實在看不下去了，訓斥他：「你整天鼓搗這種『小技』，是違背聖人的教誨。」

王陽明一本正經地說：「我正是在遵循聖人的教誨啊。」

王華冷笑：「你老子我是秀才，聖人說過的每句話我都背得滾瓜爛熟，我怎麼從來沒有聽過聖人讓人鼓搗象棋的話？」

王陽明搖頭晃腦地說：「您說象棋是『小技』，但孔夫子說過，即使是小的技藝，也一定有可取之處（雖小技，必有可觀者焉）。這不是告訴人們，可以鑽研象棋這種小技嗎？」

王華被氣得鬍子抖了兩下，說：「你斷章取義的功夫還真不錯。孔夫子這句話下面還有句話，你可記得？」

王陽明當然記得，但他搖頭。

王華冷笑：「真是學藝不精。孔夫子下面的話是：但對遠大的事業恐怕有影響，所以君子不從事這些小技藝（致遠恐泥，是以君子不為也）。」

王陽明假裝恍然大悟：「孔夫子是個性情活潑的人，他肯定支持人鑽研小技。後面那句話大概是後人加上去的，應該不是孔子的話。」

王華的鬍子又抖了起來。

王陽明的母親沒有閒工夫和他耍嘴皮子，索性趁他睡覺時把他的象棋扔到了水裡。小王陽明悲痛不已，還做了首詩來描述象棋的「淒慘」命運：「象棋在於樂悠悠，苦被嚴親一旦丟；兵卒墜河皆不救，將帥溺水同時休；車馬千里隨波去，相士和川逐浪流；炮響聲音天地震，象若心頭為人揪。」

這並未摧折王陽明喜歡鑽研的心，他很快就把象棋的事忘到腦後，又一頭鑽進道教的養生術裡。

父親王華再次吹鬍子瞪眼，母親嚴肅地站在了王陽明面前。王陽明只好乖乖地將關於養生術的書籍束之高閣，但只要父母不注意，他就會像做賊一樣偷偷地閱讀。好在他很快就從養生術中走了出來，又開始舞槍弄棒。

王華看著這個孩子，唉聲歎氣。唯一支持王陽明「為所欲為」的只有爺爺王天敘。他是位和藹的老人，飽讀詩書、思想開放，允許年輕人按自己的想法去行事。正是在王天敘的保護下，王陽明才充實了自己豐富多彩的少年生活。

隨著年紀的增長，王陽明的心越來越野，越來越讓當時的人不能接受。一四八二年，王陽明的父親高中狀元在北京獲取官職。十一歲的王陽明和爺爺王天敘從浙江余姚前往北京。途經鎮江時，王天敘被他在鎮江的詩友挽留，一行人遊覽金山寺。

遊玩進入高潮時，有人提議以「金山寺」為名作詩。當大家都在冥思苦想時，王陽明已揮筆而就，這首詩是這樣的：「金山一點大如拳，打破維揚水底天；醉倚妙高臺上月，玉簫吹徹洞龍眠。」

王天敘揚揚得意地把孫子的詩傳給眾人看，這些詩友們嘖嘖稱奇。但有幾人打翻了醋罈子，議論著說，這樣的詩歌怎麼可能是一個孩子所作，必是王天敘代作，以顯示他孫子的過人才華。王天敘顯然聽到了這樣的議論，為了證明他孫子的確有過人的才華，就讓他們給王陽明命題。

有人就指著金山寺的「蔽月山房」景點說：「作一首如何？」

王陽明毫不謙虛，點頭。

有人要拿筆墨紙硯給王陽明，王陽明拒絕說：「不必。」還未等那人反應過來，他已脫口而出：「山近月遠覺月小，便道此山大如月；若有人眼大如天，還見山高月更圓。」

對詩歌稍有欣賞力的人就能發現，這首詩語言雖然清新平凡，卻呈現了一種非凡的藝術觀念，它的美幾乎是渾然天成。

即使那些醋罈子也不得不發自肺腑地稱讚，這真是一首好詩。但王陽明卻發出一聲青澀的冷笑，說道：「文章小事，何足掛齒！」

眾人大驚。這些人一致認為，王陽明要麼是在玩清高，要麼就是瘋了，文章怎麼是小事？在大明帝國，文章是能獲取高官厚祿的頭等大事，作為知識分子，文章差不多是他生命中唯一的事。如果文章是小事，那王陽明心中的大事還能是什麼呢？

這個問題在一年後有了答案。

一四八三年，王陽明在北京的私塾讀書。有一天，他一本正經地問老師：「何謂第一等事？」這話的意思其實就是問，人生的終極價值到底是什麼？

他的老師吃了一驚，從來沒有學生問過他這樣的問題。他看了看王陽明，笑笑，又思考了一會兒，才做出他自認為最完美的回答：「當然是讀書做大官啊。」這在當時的確是標準答案，正如今天大多數中國人發家致富的「第一等事」一樣，明帝國的知識份子們當然是以讀朱熹理學，通過八股考試，進入仕途為畢生理想。

王陽明顯然對這個答案不滿意，他看著老師說：「我認為不是這樣。」

老師不自然地「哦」了一聲：「怎麼，你還有不同的看法？」

王陽明誇張地點頭，說：「我以為第一等事應是讀書做聖賢。」

老師目瞪口呆，突然狂笑，然後對著王陽明搖頭說：「孩子，你這第一等事可是太高了，哈哈。」

王陽明對老師的譏笑毫無反應，轉身離去。這件事後來傳到王華的耳裡，王華冷笑。有一天，他看到王陽明在院子裡望天，若有所思，就笑著問他：「聽說你要做聖賢？」

王陽明對父親點了點頭：「當然。」

王華大笑，說：「你把吹牛皮的功夫放到學業上，該多好。」

王陽明有點惱怒，回問父親：「聖賢怎麼就做不得，您和我老師都這樣取笑我？」

王華收起笑容，質問兒子：「你懂什麼叫聖賢？」

王陽明像背書一樣回答：「聖人就是那些為天地立心，為生民立命，為往聖繼絕學，為萬世開太平的人。」

王華說：「你雖然把北宋張載這段話背得很扎實，但我告訴你，這是理想主義者的囈語，你怎麼就當真了？」

王陽明說：「孔子就是這樣的聖人。」

王華正色道：「那是千年才出的一位聖人，你怎麼能比？」

王陽明反駁：「大家都是人，怎麼就不能比？」

王華語塞。

的確，孔子出生時也不是聖人，是透過後天努力鍛造成聖人的。按王陽明的見解，大家都認為聖人不好做，只是因為被聖人的光環嚇唬住了才不敢去做，所以很多人都和聖人失之交臂。他下定決心，自己絕不可以和聖人失之交臂。

但是，做聖人的第一步該是什麼呢？

為天地立心，太空了；為生民立命，太大了；為往聖繼絕學，太遠了。能摸得著看得見的只有「為萬世開太平」。為萬世開太平可不是靠嘴皮子，而要靠出色的軍事能力才能經略四方。

正是這種「經略四方」的理想，使得王陽明在課堂上總是心不在焉。後來他乾脆就蹺課和其他小朋友玩軍事遊戲。不過他組織的軍事遊戲，即使在成人看來也已超越了純粹的玩鬧。他製作了大小旗幟數面，自己則裝扮成指揮官的樣子居中調度。在他手中的旗幟不斷變換時，他的「士兵」們左旋右轉，右旋左轉，很有排兵佈陣的架勢。

王華唉聲歎氣，可以說，他為這個孩子操碎了心。他大聲訓斥王陽明：「我家是書香門第，你卻搞這些不入流的東西，真是敗壞家風。」

王陽明深為父親的武斷吃驚，問：「排兵佈陣怎麼就是不入流的東西？」

王華耐住性子解釋道：「本朝自開國以來就重文輕武，凡是有志向的君子都不會參與武事，而且我從來沒聽過哪個聖賢是舞刀弄棒的。」

王陽明小心翼翼地質問：「孔子不是文武全才嗎？」

王華跳了起來：「人家是聖人，你只是個普通人。你最正經的事就是好好讀書，將來通過科舉考試，最好成為狀元，像你爹我，就是狀元，大家都喜歡我，尊重我，羨慕我。」

王陽明轉動眼珠子，不懷好意地問父親：「父親中了狀元，後世子孫還是狀元嗎？」

王華絲毫沒察覺出這是個陷阱，嚴肅地回答：「你想得美。狀元只是一代，你若想中狀元，還需要刻苦讀書。」

王陽明隨意地一笑：「原來只是風光一代，但建功立業卻能百世流芳，所以我恐怕不會稀罕狀元。」

王華氣得發瘋，他拿出家長的姿態來，要體罰王陽明。每每在這個時候，王天敘都會適時地出現，先是好言相勸王華，如果王華不聽，他也拿出家長的架勢來，王華是孝子，只好乖乖地溜走。

王天敘早就對王華講過大道理：「人才不是管出來的。」

王華謹慎地反駁說：「但人才是教育出來的。」

王天敘就反擊道：「最好的教育是引導，不是你這種強制管束，你應該順著孩子的習性去教育。我這個孫子將來必有大成，不是你所能體悟到的。」

王華搖頭苦笑，他實在看不出這個有點過動症、喜歡吹牛皮，整天都在搞「小技」的孩子將來能有什麼大成。

王華不瞭解王陽明，王陽明的確有過動症，但絕不是吹牛大王。為了實現「經略四方」的志向，他非常投入。除了頻繁地組織軍事類比外，他還苦練騎射，遍覽兵法，在史籍中尋找出色的軍事家傳記反復閱讀，然後把這些人打過的著名戰役在現實中還原，不停地模擬。

在模擬之外，他還極為認真地進行實地考察。一四八六年，十五歲的他單槍匹馬私出居庸關。當時大明帝國的主要敵人就是居庸關外的蒙古人，他們三番五次攻擊大明帝國的邊疆，王陽明私出居庸關，正是為了實地考察蒙古人，希望能得到最佳的解決方案。

他在居庸關外的一條羊腸小徑上騎馬漫行時，兩個蒙古人在不遠處信馬由韁。王陽明熱血澎湃，從身後抽出弓，搭上一支利箭，扯開嗓門向那兩個蒙古人大喊：「哪裡走，吃我一箭！」

這兩個蒙古人突然發現一匹馬騰空而來，馬上端坐一人，正朝他們的方向彎弓。他們從未在此遇過這樣的情況，所以嚇得魂飛魄散，調轉馬頭，帶著哭腔拍馬就跑。王陽明在後面大喊大叫，追出了幾里才停住。他看著兩人的背影哈哈大笑，很為自己的勇氣自豪。不過，他這樣做的目的並無惡意，他只是想練練自己的膽子。隨後，他就和當地的蒙古人打成一片，在居庸關外待了一個月，他深刻瞭解了蒙古人的生活習慣和軍事訓練方式，後來還在一場蒙古人組織的射箭比賽上拔得頭籌，又在蒙古人組織的摔跤比賽中取得了不俗的成績。

當他回到北京時，他父親王華的肺都快被氣炸了。王陽明在爺爺王天敘的庇護下才沒有受皮肉之苦。這件事不久，北京郊區發生農民暴動。這是件大事，皇帝朱見深要各位大臣出謀劃策，王陽明得到消息後，興奮不已，他連夜寫了一篇《平安策》，請求父親交給皇帝。王華斜眼看了看他，又拿過他的《平安策》掃了幾眼，就扔給他，說：「老生常談，無濟於事。」

然後王華拿出了另一副腔調：「我說，你就不能幹點正經事嗎？」

王陽明在心裡說：「我現在做的是第一等事，第一等事怎麼就不是正經事了？」

王華似乎注意到了兒子的心思，指責他：「你四處亂逛，像個夜遊神，我聽說你有事沒事就去逛于謙廟？」

王陽明回答：「于謙是大英雄，當初土木堡之變，如果不是他守衛北京城，蒙古人可能就把這座城給攻陷了。」

王華又問：「你還很喜歡東漢的馬援？」

王陽明激動地回答：「他平定交趾，實在是天底下第一等豪傑。」

王華歎了口氣：「你呀，羨慕英雄豪傑我不反對，但你想過沒有，人家是趕上了時勢，人家有平臺施展。你要真想做那樣的英雄豪傑，就要讀書做官，只有做了官才有平臺給你施展。」

從以上的故事中，我們可以獲得以下資訊：因為王陽明太聰明，所以能積累起大量的知識，同時，極致的聰明也使他目空一切，把別人看得特別重的東西視為糞土，並且樹立起高人一等的理想。又因為他與生俱來一種「英毅淩邁，超俠不羈」的性格，使他渾身散發著任俠情懷和要在戰場上摧敵制勝的偉大心願。

但也正如他老爹王華所說，他現在只是空想，因為沒有平臺。王陽明也經常問自己，施展經略四方的平臺到底在哪裡呢？

兩件荒唐事：新郎失蹤和格竹子

王陽明當時只是個普通的讀書人，即使往大了說，他也不過是個狀元的兒子，沒有任何平臺施展他那「經略四方」的志向。

而在王華看來，王陽明總有點三心二意，一會兒玩箭，一會兒騎馬，一會兒搞軍事遊戲，一會兒又對著兵書發呆，一會兒又跑去對著道教典籍愣神。王華心裡想說，恐怕只有鬼知道這個小子天天在搞什麼。

王陽明七八歲時曾接觸過單純的道教養生術。十二歲時，他重新回歸道教，這一次不僅僅是養生術，還有道教思想。這次回歸起源於他生母的離世。在為生母守孝期間，他那多愁善感的心緒不能平靜，於是感歎說，人生在世，忽然而來忽然而走，太短暫，什麼事都做不成。倒不如學習道教長生術，做個不死神仙。

不過很快地，他被「經略四方」的志向所吸引，把道教又扔到一邊。然而，他只是扔掉了手中的道教典籍，在他心裡，始終留有道教的一席之地。

一四八八年，王陽明按長輩們的約定到江西南昌迎娶江西副省長（江西布政司參議）諸養和的女兒。讓人意想不到的是，就在一刻千金的新婚之夜，王陽明居然茫然若失地走出了諸家，在南昌城街道上漫無目的地遊蕩起來。或許是命運使然，他不知不覺地走到一處道觀，抬頭看時發現了「鐵柱宮」三個大字。鐵柱宮在江西南昌名氣非凡，是許多達官貴人趨之若鶩的地方。但在那個沉寂的深夜，王陽明可算是唯一的香客。

他信步走了進去，放眼四望，燈火闌珊，只見空地上坐著一位仙風道骨的道士，大概在修行導引術。他走上前，小心地坐在道士面前。道士閉著眼，聽到急促的喘氣聲，緩緩睜開眼。他吃了一驚。

王陽明當時的臉色很不好，呈現青黑色，在燈火並不明亮時，很像鬼魅。

道士對王陽明說：「你有病啊？」

王陽明承認：「我從小身體就不好，肺部經常感到不適，臉色始終如此，所以一直堅持用你們道家的導引術緩和病情。」

道士「哦」了一聲。

王陽明就問：「仙人何方人氏？」

道士回答：「祖籍四川，因訪問道友到此。」

王陽明仔細打量著面前這位道士，只見他白髮披肩、皮膚細膩、眼神清亮，王陽明無法猜出對方的年紀，只好問：「您高壽啊？」

道士回答：「慚愧，才九十六。」

王陽明吃了一驚，九十六歲，夠短命鬼活兩回了，他居然還慚愧，看來世界上的確有長生不老術這回事，而面前這位活神仙就是證據。

他問活神仙：「請問您俗名？」

道士抱歉地一笑說：「從小就在外面漂泊修行，姓名早就忘記了。有好事者見我經常靜坐，所以稱我為『無為道者』。」

王陽明又湊近了一點，殷切地問活神仙：「您是高人，必有養生妙法，請賜教。」

道士笑了笑說：「我才說過，那就是靜坐。養生之訣，無過一靜。老子清靜，莊子逍遙。唯清靜而後能逍遙也。」

按王陽明的理解，這位道士的話其實就是：首先透過身體的安靜（靜坐）進入心靈安靜（內心空空，什麼都不想）的狀態。只要心靈安靜了，就能跳入逍遙境界，成為不死奇人。這就是養生的祕訣，它養的不僅是身體，還有心靈。

王陽明大喜過望，把他在道教方面的造詣和盤托出。道士一面聽著一面頻繁地點頭，這更激起了王陽明的表現欲。兩人就那麼暢談，直到東方發白，毫無倦意。

道士適時地止住王陽明的滔滔不絕，問道：「你好像不是本地人，來此何幹？」

王陽明「啊呀」一聲，總算想起來南昌是為了結婚，而洞房花燭夜就在昨天。他跳了起來，和道士告別，有些依依不捨的樣子。

道士卻意味深長地對他說：「以後要保重，我們還有見面的機會，下一次我們見面，你的人生將迎來轉捩點。」

王陽明對道士的諱莫如深不感興趣，因為凡是道士都有這樣的怪癖，他只是問：「何時能再見？」

道士笑了笑，伸出兩根手指說：「二十年後。」

王陽明向道士拜別，急如星火地跑回他老岳父諸養和的家。諸養和與他的家人和下人們一夜無眠，新郎失蹤幾乎讓諸養和繞柱狂走。當王陽明氣喘吁吁地出現在大門口時，諸養和驚喜交集，王陽明不停地道歉。諸養和也顧不上追問王陽明去了哪裡、做了什麼，他現在只知道，這個女婿應該把新婚之夜該做的事補上。

新婚之夜的失蹤告訴我們的資訊是：王陽明對任何一件事只要癡迷起來，就會傾注十二分的精力，這種使人震驚的熱情，讓他在每個領域都可以成為專家級人物。

戲劇性的新婚之夜失蹤事件後，王陽明又做了一件極為戲劇化的事——格竹子。它是王陽明人生中最有趣味，同時也是王陽明本人最苦悶的一件事，而起因則是王陽明和大儒婁諒的見面。

一四八九年秋天，第一片黃葉飄落地面時，王陽明帶著他的老婆諸女士離開南昌回老家浙江余姚。途經廣信（江西上饒）時，他舍筏登岸，拜訪了居住在此的大理學家婁諒。婁諒是吳與弼的高徒，喜歡佛道二家思想，深諳理學三昧，善於靜坐，並把靜坐當成是步入理學殿堂的敲門磚。

王陽明來拜訪他時，他正在給他的弟子們講課，場面很大，足有幾百人。王陽明確信自己找到了真人，並希望婁諒能和他單獨交談。

這個時候的王陽明雖然也讀了朱熹的很多書，和大多數人一樣都是應景，並未深鑽。他來向婁諒請教朱熹理學，實際上還是想得到如何成為聖賢的答案。

他問婁諒：「如何做聖賢？」

婁諒自信滿滿地回答：「聖人是可以靠後天學習而獲取的。」

王陽明滿心歡喜，因為這正是他一直以來的認識。他問婁諒：「為萬世開太平是不是通往聖賢之路的捷徑？」

婁諒大搖其頭，險些把腦袋搖了下來，說：「不是，絕對不是。你說的為萬世開太平是『外王』，只有先『內聖』了才能『外王』。所以要成為聖人，必須鍛造自己，然後才能去做聖人做的事。」

王陽明再問：「怎樣才能成為內聖的人呢？」

婁諒一字一字地回答：「格物致知。」

這是朱熹理學的治學方法，也是成為聖人的方法：人在面對自己所不知的物時，要透過各種方式（實踐或書本知識）來把它弄明白。弄明白一切事物的道理後，你就是聖人了。

王陽明表示謹遵婁諒教誨。婁諒告訴他，人生要絕對嚴肅。王陽明回到浙江余姚後就把從前嘻嘻哈哈的習氣一舉蕩滌乾淨，變成了不苟言笑的謙謙君子。婁諒又告訴他，要刻苦讀朱熹經典。王陽明回到余姚後就苦讀朱熹注解的「四書」。別人讀「四書」只是為了應付考試，王陽明卻真是向裡狠鑽，不但鑽朱熹，還鑽各式各樣的理學大師們的著作。婁諒還告訴他，一草一木都有道理，必須要去格出來，王陽明於是就去格了竹子。

王陽明格竹子事件的始末大致是這樣的：有一天，他和一位同樣精鑽朱熹理學的朋友在竹林前探索學問。王陽明突然說：「咱們把竹子的道理格出來如何？」

這位學友吃了一驚：「竹子能有什麼道理？」

王陽明回答：「朱熹說，一草一木都有它自己的道理，你不格你怎麼知道它有什麼道理？」學友認為王陽明說得有點道理，於是兩人從椅子上站起來，走到一棵挺拔的竹子面前。學友不知從何下手，問道：「如何格？」

王陽明也不知方法，只好胡亂說：「盯著它看，道理自會閃現。」

兩人就死盯著那棵竹子看，草草地吃飯，草草地睡覺。三天後，那位學友都快成了竹子，卻什麼都沒有得到，甚至有了幻覺。他發現竹子自己飄了起來，繞著他轉。他頭昏腦脹，實在無法支撐下去，就對身邊瞪著佈滿血絲雙眼的王陽明說：「哎呀，我不行了，看來朱熹老頭的『格物』真不是我等凡夫俗子能做到的。」

王陽明說：「你要堅持！」

學友懊惱道：「天賦有限，不是堅持就能成功的。我撤了，你繼續。」

學友的離開並沒有使王陽明灰心失望，他依然堅持盯著竹子看，到第六天時，他不但出現了幻覺，還出現了幻聽。他聽到竹子在說話，好像在埋怨他：我的道理如此簡單，你怎麼就「格」不出來呢？

王陽明懊喪不已，正要回答他的難處，突然聽到所有的竹子哄堂大笑，這種笑聲具有明顯的挑釁味道，王陽明怒了，使盡渾身力氣喊道：「你們就沒有道理，我怎麼格！」

他不知道自己根本就沒有喊出任何話來。他體力嚴重透支，最後扶著竹子倒了下去。幾天後，他恢復過來，反省此事，他確信朱熹的「格物致知」有問題。

他找來那位難友，把自己的懷疑說給對方聽。對方的幻覺才消失不久，以為自己又得了幻聽，當他確信不是幻聽時，不由驚駭起來：「你瘋了？朱熹的『格物致知』怎麼可能是錯誤的，你是不是走火入魔了？」

王陽明沒有走火入魔，他冷靜地分析說：「別說我們沒有格出竹子的道理，即使把它格出來又能怎樣？朱熹說，天下萬物包括一草一木都有道理，而且要我們去格，格個竹子都這麼費勁，天下萬物那麼多，我們格到死，連聖賢的影都看不到。況且，如果我們踩了狗屎運，突然把竹子的道理格出來了，可那是竹子的道理，如果這個道理不被我們認可該怎麼辦？是把它扔了，還是違心地承認這個道理？」

他的難友對王陽明這段話瞠目結舌：「你這話太驚世駭俗了，唬得我六神無主。總之，朱熹老夫子是沒錯的。你不能因為格不出來竹子的道理就說人家的理論是錯的，這只能說明你沒有天分。」

王陽明歎息道：「我倒希望如此。無論是我受天分所限還是朱熹有問題，總之，如果透過朱熹這條路成為聖人，對我而言，是一條死路了。」

他苦惱，從前對朱熹的狂熱瞬間全無，轉為一種捉不到根由的絕望，就像是一個人掉到了雲彩上，上也不是，下也不是。

在苦惱了一段時間後，他適時轉向。王陽明就是有這樣一種本事：此路不通，掉頭再尋找另外的路，絕不會在一條路上走到黑！

能勇敢向前是勇氣，能轉身是智慧，智勇兼備，才可成大事。

看來，王陽明在俗世的大事好像會成。

彷徨和痛苦是天才的共性

一四九二年，格竹子事件發生後不久，王陽明在浙江的鄉試中脫穎而出。據他的同學們說，王陽明幾乎沒有費什麼勁就金榜題名，所以當一四九三年北京會試時，人人都認為王陽明會毫無意外地重演鄉試的榮耀。但令人大感詫異的是，他居然落榜了。

王陽明心情必定是沉重的，但他未掛礙於心。他的朋友們來安慰他，他只是笑笑說：「我並未哀傷，我只是為不能考中做官為國家效力而遺憾。」他父親的朋友、大學士李東陽就起哄說：「為國家出力也不在乎一天兩天，當然也不在乎一年兩年，三年後，你必高中狀元，何不現在寫個《來科狀元賦》？」

王陽明在詩詞文章上向來是毫不謙虛的，聽到李東陽這麼一說，就提起筆來，文思泉湧，很快完成一篇賦。在場的人深為嘆服，但有醋罈子看著這篇文章對別人小聲說：「此人口氣如此大，自負之氣躍然紙上，將來真得勢，他眼裡還會有我們？」

實際上，王陽明在那時眼裡就已經沒有了很多人了。他在一四九三年的會試中名落孫山，並非是運氣不佳，而是他並未用心於八股文。鄉試過關後，他開始鑽研道家養生術和佛家思想。他對自己說，經略四方，沒有平臺；鑽研朱熹理學，沒有訣竅，倒不如另闢蹊徑，去道教和佛家中尋找成為聖賢的密碼。

然而這一密碼，他只找了一年，一四九三年會試敗北後，他放棄道教和佛家，開始精研辭章之學。和那些欲以詩歌文章獲取名利的人不同，他希望透過辭章為萬民立心，立下千古之言。

這種鑽研是虔誠的，他在北京的家中讀古代那些偉大文學家們的著作，和北京城中那些文學家們建下深厚友誼，彼此切磋文學的真諦，日夜苦讀，以致於累到吐血，搞得他父親每天夜晚必須強迫他休息才算完。一四九四年，王陽明離開北京回到浙江余姚，熱情地組織了龍泉詩社，每天的生活都在和文章詩歌打交道，他發誓要走通這條路，把自己送上聖賢的聖壇。

在辭章之學上，王陽明取得了燦爛的成就，他被當時的文學界譽為天才。可不知什麼時候，他突然解散了龍泉詩社，重新拾起久違的軍事。

讓他做出這一「吃回頭草」舉動的是一個叫許璋的居士。許璋當時在浙江余姚附近過著離群索居的生活，一舉一動都流露出傳奇人物的特徵。他喜歡穿白衣，喜歡站在茫茫一片綠的森林中，人們一眼就能發現他。據說，許璋曾經也是理學高手，拜過陳白沙為師，不過和王陽明一樣，他也琢磨不透朱熹理學的真諦，所以拋棄理學，鑽研軍事和奇幻法術。他有兩個讓人欽佩的地方，一是占卜，他能掐會算，有在世劉伯溫的美譽。他曾準確地預言了朱宸濠的造反，又準確地預言了明帝國十一任皇帝朱厚熜（明世宗）的繼位（朱厚熜是以非太子身分登基的）。另一成就是在軍事理論上，他用多年時間吃透了諸葛亮兵法和奇門遁甲中的兵法部分，後來他把這些兵法毫無保留地傳授給了王陽明。

王陽明得知山中有這樣一位奇人後，就急忙去拜訪。二人交談，當許璋發現了王陽明的宏圖大志和他正在鑽研的辭章之學後，誇張地大搖其頭。

他說：「辭章是小技，小技不能成大業，何況是聖賢。」

王陽明驚異地問：「那該如何？」

許璋說：「建功立業是聖賢的不二法門，你如果真是胸藏韜略、有經略天下之志，還愁沒有機會施展？所以，應該努力提升軍事能力。」

王陽明於是扔了辭章經典，死心塌地地向許璋學習兵法。他悟性好，有底子，而且用心，很快就得到了許璋的真傳。在許璋的引導下，王陽明的軍事理論逐漸成熟，王陽明「經略四方」的志向死灰復燃。

一四九五年，他回到北京，準備第二年的會試。可人人都注意到，他根本沒有準備。他在那段時間最喜歡做的一件事就是和人家大談用兵之道。每當宴會結束時，他就用果核在桌子上排兵佈陣。他說起來頭頭是道，很多陣形都是那些久經沙場的將軍們聞所未聞的。或許出於嫉妒，或許他們真的這樣認為，他們對王陽明說：「戰場情況瞬息萬變，而你這戰陣卻是一成不變的，難免膠柱鼓瑟，削足適履。」

王陽明叫起來，把其中幾個果核略一改變方位，說：「你看，只需要動一下，就是另外的陣形，怎麼說是一成不變呢？」

有人譏笑起來：「你覺得擺個標新立異的陣形就能克敵制勝？」

王陽明嚴肅地回答：「當然不是。」

「那是什麼？」

「攻心！」王陽明自信地回答，「虛虛實實，讓敵人的心慌亂，動起來沒有章法，我們就能趁勢而入，以最小的代價取得最大的勝利。」

這是王陽明日後用兵的訣竅，那些愚人是不會懂的，所以那些人只好攻擊他神經中最脆弱的一環：「請問，你有機會上戰場嗎？」

王陽明啞口無言，於是很多人在背後竊笑說：「還是先過了會試這關再說其他的吧！」

王陽明大失所望，他本來不是個輕易受到別人影響的人。但多年以來，他的理想始終無法實現，這不由讓他灰心喪氣。一四九六年，他在會試中再度名落孫山。有人在放榜現場未見到自己的名字而號啕大哭，王陽明卻無動於衷。大家以為他是傷心過度，於是都來安慰他。

他的臉上掠過一絲滄桑的笑，說：「你們都以落第為恥，我卻以落第動心為恥。」恐怕只有王陽明這樣的人，才能說出這樣有境界的話來。他的確能對落第而不動心，但對不能實現聖賢理想，他卻無法做到不動心。

一四九八年，二十六歲的他又回到了朱熹理學這座高山面前。這一年，距他格竹子已過去了六年，距他拜訪婁諒已過去了九年。或許是命運的安排，有一天他在不經意翻看理學經典時看到了朱熹給趙惇（宋光宗）的一封信。信中有句話如是說：「虔誠的堅持唯一志向，是讀書之本；循序漸進，是讀書的方法。」（居敬持志，為讀書之本；循序致精，為讀書之法）

王陽明像是被雷劈到了一樣，這句話恰好戳中他多年來的毛病：始終不能堅持唯一志向，而是在各個領域間跳來跳去，也沒有循序漸進地去研究一個領域，所以什麼成果都沒有獲得。

他如同在沙漠中一腳踩到了噴泉，興奮得狂呼起來，他以為自己終於找到了通往朱熹理學的鑰匙，他開始重新認真地鑽研朱熹的「格物致知」，恨不得能把印在紙張上的朱熹思想生吞進肚子裡。但是無論他如何鑽研，依然無法從「格物」中「致知」。最令他沮喪的是，他無法確證到底是朱熹錯了，還是自己智慧不夠。他一會兒堅信朱熹的格物致知是錯的，一會兒又認為自己智慧有限。最後他心灰意冷地說了這樣一句話：「聖賢大概是命中註定的，而我很不幸，未被註定。」

《金枝》的作者弗雷澤說，當人類的思維之舟「從其停泊處被砍斷纜繩而顛簸在懷疑和不確定的艱難之海」時，他們會感到痛苦和困惑，只有一種方式可以抹平這種痛苦，消除這種困惑，那就是，思維之船必須重新進入一種「新的信仰體系和實踐的體系中」。

王陽明的思維之船在一四九二年格竹子事件和一四九八年採用循序漸進讀書法後，已經從停泊處漂了出去。他其實一直「顛簸在懷疑和不確定的艱難之海」中，幾乎是左衝右突、上躥下跳，但仍不能磨平那種成聖無望的痛苦，而「新的信仰體系和實踐的體系」離他還有很遠，他看不到，甚至連幻想都幻想不到。

有一種無趣叫仕途

十五世紀的最後一年（一四九九年），王陽明終於通過會試，正式步入仕途。在其他人看來，這是個光明的起點，王陽明最初也是這樣認為的。他被分配到了工部實習，第一個差事是為王越修建墳墓。

王越是明代軍事史上屈指可數的儒將之一，他的人生由無數傳奇寫就。他年輕時參加會試，剛要交卷時，考場中起了一陣颶風。風停時，王越發現自己的卷子消失了，大哭，考官被他淒慘的哭聲感動，就又給了他一份考卷。王越奇蹟般地在考試結束前完成，高中進士。幾年後，朝鮮使者來北京，談到一件奇事。一四五一年，朝鮮國王早上起床，發現王宮中有份考卷，找來翻譯朗誦之下，嘖嘖稱讚。稍有點常識的人就知道，這是明帝國會試的考卷。朝鮮使者說完這件奇事，就把那份考卷恭敬地捧出，並且說，希望不要耽誤了這位考生的前途。當那份考卷被各位大臣擊鼓傳花般傳到王越手中時，他驚駭起來。原來，這份考卷就是他在一四五一年的會試考場失蹤的第一份考卷。

這個故事透露給我們兩個資訊：一、王越能在規定的時間裡完成兩份考卷，足見其功底深厚，思維敏捷，有急智；二、傑出人物必有傳奇跟隨。

在後來的歲月中，很多人發現王越對文職沒有興趣，對軍事卻如癡如醉。土木堡之變後，王越被任命為大同軍區司令。自此，明帝國中央政府對蒙古人的反攻中，王越率軍取得了輝煌的戰果。一四八〇年，王越兵團出大同，追擊蒙古兵團至威寧海，搗毀敵營，擒男女一百七十一人，斬首四百三十七級，這次大捷使他毫無懸念地被封為威寧伯。

據說，王越經常和士兵打獵，士兵獲得獵物的多少決定了他在戰場上的位置。打十隻兔子的士兵肯定會排在打一隻兔子士兵的前面。這種排列順序會不會導致士兵故意不獲取獵物，我們不得而知。我們只知道，從一四六七年王越開始和蒙古兵團打交道，直到一四九八年他病逝於甘肅軍營的三十年中，他取得了十三場中小型戰役的勝利。這個記錄，在整個明代，沒有任何一名文臣能打破。明代的爵位制，沿襲的是西周王朝「公侯伯子男」的爵位。整個明代，文人被封為「伯」的有十餘人。不過文人立軍功而被封為伯的只有三人。他們是：王驥、王越和王陽明。王驥是一四〇六年的進士，一四四一年，身為國防部長（兵部尚書）的他在雲南消滅了少數民族的叛亂，因此一戰而被封為靖遠伯。當然，王陽明比前二人要厲害，這不僅是王陽明立下的戰功比二人彪炳得多，還因為王陽明在去世後，從「伯」跳到了「侯」，終明一代，文臣有如此殊榮，唯王陽明一人。

不過一四九九年，王陽明在為王越修建墳墓時，他還只能將王越當成偶像，實際上，就在幾年前，他曾夢到過王越。

據說，為王越修建墳墓，讓他興奮異常。明代文官出外執行任務，一向是坐轎子，王陽明卻拒絕轎子而騎馬。他在工地上騎著高頭大馬來回巡視，威風凜凜。同時，第一次管理這麼多民工，讓王陽明的軍事激情頓時燃燒。他把工地變成了戰場，排兵佈陣，休息時，就讓民工們演練諸葛武侯的「八陣圖」。當王越的墳墓修建完畢，那群民工就成了一批民兵。據王陽明說，如果把這些人投放到戰場，那就是以一當十的特種兵。

這個任務完成之後很久，王陽明始終沉浸在喜悅中。他以為他能憑藉出色的才華和熱忱很快就平步青雲，然後走到那個經略四方的平臺上建功立業。但他錯了，他的仕途生涯就此轉折。

一四九九年冬的某一天，一顆流星從北京上空大張旗鼓地滑過。國家天文臺（欽天監）在第二天的報告中指出，那顆流星在天空中畫了個圓，然後就跑到北邊去了。天文臺的官員們認為，這顆流星是老天爺警示世人的一個訊息。至於訊息的內容，從它畫圈和消失在北方的現象來看，應該和邊疆戰事有關。

北方的邊疆戰事指的自然是蒙古人。王陽明滿心歡喜地抓住這個機會，向皇帝上了一道《陳言邊務疏》。這是一封以使命感為靈魂的政治建言書，裡面談了很多需要改觀的問題，而且還拿出了一份改變現狀的計畫。它的主旨是：軍事問題首先是政治清明問題。只要政治清明，軍事問題就可迎刃而解。

這道奏疏為他賺來的成果只有一個：皇帝認為他的心意和文字都不錯，於是把他從工部調到了刑部，擔任刑部雲南分部的一名處級幹部（刑部雲南清吏司主事）。他的工作內容就是審核已被定性的案件，看是否有冤假錯案。

這不是他想要的，他本希望皇帝能採納他的建議。他變得消沉，尤其是當他正式在刑部工作後，現實的黑暗讓他對理想的實現更加失去信心。據他後來回憶說，有一些案件的審理根本沒有依據法律，依據的是皇帝和一些政治大佬們的意志。每當他進入大牢時，都會被淹沒在喊冤聲的海洋中。大牢中的氣味令人窒息，獄卒的鞭子和木棒上永遠都有未乾的血跡，這裡沒有任何光線，陰慘淒淒，如同地獄。犯人們頭髮蓬亂、皮包骨頭，在一個狹小的牢房中和蟑螂、老鼠爭奪著地盤。

一五〇〇年之前，王陽明成長在陽光下。一五〇〇年那個夏天，當他進入刑部大牢時，他才知道什麼是真正的黑暗。與此相比，他精神上追逐未果的痛苦實在不值一提。當他被眼前的刑部大牢所震駭，無法移動腳步時，他的屬下告訴他：「這根本不算什麼，您還沒有去過錦衣衛大牢，與錦衣衛大牢相比，這裡簡直就是安樂窩。」

王陽明如同被一種看不見的恐懼所捕獲，他知道自己無法改變這些人的命運，正如他在多年的聖學探索中找不到出路一樣。他唯一能做的事就是按自己良心，能做一件是一件。

有一天，他看到大牢裡的獄吏抬著一個大桶，繞到大牢後面去了。他小心翼翼地跟蹤，發現大牢後面是一個豬圈，獄吏正把大桶裡的食物倒進豬槽中。王陽明覺得很奇怪，以主事的身分詢問情況。獄吏告訴他，這群豬是刑部養的，食物是犯人的。

王陽明大為惱火，問：「你把犯人的食物餵了豬，犯人吃什麼？」

被問的人回答：「他們少吃點，不會餓死。再說這些人遲早都要死，吃那麼多做什麼？把這群豬餵肥了，可以殺了吃肉。」

王陽明七竅生煙，以雷厲風行的手段廢掉了這一不知已延續多少年的潛規則。但這解決不了根本問題，王陽明只是讓自己的良心稍稍寬慰一些。而繁雜瑣碎、沉淪理想的政務根本釋放不了那顆嚮往聖人的心。

王陽明漸漸明白，他的人生價值不可能在這煩瑣無趣的仕途上實現。一五〇一年，在刑部工作不到兩年，他已身心俱疲。這年秋天，他請了一個漫長的假期，上了九華山。這預示了王陽明在之後幾年中的行事軌跡：當他對現實失望時，就會轉身跳到世外。

轉捩點

王陽明一生中曾兩次上九華山，兩次上山的心情完全不同。一五〇一年他上九華山，大概是想徹底放棄世俗的羈絆。也許在他看來，不能成為世俗的聖人，還可以成為方外的仙佛。他一走進大自然，世俗聖人的欲望煙消雲散，成仙成佛的心靈躁動了起來。

現在，他對佛道是如此嚮往，於是有了下面兩個傳奇故事。

王陽明在九華山的寺院裡聞聽山中有位奇人，此人沒有名字，蓬頭垢面，見過他的人都稱他蔡蓬頭。他住在陰暗潮濕的山洞中，有時候會來寺廟中要吃的，有時候就靠山中草木和雨露為食。

王陽明欣喜若狂，斷定此人必是異人。他上了山，仔細地尋找，終於在一個山洞中看到了那個傳奇人物——蔡蓬頭。他熱情地邀請蔡蓬頭到他的臨時住所，希望蔡蓬頭能為他指明一條通往神仙殿堂的道路。蔡蓬頭爽快地接受了邀請。王陽明請他吃飯，蔡蓬頭看到滿桌子素菜，臉就沉了下來。王陽明急忙讓人換上大魚大肉，蔡蓬頭高興地吃了幾口，臉色又難看了。王陽明恍然，又叫人拿來一罐子酒。這次，蔡蓬頭喜笑顏開。

王陽明趁他高興時，問了長生不老之術，問了神仙之事，問了蔡蓬頭有幾百歲，最後問了自己是否可以如他蔡蓬頭那樣過著無拘無束的神仙日子。蔡蓬頭不回答。王陽明只好等待，等桌上的盤子全空了，罐子裡倒出最後一滴酒時，蔡蓬頭打著飽嗝，終於開口說話，但只有兩個字：「尚未。」

王陽明追問：「什麼尚未？是我過你這種日子尚未，還是您的年紀尚未達到幾百歲，還是我在養生之術上的成就尚未？」

蔡蓬頭看了一眼王陽明，像複讀機一樣：「尚未。」

王陽明焦急：「那就請您賜教一二啊。」

意料之中的，蔡蓬頭還是那兩個字：「尚未。」

王陽明停止追問，他想思索這兩個字背後隱藏的玄機。蔡蓬頭沒有給他時間，把答案說了出來：「從你進入山洞的那一刻起，我已用眼和心看了你好久。你雖然對待我這個臭道士非常尊重有禮，看上去是真的尊崇道家，實際上，你臉上終究有官相，去不掉的。」

這是段大白話，王陽明聽懂了。蔡蓬頭的意思是，他俗世未了，還沒有到達談仙談佛的境界。可能還有引申出來的意思：你的理想終究要在俗世實現，而不是山林古剎。

王陽明心上很不平。他在道教上的成就他最清楚。老莊哲學、養生之術，他花了多少年心思！他的道士朋友有多少，數都數不過來！他以道家語境寫的詩歌散文，車載斗量。如今卻被一個瘋瘋癲癲的道士幾乎全盤否定，他完全不能接受。

然而，更大的打擊接踵而至。被蔡蓬頭否定後，他又聽說山中有位得道高僧，於是，迫不及待地去拜訪。之前有人提醒他，通往高僧家的路迷幻險阻，從未聽說有人可以到達那裡。王陽明對這樣好心的提醒置若罔聞，熱情洋溢地上路了。

那個山洞雖然在九華山中，可的確異常難尋，王陽明在路上吃了不少苦頭，似乎感動了蒼天，終於被他找到了那個和尚。讓他失望的是，和尚並無傳說中的神奇之處，只是丟給了他一句話：

「北宋的周敦頤和程明道是儒家的兩個好秀才。」

和尚這句話意味深長。他沒有給出王陽明在佛教道路上的指路牌，卻指明了讓王陽明重回儒學中的心學領域——周敦頤是理學和心學的精神導師，而程明道（程顥）則是心學的鼻祖。和尚的意思是，聖賢之道在民間，在心學上，希望王陽明能從此入手。

這位和尚比蔡蓬頭還不厚道，蔡蓬頭只是否定王陽明不能求仙入道，和尚卻讓他馬上調頭。王陽明心情沮喪到極點，他熱情似火地來投奔佛道，卻被兩個看門的毫不客氣地拒之門外。人世間如果有「熱臉貼冷屁股」這回事，那說的可能就是王陽明在九華山的尋仙覓佛了。

不過，王陽明並未理會九華山兩個異人的指點。離開九華山後，王陽明回北京上班，重新撿起辭章，在京城的文化圈裡混起來。不知是什麼緣故，有一天，他在推敲一個句子時，猛地扔下了筆，說：「我怎麼可以把有限的精力浪費到這無用的虛文上！」

這是他創建心學前思想上的第一個轉捩點：和辭章說再見。

辭章是虛文，什麼才是實的？王陽明的答案是：佛道。

一五〇二年夏，他又請了假，回老家浙江余姚，虔誠認真地溫習起了佛經，全身心地練起了導引術。

這件事足以說明，九華山的蔡蓬頭和無名和尚的指點和勸告在王陽明心上連個漣漪都沒有激起。同時，這件事還驗證了另外一個問題：王陽明和他的門徒多年以來都面不改色地說，王陽明心學是從朱熹理學突破而來，並非來自陸九淵。王陽明很少提心學始祖程顥和陸九淵，甚至離他最近的心學大師陳白沙都不曾提過。

事實可能的確如此。如果王陽明心學真的是從陸九淵那裡轉手而來，一五〇二年他也不會不聽從無名和尚的話而在老家鑽研佛經和修習導引術。

一五〇二年，王陽明在老家浙江余姚的一個山洞中修習導引術，品讀佛經，這並非是他的目的。他的目的是當初在九華山一直追尋的目標：遠離紅塵，成仙成佛。一五〇二年，王陽明已三十一歲。二十多年的追尋，二十多年的苦悶，足以讓他把紅塵俗世拋到腦後。他在靜坐中想了很多，建功立業沒有平臺，又不能突破理學的大山而尋到成為聖賢的鑰匙，文學家的迷夢又被他親手刺破。他此時唯一的精神支柱只有佛道。

佛道的確能解脫他的苦惱，終止他前半生的迷茫，只要他能放棄一切。但是，他還有個心結。這就是他的家人，尤其是他的父親。畢竟，他是個儒家士子，儒家提倡的第一道德就是孝，他說服不了自己去違背這一道德。

終於有一天，他在靜坐中從胡思亂想中睜開雙眼，以一副如釋重負的口氣說道：「親情與生俱來，如果真能拋棄，就是斷滅種性！」他站起來，走出山洞，深吸一口氣，外面的空氣新鮮純淨，原來俗世才是最親切的啊！他和佛教說了再見。

而就在幾天前，他在靜坐修行導引術時成功預感到了幾位朋友的到來。可當他的朋友們大為訝異時，他卻歎口氣說：「這是簸弄精神。」在和佛教說再見之前，他已經和道教說了再見。

第二年，他又為自己和佛教的分手舉行了一場怪誕的儀式。這場儀式發生在杭州。他在一座寺廟中看到一個枯坐的和尚。據知情人透露，這個和尚已不視不言靜坐三年。

王陽明笑了笑，就繞著和尚走了幾圈，像是道士捉鬼前的作法。最後他在和尚面前站定，冷不防地大喝一聲：「這和尚終日口巴巴說什麼！終日眼睜睜看什麼！」這句話就是傳說中禪宗和尚的禪機。所謂禪機，就是用含有機要祕訣的言辭、動作或事物來暗示教義，讓接收方觸機領悟。

不知是王陽明的禪機觸動了和尚，還是王陽明的大嗓門驚動了和尚，總之，和尚驚惶地睜開眼，「啊呀」一聲。

王陽明盯緊他，問：「家裡還有何人？」

和尚回答：「還有老母。」

「想念她嗎？」

和尚不語。一片寂靜，靜得能聽到和尚頭上的汗水流淌的聲音。最後，和尚打破了這一死寂，用一種愧疚的語氣回答：「怎能不想念啊。」

王陽明露出滿意的神色。他知道，自己對佛教的判斷是正確的。他向和尚輕輕地擺手說：「去吧，回家去照顧你的母親吧。」

第二天，和尚離開寺廟，重回人間。

無論多麼宏大深淵的宗教，在人性面前都要俯首稱臣。王陽明在佛教領域多年的浸染和探究，終於在最被人忽視的人性上看穿了佛教的弊端。正如他創建心學後所說的，佛教是逃兵的避難所。佛教徒所以出家，就是想逃避君臣、父子、兄弟、夫妻、朋友這五倫中他們本應該盡的責任和義務。

什麼是灑脫？王陽明用他的行為告訴我們：該放手時就放手，不必計較付出多少。王陽明在辭章、道教、佛教上的付出如海洋般深沉，在這三方面的成績幾乎是他半生的心血。然而，他一旦想明白，說放就放，連個猶豫的眼神都沒有。

王陽明用他和辭章、佛道的一刀兩斷指出了一條心法：只有放棄，才有日後的得到。如果你在付出的人事上得不到快樂和人生價值的答案，它就是一個包袱，甚至是五行山，只有放下它，才能輕鬆上路，繼續你的前程。

現在，王陽明輕裝上陣，只剩下了軍事方面的建功立業。他又回到起點：想要建功立業，必須成為聖人，而聖人必須要從儒家理學那裡獲得密碼和能量。

看上去，曙光，像是再一次出現了。

未經審視的人生不值得過

在重歸理學前，王陽明對他的前半生做了一次嚴肅的回顧和總結。這次回顧在山東，回顧的方式是考題。一五〇四年秋，王陽明被他的同鄉、監察禦史陸偁推薦到山東主持鄉試，王陽明欣然前往。他出的題目並不僅僅是考問，還有切磋的感覺。

他問考生：「合格的臣子以道侍君，如果不能行道，就可以離開君主（所謂『大臣者，以道侍君，不可則止』）？」這是孔孟思想的精華，要求臣子要以忠誠之心對待君主，可如果君主對這份忠誠視而不見，那就應該離開。這不但是一個臣子應該具備的品質，也是「聖賢」的素質之一。他大概是想透過這樣的試題來求證，如果一個臣子沒有機會沒有平臺施展自己的抱負，是不是可以轉身就走？自己這麼多年來在工作和隱居之間的華麗切換是否正確？他還想知道，一個合格的知識份子是應該毫無條件地忠誠領導，還是只忠誠於真理。

其實他的答案就是考題本身。王陽明幾乎用大半生時間在踐履這個答案，就是在這時，他心中已經有了心學的種子：我只對自己的心俯首聽命。但是，王陽明還是希望所有的臣子以道侍君時能被君主關注，因為「不可則止」聽上去很瀟灑，對於有著強烈責任感的人而言，卻是痛苦的。

他又問考生：「佛道二教被人詬病，是不是它們本身的問題？」他的答案是，佛道二教本身沒有問題，有問題的是弘揚佛道二教的那些人。道教說能讓人成神，這太荒誕；佛家說能讓人成佛，這更無稽。即使它們真的可以讓人成神成佛，付出的卻是拋棄人倫的代價，這種神佛不成也罷。

所以，他和佛道一刀兩斷。

最後，他站在了朱熹理學前，對考生說：「天下之事，有的貌似禮但實質上不是禮；有的貌似非禮但實質上就是禮。」二者的區別很細微，如果不用心去研究（格）它們，將會產生大困惑，就不能得到真理。

這是他否定辭章、佛道後重新回歸朱熹理學的一個表態。他兩次倒在理學的「格物致知」上，但還是認定人人都應該「格物致知」。

山東鄉試結束後，王陽明登了泰山。在泰山之巔，他寫了幾首詩。詩歌是沉悶抑鬱的，他說自己的使命感沒有實現的機會，他又說自己雖然認定佛道並非聖學，但朱熹理學也沒對他笑臉相迎。他還說，半生已過，往事不堪回首。

一五〇三年農曆九月，他回到北京，進了兵部工作，依然是索然無味。他重新探索理學，但這一次的探索是平靜的，沒有從前的激動和困惑。他此時毫無預感，不知道他前半生的歷史已到了尾聲。一五〇四年，他突然對好友湛若水說：「我們宣導身心之學如何？」

湛若水雙手贊同：「好！我們招生，講學。」

湛若水是陳白沙的弟子，深得陳白沙心學之精髓，一直宣導學習的目的是涵養身心，這一點和王陽明不謀而合。王陽明和湛若水是好朋友，也是好同志，互相敬佩。湛若水說自己周遊世界，從未見過王陽明這樣的優秀人物。王陽明則回應說，他活了這麼大，也沒有見過湛若水這樣的理學家。

兩人在一五〇四年志同道合，幾年後，王陽明創建心學，兩人成為不共戴天的論敵，但仍然保持著友誼。什麼是真朋友，王陽明和湛若水可為表率。

多年以後，據王陽明的心學門徒說，一五〇四年王陽明在北京宣導身心之學，實際上離心學的大門近在咫尺。如果不是後來劉瑾的干擾，心學可能提前三年降臨人間。

事實並非如此。

實際情況是，一五○四年王陽明和湛若水在北京城裡開班講課，來聽課的人並不多。一個主要原因是，大家都在學習口耳之學，對於身心之學，那是吃飽了撐著沒事幹的富家子弟唱的高調。一個窮苦讀書人學習知識的目的就是為了科舉和仕途。你對他說，學習知識的目的是為了修身養性，你如果當它是晉身工具，那就太低俗了，他非跟你拚命不可。

還有個原因，無論是王陽明還是湛若水，當時都很年輕，他們對身心之學的感悟力和體驗力遠沒有那麼強大。尤其是王陽明，他自己還對朱熹理學感到困惑，如何去指點別人？

王陽明的學生們認為一五○四年王陽明離心學的大門近在咫尺，說明他們根本不瞭解老師王陽明。這個時候的王陽明雖然學富五車，才高八斗，擁有別人所沒有的儒釋道三教精髓，但他沒有自己的思想系統。勿論其他人，就是他的夥伴湛若水的理學造詣和悟性稟賦並不遜於王陽明半毫，為什麼湛若水沒有創建心學？

王陽明在一五○四年時不過是一座地下烈火飛奔的休眠火山，要噴發出萬眾矚目的璀璨光芒，必須要有一個外力（比如地震、磁極變化）推一把。我們稱這種外力為外部環境。

實際上，每個大人物的成功都有一個外部環境，這個外部環境像運氣一樣，絕不可少。有的人在外部環境特別好的時候不需要過人的自身素質就能成功，比如官二代、富二代。而從來沒有聽說過擁有超級素質的人在沒有外部環境的幫助下可以成功的。人類歷史上懷才不遇的人多如過江之鯽。

注意，外部環境是一種作用力，不過有正推力（順境），也有反推力（逆境）。而很多時候，反推力才是人類前進的最直接、最有效的動力。王陽明就是在一股反推力的作用下，一舉創建了心學。作用於王陽明身上的反推力，是一個叫劉瑾的人。他是個名人，關於他，我們也要從頭說起。

劉瑾風暴

如果用因果論來看，王陽明創建心學，權閹劉瑾居功至偉。倘若不是劉瑾，王陽明就不可能到龍場，王陽明不到龍場，他的心學恐怕就不會橫空出世，至少不會在一五〇八年橫空出世。

劉瑾出生於陝西貧苦人家，本姓談，伶俐乖巧，有冒險精神。六歲時到北京城流浪，被一位宮中的劉姓太監收養，遂改名劉瑾。十幾歲時，劉瑾在養父的慫恿下主動閹割進入皇宮做了小太監。劉瑾是個實用心理學大師，能在最短時間裡摸透別人的心思，於是他先是得到了皇帝朱祐樘的喜愛，朱祐樘把他交給太子朱厚照時，意料之中地得到了後者更深的寵信。

時移事往，劉瑾和朱厚照建立下了深厚的主僕友誼。這緣於劉瑾對朱厚照各種欲望的縱容和引導，朱厚照一日都不能沒有劉瑾。所以當一五〇六年朱祐樘去世朱厚照繼位時，劉瑾知道，他的好日子來了。

但他高興得有點早。朱祐樘死前為朱厚照指定了三位輔政大臣：端正持重、眼裡揉不得半點沙子的劉健；善於辯論，並堅持原則的謝遷，和那位讓王陽明做《來科狀元賦》的李東陽。從三位大臣的眼中看朱厚照，朱厚照是個任性自我、我行我素的十五歲大男孩。無論如何，這樣一個半成品皇帝，需要他們精心塑造。而儒家知識份子最大的追求，就是把皇上塑造成德高望重的聖賢。

但他們失算了。朱厚照自繼位之後，除了在早朝露一面外，其他時間都和劉瑾在一起享受人生。劉瑾在宮中多年，並非是單打獨鬥，他有如下幾個好兄弟：馬永成、高鳳、羅祥、魏彬、丘聚、谷大用、張永，劉健和謝遷給他們取綽號為「八虎」。據這二位老大人說，朱厚照登基的三個月內，這八隻老虎就引誘朱厚照做了太多有違皇帝身分的事：一、無論是白天還是黑夜都騎馬跑出皇宮，鬼知道去了哪裡；二、不把錢當錢；三、到北海划船，進行交通管制，嚴重影響京城百姓的正常生活；四、養了那麼多老鷹和獵犬，搞得宮中成了馬戲團；五、飲食上太邋遢，不符合聖人「食不厭精膾不厭細」的要求。

劉瑾和朱厚照一起看這封信，然後哈哈大笑，把信扔到一邊，繼續縱欲玩樂。劉健和謝遷一咬牙一跺腳，決心違背聖人們「不許和太監結交」的警告，找到了當時宮中的頭號太監王岳。王岳對劉瑾「八虎」的迅猛崛起深感憂慮，看到政府部門的首腦主動和自己示好，很激動，表示一定竭盡全力，讓朱厚照剷除「八虎」。

劉健和謝遷得到了王嶽的支持，立即開始制定向「八虎」進攻的計畫，這個計畫其實很簡單：凡有血性的臣子都要寫信給皇帝，要他擺脫八虎的控制。他和謝遷在內閣「票擬」，要王岳呈送給朱厚照，並在朱厚照面前苦苦勸諫，得到朱厚照同意後，蓋印，發布天下。

在呈送給朱厚照的信件中，有一封讓他毛骨悚然。這封信追憶了太監禍國的歷史，把中國歷史上出現的太監禍國的真實事件，清晰地擺在朱厚照眼前。東漢時的十常侍搞垮了東漢，唐時的太監不停換皇帝覆滅了唐朝。就在不多久以前，太監王振把先皇朱祁鎮領到塞外，讓朱祁鎮成了俘虜，還失去了帝位。

信中說：「八虎現在羽翼未豐，您看不到危險。可危險來的那天，您後悔就晚了。」

據說，朱厚照看完這封信後，渾身發抖。他一夜未眠，清晨來臨時，他找來王嶽交代了幾句話，王嶽派人給劉健和謝遷送去了一封信。信中說：「已定。」劉瑾等人被發配到南京守太祖陵。

劉健大喜過望，叫道：「哇呀呀，好事！」

但謝遷卻皺起眉頭，說：「皇上與他們八人情分極深，如果有一天想起他們，就必然會召回他們。我們現在高興，太早了。」

劉健吃了一大驚，扼腕道：「我怎麼沒有想到。」

謝遷已經鋪開紙，準備寫信給朱厚照。信的內容血淋淋：八虎罪大惡極，應該處決。為什麼應該處決呢？謝遷用他那滴水不漏、無懈可擊的辯才，給朱厚照全方位地分析了一遍，使朱厚照相信：「不殺八虎，天理不容。」

朱厚照中午給了回覆：「我許可，明天早朝宣布。」

劉健和謝遷興奮得滿臉紅光，兩人對著洞開的窗戶，說：「只要過了今晚，就什麼事都沒有了。」

李東陽在旁卻若有所思。

他想的是，夜長夢多，一夜時間，足以讓很多事情發生改變。

歷史的確就在那天晚上改變了。

改變歷史的小人物是一個叫強尼的小太監，當時還未受朱厚照的重視，但卻得到了劉瑾的青睞。他靠上劉瑾這座大山，費了很多工夫。所以那天中午他憑著伶俐探聽到了八虎的前途，馬上就報告給了劉瑾。

劉瑾恐懼、憤怒、渾身發抖。他萬萬沒想到就是在一夜之間，他千方百計哄著開心的朱厚照居然如此翻臉無情。但他不能把怨氣撒到朱厚照身上。他所擁有的一切就是源於朱厚照。他嚼著無聲的怨恨在房間裡踱步，圍在他周圍的七隻老虎面面相覷，慘無人色。

劉瑾要自我拯救，他帶著七個兄弟靠著多年來積攢的人脈，終於在午夜時分見到了朱厚照。朱厚照眼圈紅腫，無精打采，劉瑾一眼就看到了希望。

朱厚照剛坐到椅子上，劉瑾和他的七位戰友便環跪在朱厚照腳下，哭出聲來，神情哀傷。朱厚照便也流下眼淚，說：「我也捨不得你們死啊。」劉瑾就說：「您掌握天下蒼生生殺大權，您不讓我們死，我們就不會死。那群大臣為什麼逼您殺我們，您心裡最清楚。他們不過是想讓您身邊沒有一個知心人，把您陷入孤立狀態，好聽從他們的擺佈。我們的確是給你貢獻過獵鷹獵狗，可王嶽也沒有閒著啊。為什麼他就沒事？我得到消息，王嶽和那群大臣相互勾結，要把您身邊所有對您好的人都剷除掉。」

朱厚照聽到這裡，失聲叫了起來。他說：「我早就討厭這群士大夫道貌岸然的那一套，現在聽你這麼一說，真是被我猜對了。你們起來，不必擔心。明天，我自有分寸。」

八隻老虎不起來，因為現在的形勢瞬息萬變，猶如戰場。離明天早朝還有三個時辰，誰知道這三個時辰裡還會發生什麼意外。

朱厚照要攙起劉瑾，劉瑾跪在地上不停地磕頭。朱厚照看明白了，於是說：「我現在就任命你為司禮監的掌印太監，馬永成為秉筆太監。你們六個，都有新職位，明天早上宣布。」

劉瑾吃了這顆定心丸，這才長出一口氣，起了身。

朱厚照為了挽回他和八虎的友情，連夜就把王岳免職發配南京守太祖陵。對於劉健和謝遷的理想而言，一切都過去了。

早朝時，劉健和謝遷得到噩耗：皇上因昨夜失眠無法上朝。關於劉瑾等人的處理，朱厚照說：「他們跟隨朕這麼多年，不忍心把他們處死，所以這件事稍後再議。」

李東陽歎息了一聲，搖頭。劉健和謝遷決定用多年來賺取的地位、威望和聲譽做最後一擊——辭職。

他們認為這是一招好棋。因為他們是先皇指定的輔臣，朱厚照再頑劣荒唐，也不可能對他們的辭職無動於衷。朱厚照的確沒有無動於衷，他在辭職信上快活地批示了「准」。

劉健和謝遷的時代過去了，他們根本就不瞭解朱厚照，早已把身心都沉浸在玩樂中的朱厚照巴不得他們離開。

劉健和謝遷現在已無迴旋餘地，只能回家養老。李東陽在送行會上對二人說：「我不能走，我要繼續您二人未竟的事業。」

劉謝二人笑了笑，說：「好啊。我們的時代結束了，不知道你的時代是否真能開始。」李東陽的時代沒有辦法開始。李東陽是個懂政治的人，他看清劉瑾已經站立得很穩，堅如磐石，短時期內，沒有任何力量可以把他從高處拉下來。

當北京方面的很多官員要求李東陽扛旗向朱厚照上書挽留劉健、謝遷二人時，李東陽說：「你們這不是救人，而是害人。劉瑾對他二人已恨之入骨，我們現在又去挽留，這不是給劉瑾火上澆油嗎？先不說諸位的命，劉、謝二人也命不久矣。」

北京方面由此銷聲匿跡，南京方面開始生龍活虎。

知而不行，只是未知

「明知山有虎，偏向虎山行」不是自殺行為，至少在王陽明看來，它是心靈驅動下的冒險犯難，是孔子在良知命令下的「明知不可為而為」。

北京方面的「打老虎」行動徹底失敗後，南京方面接下了這個不可能完成的任務。早在劉健、謝遷「被辭職」的消息傳到南京後，南京監察官（禦史）薄彥徽、陸昆、蔣欽等十五人聯名上書請求朱厚照挽留劉、謝二人。不過他們的請求書達到北京時，劉、謝二人已經離開。他們馬上轉向，矛頭直指八虎，劉瑾自然是他們攻擊目標中的首要人物。他們在奏摺中聲稱掌握了無數確鑿的證據，證明劉瑾罪不容赦。

劉瑾的反應非常淩厲，要求朱厚照下令，把這些人捉到北京，廷杖伺候。朱厚照對劉瑾的憤怒感同身受，自他繼位以來，官員們就一直在找他麻煩。

廷杖是朱元璋專門對付政府官員而設置的刑罰之一。這一刑罰引人注目的地方就在於：把罪犯在眾目睽睽之下按趴在地，用繩子捆綁住手腳，把褲子褪到膝蓋處，執行員以粗重的木板拍打受刑人的屁股。

扭曲的傳奇就此上演。南京的監察官們被拖到北京，每個人都被打得奄奄一息，又被開除公職，政治生命就此結束。監察官蔣欽不服氣，屁股挨了三十棍被貶為平民後，他又給朱厚照寫了封信。在信中，他把劉瑾罵得狗血淋頭，同時提醒朱厚照，我太祖皇帝（朱元璋）曾立下家法，不許太監干政。可如今，劉瑾已成了帝國的二號首長，貪贓枉法，無惡不作。奏疏的最後，蔣欽豁出性命：「皇上如果您信臣，殺劉瑾；如果不信臣，殺我。」

劉瑾暴跳如雷，朱厚照七竅生煙，兩人一合計，再給蔣欽三十軍棍，如果他還沒死，就扔他進錦衣衛大牢。

蔣欽沒有死，不過已剩半條命。這半條命在蔣欽看來，剩和不剩沒有太大區別。於是，他在獄中又給朱厚照寫信，希望朱厚照能明白這樣的事實：如果劉瑾沒有罪，我為何要不惜性命來控告他。現在，我每天在獄中和蟑螂老鼠為伍，他在外面錦衣玉食，我有老爹七十二歲，我連盡孝這件事都可以拋棄，我圖個什麼？

朱厚照沒明白，和劉瑾合計後，蔣欽又挨了三十軍棍。剩下那半條命就這樣和已死去的半條命會合了。

蔣欽在十天內挨了九十棍，給政府官員們帶來了極大的視覺衝擊和心理摧殘。那是一幅血肉橫飛的場景，屁股上被打爛的腐肉能割下一盆。當事人在受刑時鑽心刺骨的痛時，使得面部都會變形。政府官員們在感歎蔣欽奇異的不屈不撓精神和朱厚照罕見的冥頑不靈外，毫無他法。人人都意識到，現在誰敢說劉瑾一句壞話，蔣欽就是榜樣。

王陽明就在這噤若寒蟬的空氣中不聲不響地登場了。他必須登場，表面上看，是一群文官和太監劉瑾作對，實際上，這是正氣和邪氣的較量。王陽明當然站在正氣這邊，所以他必須做一個表態。

據說王陽明準備上奏疏之前，有人勸他：「當初鬧得那麼兇，不見你有任何動作；現在勝負已定，你卻逆風而行，這太傻了吧？」

王陽明傲然道：「就是因為當初鬧得太兇，那麼多正義之士都在奮鬥，所以多我一個不多，少我一個不少。而現在，正義之士被壓迫，死氣沉沉，必須要有一個聲音來呼喚他們的良知，而這個重任非我莫屬。」

知道王陽明要登場的人可能會猜測，他會直奔當時官員們力挺的宏大主題：扳倒劉瑾。但王陽明的思考方式和一般人並不一樣，他就算上了山，也不會直奔老虎。以他的見解，這場風暴的起源處是朱厚照，劉瑾不過一木偶。想要扳倒劉瑾，必須要從朱厚照那裡入手。他入手的方式極為婉轉，綿裡藏針。

他的著眼點就是南京監察官事件。他首先把朱厚照捧起來：「君仁，臣才直。」也就是說，上有朱厚照這樣英明的皇帝，下才有那些直言敢諫的南京監察官。他們如果說得對，您應該嘉獎。如果說得不對，您也應該包容，這樣做的好處是可以聽到各種不同的聲音。隨後，他話鋒一轉：「可是您現在做的叫什麼事啊！南京離北京幾萬里，您也不惜成本把他們拉到北京來執行廷杖。對當事人而言，不過就是屁股上受了點苦，但在外人看來，您這就是在堵塞言路，將來誰還敢面對奸佞之人挺身而出？皇上您天縱睿智，不可能不知道南京監察官們的指控是虛是實。我希望您能施捨您的仁慈，把他們官復原職。上有天下有地，中有萬民，都會以各種形式稱頌聖明，天下有福。」

上了這道奏疏，王陽明心情輕鬆，居然還跑到他和湛若水創建的學堂裡繼續給學生講身心之學。朱厚照和劉瑾遠沒有他那麼淡定，看完信後，雖然朱厚照根本不知道王陽明是誰，劉瑾也不清楚這個兵部的小官到底是何方神聖，不過他當時的原則是「寧可錯殺一千，不可放過一個」。既然王陽明的上書和南京監察官們有關，那就證明其心必異。而且，這封信裡有暗示：那些監察官是對的，豈不就是證明他劉瑾是錯的。

於是，一道聖旨到了王陽明眼前：廷杖四十，下錦衣衛獄。

王陽明年輕時雖然練過中國傳統武術，而且能蹦過一丈寬的懸崖，更修習過道家導引術，可他天生體質就弱，更沒有練過硬氣功，所以，他無法「笑納」招呼到屁股上的四十軍棍。他被打得一佛出世、二佛升天。直到被抬到錦衣衛大牢時，他才悠悠醒轉，眼前已換了世界。

這個世界，他在幾年前任職刑部時見過，暗無天日，臭氣熏天，儼然地獄。不過當年他在過道裡看，現在他在囚籠裡看，站的角度不同，看到的情景就完全不一樣。他有種奇異的感覺：

在這幽暗潮濕的囚牢中，他自少年時代就埋藏在心中的一切理想都消失不見了。他的心不是空的，而是像裝滿了渾水的罐子。

關於王陽明在錦衣衛大牢的具體情景，沒有旁證，我們只能透過他的詩歌來還原他在監獄中的生活。據他的詩歌說，他剛進大牢時，由於屁股創傷和心理壓力，整夜整夜地失眠。從一個養尊處優的公子哥一下跌到人間最黑暗的錦衣衛大牢，即便是元始天尊和佛祖，心理也會起變化。當他勉強能直立行走後，他就在牢裡來回地踱步。回憶起前半生時，他不禁潸然淚下。他好像沒有回憶他的那些理想，人的理想和站立的位置有關，一個身陷囹圄的囚犯不可能去想建功立業。王陽明也沒有想自己怎麼會淪落到這個境地，也許他在寫那封奏疏時就預料到會有今天。如今，他漫不經心地觀察今天的處境，牢房裡沒有四季的更替，只有刺骨的寒冬。牢房裡的光線慘澹，幾乎可以忽略不計。牢房裡的飯菜幾乎比豬食還難吃。

後來，他終於認清了現實，自己在這個地方會待很久。據他估算，離他去另一個世界的時間也還有很久，這段時間，他怎麼來打發，應該是他首先思考的問題。他把時間用在《周易》上。《周易》是周文王在監獄裡寫的一本卦書，道家說它裡面暗藏人生玄機，讀透它就能趨吉避凶，儒家卻說他是君子的修身寶典。王陽明讀《周易》，也想讀出點天機來。不過讀著讀著，他就想到了自己在家鄉的陽明洞。在那裡，他曾翻過佛經，練過導引術，清風吹進洞裡時沁人心脾。

出乎王陽明意料的是，一五〇七年春天，他的牢獄生涯居然結束了。但舊的厄運結束標誌著新的不幸到來：他被貶到貴州龍場驛站擔任站長。但凡有點地理常識，就知道那不是人待的地方。不過王陽明卻很開心，出獄時還曾勉勵他的獄友，要保持君子風範，不可拋棄聖賢之書。

人生一切所謂的苦難，都是比較而言。和錦衣衛大牢相比，山遙水遠的貴州龍場就不值一提。這至少是王陽明當時的想法，可他的朋友們卻面色大變。

湛若水費了好大勁，才在大明帝國疆域圖的最南方找到了一個叫龍場驛站的地方。他沮喪地對王陽明說：「此地非人類所能居住，你這一去恐怕……」

王陽明心裡有數，但卻安慰湛若水：「我大明帝國既然在那裡有驛站，就說明有人。別人能在那裡生活，為什麼我不能？錦衣衛大牢是什麼地方，我這不也出來了嗎？」他話鋒一轉，「我唯一擔心的是當今天下，聖學不明，讀書人只講口耳之學，不談身心之學，我希望你能把身心之學發揚下去。」

湛若水很愧疚，一個生死未卜的人還時刻不忘身心之學，他這個在波平浪靜中生活的人沒有任何資格頹喪。況且，他對王陽明也有很深的瞭解，王陽明大半生無論是對理想還有生活從未絕望過，只要他能發揮主觀能動性，應該不會發生什麼事。

看上去，王陽明應該沒什麼事。

但生活自有它自己的準則，凡是你能預料的事大都不會發生；凡是你沒有預料到的，毫無意外地肯定會發生。

釋厄路

王陽明在離開北京之前，寫了一首詩，其中有兩句：

賢聖可期先立志，塵凡未脫漫言心。

說明他一離開錦衣衛大牢，心裡的宏圖大志就復活了。另外，他並沒把到惡劣的龍場去生活看成是什麼了不起的障礙。他是個有抱負的人，抱負是一個人活出價值的發動機。至少在他離開北京時，他是這樣想的。不過後來的事實證明，在面對險惡環境時，這台發動機也會熄火。

王陽明從北京去貴州龍場的第一站是老家浙江余姚。由於牢獄之災，他的祖母和家人一見到他，就說他蒼老了很多，並對他去貴州龍場表示出擔心。王陽明以一種無所謂的態度勸慰他們說：「那個地方雖然少有人行，卻是山清水秀。你們也知道，我從小就喜歡山水，所以那個地方在你們看來是地獄，對我而言卻是天堂。」當他的家人心緒平靜後，他離開余姚到了杭州，住在他曾經成功勸退那個靜坐和尚的勝果寺中。王陽明並非重新皈依了佛教，而是為了養病。四十軍棍帶給他的生理創傷還在，天氣稍有變化，他的屁股就會出現陣痛，以致於不能安心靜坐。更糟的是他的肺病又復發了。所以王陽明必須要把身體休養好，才有力氣繼續趕路。

可惜，他這點小心願都沒有達成。在杭州休養了幾個月後，劉瑾派了人來。來的人是錦衣衛，任務是殺掉王陽明。

錦衣衛日夜兼程，很快就來到杭州。他們憑著高度靈敏的嗅覺，摸上了勝果寺。王陽明在勝果寺有滿坑滿谷的朋友，馬上就有個叫沈玉殷的找到王陽明，對他說：「寺裡今天住進了幾個操北方口音的人，面露殺氣，可能是來找您的。」
王陽明驚恐起來，沈玉殷問他：「你是否有仇人？」
王陽明回答：「平生只有一個仇人，就是劉瑾。」
沈玉殷點頭道：「是了，如果我沒有猜錯，這幾個人應該就是錦衣衛，是來對付您的。」
王陽明站起來就要走，沈玉殷攔住他，說：「先不要著急，我去探查一下，然後見機行事。」
當夜，沈玉殷備好酒菜敲開錦衣衛的房間，開門見山問道：「你等為何要殺王陽明？」錦衣衛明人不做暗事，回道：「奉劉公公之命。」
沈玉殷又問：「何時動手？」
錦衣衛回答：「今夜。」
錦衣衛的自負讓他們付出了任務失敗的代價。沈玉殷把他們灌醉後，急忙通知王陽明快逃。王陽明連行李都不收拾，倉皇逃出了勝果寺。
他走得越快，就感覺危險離他越近，他拚命地跑起來，一直跑到錢塘江邊，但危險的氣息仍然在左右縈繞。他知道，酒醒後的錦衣衛始終在後面嗅著他的蹤跡尾追不舍。
要擺脫一個人，只需讓他如願以償。王陽明把外衣和鞋子放到錢塘江邊，又寫下遺書「百年臣小悲何極，夜夜江濤泣子胥」。他藏了起來，錦衣衛到來時，看不懂他的遺書，但看到了正被江水推向江心的衣服和鞋子，他們認定，目標已死，於是回京覆命了。
王陽明「死亡」的消息很快傳遍浙江，又傳到北京。他在浙江的一些朋友居然到錢塘江邊去祭奠他，他的家人痛不欲生，剛被劉瑾趕回老家的王華老淚縱橫。只有王陽明最好的朋友湛若水不信，當他看到王陽明的遺書時，哈哈大笑，說：「這是英雄欺人。」湛若水的意思是，王陽明在玩詐。

詐，讓他擺脫了暫時的困境。他搭上一艘去舟山的船。倒楣的是，一陣狂風把船吹離航向，當他登岸時，人家告訴他這裡是福建福州的鼓山。王陽明歎息了一回命運不濟，辨明瞭貴州方向後就鑽進西南的森林裡。穿過森林，有座破敗的寺廟，一條若隱若現的小路延伸到遠方，王陽明順著小路走了一會兒，就見到一座裝修簡單的寺廟。他興奮地去敲門，過了很久，門才打開一條縫，探出個和尚的光頭來。和尚見王陽明一臉焦慮，有些訝異。王陽明希望和尚能收留他一晚，和尚連連搖頭，卻不說原因。據和尚說，小路的盡頭有座寺廟，那裡可以容身。

王陽明咳嗽著，渾身顫抖，但和尚毫無慈悲之心。

這就叫禍不單行。王陽明只能掉頭回那座破敗的寺廟，雖然破敗不堪，但遮風擋雨的功能還未完全喪失。當第二天王陽明醒來時，看到的第一個物體就是昨夜那個和尚的臉，那是一張驚異的臉。後來王陽明才知道那個出家人的用心有多險惡，寺廟在深山老林，沒有多少香客。沒香客就沒有香火錢，和尚因此很貧窮。有一次，一位過路客在那個破敗寺廟裡過夜時被老虎吃掉，遺留下大堆的骨頭和金銀財寶。這讓和尚產生了靈感，此後，他拒絕任何過路客住他的寺廟，那個破敗寺廟就成了他的經濟來源。在王陽明之前，只要有人來，就必有收入。可王陽明打破了他的定律──老虎居然沒有吃他。和尚想，此人絕非等閒之輩，這種想法喚回了他久違的慈悲心，他把王陽明請回寺廟，好生招待。

王陽明在寺廟裡安頓下來後，身體康復得很快。有一天，他百無聊賴，在寺裡閒逛，走到一空曠處發現一位老道靜坐閉目。聽到腳步聲，就睜開眼，看了看王陽明，哈哈一笑，說：「我終於把你等來了。」

王陽明吃了一驚，定睛細看，失聲叫道：「啊呀，道長，怎麼是你啊！」

道士正是二十年前江西南昌鐵柱宮裡的那位道士，他的容貌和二十年前一樣，光陰似乎在他臉上沒起任何作用。兩人熱烈地交談起來。

王陽明問他：「為何在這裡？」

道士回答：「你不記得二十年前我說過，二十年後咱們再相見嗎？」

王陽明沒有想過這樣的問題，但鄉遇故知的喜悅充盈了他的腦子。道士問他多年來的人生狀況。王陽明一五一十地說給道士聽，說完，長歎一聲。道士也歎了一聲。

王陽明說：「我被劉瑾追殺，九死一生，前途未卜。我不想去貴州龍場，只想找個沒有人知道的地方隱居。」

道士說：「你是要出世？」

王陽明說：「是的。」

道士笑了：「你才否定佛道的出世思想，如何又轉回來了？」

王陽明苦笑：「如今我也顧不得那些，只求保存性命。」

道士問：「你當初為何和佛道分道揚鑣？」

王陽明答：「實在是難捨親情。」

道士追問：「你現在就能捨了？」

王陽明被問住了，他當然不能。

道士替他分析：「如果你一走了之。劉瑾說你去了越南，或是蒙古，誣你個私通敵國的罪名，你的家人肯定受牽連。」

王陽明驚駭道：「我也是被時勢逼得太緊，居然忘了這樣的事。」

道士說：「你來之前，我已為你占得一卦，得卦明夷，斷辭是：光明消退，黑暗降臨，面對災難，宜堅貞守持。」

其實這幾個字無非是告訴王陽明和每個在逆境中的人：切勿受到不利環境的影響，也不要讓堅定之心有所動搖。要避免災禍，就要守護內心的光明，僅管表面上可以屈服。採取這種態度，再大的災難都是浮雲。有時候，人必須隱藏他的光芒，以便在當時的困難處境之下仍能讓他意志占上風，內心深處必須意志堅定，並且要一點都不流露在外。如此，就能在困難中堅持。

據說，道士的占卜在王陽明身上喚起了信心。王陽明決定先去看望父親後，就繼續踏上通往貴州龍場的坎坷路。實際上，王陽明不想再逃避，和卦象沒多大關係，親人們的安全才是決定性因素。

離開那座寺廟後，他直奔南京去看他父親王華。王華當時被劉瑾驅趕到南京，坐著冷板凳。父子二人相見，抱頭痛哭。王陽明愧疚地對父親說，自己對不起父親的養育之恩，對不起王家列祖列宗。王華卻說：「我們都以為你真的自殺了，如今能看到活著的你，還有什麼奢望？你從小性格就野，不與人同，步入仕途後三心二意，我從來未在光宗耀祖上對你寄予厚望。雖然如此，你那道上書是對的。正義總需要一些人來維護，你只是做了你該做的事。」

王陽明對父親說，他已經決定去龍場，勇敢地面對這次放逐。臨行前，王華讓兩個倒楣的僕人跟隨王陽明。在重新上路前，王陽明寫下了動人心弦的一首詩：

險夷原不滯胸中，何異浮雲過太空；夜靜海濤三萬里，月明飛錫下天風。

普遍認為，王陽明用這首詩表達了他決定直面前途未卜的未來之後如釋重負的感覺，裡面透露出的勇氣讓人深深感動。

人的力量永遠來自心靈。當你的心靈產生力量後，外界的環境看上去也就沒有想像中的險惡了。所以他後面的路雖然異常艱辛，但他從浙江到江西，再從江西進入湖南，從湖南進入貴州，一步一個腳印，終於在一五〇八年初到達了他的放逐地——貴州龍場驛站。

做自己的主人

王陽明雖然對放逐地的嚴酷現實有思想準備，不過到達龍場驛時，他的心還是瞬間冷了下來。

龍場驛位於今貴州貴陽西北約八十里的修文縣城，地處荒僻，蟲蛇甚多，瘴氣流行。如果你說此地不是人類所能居住的，但是當地居住了很多彝人、苗人等少數民族；如果你說這個地方是人類可以居住的，但是和山頂洞人的生活條件差不多。

王陽明到達龍場驛時是一個太陽還未升起的早晨，植物腐爛的氣息在森林裡形成濃密的霧。這彷彿是一個迷幻的世界，看不到任何希望。龍場驛站的站長用出離了興奮的心情接待了他們。他的這種心情實在不厚道，他的高興不是因為有人來，而是因為有接替他的人來。他把自己在龍場驛三年的生存經驗全部傳授給王陽明。按他的意思，這些生存經驗一旦出了龍場驛，就是屠龍之計，一點用都沒有，所以他毫無保留。

他要王陽明在未來的生活中需要時時警惕以下五點：第一，不要和陌生人說話。當地少數民族和我們不是同一類人，陰鷙易怒，發起火來像魔鬼，要命的是，他們時時刻刻都在發火。即使是中原人，也不要隨便和他說話。來這裡的人有很多是為了逃避法律制裁、心狠手辣的亡命之徒，好人誰會來這裡；第二，注意空氣品質。這裡的空氣看上去清新，但暗藏殺機，尤其是早上和夜晚，森林中的瘴癘之氣四處彌漫，稍不小心就會中毒身亡；第三，動物兇猛。這原本就是野獸的家園，所以要時刻小心狼蟲虎豹的攻擊；第四，自力更生。法律雖然規定政府供應糧食，但經常一年才來一次，所以你要學會種植穀物；第五，也是最重要的：既來之則安之，一定要保持樂觀的心態。否則，你終會有一天把自己結束了。

這位卸任的龍場驛站站長傳授完畢，收拾了自己的行李，樂呵呵地走了。王陽明望著他的背影在原始森林深處消失，腦子裡一片空白。他想朗誦他在離開南京時寫的那首詩，可怎麼也想不起第一個字是什麼。

他沒有心情去想那個字，因為有好多活要做。首先就是居住問題，按法律，王陽明是戴罪之人，不得居於驛站。他找到一個山洞，陰暗潮濕，能抵擋頻繁而至的雨水，但卻犯了一個致命的錯誤：他沒有安裝門！所以，一天晚上，一隻狗熊在他們熟睡時走進山洞，把他一個僕人的半邊臉當成了夜宵。王陽明懊悔之下才想起了前任的警告。他開始忠實地奉行起來。第一，他叮囑僕人在森林裡尋找食物時不要和當地土著說話，不要有任何接觸，包括眼神。第二，每當森林中瘴癘彌漫時，他就用他有限的中醫藥知識採集消毒的植物放到鍋裡煮沸，祛除瘴癘氣。第三，他讓僕人打造了一扇石頭大門，睡覺前必須關門。第四，他帶著僕人開墾土地，種植前任留下來的種子。第五，為他自己和他的僕人找各種樂子。他把自己居住的幾個山洞和臨時搭建的窩棚起了很多文雅而有深意的名字，比如他所居住的山洞叫「玩易窩」，按他的解釋是，這個山洞是山麓的窩，我時常在這裡憑記憶力讀《易》，讀到精熟處，感覺就像是在玩一樣，於是叫「玩易窩」。有一個窩棚叫「何陋軒」，王陽明解釋說，這裡的土著雖然表面粗野，但性格直爽，心思如小孩子，這說明他們「良知」並未喪失。所以他給這個窩棚起名為「何陋軒」。還有個窩棚叫「君子亭」，王陽明的解釋是：這四周都是竹子，竹子具備君子的四個特徵，中空而靜，通而有間，這是君子之德；外節而實，一年四季枝葉顏色不改，這是君子之操；隨著天氣而出而隱而明，適應性強，這是君子「適應時勢」的變通；挺然而立，不屈不撓，這是君子之容，所以我給它起名為「君子亭」。

這是藝術上的自我調節。在現實生活中，王陽明給他的僕人用大白話唱民歌，跳最狂熱的舞蹈，以驅逐他們對現實的沮喪。為了淡化殘酷的生存環境，他憑記憶誦讀理學經典，把自己從現實世界中拔出來沉到思想世界中。

有生以來，王陽明第一次有意識地陷進回憶中。他突然發現了許多自己從未發現的事實。

他鑽研軍事、探索理學、浸染佛道、苦攻辭章，都是他那「野多違俗」的性格和「成為聖賢」的理想與現實世界的生死搏擊。現實世界總把他的性格和理想打倒在地。而他自己也注意到，每一次他都能站起來，並且比倒下之前更強大。就在他被投入錦衣衛大牢前，他心中已有了明確的目標，那就是身心之學。即使在來貴州的路上，他還在探索身心之學的精妙。不過他也承認，現實世界還是很強大的，因為它用龍場這一記重拳把他打倒在地，至少在他回憶往事時，他還沒有站起來。

實際上，從內心而言，他現在比過去強大了百倍。他說：「我已超脫了得失榮辱，只是還無法超脫生死。」其實人人所謂的怕死，怕的並不是死，而是對生有所眷戀而已。王陽明一想到因為死亡會讓他那些理想半途而廢，心裡就火燒火燎地難受。他為自己準備了一副棺材，說：「我現在就聽天由命吧。」

這並不是放棄，實際上「聽天由命」隱含了某種灑脫，它是在我們無法改變事情時的淡然心態。王陽明在聽天由命時，每天都用靜坐的方式讓自己的心安靜下來。當他的心徹底安靜下來後，他就會問這樣一個問題：「如果是一個聖人處在我這樣的環境下，他如何做？」

這個問題問得好！

它實際上問的是，聖人是如何改變外部世界而有所作為的？

王陽明已意識到，聖人無論多麼非凡，也不過是肉體凡胎，他生活在社會中，所以必須要面對外部環境。那麼，聖人們處於逆境時是如何改變外部世界的呢？遺憾的是，王陽明很快發現，儒家聖人系統中的那幾位聖人誰都沒有他這樣的遭遇。孟子是貴族，每次出門都鮮衣怒馬，僕從如雲。周武王是西周時期的萬王之王，誰敢放逐他？周文王坐過牢，但吃喝不愁。孔子在周遊列國時的確挨過餓，那也是幾天的事。也就是說，沒有哪個聖人像王陽明這樣倒楣過。

他找不到標杆，尋不到成功的案例，這讓他的心靈備受煎熬。後來，他經由長時間的默想，突然發現，聖人是沒有辦法改變外部環境的，他們只是適應環境。正如他自己，剛來時面對這樣惡劣的環境，想死的心都有。可現在，他不還是好好地活著？那麼，讓他活下來的精神支柱是什麼呢？無非就是努力適應外部環境。

想到這裡，他的心情輕鬆了許多。他覺得自己應該把時間用在理學的突破上。於是，他開始審視朱熹的「格物致知」。他對朱熹仍然極不滿意，因為朱熹說，去外面世界格真理。這就如他現在，他如何才能從外部找到一個好好活下去，並且可以創造人生價值的真理呢？外部根本沒有這樣的真理，所以他根本無法找到。

朱熹的「格物致知」和「聖人處此該如何」交織在一起在他的腦海裡撞擊著，他變得神魂顛倒起來，像中了魔一樣絮絮叨叨，時而點頭，時而皺眉，時而搖頭。

他的腦子再也放不下這些翻來覆去被他肯定和否定的問題，終於有一天，這些問題衝出了他的腦子，像一幅畫一樣清晰地呈現在他眼前。於是，就發生了本書開頭的那一幕，王陽明的心學橫空出世。這個傳奇故事被稱為「龍場悟道」，是王陽明心學誕生典禮上的禮炮。

龍場悟道引來很多爭論。有人說是禪悟，有人說是道家思想的結晶。有人則說，是儒家孟子思想和陸九淵心學思想的碰撞。也有人說，其實這是王陽明長期失眠和極度消沉後所產生的幻覺。

但無論怎麼說，王陽明在龍場所悟到的「聖人之道，吾性自足」都是中國思想史上最奪目的光輝。所謂「聖人之道，吾性自足」，就是我們每個人與生俱來心中就有聖賢之道，因為我們心中與生俱來就有能知是非善惡的「良知」，而做聖賢就是要透過自我努力實現最真實的自我。我們每個人身上既然都有聖賢的因數，那人人就是平等的，誰都沒有權力支配誰。只有一個人有權力，那就是我自己。只有我才能支配我自己，我才是自己的主人！

這就是王陽明心學最根本的思想，也是哈佛大學教授杜維明說「二十一世紀將是王陽明的世紀」的理由。

現在，我們已經可以回答下面這三個問題：為什麼是王陽明？為什麼是他創建了心學？為什麼他能創建心學？

宿命論者認為，王陽明創建心學是蒼天註定的，因為他就不是凡人，有四件事可以證明。第一件事，王陽明在一四七二年出生前，他的祖母夢到神仙從空中垂直降落，把懷中一個嬰兒交給他祖母，並且說：「此子將來必能光大你家門庭。」他祖母從夢中醒來，王陽明降臨人間。為了紀念神仙乘雲霧送子這個夢，王陽明的爺爺王天敘給他起名為「王雲」；第二件事，王陽明直到四歲還不能講話。有個和尚就對他爺爺說：「好個孩兒，可惜道破。」他爺爺王天敘猛然想起「王雲」的「雲」字，恍然大悟，這是道破了天機啊，於是馬上把的名字由「王雲」改成「王守仁」（王陽明是他成人後自己取的號）；第三件事，一四八二年，王陽明在鎮江府金山寺的禪房裡看到一位圓寂的和尚和自己特別像，牆上的詩歌暗示，王陽明就是這位和尚的轉世；第四件事，一四八三年他和父親在北京城走路，一個道士對他父親說，你這孩子能跨灶（超越父親）。他父親很疑惑，他已經是狀元了，王陽明難道是狀元中的狀元？道士說：「這正是此子奇異之處。」

還有人說，王陽明天生睿智，但人類歷史上天生睿智的人太多。在王陽明身邊就有湛若水，在他之前，還有陳白沙。有人說，他始終有成聖之志。但婁諒也有，陳白沙更有，幾乎所有的儒家思想家都有成聖之志。有人說，王陽明多年以來積累了儒釋道諸子等百家知識，但陳白沙的知識積累比他要深厚十倍，陳白沙十幾歲就悟透佛道二教，而他三十歲時才通佛道。最後，有人說，王陽明所以創建心學，是因為經歷了一次嚴酷的放逐洗禮。

的確，人類歷史上一個永恆的定律是：任何一位偉大的聖賢都要經歷過一番非比尋常的困苦環境。摩西被放逐渺無人跡的沙漠，才有了《摩西十誡》；耶穌在顛沛流離的傳道中悟得大道；穆罕默德在放逐地創建了伊斯蘭教；釋迦牟尼放棄了王子養尊處優的生活，到深山老林中度過艱苦的歲月，創建佛教。這幾個人的成功似乎告訴了我們一個人生哲理：不經風雨，就不能見彩虹，逆境使人成長，讓人成熟。

但身處逆境就一定能有所作為嗎？從古到今，死在逆境中的人不勝枚舉，何談成就！

那麼，到底為什麼是王陽明？

至少一個因素必不可少。王陽明出身書香門第，他本人衣食無憂，這讓他有充足的條件隨心所欲。我們很容易就注意到一個問題：但凡哲學家，出身貧苦的極少。

實際上，這種「事後追溯」意義並不大。正如我們走在路上看到一起車禍，「事後追溯」就是，我們馬上思考自己怎麼會看到這起車禍？你肯定能找到理由，如果你有耐心追溯，就會發現在你出生的那一刻，就已註定了你會看到這場車禍。

雖然王陽明具備的那些要素很重要，也許我們應該特別注意王陽明在「悟道」之前反復琢磨的那兩個問題：一個是朱熹的「格物致知」；另一個則是聖人如何從困境中超越出來。如果非要給「為什麼是王陽明」安一個看上去標準的答案，那麼這個答案就應該在兩個問題裡：聖人肯定不像朱熹所說的去外面尋找存活下去的真理。用排除法，不去外面找，自然就在心裡找。所以，他修改了朱熹對「格物致知」的解釋。

於是，王陽明心學的宗旨無非就是，我們心裡的良知是應對萬事萬物的法寶，無須去外部尋求任何幫助。

不過我們與其費力不討好地尋找他創建心學的能量，不如用心來學習如何獲得這種能量。這應該是王陽明的心願，也應該是我們的終身追求。

新朋友和新敵人

王陽明創建心學後，他的世界看似光明了起來。他適應了龍場這塊土地，並且和當地的土著發展出深厚的友誼，這源於王陽明高度的傳道責任感。悟道後，王陽明馬上把精力投入到講學事業中。他讓僕人開發一塊空地當作潦草的講習所，熱情地向土著居民發出邀請。

實際上，自王陽明來到龍場，當地土著們就對這個有氣無力的中原人表現出莫大的好奇。在他們眼裡，王陽明有些詭異。有時候，這個中原人很正常，也很勤奮。他耕種土地、修葺山洞、生火做飯。而有時候，這個中原人像個神經病，要麼一邊自言自語，一邊在森林裡來回轉悠；要麼坐在空地上，動也不動。有一段時間，他們認為王陽明比山中的虎豹毒蟲更可怕，而有時候，他們則覺得王陽明和藹可親。在森林中偶然相遇時，王陽明都很禮貌地向他們打招呼。

王陽明邀請土著去聽他的講座，土著們蹲在一起開會討論，有人說不去，因為中原人外表忠厚，內心狡詐。也有人說可以去，但必須全副武裝。最終，王陽明幾次三番邀請的熱情感動了他們。他們只帶著一顆心來了。

他們是王陽明在龍場結交的新朋友，這些人被王陽明所講的內容深深迷住（土著講的語言和漢語不同，無從得知王陽明是怎麼向他們傳道的），每天都來捧場。但有捧場的自然就有砸場的，正如一個出色的人有朋友就肯定有敵人一樣。

來砸王陽明場子的人是貴州巡撫王質。王質早年在中央政府擔任禦史而知道王陽明這個人。擔任禦史的人由於需要經常找碴彈劾別人，心理多少比較扭曲。王陽明來貴州這件事，作為巡撫，王質當然早已知曉。按王質的想法，王陽明到他的地盤任職，應該對他有所表示。不過王陽明那段時間太忙，忙著存活，忙著悟道，就把這位貴州官場上的大佬忽視了。

這本是無心之罪，但王質認為自己的尊嚴受到了王陽明的挑戰，於是派了一群亦官亦匪的人來到龍場驛站。這群人來砸場子時，王陽明正在給土著們講課。他們訓斥王陽明不識好歹，並作勢要揍王陽明。王陽明絲毫不動聲色，土著們卻怒了。雙方開戰，當地人人多勢眾，來砸場子的人被打得抱頭鼠竄。

王質大怒，當時就想調動軍隊對付王陽明，但馬上就改變了主意。他意識到這是殺雞用牛刀，而他只想讓這隻雞對自己低頭。王質拿出官老爺的威勢來，下命令給貴州司法部長官毛應奎，要他通知王陽明，這件事的影響極端惡劣，王陽明必須誠惶誠恐、畢恭畢敬地向他道歉，只有王陽明做到這一點，他才可以考慮是否要赦免王陽明的罪。

毛應奎瞭解王質，知道這是官場中「廉價自尊」下的無理取鬧。雖然如此，他權衡了一下，認為王陽明比王質更容易擺平。於是他給王陽明寫信，要他向王質道歉，哪怕就是一封道歉信也好。

王陽明陷入沉思。這是他龍場悟道後第一次遇到事，而且非常棘手。他必須拿出妥善的解決方法來證明心學的力量。反復思考後，他回了封信給毛應奎，他說，毆打那群流氓的本地居民不會無緣故打人，是那群流氓先動手的。他接著說，即使那群流氓是王質派來的，但我和王質之間並沒有任何關係，我為何要向他道歉？如果他非揪住這件事不放，那你替我轉告他，我在惡劣的龍場什麼沒有遇到過，幾乎一日三死，再大的風暴對我而言也不過是蟲豸。他最後說，我雖然是流放官員，也應該得到應有的尊重。

這正是他心學的靈魂：人人都有尊嚴，不可侵犯。據說，王質收到這封並非是給他的信後大為震驚，只好接受了尊嚴被侵犯的現實。

憑幾句義正詞嚴的大話就把對手嚇跑，世界上沒有這回事。如果真有，公平和公正早已立足人類世界。王質不再找王陽明的麻煩，最有可能是毛應奎周旋的結果。毛應奎是個頗有正義感的人，在收到王陽明的回信後，他親自去見王陽明。王陽明的人格魅力令他一見折服，這使他馬上斷定王質和王陽明之間的誰是誰非。在他的調和下，王質很容易做出判斷，這件事再鬧下去成本太高，而且有失他的身分，於是不了了之。

自此，王陽明的敵人王質消失，毛應奎則成了他的新朋友。

王陽明還曾神交了一位朋友，正是這位神交之友催生了中國文學史上最燦爛的篇章《瘞旅文》。我們想要瞭解王陽明的文學造詣，只需要欣賞這篇文章就足矣：

維正德四年秋月三日，有吏目云自京來者，不知其名氏，攜一子一僕，將之任，過龍場，投宿土苗家。予從籬落間望見之，陰雨昏黑，欲就問訊北來事，不果。明早，遣人覘之，已行矣。薄午，有人自蜈蚣坡來，云：「一老人死坡下，傍兩人哭之哀。」予曰：「此必吏目死矣。傷哉！」薄暮，復有人來云：「坡下死者二人，傍一人坐歎。」詢其狀，則其子又死矣。明早，復有人來云：「見坡下積屍三焉。」則其僕又死矣。嗚呼傷哉！

念其暴骨無主，將二童子持畚、鍤往瘞之，二童子有難色然。予曰：「嘻！吾與爾猶彼也！」二童憫然涕下，請往。就其傍山麓為三坎，埋之。又以隻雞、飯三盂，嗟籲涕洟而告之曰：

嗚呼傷哉！繄何人？繄何人？吾龍場驛丞余姚王守仁也。吾與爾皆中土之產，吾不知爾郡邑，爾烏為乎來為茲山之鬼乎？古者重去其鄉，遊宦不逾千里。吾以竄逐而來此，宜也。爾亦何辜乎？聞爾官吏目耳，俸不能五鬥，爾率妻子躬耕可有也，胡為乎以五鬥而易爾七尺之軀？又不足，而益以爾子與僕乎？嗚呼傷哉！

爾誠戀茲五鬥而來，則宜欣然就道，烏為乎吾昨望見爾容，蹙然蓋不勝其憂者？夫衝冒霜露，扳援崖壁，行萬峰之頂，饑渴勞頓，筋骨疲憊，而又瘴癘侵其外，憂鬱攻其中，其能以無死乎？吾固知爾之必死，然不謂若是其速，又不謂爾子、爾僕，亦遽然奄忽也。皆爾自取，謂之何哉！吾念爾三骨之無依而來瘞耳，乃使吾有無窮之愴也。嗚呼傷哉！

縱不爾瘞，幽崖之狐成群，陰壑之虺如車輪，亦必能葬爾於腹，不致久暴爾。爾既已無知，然吾何能為心乎？自吾去父母鄉國而來此，三年矣；癘瘴毒而苟能自全，以吾未嘗一日之戚戚也。今悲傷若此，是吾為爾者重，而自為者輕也，吾不宜複為爾悲矣。

吾為爾歌，爾聽之！歌曰：連峰際天兮飛鳥不通，遊子懷鄉兮莫知西東。莫知西東兮維天則同，異域殊方兮環海之中。達觀隨寓兮奚必予宮。魂兮魂兮無悲以恫！

又歌以慰之曰：與爾皆鄉土之離兮，蠻之人言語不相知兮。性命不可期，吾苟死於茲兮，率爾子僕，來從予兮。吾與爾遨以嬉兮，驂紫彪而乘文螭兮，登望故鄉而噓唏兮。吾苟獲生歸兮，爾子爾僕尚爾隨兮，無以無侶悲兮！道傍之塚累累兮，多中土之流離兮，相與呼嘯而徘徊兮。餐風飲露，無爾饑兮！朝友麋鹿，暮猿與棲兮。爾安爾居兮，無為厲於茲墟兮！

現在，我們將這篇文章翻譯成現代白話文。一篇優秀的古典文章，翻譯成白話文字，即使減色不少，但同樣能動人心弦。

在大明正德四年（一五〇九年）秋季某月初三，有一名吏目從北京來到這裡，不知道他叫什麼。他身邊帶著一個兒子、一個僕人，要到更遠的地方去上任，路過龍場，投宿在一戶苗族人家。我從籬笆中間望見他，當時陰雨昏黑，想向他打聽北方的情況，沒有實現。第二天一大早，我派跟班的一人去探視，他已經走了。近午時刻，有人從蜈蚣坡那邊來，說：「有一個老人死於坡下，旁邊兩人哭得很傷心。」我說：「這一定是吏目死了。可悲啊！」傍晚，又有人來說：「坡下死了兩個人，旁邊一人坐著歎息。」問明他們的情狀，方知他的兒子又死了。第二天，又有人來說：「看到坡下堆了三具屍體。」那麼，他的僕人又死了。唉，令人神傷啊！

想到他們的屍骨暴露在荒野，無人認領，於是我就帶著兩個跟班，拿著畚箕和鐵鍬，前去埋葬他們。兩名童僕臉上流露出為難的表情。我說：「唉，我和你們，本像他們一樣啊。」兩名童僕憐憫地淌下眼淚，要求一起去。於是在旁邊的山腳下挖了三個坑，把他們埋了。

隨即供上一隻雞、三碗飯，一面歎息，一面流著眼淚鼻涕，向死者祭告說：「唉，悲傷啊！你是什麼人，什麼人啊？我是此地龍場驛的驛丞、余姚王守仁呀。我和你都生長在中原地區，我不知你的家鄉是何郡何縣，你為什麼要來做這座山上的鬼魂啊？古人不會輕率地離開故鄉，外出做官也不超過千里。我是因為流放而來此地，理所應當。你又有什麼罪過而非來不可呢？聽說你的官職，僅是一個小小的吏目而已。薪俸不過五斗米，你領著老婆孩子親自種田就會有了，為什麼竟用這五斗米換去你堂堂七尺之軀？又為什麼還覺得不夠，再加上你的兒子和僕人啊？哎呀，太悲傷了！

你如真正是為留戀這五斗米而來，那就應該歡歡喜喜地上路，為什麼我昨天望見你皺著額頭、面有愁容，似乎承受不起那深重的憂慮呢？一路上常冒著霧氣露水，攀援懸崖峭壁，走過萬山的峰頂，饑渴勞累，筋骨疲憊，又加上瘴癘侵其外，憂鬱攻其中，難道能免於一死嗎？我固然知道你必死，可是沒有想到會如此之快，更沒有想到你的兒子、你的僕人也會很快地死去啊。都是你自己找來的呀，還說什麼呢？我不過是憐念你們三具屍骨無所歸依，才來埋葬罷了，卻使我引起無窮的感愴。唉，悲痛啊！

縱然不葬你們，那幽暗的山崖上狐狸成群，陰深山谷中粗如車輪的毒蛇，也一定能夠把你們葬在腹中，不致長久地暴露。你已經沒有一點知覺，但我又怎能安心呢？自從我離開父母之鄉來到此地，已經三個年頭。歷盡瘴毒而能勉強保全自己的生命，主要是因為我沒有一天懷有憂戚的情緒啊。今天忽然如此悲傷，乃是我為你想得太重，而為自身想得很輕啊。我不應該再為你悲傷了！

我來為你唱歌，你請聽著。我唱道：『連綿的山峰高接雲天啊，飛鳥不通。懷念家鄉的遊子啊，不知西東。不知西東啊，頂上的蒼天卻一般相同。地方縱然相隔甚遠啊，都在四海的環繞之中。想得開的人到處為家，又何必守住那舊居一棟？魂靈啊，魂靈啊，不要悲傷，不要驚恐！』

再唱一支歌來安慰你：『我與你都是離鄉背井的苦命人啊，蠻人的語言誰也聽不懂，性命沒指望啊，前程一場空。假使我也死在這地方啊，請帶著你子你僕緊相從。我們一起遨遊同嬉戲，其樂也無窮。駕馭紫色虎啊，乘坐五彩龍；登高望故鄉啊，放聲歎息長悲慟。假使我有幸能生還啊，你尚有兒子僕人在身後隨從；不要以為無伴侶啊，就悲悲切切常哀痛。道旁累累多枯塚啊，中原的遊魂臥其中，與他們一起呼嘯，一起散步從容。餐清風，飲甘露啊，莫愁饑餓腹中空。麋鹿朝為友啊，到晚間再與猿猴棲一洞。安心守分居墓中啊，可不要變成厲鬼村村寨寨亂逞兇！』」

王陽明在龍場除了結交新朋之外，還有舊友來鞏固他們之間的友誼。這些舊友都是他曾經在北京講身心之學的弟子，以他的妹夫徐愛為首，陸續來到龍場。當這些人得知王老師創出了不同於朱熹理學的學說後，大為驚奇。他們讓王陽明講講這個新學說，王陽明侃侃而談：「心即理。」

眾人不明白。王陽明說：「我心中有個能知是非善惡的良知，所以一切道理都在我心上，就是：心即理。」

這一說法當然讓他的弟子們耳目一新，但他們疑慮重重。徐愛就問：「您說心即理，不需外求。我孝順父親的種種行為，恐怕要去外面求取吧。一個三歲的孩子怎麼知道那些孝順父母的禮節？」

王陽明的解釋是：如果你真有孝順父母的心，就會去做孝順父母的事。天冷了，你會給父母蓋被；天熱了，你會給父母打扇子。這種禮節，你需要去外面學嗎？孝順這個道理就在你心中，如果它在外面，比如在你父母身上，倘若你父母去世了，難道它就消失了？

王陽明心目中儒家倫理最基本也是最重要的孝道，到底該如何表現？有件事可以說明。王陽明的愛徒徐愛曾在安徽祁門遇到一個叫傅鳳的人，此人以孝順父母為終生理想。因為沒有像樣的工作而賺不來錢，所以理想無法實現。徐愛就推薦他來見王陽明。王陽明於是給他講心學，傅鳳偶有所得，正要痛下決心修行時，突然意識到年邁的父母和傻子弟弟都需要他來養活。所以就拋棄心學，不顧性命日夜苦讀，希望能考個進士，有個一官半職來養活父母和弟弟。因為吃不飽，再加上學業辛苦，竟然患了大病，臥床不起。但傅鳳仍然堅持讀科舉之書，王陽明的弟子們都千方百計勸他以身體為重。

傅鳳很苦惱，於是請教王陽明。

王陽明歎息說：「你呀，雖然志在孝親，可已陷入不孝的深淵了。」

傅鳳吃驚地問：「難道我不想去做官賺錢養活父母和弟弟，就是孝了嗎？」

王陽明說：「你為了做官賺錢而養活父母和弟弟，卻把自己搞成病夫，這是孝嗎？」

傅鳳疑惑。

王陽明又說：「就看你現在病懨懨的樣子，能考上進士嗎？」

傅鳳很坦誠地說：「不能！」

王陽明說：「你把自己的身體搞垮了，卻沒有得到官職，而因為你身體很差，不能照顧父母兄弟，可能還要讓他們來照顧你。你說，你這不是大不孝，還能是什麼？」

傅鳳潸然淚下，請王陽明出個好主意。

王陽明說：「宇宙中最真的孝，就是不讓父母擔心。知道了這個，你就知道怎麼去孝順父母了。」

我們可以看到，王陽明心學中所宣導的孝的問題，其實就是一門不讓父母擔心的學問。良知告訴一個人，孝順父母的終極目的是讓他們心上安寧，物質條件還在其次。這其實就是感應，人世間所有父母希望的其實是兒女平安，錦衣玉食並不重要。那麼，將心比心，我們希望的其實也是父母平安，心平安，身平安。要做到這一點，必須是你的身心要平安，否則，這都是空談。宇宙無時無刻不在變化，世事也在變幻，但那些良知未被遮蔽的心對於孝順的要求卻是亙古不變的。想要真孝順，做到五個字就可以了，這五個字是：讓父母心安。

有弟子曾問王陽明，學習朱熹理學的方法很簡單，只要我們去外面格物，把格到的道理用靜坐思考的方式和自己的心吻合就是了。您這個學說，應該怎麼學會它呢？

王陽明給出了四點：第一，立志。就是要打定主意，下定做聖賢的決心；第二，勤學。做聖賢必須勤奮，努力學習知識和提升品德；第三，改過。有錯就要改，絕不姑息；第四，責善。也就是在朋友之間要以責備的方式勸善。

實際上，這是儒家提倡的老方法：在仿效典範和反省中獲得自我，進而成為聖賢。這時的聖賢就是心靈自由、自己能支配自己的人。

不過在龍場，除了徐愛之外，並沒有矢志不移跟隨在王陽明身邊的弟子。這些弟子來了幾天，或許是有別的事，又或許是忍受不了龍場的生活環境，所以就離開了。王陽明在《諸生》

這首詩中歎息說，人生相聚機會不多，何不把你們的書和行李拿來，咱們在一起享受心學的極歡大樂？（唯我二三子，吾道有真趣。胡不攜書來，茆堂好同住！）

而心學的極歡大樂在此時恐怕只有他一人能享受。雖然如此，他已蜚聲整個貴州。前來拜訪他的人相望於道，貴州龍場看上去不再是個閉塞之地，而成了人來人往的市場。在來看他的人中，有一人很特殊，他就是貴州軍區世襲軍政長官（貴州宣慰司宣慰使）安貴榮。安長官在貴州並非等閒，貴州的驛站就是他的祖上奢香夫人為明帝國免費創建的，所以他的神態裡有一種無上榮耀的傲慢。安貴榮來見王陽明並不是聽心學，按他的思維，王陽明學識淵博，聲名遠揚，肯定有非凡的智慧。他希望王陽明能為他解惑，這個惑就是：他想減少貴州通往中原的驛站數量。

王陽明勸他別胡思亂想：「驛站，尤其貴州境內的驛站是中央政府控制貴州的烽火臺，你撤驛站，會給中央政府『企圖弱化中央政府對貴州控制能力』的印象。後果如何，不必我說。」

安貴榮急忙派人送來酒肉，說：「想不到這深山老林裡有您這樣見識非凡的人，讓人欽佩，關於裁撤驛站的事，我以後想都不想。」王陽明回答他：「我沒有這樣的力量。我說的這個道理，你心中早已有之。」

這個回答很陰險，一方面他暗示，安大人你要裁撤驛站恐怕就是有這想法。一方面，我的心學說，道理在你心中，我只是提醒了你一下而已。

但安貴榮賊心不死。這件事不久，貴州境內發生了兩個少數民族首領的叛亂。王陽明判斷，這兩人是安貴榮的部下，他們叛亂和安貴榮的默許有直接關係。因為叛亂持續了一個月，安貴榮的軍隊毫無動靜。他給安貴榮寫信說，兩人叛亂是在你的軍事管轄區，你就眼睜睜地看著他們這樣胡鬧？中央政府怎麼想？即使不追究你的失職，如果調動別省的軍隊來鎮壓，你的顏面何在？

安貴榮看到這封信後，冷汗直冒。他馬上出兵，輕鬆平定了叛亂。

由此看來，王陽明在龍場的身分不僅是個驛站站長，還是個教育家，偶爾還客串政治家。他的朋友越來越多，聲名大振，他的命運在經過一番痛苦的洗禮後發生了大逆轉。所有人都知道，龍場這塊天地已容不下他，他離開龍場的日子已不遠了。

王陽明是被人請出去的，而且被請了兩次。第一次請他的人是貴州省主管教育的副省長毛科，他和王陽明是同鄉。一五〇八年冬天，他到龍場聽王陽明講學，由於沒有深厚的思想根基，毛省長很容易接受新思想。王陽明心學本身是靈動的學說，所以他很快就接受了，於是他邀請王陽明去省城貴陽講學。王陽明委婉拒絕，說：「我現在只是山野村夫，體弱多病讓我變得異常疏懶。我沒有用功閱讀和研究經典，所以沒有資格擔任講師。我現在正準備去看醫生，您作為官方代表，給我這樣的榮譽，實在讓我慚愧。」

毛科當然不會明白王陽明這番托詞背後的心理活動。在王陽明看來，他的心學是幫助人完善道德，而並非是指導人科舉考試。但毛科的用意很明顯，他要王陽明到貴陽講學就是希望王陽明能幫他培養出一批考試高手，這和王陽明的出發點南轅北轍。

毛科在一五〇九年初被調離貴陽，接替他的叫席書，毛科臨走前叮囑席書，王陽明學大才淵，不應該在龍場驛沉淪。席書謹遵前任教誨，上任不久，就跑到龍場驛來聽王陽明的講課。

課後，他請教王陽明，朱熹和陸九淵二人的思想有什麼不同嗎？王陽明說，這個話題太深，作為晚輩，他暫時還沒有資格來談。

他話題一轉，普及了一會兒自己的心學。簡易明快的心學馬上就讓席書為之著迷。不過，席書是朱熹理學的門徒，雖然著迷，但對王陽明心學的「真理性」表示懷疑。

第二天，席書滿腹心事地來了。他還是希望王陽明能講一下朱熹和陸九淵的不同，或者是，他王陽明和陸九淵的不同。王陽明只好滿足了席書的願望。

王陽明從「知行」的角度來說明他和朱熹、陸九淵的不同。他說，朱熹是透過經書得到天理，然後去實行；陸九淵是透過靜坐得到天理，然後去實行。二人雖然在得到天理的方式上不同，可都認為「知行」是有先後次序的。而我卻認為，知與行是合一的。知是行的開始，行是知的成果，二者是一回事。席書沒有深入質疑「知行合一」的問題，而是質疑另一個問題：「您也提倡靜坐，和陸九淵的靜坐有什麼區別嗎？」

王陽明說：「陸九淵靜坐是希望從心中得到真理。而我提倡靜坐，是因為現在的人心浮氣躁，靜坐能讓他們把心沉靜下來，我並沒有讓人一味靜坐去獲取真理，那不是正路。」

席書問：「那您從哪裡獲得真理？」王陽明回答：「真理就在我心中，但必須去事上練，只有去實踐了，你才能更深刻地體會這一真理。而且，這兩者是不可分的，正如知行合一一樣。」

席書這回心悅誠服，馬上讓人修建貴陽書院，並親自率領貴陽的秀才們來到龍場，以師禮請王陽明到貴陽。

由此，王陽明離開了他的放逐地和涅槃重生地。

心學的政治力

一五〇九年，王陽明在貴陽書院正式講學。按理，他有了傳播自己學說的平臺本該高興。但在來貴陽的路上，他心事重重。表面上，席書服膺他的心學，實際上，作為主管教育的省長，席書面臨一個困局：他對王陽明心學心悅誠服，但王陽明心學並非是考生輔導課，而他的工作職責就是讓自己轄區內的考生通過科舉考試。王陽明也面臨一個困境：他的心學目標是給考生指明聖賢之路，而考生的目標卻是讀書做大官。如果他一門心思宣揚和朱熹理學截然不同的心學，那考生的目的就無法實現。想讓考生的理想實現，就必須要講朱熹理學。這個困局也是他當初婉言拒絕毛科的根本原因。不過好像事情沒有他想的那麼複雜，席書用一句話就撫平了他的憂慮：講你最想講的。

王陽明在貴陽書院講的主要內容就是「知行合一」。

當時的人仍然按照朱熹的思路，想把一切天理都捕捉到手，然後再去實踐。長此以往，每個人都擁有了一種本事：嘴上功夫天下第一，一旦要其動手，就會束手無策。他希望能改變這種讀書人的毛病。當然，「知行合一」實際上也是他心學「心即理」和「事上練」的延伸：天理既然都在我心中，那我唯一也必須要做的就是去實踐來驗證我心中的天理，而不是去外面再尋找天理。這種思路有個莫大的好處：心中有天理，那我們就不必再去尋找天理，如此一來，我們就節省了大量時間，而這些時間可以用在實踐中。這樣一來，你就有足夠的時間去實現理想。王陽明心學和朱熹理學、陸九淵心學的一個重要區別就在這裡，它也正是王陽明心學的閃光點。

實際上，知行合一和事上練只是「致良知」的一個前奏，真正動人心弦的是他心學思想的精華——致良知。

一五〇九年，王陽明在貴陽書院講「知行合一」，他的門徒開始逐漸聚集，他的聲望已今非昔比。人人都認為他應該不僅僅是個教育家和思想傳播者。既然「知行合一」，他應該把他的知和行結合起來，所以在一五一〇年農曆三月，他三年的貶謫期限結束後，在貴州多名官員的推薦下，他被任命為江西吉安府廬陵縣縣令。一個和曾經的自己完全不同的政府官員王陽明正式登場。

他已脫胎換骨，不是從前那個對仕途毫無熱情，總是請假的王陽明了。他意氣風發，但又謙虛地說，雖然經國之志未泯，但三年來不曾參與政事，恐怕不能勝任一縣之長的工作。他不幸言中，當廬陵縣的父母官的確不是件容易的事。

以當時政府官員的角度來看，江西最惹人注目的「特產」就是刁民，尤其是吉安府廬陵縣，簡直是刁民生產地。王陽明前任一位姓許的縣令在廬陵待了三年，臨走前身心俱疲，奄奄一息。在給上級的述職報告中，他說，如果世界上真有地獄，如果非要讓我在地獄和廬陵選一個，那我選前者。在他眼中，廬陵人就是惡棍，市儈的小人。他絞盡腦汁也搞不明白下面的事實：廬陵人特別喜歡告狀，先在廬陵縣內上訴，如果得不到滿意的結果，就會離開廬陵上訪。

許縣令聲稱，他辦公桌上每天都會堆積一千份以上的訴訟案卷。這使他生不如死。後來他採取嚴厲的手段，將告狀人關進監獄。可這些人太機靈，一群流浪漢特意來告狀，為的就是進監獄後有吃喝。

許縣令無計可施，只能請辭，他的接班人王陽明就來了。

王陽明一到廬陵縣，縣令的幕僚們就把該地百姓的喜好告訴了他，並且特意指點王陽明，對付他們，只能採取高壓政策。

王陽明將心比心，分析說，自古以來民間就有「民不與官鬥」的生存智慧。如果民總是和官過不去，那只能說明一點，他們的權益受到了侵犯。

幕僚對王陽明一針見血的分析卻不以為然，他們指出，廬陵是四省交通之地，魚龍混雜，是非極多。人沒有定力，自然會受外界環境的影響，所以每個人都不是省油的燈。因為在這種環境下省油，就沒辦法生存。

王陽明仍然堅信這樣一點：普通平民在什麼時代都是弱勢群體，弱勢群體每天燒香求佛保佑不被政府欺壓都來不及，哪裡還有心情找政府的麻煩。如果他們真反常地時常找政府麻煩，那肯定是政府有問題。

這是一種心理分析法，答案往往是正確的。上級政府攤派到廬陵的賦稅相當重，當然，這並不是政府的錯。中國古代政府靠壓榨百姓生活是政治常態，「輕徭薄賦」的政府鳳毛麟角。吉安政府對廬陵的賦稅中有一項是關於葛布（葛的纖維製成的織物）的，問題是，廬陵不產這種東西。對根本就沒有的東西收稅，百姓當然不幹了。

王陽明還未坐穩廬陵縣縣長那把交椅，一千多名百姓就敲起了戰鼓，向新來的大老爺投訴，聲稱他們絕不會繳納葛布的稅。

王陽明看了狀紙，又看了案宗，發現這的確是一項莫須有的稅收。於是，他答應廬陵百姓，會要求上級政府取消這個稅，甚至是取消更多沒有必要的稅。這種包票打起來容易，做起來難。王陽明陷入了困局：賦稅任務是上級攤派下來的，下級唯一能做的就是保證完成任務，沒有任何藉口。但有的賦稅是不合理的，強行徵收，百姓的反應一定是極為惱火。如果處置不當，很可能激起民變。

王陽明是那種一定會為民請命，但絕不會直來直去的人。他找來前屆政府的工作人員，詳細向他們詢問廬陵賦稅的來龍去脈。這些人就把事實告訴了他。三年前，廬陵的賦稅還沒有這樣高，自來了位宮廷稅務特派員（鎮守中官）後，廬陵的賦稅就翻了三番。據這些工作人員說，這個特派員姓王，是個宦官，平時就住在吉安府政府的豪華大宅裡，裡面每天鶯歌燕舞。

王陽明清晰地意識到，這個姓王的宦官就是罪魁禍首。只要搞定他，廬陵縣不該繳納的賦稅就會灰飛煙滅。他給吉安府長官寫了封信，他知道那位王太監肯定也要看信，所以信的內容其實是寫給王太監看的。他說：「我在看廬陵的稅收記錄時大為驚異地發現，三年前廬陵的賦稅總額是四千兩，可這三年來卻達到萬餘兩。我先是高興得手舞足蹈，因為在別的地方賦稅都在負增長的時候，廬陵縣卻呈直線增長。不過我又仔細看了賦稅名錄，發現有些東西根本不存在，卻還要收稅。我還聽說，以鎮守中官為首的收稅大隊來廬陵像是土匪搶劫一樣。我現在有個小疑惑，這些賦稅是上級政府，甚至是中央政府的規定嗎？還只是我們吉安府的規定？交稅的日子馬上要來了，可最近這裡發生了旱災，瘟疫又起。如果再強行收稅，我擔心會激起民變。俗話說，饑人就是惡人。一旦真有民變，我不知該如何向上級政府交代。」

他最後說：「我對於這種收稅的事真是於心不忍，而且勢不能行。如果你們認為我不能勝任這份工作，我請求辭職。」王太監看到這封信，冷汗直冒。如果這封信不是王陽明寫的，那他不會恐懼。一個對自己都敢下狠手的人，對於別人的幾句要脅就繳械投降，那他就不是個合格的太監。可王陽明的要脅不同，王陽明此時雖然只是個小縣令，但他的弟子遍佈全國，中央政府也有他的舊知新友。天蓬元帥雖然被貶下凡間做了豬，但人家畢竟也是天上來的。

王太監對吉安府長官說：「我看這廬陵的賦稅是有問題，暫時免了吧！等王陽明走了再恢復。」

廬陵人感激王陽明，幾乎痛哭流涕。王陽明趁勢發布告說：「你們打官司，我不反對。但我看你們之前的狀紙是專業人士撰寫的，又臭又長，毫無閱讀快感可言。今後你們如果再告狀，要遵守以下幾點要求：首先，一次只能上訴一件事；其次，內容不得超過兩行，每行不得超過三十字；最後，你認為和對方可以解決的事，就不要來告狀。如果有違反這三條的，我不但不受理，還要給予相應的罰款。」

這份告示貼出時，百姓們還沉浸在減免稅收的歡樂中，所以一致認為，打官司是沒有良知的表現，今後要改。他們不知道，自己的心境已被王陽明悄無聲息地改變了。

王陽明趁熱打鐵，繼續對他們的心靈世界進行改造。針對當時瘟疫橫行的現實，王陽明寫了篇感人肺腑的佈告。他說：「雖然是天災，不可避免，也不能違抗，所以我們要適應它，並且在適應它時感悟人生道理。你們怕傳染，所以就把得了病的親人拋棄，表面上看他們是因瘟疫而死，實際上是死於你們的拋棄。瘟疫並不可怕，透過正確的方法可以控制，可怕的是人心，一旦你們的心被恐懼侵襲，就會讓你們做出沒有天理的事來，這是逆天啊！我現在為你們指明一條消滅瘟疫的道路，那就是用你們的心。你們心中本就有孝心、仁心，你們不必去外面尋求任何東西，只要讓你心中的孝心和仁心自然流露就萬事大吉了。」

不過，王陽明也承認，道德雖然是每個人自己的問題，可有些人的道德被多年來時間的俗氣所污染，已不能自動自發地流露，所以必須要樹立道德楷模，讓道德楷模喚醒他們內心正要睡死過去的善良。

他的辦法是老辦法，但老辦法往往是最管用的。他恢復了設立於朱元璋時代，早已名存實亡的申明亭和旌善亭「兩亭」制度。他要求廬陵縣所管轄的各鄉村都要設立這「兩亭」。旌善亭是光榮榜：凡是熱心於公益事業、樂於助人、為國家和地方做了貢獻的人，在該亭張榜表彰，樹立榜樣。這是存天理；申明亭是黑榜：凡是當地的偷盜、鬥毆或被官府定罪的人，名字都在此亭中公布，目的是警戒他人。這是去人欲。

所謂政治力，無非是一個人處理各種關係的能力，主要就是人際關係。王陽明在廬陵，首先必須要處理好和上級的關係，這樣才能保住自己的官帽；其次他還必須要搞好和下級的關係，這樣才能把自己的意志透過他們來實現；他更必須要關心的就是他和百姓的關係，因為百姓是他實際上的衣食父母。但讓人沮喪的是，「父母官」大都熱衷於和上級處理好關係，偶然會用心於下級關係的維護，很少有官員會把時間和精力用在處理和百姓的關係上。理由很充分，中國古代是專制社會，百姓不是他們的權力源泉，上級才是，皇帝才是。

王陽明截然不同，他全身心要解決的就是他和百姓的關係。我們注意到，他處理這層關係時的思想就是先讓百姓有道德感，也就是喚醒他們向善的心。讓他們專注本職，不要以和自己內心無關的官司為人生目標。

同時，他還設身處地地為百姓著想，百姓的難處就是他的工作內容。比如他在廬陵縣城視察時發現廬陵房屋的建造材料都是木材，巷道狹窄，又沒有磚牆相隔，一旦失火，那將是滅頂之災。於是，他就發出命令，要那些臨街民居退進三尺，以拓寬街道用來做防火帶，疏散人口；店鋪店屋退進二尺，做防火巷；每戶出一錢銀子，用來為臨巷道的房屋建磚牆，隔離火勢。

他到廬陵幾個月都沒有下雨，於是他吃齋一個月，停止徵稅，釋放輕罪的犯人。不知是不是由於他的誠心真的感動了老天，一個多月後，一場傾盆大雨降臨廬陵。

任何人都看得出，他是真的以百姓心為己心。但我們應該知道，王陽明在此之前從未有過在基層工作的經驗。按朱熹的說法，你沒有工作經驗，就不可能知道這份工作的道理，那你就無從下手。你必須先透過書本或者是前任的工作總結「格」出你工作的道理，才能勝任這份工作。王陽明用事實反駁了朱熹，按王陽明心學的說法，天理就在我心中，我之前所以沒有顯露在基層工作的那些道理，是因為我沒有碰到這個機會，現在我碰到這個機會，那些道理就顯現出來了，所以我不需要向外求取任何關於基層工作的道理。

這個道理是什麼呢？其實就是用心，只要你用心為百姓好，就能想到為百姓做任何好事的道理，然後去做就是了。

這正如他對弟子徐愛說的，孝順父母還需要去外面學什麼？只要你有孝順父母的心，就必然知道，冬天來了要給父母添衣服，夏天來了要給父母打扇子。正如他在廬陵一樣，只要有一顆為百姓的心，就必然會想到百姓的房屋存在防火隱患，這種道理，不需要去外面尋求。

當然，王陽明不僅是個高超的政治家和戰略謀劃家，還是個能靈活處理具體事務的幹練技術官僚。下面這件事就是證明。

盧陵不僅訟棍多，惡棍也多。王陽明曾活捉了一個綽號「王和尚」的強盜。經審訊，王和尚是一個強盜團夥的左右手，這個強盜團夥做了很多大案要案，經過王陽明的一番心靈啟蒙，王和尚居然良知發現，供出了老大多應亨和老二多邦宰。二人很快被緝拿歸案，並且招供。王陽明將他們送到上一級政府。但過了不久，王陽明收到上級的抗訴信，信中說，這件案子是冤案，多應亨和多邦宰是純粹的良民，之前發生的刑事案件都是王和尚一人做的，而且王和尚已經承認。上級政府要王陽明重新審理此案。

這案子並不難斷，三人作案時的目擊者有很多，當時也取證了。而且三人也承認了罪行。如今翻案，只有一種可能：多應亨和多邦宰的家人打點了王和尚，要他一人頂罪。

王陽明不想讓罪人逍遙法外，他決心讓這三人重新親口承認罪行。開庭審問前，王陽明叮囑他的幕僚說，當審訊到一半時，你就來找我，裝作有要事的樣子。幕僚聽從。王陽明上堂後從頭到尾問了一遍，王和尚一口咬定罪行都是他一人所犯，和多應亨、多邦宰無關。這時，王陽明的幕僚走出來說有要事，王陽明離開。趁著三個罪犯不注意時，王陽明偷偷地鑽進了桌子下。過了一會兒，王和尚見大堂上只有他們三人，就低聲地向二人說道：「等會兒可能要給你們上刑，只要你們能忍耐下來，我就能替你們脫罪。」他話音剛落，王陽明就從桌子底下爬了出來，一面整理衣服，一面微笑地看著驚愕萬分的三人。

這是王陽明「機詐」的又一典型事例，王陽明絕非是一本正經的冬烘學究。處理實際問題，他向來都是靈活多變的。

盧陵是王陽明創建心學後第一次施展拳腳的地方，效果顯著。當然，正如一五〇八年前他始終不曾忘記「經略四方」的大志一樣，在盧陵，他也始終沒有忘記修煉和傳播他的心學。自心學誕生那一刻起，王陽明傳播心學的使命感就與日俱增。如果從前他想讓自己成為一個聖人，那麼，現在，他希望每個人都能成為聖人。

他在盧陵和弟子聊天時，對自己在龍場的兩年時光唏噓不已，同時也對在貴陽講「知行合一」的成果並不滿意。他對弟子冀元亨說，其實聽課的人雖然認同我的「知行合一」，卻還是以科舉做官為目的。他們根本沒有體悟到「心靈自由」才是人生的真諦，一個人只要把內心的善完全喚醒，就能體會到聖賢的滋味。

很少有人願意體會聖賢的滋味，因為他們已在世俗世界浸染了太久，這個世界告訴他們做了官，尊嚴、權力和榮華富貴就唾手可得，人生在世，追求的無非就是這幾樣。

劉瑾就是這樣認為的。不過，他也用自身的毀滅證明了這種看法和真理相差十萬八千里，劉瑾於一五一〇年農曆十月以貪污罪在北京被淩遲。

自朱厚照繼位以來，劉瑾始終處在權力的巔峰。那個只能站一個人的權力巔峰上現在站了兩個人，一個是朱厚照，另一個就是劉瑾，而劉瑾並沒有意識到自己實際已處於危險之中。由於朱厚照不理政事，整日娛樂，所以政權漸漸轉移到了劉瑾手中，他被人稱為「立皇帝」。

一五一〇年夏，甘肅安化王朱寘鐇宣布革命，中央政府急忙派人去甘肅鎮壓。這支平叛軍的司令名叫楊一清，楊一清是個極具正義感的人，曾在兵部工作過，因不肯給劉瑾行賄而受到革職處罰。朱寘鐇革命的消息傳到北京後，朱厚照要兵部推薦平叛軍司令，兵部裡在職的人都不願意去，所以就想到這位在野的同事。楊一清早上得到消息，中午就進了北京城。這說明建功立業對他有極強的誘惑力。

平叛軍的政委（監軍）是八虎之一的張永。張永是宮廷二號人物，地位僅次於劉瑾。但宮中府中人人都知道，他和劉瑾不和。有一個原因很重要：劉瑾曾和他的老婆搞曖昧，張永和劉瑾因此事而打過架。朱厚照後來勸了架，給張永又找了個更年輕漂亮的老婆，自然而然地，張永的老婆名正言順地歸了劉瑾。

如果僅是這一件事，張永和劉瑾的仇恨還不至於那樣深。劉瑾自絕地反擊劉健、謝遷成功後，坐穩了宮中第一把交椅。他的七位虎友也水漲船高，但劉瑾畢竟是老大，一手遮天，並未把七位虎友當成兄弟，只是當成小弟。張永據說是有情有義的人，在劉瑾對待兄弟的態度上極看不慣。況且，他內心深處也有個陰險的想法，想取代劉瑾。

楊一清知道張永和劉瑾的關係極為脆弱，所以在路上對張永表現出了極大的熱情。當他們到達甘肅時，朱寘鐇這個無能的王爺已被手下一名將軍活捉，於是兩人高興地押解朱寘鐇回京。楊一清斷定他和張永已到了無話不談的地步，所以就騎在馬上說：「現在外患已除，內患仍在。」張永故意問：「四海升平，宮中和諧，有何內患？」楊一清就在手掌上寫了一「瑾」字。張永默不作聲。

楊一清的開頭不錯，於是直逼張永的底線：「公公在宮中做了五年的老二，恐怕度日如年吧？」

張永明白楊一清的意思：「劉瑾宮中耳目眾多，搞他，比登天還難。」

楊一清拍掌叫道：「只要公公你肯用心，搞掉劉瑾的機會就在眼前。我已查明劉瑾的哥哥剛死，他準備在滿朝大臣去參加葬禮時發動政變挾持百官，造反稱帝。」

張永大為驚駭。他問楊一清是如何知道這件事的，楊一清諱莫如深，只是說：「公公您只需按咱們的計畫去執行，水落自然石出。」

楊一清的計畫是：兩人回京，朱厚照必會擺宴接風，劉瑾必到，而很快他就會走，因為劉瑾見不得別人風光。他一走，馬上拿出事先寫好，劉瑾要謀反的奏摺給朱厚照，大事就成了。

說來也奇怪，這件事真的極順利地成了。關於過程極富戲劇性，接風宴只剩下張永和朱厚照時，張永拿出奏摺，朱厚照不看。張永就跪在他面前，痛哭流涕說：「劉瑾要造反。」朱厚照喝得暈暈乎乎，問：「他為何要造反？」張永回答：「要做皇帝。」朱厚照說：「由他做去。」張永叫起來：「他做皇帝，您幹什麼去？」朱厚照酒醒了，咬牙切齒道：「奴才辜負我！」

當夜，朱厚照的搜查隊就衝進了劉瑾家，從他的密室裡搜出了管制刀具和一件龍袍，劉瑾被關進大牢。朱厚照大怒若狂，很快地，劉瑾被定罪，凌遲處死。

劉瑾一死，王陽明的新生活接踵而至。

朱陸異同

一五一〇年農曆十一月，三十九歲的王陽明回到北京，在興隆寺裡等待新的任命。他驚奇地發現，北京城不再像三年前他離開時那樣死氣沉沉，到處都是新氣象。他在北京的弟子們和仰慕者紛紛來拜見他，幾乎踏破了興隆寺的門檻。本年最後一個月，中央政府命令他到南京刑部報到，這是個掛職，所以他不必到任，於是他下定決心在北京傳播心學。一五一一年正月，就在他躊躇滿志準備做精神導師時，他的兩個弟子爭論起來。但爭論的內容不是他的心學，而是朱熹理學和陸九淵心學。

王陽明的弟子王輿庵讀陸九淵，津津有味，又去讀朱熹，味同嚼蠟。所以他認為陸九淵心學是聖學，而朱熹理學則是偏門。另一位弟子徐成之恰好相反，他認為朱熹理學是聖學，陸九淵心學是禪，和他們儒家毫無關係。

兩人辯論許久，不分高下，於是請王陽明裁判。王陽明高度評價了兩人的學術辯論熱情，但也指出，學術辯論是要明理，你們二人的辯論中充滿了意氣，你們是在分勝敗，並非是在明理。你二人各執一端，無論是對朱熹還是對陸九淵都沒有全面領會，所以就是爭論出個勝敗來，也毫無意義。最後他說，「是朱非陸」已是定論，徐成之不必為朱熹伸張，朱熹是對的；王輿庵你就算為陸九淵辯出花來，陸九淵的學說也不能大行天下。

徐成之對這種答案很不滿意，尤其是最後一句話，好像陸九淵受了不白之冤。王陽明苦笑，他對弟子的執著很讚賞，他想做一回裁判，但他有苦衷。

我們應該很有信心地確定，王陽明心學是從朱熹理學的牢籠裡衝出來的，他在龍場悟到的「道」就是朱熹「格物致知」的撥亂反正。他是把朱熹的「格物致知」和他「聖人處此該如何」的求索合二為一，才迸發出了心學的火花。可以負責任地說，沒有朱熹理學，就不可能有他的心學。但當他創建心學提出「心即理」的思想後，發現這一思想早被陸九淵定型了。問題是，他對陸九淵心學沒有下過功夫。王陽明心學和陸九淵心學同有「心即理」（我心即宇宙）一說，如果他對人解釋，我的這個「心即理」和陸九淵的「心即理」是不同的，恐怕沒有人相信。但我們知道，他的心學和陸九淵心學是不同的，正如他所說的，陸九淵的心學有點「粗糙」，「粗糙」的原因就是陸九淵不太注重實踐（事上練）。

如果他說，朱熹是對的，那麼實際上，他的學說和朱熹的學說風馬牛不相及。如果他說陸九淵是對的，那就會被人誤會為禪。經過反復思量，他還是決定做一次裁判，其實表面上是判定朱熹和陸九淵的是非，其實是在為自己的心學正名。

他評判道：「一直以來，大家都把側重修養（尊德性）和側重學問（道問學）分割，實際上，二者是一體的。大家都說，陸九淵側重修養，朱熹側重學問。但陸九淵未嘗不讓人讀書窮理，他也不是整天靜坐在那裡胡思亂想，所以說他是墜入虛空的禪，毫無道理。而朱熹也未嘗不側重修養，只是他把時間都用到了學問上，修養的事被人忽略了。」

也就是說，無論是陸九淵和朱熹，還是王陽明自己，在目的上都是相同的：成為聖人。只不過，朱陸二人在方法的選擇上有所失衡。而王陽明則主張，修養和學問本就是一回事，就如知行是一回事，不可分割。

最後他說：「我對朱熹老夫子是相當崇敬的，他的理學散發光輝幾百年，不必讓我來畫蛇添足抬高他。我唯一的遺憾就是陸九淵被世人汙為禪，竟然沒有一個人站出來為他主持公道。即使朱熹知道陸九淵這樣的遭遇，也會在孔廟裡黯然落淚的。」

王陽明最大的希望就是，弟子們不要為古人爭長短。在後來他給弟子聶文蔚的信中，他這樣說道：「為朱、陸爭是非是枉費心力……朱熹與陸象山兩位先生之所以招致後世的眾多議論，是因為他們的工夫還不精煉、純熟，其中有感情用事的成分也在所難免。而程顥在這上面就表現得比較公正。他與吳涉禮談論王安石的學問主張時說：『為我盡述諸介甫，不有益於他，必有益於我也。』

這種氣象何等從容啊！……希望你能讓同仁們都知道，各人只管把握自己的對錯，不要理睬朱、陸的是非。用言論詆毀他人，這種詆毀是膚淺的。若自己不能身體力行，只是誇誇其談、虛度光陰、浪費時日，這就是在誹謗自己，這樣就嚴重了。現在，天下的人都在議論我，如果能因此為善，那麼，都是在與我砥礪切磋。就我而言，不過是提高警惕，反省自己，增道進德。古人云：『攻我短者是吾師』，作為學生，怎能連老師都不熱愛呢？」

這就是王陽明心學史上相當重要的篇章——朱陸異同，因為這是王陽明為自己心學的正名儀式。表面上看，他是在評判朱熹和陸九淵，實際上，他是在想方設法地把自己的心學抬到顯學的殿堂。朱熹的「格物致知」和他的「格物致知」簡直水火不容，可王陽明卻說，他和朱熹的心是一樣的，而且幾年後，他把從朱熹晚年寫給二十四人的三十四封信中選取一段，編纂成《朱子晚年定論》，用他的心學思想來解釋，試圖證明朱熹晚年的思想才是他真正的思想，這一真正的思想與他的心學相一致。

但只要看一段《朱子晚年定論》，就會發現，王陽明是在斷章取義。有人說他始終向朱熹拋媚眼，就是因為當時朱熹門徒遍佈天下，反對他心學的人多如牛毛，他是想和朱熹攀上關係，以此來證明自己的學說是從朱熹那裡轉手來的。還有人說，當時是朱熹理學的天下，聖人必須要在朱熹設定的圈子裡鍛造，王陽明追求聖人之道就絕不能撇掉朱熹，重起爐灶。

這正如有人想從道教和佛教中尋到儒家的聖人之道，只能被他人抨擊和貽人笑柄。也就是說，王陽明不否定朱熹，是認為他的心學和朱熹內心真實的想法相一致。他的這種想法是真情實意的，畢竟他在朱熹理學的路上走了好多年，而且還因為朱熹吃過不少苦頭，他的前半生幾乎就籠罩在朱熹的陰影下。

按常理推測，既然他不否定朱熹，那他對朱熹的論敵陸九淵就該完全否定。但他卻沒有，他認為陸九淵也沒有大錯。原因很可能就在於，他和陸九淵心學太相似了，如果大家都否定陸九淵，那很可能殃及池魚，把他的學說也當成是枯禪。

實際上，王陽明的心學在他一五一〇年農曆十一月初到北京時就遇到了挑戰。挑戰他的人叫黃綰。黃綰認為，他的學說就是禪宗的變種，和陸九淵學說毫無二致。

黃綰出身書香門第，聰慧異常，欣慕朱熹理學如欣慕美色一樣，是那個年代北京城思想界的青年才俊。他容易接受新鮮事物，所以當王陽明一到北京，他就聞風而來。

王陽明熱情地向他闡述心學要旨：人人心中都有個聖人，但有人的聖人之心被物欲遮蔽，只需在心上用功，把物欲掃除，做到這一點，就能成為堯舜那樣的聖人。

黃綰充滿疑慮地問：「怎麼個心上用功？」

王陽明回答：「你的心能知是非善惡，一個惡念發動時就克掉它，一個善念出現時就保持它。」

黃綰吃了一驚，說：「您這不就是禪宗嗎？禪宗說，人人都有佛性，佛向心頭做，莫向心外求。禪宗說頓悟，您說狠鬥私心一念間，沒有任何區別啊。」

王陽明拚命搖頭，說：「不一樣。禪宗說了『人人都有佛性』後就枯坐，什麼都不管了。說了『佛向心頭做』後就真的在心頭做，不去實踐。而我說了『在心上用功』後，必須去實踐。」

黃綰又吃了一驚，說：「這還是朱老夫子的『去萬事萬物上格真理』啊！」

王陽明又大搖其頭，說：「朱熹說是去實踐中尋找真理。而我認為，真理已在我心中，我去實踐，只是去驗證這個真理，其實最終目的就是磨煉我們心。」

黃綰恍然大悟。據說他當時茅塞頓開，從此死心塌地地跟隨王陽明，並且經常在反對王陽明的人面前為王陽明辯護，成了王陽明最忠實的信徒之一。不過，黃綰年老後，有一天早上醒著躺在床上思考。不知他想到了什麼，突然大叫一聲，吼道：「王陽明心學就是枯禪！」說完這句話後，他把餘生的光陰都用在反對王陽明心學上了。

把王陽明心學視為枯禪，是當時反王學的一個主流。王陽明曾多次向反對派反駁說，他的心學和禪學的區別就在於實踐。他說，我們每個人的心像一面鏡子，你只需要時刻保持著它的一塵不染。如何保持呢？禪宗說要勤擦，也就是在心上擦。而王陽明也說勤擦，但要以實踐為指導，不能枯坐在那裡，認為我心沒有惡念了，認為我內心強大了。是否有惡念，是否內心強大，非得去實踐中驗證一下。如果不去實踐，就會流入枯禪的境地。

用儒家語境來說，禪宗注重的是修養（尊德性），而幾乎沒有學問（道問學）。而他的心學是既有修養又有道問學的。禪宗沒有進取，而他的心學就是一門要人進取的學說。這是王陽明心學和禪宗最靈魂的區別。

王陽明對佛道的態度有點「忘恩負義」，佛道二教為他的思想供給了充沛的源頭活水。但創建心學後，他對佛道給予他的幫助閉口不言。有人向他請教道教長生之術時，他勸對方不要沉迷於此，因為即使你明白了長生術，也不過修個不死的肉身。接著他推銷他的心學：心學卻能讓人有一個超越生死的精神境界。

他的弟子王嘉秀喜歡談仙佛，並且以獨到的見解對王陽明說：「佛教以超脫生死來勸人信奉，道教以長生不老勸人信奉，其本意也不是幹壞事，究其本質，也是看到了聖人的上一截，但非入道的正途。今天誰要做官，可經科舉考試，可由鄉里推舉，可借大官綠蔭，同樣可做大官。如果不是仕途的正道，君子是不會接納的。道、佛到終極點，和儒學大致相同。後世儒生，往往只注意到聖人下一截，因而上下分裂，失去了聖人的本意，使儒學變為記誦、辭章、功利、訓詁之學，最後不免發展為異端。從事記誦、辭章、功利、訓詁之學的人，終身辛苦勞碌，毫無收益。看到佛徒道士清心寡欲，超然世外，反而感到自己有所不及。今天的學者不必先去排擠佛、道，而當篤志學習聖人之學。」

王陽明很不贊同：「你所講的大體正確，但說上一截、下一截，也是人們理解有失偏頗。至於說到聖人大中至正的道，上下貫穿，首尾相連，怎會上一截、下一截？」他警告王嘉秀，

「我年輕時在聖學上不用功，轉而去佛道上求取，偶然有所得，但很快就覺悟不對。後來在龍場終於發現聖學，懊悔錯用了二十多年工夫。佛道之學和聖學只是一張紙的距離，所以不容易辨別，只需要立志於聖學，將來必能看透。」

那麼，一張紙的厚度到底是什麼呢？

王陽明極力指責佛教：「佛教徒擔心父子連累他，就離開父子；擔心君臣連累他，就離開君臣；擔心夫妻連累他，就離開夫妻。佛教徒總說自己不執著於『相』，其實這些都是執著於君臣、父子、夫妻的『相』，所以他才逃避。我們儒家，有個父子，就給他仁愛；有個君臣，就會對他忠義；有個夫妻，就給他禮節。什麼時候執著於父子、君臣、夫妻的『相』呢？」

由此可知，這張紙的厚度就是責任心和使命感。儒家有，佛道沒有。簡潔地說，王陽明心學是一門要人去外面建功立業的學說，而佛道是龜縮避世的學說。

但是，他雖然對佛道二教如此恩斷義絕，他思想的靈魂書《傳習錄》中到處能看到佛道二教的影子。比如佛家的「明覺」、「無善無惡」，以及道家的「聖胎」，特別是下面這句話：「良知就是易，其為道也屢遷，變動不居，周流六虛，上下無常，剛柔相濟，不可為典要。」這簡直就是把道家的語境生吞活剝過來的。

問題是，從一頭老虎的胃裡發現了幾塊狗肉，你能說老虎是狗嗎？

一五一五年農曆八月，皇帝朱厚照心血來潮，準備舉行隆重的佛事接引佛祖。王陽明就寫了一道奏疏《諫迎佛疏》。他說，佛是夷狄的聖人，我們中國的聖人是孔子，佛在夷狄教化萬民正如孔子在我中國教化萬民一樣。但陸地行走要用車，水上行走要用船，把船放到陸地上，寸步難行，把車推進水中，必然下沉。我擔心佛來到中國會水土不服。您既然有尊敬佛的心，就必有尊孔子的心。何必捨近求遠？他又說，佛固然有不惜身體拯救世人的心，但修成佛，可是要苦行的。而我們儒家的聖人，諸如堯舜什麼都不用做，只是端坐那裡垂拱而治就是了。皇上您何必放棄完美的先賢，去追求夷狄的聖人呢？

這封奏疏並未呈遞朱厚照，王陽明寫完後就把它收了起來。與其把這封奏疏看成是他向皇帝的建議書，倒不如看作是他對佛教的看法。在他眼中，佛教既然不適合中國，也就不可能是聖人之道。

一五一六年之前，王陽明在北京、浙江余姚和南京之間來回游走，他雖然有官職在身，但始終把講學當成第一要務。而且專挑山水秀麗之地，和弟子們一面遊覽山水一面講學。這種在山水之間講學的方式成了王陽明講學的一大特色。他的學生越來越多，學生裡的高官顯貴也越來越多，當時的組織部部長（吏部尚書）方獻夫都成了他的入室弟子。他當初經略四方的理想似乎泯滅了。因為他有新的追求，他想讓更多的人知道成為聖賢的道路，這是一條充滿陽光和激情的道路。

所謂造物弄人，你越是拚命追求的東西越是不來，當你不想它時，它卻撲面而來。一五一六年農曆九月，他建功立業的機會來了，這一年，他已四十五歲，如果從他有「經略四方之志」的十五歲算起，這個理想的實現足足晚了三十年。

貴人王瓊

一五一六年農曆九月，中央政府任命禮儀部候補大臣（南京鴻臚寺卿）王陽明為都察院副院長（左僉都禦史）。這並不是中央政府的目的，目的是要他巡撫南贛。有一點需要注意，「巡撫」並非是實官，而只是一個差使。

「巡撫」在明帝國出現並非偶然。朱元璋在一三八〇年廢除了以丞相為代表的最高行政機構中書省，同時，還廢除了最高軍事機構大都督府的大都督（把大都督府分為五個都督府）和最高監察機構禦史台的御史大夫。他把行政、軍事和監督權全部抓到手裡，在中央他可以做到，但是在地方，他就心力不足。如果他非要辦到，必須要地方的行政、軍事、監察長官來京城向他報告，這只會把皇帝累得吐血。所以為了協調地方的行政、軍事和監察事務，他派出自己的代理人去「巡撫」。明帝國乃至中國歷史上第一個擔當此任的是朱元璋的太子朱標，他曾奉命到帝國西北（陝西、甘肅）去「巡撫」。一四二一年，明帝國第三任皇帝朱棣發現他老子有此先例，於是派出多人到各地「巡撫」，這些人都是中央六部和都察院的高官，即使不是高官，也會臨時掛職。由此，「巡撫」成為留駐在各地的協調人，由於「巡撫」其所巡視的轄區並不總與省的邊界一致，所以他們是「巡撫」而不是「省撫」，「巡撫」完畢則回京交差。

官方給王陽明「南贛巡撫」的資料是這樣的：巡撫南（江西南安）、贛（江西贛州）、汀（福建汀州府）、漳（福建漳州）等地，提督軍務。可見，「巡撫」是動詞不是名詞。如果巡撫之處的軍事問題是主要問題，那「巡撫」後面再加上個「提督軍務」，也就是說，此人既有行政權也有軍事權。

南贛巡撫設立於一四九七年，就是王陽明第二次探索朱熹理學的前一年。治所在江西贛州，管轄的區域包括了江西、福建、湖廣（湖南與湖北）、廣東的部分交界地區。由於「巡撫」的軍事性質，所以這個資訊就透露出，早在一四九七年，南贛巡撫所管轄的這些地區就已有猖獗的土匪，當地政府苦不堪言。曆任南贛巡撫深有體會，一五一六年巡撫南贛的都察院副院長（左僉都禦史）文森給中央政府的辭職信中說，土匪們仗勢險峻茂密的深山老林和政府軍打游擊，他被他們搞得焦頭爛額，想以死謝罪的心都有了。文森還說：「我每天都焚香禱告，希望上天降下神人把這群土匪一網打盡。」他歎息道：「這樣的神人何時來啊！」

才上任一年的國防部長（兵部尚書）王瓊也在考慮這問題，而且想法已經成熟。王瓊是山西太原人，多年以前有個做部長的父親。王陽明在浙江金山寺賦詩的一四八四年，他中進士入仕途，在工部、刑部、吏部、戶部都擔任過要職。據說王瓊異常精明，擔任戶部部長時，有個邊防總兵官試圖向戶部冒領糧草供給。王瓊就把他請來，只用手指頭便計算出了他的士兵編制人數，領的糧草數量，現在還應該有多少餘糧，地方諸郡每年給他的糧草數量，以及國家發放的補貼的獎金、購買的糧草應該是多少，一筆一筆算來絲毫不差，把那個總兵官算得目瞪口呆、汗流浹背。

那些精明的人往往都是用心的人，用心的人就會發現別人所不能發現的祕密。比如他只去過一次邊疆，就對邊防軍的腐敗心知肚明；他只經歷過一次戰陣，就發現了帝國邊防軍在互相支援上的致命缺陷。有段時間，他曾到地方上治理漕河，當他拿出治理方案時，連那些做了一輩子的漕運專家都大為嘆服，評價說這種方案恐怕只有王大人能做得出。在很多人眼中，王瓊似乎有一種罕見的天賦，能在情況朦朧不明時就能預測到事情發展的趨勢。當然，他還有一種不太被人注意的能力，那就是識人。

他一生中最值得自豪的事就是「識」了王陽明。一五一六年農曆八月，他向皇帝朱厚照建議要王陽明巡撫南贛，頓時，官員大嘩。有官員說：「王陽明只能坐在清風徐來的書桌前寫幾句詩歌，或者是像木頭一樣坐枯禪，要他到遍地悍匪的江西，不是讓他送死嗎？」也有官員說：「要他講講課可以，可讓他帶兵打仗，那是趕鴨子上架。」更有人說：「他根本就沒有做事的激情，自他從龍場的大森林裡鑽出來後，給了他那麼多官職，他只是講他那狗屁不通的心學，有誰看見他處理過政事？」

王瓊反駁說：「王陽明並非只會空談，我曾領教過他的心學。他要人在心上用功存天理去人欲，鍛造強大的內心。一個內心強大的人肯定是做事的人。他的確沒有帶兵經驗，但巡撫南贛的人有幾個帶過兵打過仗？他之所以沒有做事的激情，是因為他自龍場回歸以來，他所擔任的職務都是候補（南京官員），沒有平臺，何來激情？」

朱厚照透過昏暗的光線看到王瓊異常激動，鬍子直抖。他想了想，問王瓊：「你確定這人可以？」王瓊堅定地點頭。朱厚照在龍椅上伸了個懶腰，說：「好吧，就讓他以都察院副院長的職務巡撫南贛。」

如果世界上真有「貴人」這回事的話，那王陽明一生中有兩個貴人：一個是南昌城鐵柱宮那個無名老道，他拯救了王陽明入世的靈魂；另一個就是王瓊，他給了王陽明一個絕好的機會，釋放了他的能量。

王瓊和王陽明的關係在歷史上並不明朗。王陽明在一五一〇年末回北京時，王瓊因得罪劉瑾正在南京坐冷板凳。不知是什麼原因，直到一五一三年末，王瓊才被調回京城到戶部任副部長。而這時，王陽明已回老家浙江余姚了。兩人正式見面坐而論道可能是在一五一五年，王陽明以禮儀部候補大臣的身分回北京述職。王陽明給王瓊留下了深刻的印象。王陽明的老成持重、自制、氣定神閒，和言談舉止中不易察覺的威嚴，讓王瓊斷定此人必是大用之材。他對王陽明心學的興趣並不大，只是對王陽明在心學薰染下練就的「不動心」狀態大為驚歎。他對王陽明說：「將來我在朝中有話語權時，必會給你個創造奇蹟的平臺。」

王陽明只是笑笑，臉色平靜。在此之前，他剛在南京講「存天理去人欲」，這是理學家和心學家共同的使命。有人問他：「既然你說天理都在心中，又何必用存？」他回答：「天理是在我心中，但由於世俗的浸染和自己的不注意修心，天理雖然沒有離開你的心，卻被蒙蔽了。我說，存天理去人欲，就是要你們把沾染到天理上的塵埃擦掉，讓它回復本來面目。而我說去人欲，其實就是存天理，存了天理，人欲就沒有了。一個人只要能恢復他內心的天理，那內心就必能強大。」誰都不得不承認，一個沒有人欲的人必然是內心強大的人。

可是，功名利祿的心是否是人欲，王陽明給出的答案很有機鋒：那要看它是被你請來的，還是它主動來找你的。內心強大的人心如明鏡，來了就照，去了也不留。

正在王陽明大談「存天理去人欲」的時候，王瓊被推上了國防部部長（兵部尚書）的椅子。但他沒有馬上踐履對王陽明許下的諾言，因為他還有另外的打算。他的眼光停留在大明帝國疆域圖的江西南昌，眉頭緊鎖。

在南昌城，有位王爺，正帶著高貴的微笑審閱著他的衛隊。這位王爺就是寧王朱宸濠。按王瓊的洞察力，他遲早有一天會謀反。王瓊的計策是，要王陽明到江西去注意這位王爺。不過，朱宸濠畢竟是位王爺，在沒有正式起事前，誰都不能揣度他要造反。如果王瓊對朱厚照說，朱宸濠可能要造反，這是以下度上，是大罪。王瓊沒那麼笨，他一年來始終在找合適的機會把王陽明這道防火牆插進江西。而很快地，他就找到了南贛匪患這個機會。

王陽明接到朱厚照要他巡撫南贛聖旨的同時，也接到了王瓊的私信。王瓊在信中先是對王陽明誇讚一番，然後對朱厚照的浩蕩皇恩表示高興。接著他說，作為國防部長，他對南贛匪患深感憂慮。他希望王陽明能抓住個機會，創建不世之功。最後他說，非常之事必有非常之人。南贛這個非常之事必須要你這個非常之人來解決了。

王陽明接到聖旨和王瓊的私信後，心動了。他畢竟還是個凡人，他把建功立業的理想埋在心裡幾十年，從未生根發芽，甚至都快要腐爛。他後來雖然能心平氣和地看待取得事功的理想，隨心所欲地去傳播心學，然而正如他所說，事情沒有來時，人人都能穩坐釣魚臺。一個人是否成熟，要看他在面對事情時的態度。這個平臺，他等了幾十年，終於來時，他不可能不激動。他貪婪而不急躁地看著聖旨，最後手指不易察覺地顫抖著放下。慢慢地，他冷靜了下來。

一旦冷靜下來，他就把心思投入到如何處理這件事上了。一般人首先會考慮的是剿匪的難度，王陽明卻沒有擔心這個。心學本身就是一門要人自信的學問，他認為自己有足夠的能力和智慧剿滅土匪，所以他不會考慮這種不言而喻的問題。他想的是：「我不是皇帝忠實的走狗，我有我自己的意志，不能皇帝說什麼，我就蹦蹦跳跳地去做。這麼多年來，如果不是王瓊的大力舉薦，那個沉浸在紫禁城極樂世界的皇上會想到我？你固然是至高無上的皇上，但不代表我就是隨叫隨到的小狗。況且，要我巡撫南贛是真的看重我，還是只是例行公事？如果是例行公事，那就是不重視我。既然不重視我，我將來的成果在他眼中，也不過是瓜熟蒂落。」

但這些問題很快就被他驅逐出腦海。他不應該這樣想，建功立業的目的是為一方的安寧，他是奔著拯救那裡的百姓去的。他應該不為名利，只憑良心來做事。他的良心現在就告訴他，應該去實現理想，拯救萬民。

但去之前，他必須給朱厚照寫封信。這封信看著是謙虛，實際上卻有兩個目的：一是發發多年來不被重用的牢騷；二是試探下朱厚照，他是否真的就是朱厚照心中巡撫南贛的不二人選。

他上了一封辭官信。信中說，這麼多年來他一直尸位素餐，最近一年，他的身體每況愈下。而且他的才能低劣，要他去巡撫南贛是誤國誤政。他又說：「任何人得了這樣一個大權在握的官職，都會興奮，我也不例外，可我真是擔心自己做不好。如果在我當年意氣風發時還有這個信心，可現在已入黃昏之年，真是心有餘而力不足啊。」他還說，「我提出退休，是因為我祖母年事已高，作為孫子，我應該在她有限的時間裡陪伴她，送她最後一程。」最後他說，「我知道這是違反條例的，但有什麼辦法呢？」

這封請求退休的信一上，他就從南京出發大張旗鼓地回浙江余姚。實際上，他在路上幾乎可以用「挪」來形容。他走得難以置信地慢，幾天時間才出了南京地界。他的目的太明顯了：等著朱厚照的反應。

朱厚照的反應有點讓人失望，他指責王瓊說：「看你推薦的什麼人啊！我沒讓他巡撫南贛時，他什麼事都沒有。我一讓他巡撫南贛，你看他，居然要退休。左說右說一大堆，其實就是不想去，膽小鬼。」

中央官員們起哄了，很多人已為自己對王陽明的分析得到證實沾沾自喜。王瓊當然不能對朱厚照說，王陽明這是在發牢騷和試探。他只能說，王陽明是在謙虛，謙虛的人才證明他穩重，才能成事。那些給份工作就上的人，都是冒失的笨蛋。

朱厚照想了想，說：「那就再給他下道聖旨，要他不要再謙虛了，馬上去江西！」

王瓊馬上請求，希望皇上能給他便宜行事的權力。

朱厚照想都不想，說：「准了。」

於是，第二道聖旨到了王陽明面前：巡撫南贛等地，軍馬錢糧作戰等事，除非是天大的事，其他小事可自行定奪。

王陽明此時在杭州城，仍然沒有回音。朱厚照有點不高興了，他問王瓊：「這老先生是什麼意思？」

王瓊回答：「事不過三。」

朱厚照耐著性子，發出第三道聖旨：你怎麼敢以病為藉口推辭本應盡的義務？如今南贛地區盜賊遍地，百姓倒懸於水火。你如果還拖拖拉拉，豈不是更加誤事？趕緊去，不許辭職，不許推脫，欽此。

一五一六年農曆十二月初二，吏部的一封信幾乎趕上了朱厚照的那道聖旨：按皇上的意思，王陽明不准退休，南、贛地方多事，趕緊去辦事，用心巡撫。

王陽明長出一口氣，對他的弟子們說：「走，去江西。」

本年十二月農曆初三，王陽明離開即將春回的杭州城，走向那些活蹦亂跳的土匪，走向只有土匪才肯居住的原始森林，走向他多年以來企盼的刀光劍影的戰場。

據說，王陽明從杭州出發前，他的一位道家朋友對人說：「王陽明此番前去，必立大功。」人問原因，這位道士說：「我觸之不動。」

「觸之不動」正是王陽明心學的目標，它是希望我們無論面對什麼樣的處境時都應寵辱不驚，不因得失而動心。「不動心」也是王陽明自龍場悟道到江西剿匪這段時間傳播的主要心學思想。黃宗羲說王陽明心學有三個階段，「不動心」就是第一階段。

王陽明創建心學後，發現來學習心學的人都有浮躁之心，所以要他們靜坐以滌蕩內心的欲望，使心保持一個澄淨的狀態。為了讓人相信自己的心沒有絲毫欲念，他講「知行合一」，認為一個惡念就是一個行動，所以必須要靜心。但他又擔心弟子們把靜坐當成目的，流入枯禪，所以提倡事上練。

這一切的終極目的都是為了讓人「存天理去人欲」，去人欲的目的就是讓人心存天理，有真理在心，就不會對任何榮辱動心。他以此希望人人都擁有一顆強大的內心，任何事和物來觸之，都不會因之而動。

也許下面這段記載於《傳習錄》中的問答可以讓我們知道如何才能不動心，讓內心強大起來。

弟子問：「這幾年因厭惡學問，常常想獨自靜坐，以求摒棄思慮念頭。但是，不僅不能達到目的，反而更覺得心神不寧，這是什麼原因？」

王陽明回答：「思慮念頭，如何能打消它？只能讓它歸於正統。」

弟子問：「念頭是否有沒有的時候？」

王陽明說：「的確沒有無念之時。」

弟子又問：「既然如此，因何說靜呢？」

王陽明說：「靜並非不動，動也並非不靜。戒慎恐懼就是念頭，為何要區分動和靜？」

弟子說：「周敦頤為什麼又要說『定之以中正仁義而主靜』呢？」

王陽明說：「沒有欲念自然會靜，周敦頤說的『定』也就是『靜亦定，動亦靜』中的『定』，『主』就是指主體。戒慎恐懼的念頭是活潑的，正體現了天機的流動不息，這也就是所謂的『維天之命，於穆不已』。一旦有停息也就是死亡，不是從本體發出的念即為私心雜念。」

弟子又說：「當用功收斂身心的時候，若有聲色出現在眼前，還如同平常那樣去聽去看，只怕就不為專一了。」

王陽明說：「怎麼能不想聽，怎麼能不想看？除非是死灰槁木、耳聾眼瞎之人。雖然聽見、看見了，只要心不去跟隨它也就行了。」

「只要心不去跟隨它」就是不動心。正是這「不動心」的心靈正能量，才讓王陽明創建了光芒萬丈的蓋世武功。

第二章

王陽明如何做到知行合一之南贛剿匪

人性無法改變，卻可以引導

一五一七年正月，王陽明到江西贛州剿匪。一年後，他寫信叮囑弟子們要全身心「存天理去人欲」。為了讓弟子對袪除人欲的難度有深刻認識，信中有這樣一句話：破山中賊易，破心中賊難。心中賊自然是「人欲」，而山中賊則是南贛地區的土匪。

他說破山中賊易，只是為了烘托袪除人欲有多難，實際上，破山中賊遠沒有他說的那麼容易。

一五一七年正月初六，王陽明到達南昌。南昌官員向他遞交了南贛地區的地理和土匪的詳細資料。資料說，南贛地區山麓千里，崇山峻嶺，洞穴密佈，只有飛鳥能和外界溝通。這自然是土匪的安樂窩，因為官兵來時，他們能輕易地化整為零，官兵一走，他們又重新聚合。所以四省組織過多次圍剿，但收效甚微。

該地土匪中有幾個帶頭大哥：謝志山與藍天鳳（擁有江西贛州崇義的橫水、左溪、桶岡根據地）、池仲容（擁有廣東和平浰頭三寨根據地）、陳曰能（擁有江西南安大庾嶺根據地）、高快馬（擁有廣東韶關樂昌根據地）、龔福全（擁有湖南郴州山林深處根據地）、詹師富（擁有福建漳州大帽山根據地）。

不過王陽明遇到的第一個敵人並不在名單裡，他的第一個敵人出現在江西萬安，是一群水盜。

從南昌出發去贛州路過萬安時，王陽明在岸上休息。他從岸邊的商人聊天中得知，江上有一群水盜，商人們每次到這裡都提心吊膽，很怕倒楣碰到水盜。王陽明加入他們的談話說：「我是中央政府裡的禦史，正巡撫此地，你們可跟隨我。」商人們很高興，可是馬上又失望了，因為王陽明就帶了幾個僕人，沒有衛隊。

王陽明告訴他們，按規定，新官上任不得帶士兵。不過，對付他們不必用士兵，有咱們這些人就足夠了。

他的方法，是讓商人們把各自的船插上官旗，敲鑼打鼓，一字排開向前進發。

就這樣，江面上出現了十幾艘「官船」，鑼鼓聲震耳欲聾，氣勢逼人。到江心時，像是從江裡冒出來一樣，幾艘破爛窄小的船擋住了去路。有商人哆嗦著說：「這就是水盜的船。」

王陽明走上甲板，對著水盜們喊話：「我是中央來的大官，是皇上要我來巡撫此地，你們居然在我的地界鬧事，不要命了？」

說完向身後一指：「這麼多官船，你們也敢劫？」

水盜們仔細辨認眼前的船隻，模糊地認定是官船，又見到王陽明站在風裡屹立如山，氣場十足，紛紛跪在船上說：「我們也是被逼無奈，才跑到這裡為盜的。政府苛捐雜稅太多，我們無法承受，還希望大老爺開恩。」

王陽明為了儘快到贛州辦公，就打發他們說：「你們的供詞我已知道，如果情況屬實，等我到贛州後馬上為你們解決。」

水盜們見王陽明說得一本正經，馬上歡呼雀躍地讓開水道，王陽明站在甲板上，指揮各商船陸續離開，走出很遠，才鬆了一口氣。

商人們說：「如果那群海盜識破了咱們，後果不堪設想啊。」

王陽明笑道：「他們只要一疑，這事就沒有失敗的道理。」

輕易化解水盜的包圍，似乎給了王陽明一個好預兆。一五一七年農曆正月十六，他抵達南贛巡撫辦公地江西贛州，開府辦公。他連一分鐘都不休息，先是讓人到南贛巡撫各管轄區傳令：新巡撫王陽明已上任。與此同時，他在贛州武裝部隊中挑選了兩千名士兵急行軍先奔福建汀州，他隨後即到。他的第一個目標就是福建漳州大帽山的詹師富。

在對詹師富採取行動之前，王陽明謹慎地「知己」。他發現自己一方有三個致命弱點。

第一，當地政府軍毫無戰鬥力。原因是，接連不斷的匪患使得當地政府財政枯竭，軍費開支被嚴重壓縮。身強力壯的士兵都去當了土匪，留下的大部分是老弱病殘。另外，他們和土匪打了多年交道，勝少敗多，形成了「畏敵如虎」的心理。王陽明的應對辦法是：從四省軍隊中揀選驍勇絕群、膽氣過人的士兵組成一支兵團，日夜操練。

第二，政府裡有敵人的臥底。這從多次的剿匪檔案中就能看出，大的軍事行動找不到土匪的影子，小的軍事行動總遇埋伏，他得揪出內奸。

在之後幾天的摸查中，他掌握了一位老吏是內鬼的充足證據。他把老吏叫到辦公室，先是客客氣氣地和他聊家常，慢慢地過渡到政府事務，最後談到了政府剿匪的事倍功半。

正當老吏侃侃而談時，他假裝漫不經心地問了一句：「山賊們如何知道我們的每一次軍事行動？」這一突然襲擊讓毫無防備的老吏怔了一下，當他意識到自己已露出馬腳準備掩飾時，為時已晚。

王陽明大喝一聲：「你想死想活？」

老吏本能地「撲通」一聲跪到地上正要辯解，王陽明又喝問：「為何做山賊的奸細？人證物證俱在，你如果等我拿出來，就晚了。還不趕快招了！」老吏的心理防線被王陽明迅如閃電的組合拳擊潰。他承認自己是奸細，請求王陽明放他一馬。王陽明說：「你要戴罪立功。」

老吏問：「怎麼個戴罪立功？」

王陽明說：「你繼續當你的奸細，以後的情報由我給你，我叫你放什麼消息你就放什麼消息。」

老吏磕頭如搗蒜，用良心發誓，一切聽憑王陽明的安排。

王陽明再透過老吏的供詞揪出了隱藏在政府裡的多名奸細，如法炮製，把他們變成了自己傳播虛假消息的話筒。

第三個弱點是民匪一家。上山做土匪的在山下都有親人。由於政府的橫徵暴斂，他們唯一的收入來源就是做土匪的親人，所以他們對土匪有深厚的感情，經常替土匪通風報信。王陽明的解決方案是：十家牌法。所謂十家牌法就是要每家把所有家人的個人資訊（性別、籍貫、職業等）寫到一塊木牌上，掛在門口。十家為一牌，由指定的人當牌長，牌長手上有一份關於這十家的詳細資料，這份資料甚至詳細到這樣的地步：誰家有殘疾人，哪裡殘疾，怎麼殘疾的。牌長每天在固定時間挨家挨戶查巡，先用手上的冊子對照各家門口的牌子，然後對住戶人口進行比照。有時候會搜查，一旦發現有「黑戶」（沒有在牌子上記錄的人），立即報官。倘若這個「黑戶」來路不明，或者就是土匪，那這家和與他編在一起的其他九家就要倒楣，受到處罰。所以，十家牌法的功利性就在於，它把每個人都變成了神經兮兮的間諜。

十家牌法制度看上去沒有人情味，不過按王陽明心學的解釋，它是激發人內心良知的靈丹妙藥。王陽明說，人人都有趨利避害的心，所以人人都擔心被別人連累，如此一來，不用政府的命令，他就能發揮主觀能動性去監視別人。而人人都有良知，良知告訴他，不能牽累那麼多人，所以他們會拒絕土匪。即使土匪是他的家人，他也會想，為了自己的一個親人，而連累了幾十個人，良心實在不安。於是，他們會把藏匿於家中的土匪主動送到政府手中。

王陽明的這種解釋是否合理，有事實為證。十家牌法施行後，南贛地區的土匪再也不能隱藏到人民群眾中，他們的生存空間被大大地壓縮，只能龜縮在山林中。

在大致解決了自己的問題後，王陽明開始嚴肅地審視詹師富。與其他山中巨寇相比，詹師富是個小字輩。王陽明來江西的兩年前（一五一五年），他才在綿亙數百里的大帽山宣布革命，不過這是個易守難攻的地方，詹師富很有眼光。

一五一五年下半年和整個一五一六年，他粉碎了前南贛巡撫文森組織的多次圍剿，創造了南贛地區山賊們反圍剿成功次數的最高記錄，並且把根據地建在大帽山子山脈的象湖山（福建漳州平和縣象湖山），直到王陽明在汀州制訂了圍剿他的計畫時，還沒人打破他的記錄。

詹師富能創造多次反圍剿勝利的神話，一靠地利，二靠奸細。王陽明雖然挖出了許多奸細，但還是有漏網之魚。所以當王陽明在汀州制訂計畫時，詹師富很快就得到了消息。

王陽明計畫兵分兩路，一路攻詹師富的基地象湖山，一路從饒平（廣東饒平）北上配合。詹師富馬上把他的人埋伏在官兵來象湖山的必經之地——長富村（福建漳州平和長樂一帶），當官兵進入埋伏圈後，詹師富部隊喊殺聲起，然而經王陽明整頓的部隊戰鬥力驚人，在被包圍的情況下絲毫不亂，仗著人多勢眾，向四面八方突圍。他們不但撕開了詹師富的包圍圈，而且掉頭反包圍了詹師富。詹師富招架不住，急忙跑回老巢象湖山。

王陽明剛得到正面攻擊部隊取得勝利的消息，那支偏師也把捷報送來了。王陽明興奮異常，叫人備馬，他要親自上戰場。這並不怪他，畢竟是第一次上戰場，難免有些激動。

當他躊躇滿志地走到廣東一個叫大傘的地方時，突然一聲鑼響，四面八方衝出了黑壓壓一片人，王陽明帶的士兵少，詹師富的伏軍又是突然衝出，他措手不及，下令突圍。

在突圍混戰中，他中了兩槍，栽下馬來。幸好護從給力，把他扶上一匹快馬，衝出了包圍圈。這一仗，他險些被詹師富活捉。

此時的王陽明狼狽不堪，他調轉馬頭回汀州。一路上，他深刻地檢討自己，他發現自己太輕敵，這都是因為沒有經驗。他有了新的想法：我不應該在不擅長的戰場上和敵人較量，我的特長在戰場之外。

橫掃詹師富

王陽明心學說的是，不要迷信自己的經驗。世間一切瞬息萬變，拿從前的經驗對待新出現的事物是膠柱鼓瑟。尤其是當你面對新對手時，經驗就是道教的丹藥，會神不知鬼不覺地置你於死地。詹師富很快就要犯這樣的低階錯誤。

王陽明說他的特長不在戰場上而在戰場外，說的其實是帷幄裡的運籌。他的運籌和其他軍事家不同，他把軍事打擊放在第二位，放在第一位的是「攻心」。

他決定在詹師富身上實驗。幾天後，他把部隊調到上杭（福建上杭縣），以此為瞭望塔和跳板，創造機會給詹師富致命一擊。在他聚精會神思考攻心術時，他的指揮官們卻情緒低落。按他們的看法，此時應該撤兵回贛州，等待廣東剿匪專業部隊狼兵到來。

王陽明哭笑不得。幾天前，他們在長富村打了次勝仗，戰後歡呼聲蓋過天雷，而昨天的一場敗仗馬上就讓他們變得像遭了殃似的。

果然如民諺所說，庸人一挫就餒，才勝便驕。

王陽明對他們說：「勝敗乃兵家常事。我們應該立即提振士氣再尋勝機，你們說等待廣東狼兵，可是靠別人永遠是不靠譜的。你們說敵人氣勢正盛，我們正應該趁他們取得勝利疏於防備時向他們進攻，怎麼能在這個關鍵時刻後退呢？」

指揮官們齊聲問：「計將安出？」

王陽明說：「詹師富現在巴不得我們撤退，我們就如其所願傳出消息，說不打了，今年秋天再來。他的那群間諜肯定會把消息傳遞給他。你們再把士兵們組織起來搞個聯歡會，要搞得熱熱鬧鬧的，讓他信以為真。當他放鬆警惕後，我們就奇襲他的基地象湖山，一戰可下。」

指揮官們還有疑慮：「恐怕詹師富不會相信。」

王陽明看著他們，笑了笑，說：「他會相信的。」

詹師富的確會相信。他不相信王陽明，他相信他的經驗。據他的經驗，政府軍每次來圍剿失敗後都會撤軍，無一例外。他的經驗信心百倍地告訴他，王陽明也不會例外。所以當他接到他的間諜們傳給他的所有情報後，他堅信不疑。當他的間諜把王陽明正在上杭舉行班師聯歡會告知他時，他心底最後一絲警覺也煙消雲散。他命人殺豬宰羊，抓起酒罈，慶祝他這次反圍剿的勝利。他根本沒有意識到，他創造的反圍剿記錄已經畫上了句號。

王陽明派人日夜不息地打探象湖山的動靜，最後，他得出結論：守衛鬆懈，詹師富相信了。一得出結論，他馬上制訂作戰方案：兵分三路，於一五一七年農曆二月十九趁著下弦月色銜枚疾走直奔象湖山。在距象湖山一箭之地會合後，王陽明向全副武裝的突擊隊下達了攻擊象湖山隘口的命令。進展異常順利，因為王陽明之前的工作取得了成效，象湖山守衛鬆懈得一塌糊塗，突擊隊幾乎未費吹灰之力便攻破象湖山隘口，雙方就在山中展開慘烈的肉搏戰。詹師富的手下在山中長大，山石林中跳躍如飛，如同從馬戲團出來的演員。幸運的是，當時是黑夜，那些土匪不能淋漓盡致地發揮長處，只能與政府軍短兵相接。一夜苦戰後，由於武器裝備上的巨大優勢，王陽明部隊將這些悍匪全部剿滅，控制了象湖山。不過在打掃戰場時沒有發現詹師富的屍體。從俘虜口中得知，詹師富在亂戰中已逃到可塘洞據點去了。王陽明下令對詹師富的所有據點全面掃蕩。

詹師富的據點還有四十餘處，戰鬥人員達數萬，而王陽明的部隊滿打滿算才五千人，力量對比懸殊。但詹師富的老巢被王陽明消滅了，氣勢和鬥志受到嚴重打擊。當他在可塘洞據點聽到王陽明掃蕩部隊擂起的戰鼓聲時心膽俱裂。民間有句話叫「兵熊熊一個，將熊熊一窩」，一個團隊的領導人如果膽怯，毫無鬥志，那這個團隊離瓦解就不遠了。詹師富嚇得魂不附體，當然不能指望他的守衛部隊個個如天神下凡。於是，可塘洞的防線很快潰散，詹師富本人被活捉。

一個沒有信仰支撐，純靠利益（打家劫舍獲得錢糧）結成的團隊，一旦靈魂人物消失，它就如多米諾骨牌一樣，勢必倒塌。王陽明剿匪部隊如暴風掃落葉一樣，在三天之內橫掃詹師富四十三處據點。一五一七年農曆三月二十一，詹師富最親密的戰友溫火燒被王陽明的掃蕩部隊活捉。詹師富武裝成為歷史。

王陽明剿滅詹師富僅僅用了三個月，這一雷鳴電閃的速度把那些山中大佬們震住了。他們瞠目結舌，直到此時，他們才開始認真研究王陽明。這位臉色黑紫、不停咳嗽的病夫怎麼會有如此神奇的力量？他們透過各種情報管道瞭解王陽明。有情報說，此人只是個教書先生，好像是講什麼心學的，沒有作戰經驗，消滅詹師富只是他僥倖而已。也有情報說，此人外表忠厚，內心奸詐，不可不防，詹師富就是死在他奸詐的計謀下的。還有情報大驚小怪地說，此人是個半仙，因為他居然能求雨。如你所知，前兩條情報都是假的，最後一條半真半假。

王陽明的確在求雨，而且成功了，但他不是半仙。一五一七年農曆四月初，他從前線回到上杭。上杭當時大旱，王陽明心血來潮，突然就吃齋念佛求起雨來，第二天，上杭居然大雨。

一個月後，他又和一個和尚在瑞金求雨，居然又得償所願，於是王陽明通神的名聲漸漸在百姓中傳開了。

過足求雨癮後，王陽明將工作重點重新轉移回剿匪。在對剿滅詹師富的軍事行動的復盤中，他發現，政府軍的戰鬥力已經弱到了令人難以置信的地步。即使是他當初從各省軍區挑選出的所謂精英，也不過是半吊子，因為他們缺少軍事訓練。他想到的辦法就是後來清人曾國藩藉以發家的「團練」，即地方民兵。

王陽明的「團練」和曾國藩的「團練」不同。曾國藩是從民間挑選勇武之人編成部隊操練，而王陽明則是從各個部隊中挑選驍勇之士，編為四團。每團有團長，除有農事季節外，四個團都必須到贛州城軍營操練。

據說，活動於福建南安的山賊們聽到王陽明晝夜練兵的消息後，心驚膽戰。他們把老婆孩兒和金銀珠寶都藏到深山老林裡，白天下山耕地，晚上就跑回山林。他們再也不能像從前那樣百無禁忌了。

大庾嶺的陳曰能卻大不以為然，當謝志山、池仲容等匪首們變得謹慎起來時，陳曰能反其道而行之，異常張揚，對南安府進行了數次試探性攻擊。陳曰能有囂張的資本，他的根據地大庾嶺要比詹師富的象湖山安全一百倍。大庾嶺遍布荊棘，全是懸崖峭壁，在唯一可以通行的路上，陳曰能佈置了最勇悍的山賊。

陳曰能倚仗的就是這種地利。如果他能和王陽明坐下來談心，王陽明就會告訴他，人生在世唯一可以倚仗的就是自己。靠山山倒，靠河河枯。你越倚仗什麼，那個「什麼」就會越讓你失望。

王陽明始終相信一個道理：即使是老虎，也有打盹的時候。陳曰能在大庾嶺的守衛都是凡人，不可能沒有懈怠的時候。他故伎重施，祭出「真假虛實」的法寶。這一次，他宣稱，四班團練訓練完畢，就各歸本部。給人的感覺是，縱然有天大的事發生，下班的團練也不會管。在這個既定模式持續了一段時間後，陳曰能的人產生了一種思維定式：這些團練一下班，就沒有必要再提高警惕了。這就是王陽明希望達到的效果。

一五一七年農曆六月二十日，王陽明的三班團練下班，但沒有回各部，而是被王陽明集合起來，在微弱的月光掩護下悄悄向大庾嶺急行軍。這次軍事行動和進攻詹師富的軍事行動毫無二致，都是在麻痺敵人後的快速偷襲。陳曰能的結局也和詹師富一樣，由於防守鬆懈，他的基地被王陽明部隊用火攻輕易取下，而他本人在逃跑途中被王陽明的一支小分隊活捉。

大庾嶺曰能就這樣戲劇性地被王陽明從南贛山賊的黑名單上劃掉了。

群賊大驚！

橫水、左溪的謝志山、桶岡的藍天鳳聯合樂昌高快馬決定主動出擊。很多人覺得這幫山賊的野性大發，但王陽明卻感到他們內心的恐慌。人只有在恐慌而又無計可施時才會有如此瘋狂的舉動。他們緊鑼密鼓地打造攻城器具，宣稱要進攻贛州的鄰縣南康。他們聲稱打下南康就打贛州，滅了王陽明的老窩，讓王陽明打哪兒來回哪兒去。遺憾的是，他們沒有「知行合一」，一五一七年農曆七月二十五，謝志山帶領一千多人推著呂公車，卻跑到南安城下發動了一陣毫無章法的猛攻（當地以山地為主，他的基地橫水、左溪又在崇山峻嶺中，呂公車又重又大，他居然能推到南安城下，真是個苦心人），毫無效果。一個月後，他又帶著藍天鳳捲土重來，人數和呂公車倍增。南安城打退了他的進攻，但已很勉強。

這種小動作馬上吸引了王陽明的目光，他在黑名單上把謝志山和藍天鳳的名字圈了起來。不過在準備對二人動手前，他做了兩件事：第一件事是給王瓊寫信，希望王瓊讓朱厚照授予他提督南贛軍務的特權，也就是說，他必須在南贛地區成為名副其實的軍界第一人。任何人都要服從他的軍令，只有這樣，他才能統一指揮。王瓊行動力很強，很快地，朱厚照就傳來了聖旨，要王陽明提督南贛軍務，可便宜行事。

如果一件事太順利，那麼就要小心。王陽明剛接到提督南贛軍務的聖旨，就有人就盯上他了。盯上他的人叫畢真，是江西軍區的監軍。明朝時，皇帝為確保自己對各地軍事權力的控制，臨時差遣東廠太監為軍中監軍，專掌稽核功罪賞罰之事。監軍名義上是軍法處處長，實際上，軍區司令要進行任何軍事行動，都必須通過他，儼然就是多了一個政委。畢真的前任許滿卸任時對畢真說：「江西這地方是我做監軍做得最不爽的，王陽明那傢伙來江西剿匪，從沒和我打過招呼，好像我是空氣一樣。」畢真恭恭敬敬地說：「我會讓姓王的知道咱們身為絕戶的威力。」畢真說做就做，他和紫禁城後宮的同事們取得聯繫，要他們提醒皇上朱厚照，王陽明在南贛剿匪獲得提督軍務的大權，身邊卻沒有一個監軍。朱厚照把太監們的話復述給王瓊聽，王瓊氣急敗壞，他說：「南贛軍區不同於其他軍區，那地方是四省相交，之前的巡撫不能成事就是因為政出多門。比如南贛巡撫到福建剿匪，先要知會福建巡撫，福建巡撫再知會監軍，兩人又發命令到下一級。命令往返之間，時間很長，山賊們早已知曉，因此貽誤戰機。如果讓畢真監軍，他在南昌，王陽明在贛州，王陽明每次軍事行動都要經過他的許可，這和從前那些南贛巡撫有什麼兩樣？」

朱厚照對他的那群太監向來是有求必應的，但不知為什麼，這一次他卻清醒得很，居然沒有同意。王陽明這才牢牢地抓住了「政由我出」的機會。

於是，他做了第二件事：撒網捕魚，願者上鉤。

這招的具體應用只是一封信——《告諭巢賊書》，這是一封陰陽結合、綿裡藏針、胡蘿蔔加大棒的情感告白書。他讓人把這封信抄錄多份，向整個南贛地區還存活的山賊們撒去。文章開篇，王陽明用的是大棒：

「本老爺我以弭盜安民為職，一到任就有良民日夜來告你們，於是我決心征討你們。可是平完漳寇（詹師富），斬獲七千六百餘，經審理才得知，首惡不過四五十人，黨惡之徒不過四千餘，其餘的都是一時被威逼，慘然於心，便想到你們當中豈無被威逼的？訪知你們多大家子弟，其中肯定有明大理的。我從來沒有派一人去撫諭，就興師圍剿，近乎不教而殺，日後我必後悔。所以，特派人向你們說明，不要以為有險可憑，不要覺得你們人多勢眾。比你們強大的都被消滅了。」

然後筆鋒一轉，胡蘿蔔來了：

「若罵你們是強盜，你們必然發怒，這說明你們也以做強盜為恥，那麼又何必做強盜呢？若有人搶奪你們的財物和老婆，你們也必憤恨報復，將心比心，你們為什麼又搶別人的財物和老婆呢？我也知道，你們或為官府所逼，或為富人所侵，一時錯起念頭，誤入歧途。此等苦情，甚是可憫。但是你們悔悟不切，不能毅然改邪歸正。你們當初是生人尋死路，尚且要去便去；現在棄惡從善，死人尋生路，反而不敢。為什麼？你們久習惡毒，忍於殺人，心多猜疑，無法理解我無故殺一雞犬尚且不忍，若輕易殺人，必有報應，殃及子孫。

但是，若是你們冥頑不靈，逼我興兵去剿，便不是我殺你們，而是老天殺你們。現在若說我全無殺你們的心思，那也是忽悠你們。若說我必欲殺你們，可不是我本意。你們還是朝廷赤子，譬如一父母同生十子，二人背逆，要害那八個。父母須得除去那兩個，讓那八個安生。我與你們也正是如此。若這兩個悔悟向善，為父母者必哀憐收之。為什麼？不忍殺其子，乃父母本心也。

你們辛苦為盜，刀口上過日子，可利潤有多少，你們自己知道，你們當中也有衣食不充者。何不用為賊的勤苦精力，來用之於種地、做個小買賣，過正常的舒坦日子？何必像現在這樣擔驚受怕，出則畏官避仇，入則防誅懼剿，像鬼一樣潛形遁跡，憂苦終身，最後還是身滅家破。何苦來哉？

我對新撫之民，如對良民，讓他們安居樂業，既往不咎，你們肯定已經聽說了。你們若是不出來，我就南調兩廣之狼兵，西調湖、湘之土兵，親率大軍圍剿你們，一年不盡剿兩年，兩年不盡剿三年。你們財力有限，誰也不能飛出天地之外。」

再說天地萬物為一體：

「不是我非要殺你們不可，是你們使我良民寒無衣、饑無食、居無房、耕無牛。如果讓他們躲避你們，他們就失去了田業，已無可避之地；如果要他們賄賂你們，家資已被你們掠奪，已無行賄之財。就算你們為我謀劃，恐怕也只有剿盡你們而後可。我言已無不盡，心已無不盡。如果你們還不聽，那就是你們辜負了我，而不是我對不起你們，我興兵可以無憾矣。民吾同胞，你們皆是我之赤子，我不能撫恤你們，而至於殺你們，痛哉痛哉！走筆至此，不覺淚下。」

這封深情款款的書信撒出去後，真就有主動上鉤的人。第一批被感動得稀裡嘩啦的盜賊是贛州龍南的黃金巢武裝。第二批則是廣東龍川盧珂武裝。他們帶領自己能控制的所有人馬來見王陽明，聲稱要重新做人。王陽明把他們隊伍中的老弱病殘清退為民，留下驍勇的人組編成一個戰鬥單位，由盧珂擔任指揮官。當時有人提醒王陽明，這群盜賊反復無常，當心他們反水。王陽明說：「他們被我的誠心感動，我用真心對待他們，他們不會用偽心來對我。」

他對盧珂推心置腹道：「你們做賊多年，雖是發自本心改邪歸正，但還是有人用從前的眼光看你們。所以你們必須拿出點成績來，堵住他們的嘴。」盧珂說：「您打謝志山和藍天鳳，我定盡死力。」

王陽明要的就是這句話。不過，有一點引起了盧珂的注意。這就是王陽明雖然說要打橫水、左溪、桶岡，但沒有開過一次軍事會議。盧珂眼中的王陽明不像一位軍事領導人，更像是一位教師。王陽明每天的大部分時間都是在和他的弟子們講課，有時候會玩玩射箭。每天早上，弟子們到王陽明的辦公室請安，王陽明從後堂走出，大家就開始談心學。中午時分，大家在一起吃飯，午飯完畢，繼續談論心學。偶爾有人送來軍情報告，王陽明只是看一眼，就繼續講他的課。好像他現在最要緊的工作是講課，而不是剿匪。弟子們也習以為常，就這樣一天天地過著。可一五一七年農曆十月初九早上，弟子們如往常一樣來向王陽明請安，他的僕人卻說：「你們的王老師淩晨就帶兵走了，不知道去哪裡了。」弟子們對王老師的神出鬼沒感歎不已。

實際上，王陽明打仗，重點不在排兵佈陣上，而在前期的謀劃上。他的謀劃也有個特點，在他和他那群指揮官們討論時，他已胸有成竹。用他的心學來說就是，吾性自足，不須外求。

一五一七年農曆十月初九王陽明領兵到南康之前，他的指揮官們認為如果對橫水、左溪、桶岡進行圍剿，應該先剿桶岡。王陽明卻反對說：「如果我們站在湖廣的角度來看，桶岡是盜賊的嗓眼，而橫水、左溪是心臟；而站在江西的角度來看，則橫水、左溪也是心臟，而桶岡是羽翼。總之，無論站在哪個角度，橫水、左溪都是心臟，殺掉一個人，當然可以去咽喉上著刀，但如果這樣做，湖廣無事了，可江西仍然有事，所以，我們必須去敵人的心臟上來一刀。只一刀，就能解決兩省的問題，何樂而不為？」

還有一條很重要。王陽明說：「謝志山和藍天鳳認為我們離桶岡近，肯定會先打桶岡，橫水和左溪防備鬆懈，這正是天大的好機會，絕不可錯過。」

他的指揮官們認為王大人的分析天衣無縫，剩下的事自然就是付諸行動了。剿滅謝志山和藍天鳳的軍事行動正式打響。

勝敗由心，兵貴善用

在整個南贛地區反政府頭目裡，謝志山是最為引人注目的，實力僅次於池仲容。謝志山性格奔放豪爽，有一種立刻就能獲得別人信任的大哥天賦。青少年時期謝志山曾讀過很多書，特別喜歡兵法。當時江西政府橫徵暴斂，逼出了一大批五花八門的冒險家進山做了賊。政府屢次圍剿，勝少敗多。謝志山馬上就發現了政府軍的羸弱戰鬥力和深林險山的大好地利，於是在沒有任何人逼他做賊的情況下，他帶領著他的朋友們落戶橫水。接著，憑藉深廣的社會關係，拉攏了一大批才華橫溢的人物，陸續在左溪、桶岡建立了根據地。在粉碎歷任南贛巡撫圍剿過程中，謝志山掌握了游擊戰的精髓。他在戰爭中學習戰爭，越做越大，他的野心也越來越大，王陽明來南贛之前，他在南贛地區已經獲得了巨大的名聲，他自稱的「征南王」名號覆蓋了整個中國南方。

謝志山始終堅信一點：想要做大事，一個人的智慧是不夠的，必須要招攬各種人才補充他的大腦。在南贛山賊中，謝志山手下的謀士最多，而如何招攬到這些足智多謀的人為他效力，正是他最擅長的地方。他結交藍天鳳就是一個最好的例子。

藍天鳳做山賊的時間要比謝志山早，他的根據地在左溪，做得風生水起。謝志山聽說藍天鳳很有頭腦，而且志向遠大，就單槍匹馬去左溪拜訪藍天鳳。

去之前，有謀士對他說：「大家都是土匪山賊，不講道義，小心藍天鳳黑吃黑。」

謝志山說：「敵人的敵人就是朋友。況且我平生交友只以誠心實意待之，以情動人。如果他不領情，我就持之以恆，直到他被我感動，做我的兄弟為止。」

藍天鳳沒有想要火拚謝志山，但他對謝志山要他入夥的事不以為然。二人喝到酣處，藍天鳳斜眼看向謝志山，傲慢地說：「大家都是出來混的，手下都有幾千號兄弟，你讓我跟你，我這面子該往哪裡放？我的兄弟們怎麼看我？政府軍怎麼看我？這一大片山林怎麼看我？」

謝志山決心用「理」來說服藍天鳳。他說：「團結就是力量，咱們抱成團，人多力量大，能成大事。」

藍天鳳覺得很好笑，說：「你大老遠的連個衛兵都不帶跑到我這裡，就是為了說這些？我自己也能成大事，何必要勞煩你，請回。」

謝志山笑呵呵地睡了一晚，第二天什麼話都沒說就下山了。藍天鳳沒想到，幾天後，謝志山一個人挑著兩桶酒來了。他對藍天鳳說：「我上次喝你的酒，發現太烈，如今是酷暑，喝烈酒很不健康，我給你送來兩桶清淡的酒。雖然不如你的酒好，但至少在這個季節喝起來是很舒服的，還可以養生。」

藍天鳳有點小感動，他想不到一個做山賊的心居然如此精細。不過，他還是沒有要和謝志山交朋友的意思。那天兩人喝酒，謝志山隻字不提要他入夥的事。喝完酒，謝志山就晃晃悠悠地要走，藍天鳳挽留，謝志山繃起臉來說：「這是你的地盤，我怎麼可以隨便留宿，傳出去被人說閒話。」藍天鳳愕然。過了幾天，謝志山又來了，帶來了新鮮的肉和上好的酒。從此後，謝志山成了藍天鳳的常客，每次來，必是大包小包一大堆東西。

終於有一天，兩人喝酒時，藍天鳳發出一聲長歎，對謝志山說：「兄弟，咱們聯合吧，以後你就是我老大，有事儘管吩咐。」

謝志山用這種方式「邀請」了很多能人上他的根據地為他效力，劉備的「三顧茅廬」在他面前簡直不值一提。

無論是謝志山還是藍天鳳，他們的武裝人員都以佘族為主。佘族原本在廣東，後來廣東和江西首長達成一項協定，佘族人就遷到了江西。這些人原本只是遵紀守法的百姓，但政府的高稅收和他們本性中的好勇鬥狠很快讓他們三五成群、持續不斷地對當地居民進行攻擊。到了後來，當地居民的田地和房屋都被他們搶了去，謝志山與藍天鳳又把他們聚集在一起，更是無法無天。

謝志山和詹師富截然不同。詹師富只關起門來稱王稱霸，典型的奉行保守主義的山賊。而謝志山經常會對政府發起小規模的軍事進攻。就在王陽明來南贛的幾天前，他還發起了一次攻擊南康的軍事行動。不過，他的力量雖可以拔寨，但還未強大到攻城的地步。所以，他的每次攻城戰只不過是騷擾，不會對政府構成實際威脅。

謝志山之所以有「主動出擊」的行為，就是因為他和他的謀士們經過多年分析總結出一個真理：政府軍奈何他們不得。實際上，他根本就沒有同時面對過二省以上的部隊圍剿。由於四省距他的根據地路途不一，有的先到，有的後到，他能利用這種時間差快速有效地進行反圍剿。謝志山的根據地在他自己看來是險不可摧的，這讓他不由得產生了盲目的自信。王陽明在打詹師富之前曾揚言要打他的橫水、左溪和桶岡。他失聲大笑，說：「就憑贛州那點部隊，我都不用和他打游擊，就能收拾了他。」當王陽明說，要等三省部隊會合夾攻他時，他自信地冷笑，向著天空喊：「你忽悠，接著忽悠吧。」這樣的信心來源於他的間諜們一直在給他傳遞消息，說：「王陽明在贛州城等三省部隊，短時期內，不可能有軍事行動。」

實際上，他不是沒有懷疑過王陽明的「狡詐」，詹師富武裝和陳曰能武裝的覆滅，都是王陽明突然發動襲擊的結果。不過他被自我的窠臼限制住了：從前的經驗和不會被圍剿的僥倖心理。從前的經驗告訴他，他的三大據點要比詹師富和陳曰能的根據地穩固十倍，經受了無數次考驗，安然無恙。他的僥倖心理告訴他，王陽明用了兩次突然襲擊，不可能再用第三次對付他。越是怕被圍剿，越是相信王陽明不會對他進行圍剿。

人面對事情時如果有僥倖心理，必定失敗。即使真有人能躲過，但大多數人一定躲不過，而謝志山毫無懸念地屬於大多數人裡的一員。一五一七年農曆十月初十，王陽明把指揮部從南康遷到離橫水較近的至坪（崇義縣龍勾鄉）。直到這時，他才調兵遣將。他把部隊分為十路，兩路為機動部隊，在黑夜悄悄埋伏到橫水周邊。四路為誘敵部隊，在約定時間向橫水武裝叫陣。最後四路是精銳部隊，當誘敵部隊把謝志山誘出橫水的有效防禦範圍時，這四路就會發動進攻。而兩路機動部隊則從旁邊快速攻陷橫水隘口，仿效韓信背水一戰故事，奪掉他們的旗，插上政府軍的旗，大事可成。

一五一七年農曆十月十二，太陽剛從地平線上露出一半，王陽明就下達了攻擊命令。四路誘敵部隊佯攻橫水，謝志山急忙到前哨陣地觀看，他發現眼前的敵人雖然喊打喊殺聲震天，但戰鬥力實在不值一提，全是吶喊助威的角色，於是想都沒想就開了城門，帶領精銳出城準備把這些「雜訊」消除掉。由於橫水寨的大門並不寬，但他的部隊見到這群待宰的羔羊時興奮得過了頭，衝出去時不管不顧，連寨門的守衛部隊都跟著衝了出來。良機出現了，王陽明下令另外兩路機動部隊趁勢而起，從側面猛衝破橫水寨門，謝志山的部隊哪裡會想到半路能殺出個程咬金，一下就被衝垮了。王陽明部隊馬上換掉了謝志山的大旗，插上了政府軍的旗，然後敲鑼打鼓，大喊「勝利」。

謝志山猛回頭，發現自己的旗變成了政府軍的旗，心慌意亂，扭頭就衝向他自己的寨門。王陽明另外四路精銳部隊適時上場，猛攻謝志山部隊的屁股。謝志山魂飛魄散，閉著眼睛狂奔。王陽明讓精銳部隊緊追，而剩下的六路部隊喊叫著直奔橫水寨的心臟。橫水寨的山賊們在上面早就聽到了政府軍「勝利」的喊聲，又看到他們如猛虎一樣衝上來，頓時人心渙散，沒有了抵抗的意志。橫水就這樣輕易地被攻陷了。

謝志山此時已陷入神志不清的狀態，凡是在他逃跑路線上的任何障礙物，無論是他的士兵還是他的謀士，全被他用刀劈成了兩半。他拚命地跑，他左溪的部隊從來沒有見過謝大王如此狼狽過，他們本想只放謝大王一個人進來，可謝大王後面跟著一群殘兵敗將，如洪水一樣湧進了左溪寨。

這道洪水後面緊緊跟隨的正是王陽明的精銳部隊，他們幾乎是被裹挾著進了左溪城。現在，對王陽明部隊構成最大威脅的敵人恐怕不是山賊的刀槍，而是山賊在狹窄區域狂奔時發生的大規模踩踏事件。半個時辰後，左溪山賊全部投降，左溪被攻陷。謝志山滿臉血污地趁亂逃出了左溪，直奔藍天鳳的桶岡。

謝志山這次來桶岡和之前截然不同，沒有帶酒肉，身後跟了一群倉皇的士兵。謝志山雖然失去了根據地，但風度不減，和藍天鳳談話時依然是「征南王」的口吻。藍天鳳早就把謝志山當成了大哥，這種口吻他也能接受，不過他不能接受的是謝志山對王陽明的認識。在謝志山看來，王陽明這老傢伙除了「詐」以外，一無是處。只要能想辦法破了王陽明的詐術，不出一個月，他肯定灰溜溜地回北方去。

藍天鳳對王陽明的看法和謝志山很不同，他分析說：「先不管他的詐，你看他才來南贛不到一年，就把詹師富、陳曰能輕易地搞定了，還有你。而且他還把龍南的黃金巢和龍川的盧珂收服了。我做了這麼多年山大王，和那麼多大官打過交道，可從來沒有見過王陽明這樣厲害的角色。」

謝志山惱火了，說：「你這是什麼意思？滅自家威風，長他人志氣？」

藍天鳳歎了口氣說：「我沒有這意思，只是你那橫水、左溪都是一夫當關萬夫莫開之地，被他一日之內攻破，這人實在太厲害了。」

謝志山很不服氣：「這都是他的奸計。你的桶岡比我的橫水、左溪如何？」

藍天鳳自豪地說：「論險峻，比你的強多了。」

謝志山握緊拳頭，嚷道：「好，我們就在這裡待著。任他用什麼花招，都閉門不出。他的糧草已盡，肯定撤兵。」

藍天鳳想了一想，點了點頭。

當王陽明來到桶岡時，謝志山和藍天鳳正在喝酒。王陽明審視了桶岡，不由得發出一聲讚歎：「真是個鬼斧神工的山賊老巢啊！」

制心一處，無事不辦

在不經藍天鳳許可下進桶岡，難度和登天相差無幾。王陽明在給中央政府的報告中曾這樣說：「桶岡四面萬仞絕壁，中盤百餘里，山峰高聳入雲，深林絕穀，不見日月。」不僅如此，桶岡內部還有一片適合種植番薯和芋頭的土地。這是任何山賊都夢寐以求的天賜之物。所以如果桶岡山賊閉門不出，縱然二郎神下凡也沒用。

當然，桶岡不可能真就是個鐵桶，沒有進出口。王陽明從被俘山賊口中得知，桶岡入口有六處，其中五處是：鎖匙龍、葫蘆洞、茶坑、十八磊、新地。不過這五處全是狹窄的險道，只要在上面放一排滾石，一個人就能守住。另外還有一處很讓人驚喜，不過這條路要繞遠，要用去半個月的時間。而且，之前約定夾剿的湖廣部隊的計畫就是從這裡進入桶岡。

王陽明只能在鎖匙龍、葫蘆洞、茶坑、十八磊、新地這五處地方挑選一處作為突擊口。不過王陽明現在有點麻煩，他的部隊攻打橫水和左溪後消耗巨大，用他的話說，已經是強弩之末，他必須要等湖廣和廣東的部隊前來。一五一七年農曆十月二十七夜晚，王陽明在桶岡前線的營帳中沉思，部隊需要休整，必須要找個安全地帶。而人人都知道，桶岡附近最不安全，一旦敵人發動偷襲，後果不堪設想。但他又不能撤兵，一旦撤兵，橫水和左溪的匪患就會死灰復燃。他現在最要緊的事就是讓自己安全，而他的安全，表面上看是取決於桶岡，實際上心學說心外無事，每個人的安全都取決於自己。

他故伎重施，寫了封招降信，派人送給藍天鳳，並聲稱要在本年農曆十一月初一早上親上鎖匙龍，招降藍天鳳。

桶岡接到信後馬上亂了手腳。這個時候的桶岡已不是幾天前的桶岡，橫水和左溪逃亡出來的山賊都湧進這裡，他們在謝志山的指引下對王陽明的招降持強烈的反對意見。謝志山說：「王陽明這是緩兵之計。他是想讓咱們放鬆警惕，同時自己休養生息。我們應該趁他元氣大傷時進攻他。」

藍天鳳正在專心致志地看王陽明的招降書，聽到謝志山這樣說，就掃了他一眼，說：「前幾天你還說咱們要閉門不出，現在怎麼又要開門攻擊？你的橫水就是這樣失掉的。」

謝志山冷笑。藍天鳳知道謝志山看穿了他。他藍天鳳不是個輕易投降的人，桶岡如銅牆鐵壁，無數個剿匪將領都在桶岡面前望洋興嘆。問題是王陽明用兵如鬼魅，他有些擔心。

這時他的手下很不看場合地說：「龍南的黃金巢和龍川的盧珂被招撫後，黃金巢回家做了生意，而盧珂則在王陽明的部隊裡擔任指揮官，打橫水和左溪時，這小子帶著他的五百人把對手打得滿地找牙。」

意思是，投降王陽明會得到好處。

藍天鳳發現，聽到這句話的謝志山臉色如豬肝一樣難看，他馬上制止了這種論調的擴散，高聲大罵：「盧珂這叛徒，要是落在我手裡，我非活剝了他。」

謝志山的臉色好轉了，藍天鳳以一種只有親兄弟才有的口吻安慰他：「大哥放心，我們就是死也不會投降，如果初一他真的敢來送死，我就敢埋。」

謝志山臉色恢復本色，藍天鳳臉上雖然笑著，心裡卻波濤洶湧：王陽明真的會來？如果真的來了，我是降還是不降呢？

如果藍天鳳對那封招降信有所答覆，王陽明可能會真的上桶岡。但王陽明等了兩天，那封信像是投進了墓道一樣，他就再也沒有去想那封招降信的事了。王陽明的部隊元氣已恢復，他要做的事就是攻打桶岡。不過，王陽明確信，那封招降信肯定在桶岡引起不小的波動，他雖然不瞭解藍天鳳，但他瞭解人心。他幾乎不費吹灰之力就橫掃了山賊們引以為傲的橫水、左溪，這一結果不可能不在藍天鳳心中引起冰冷的迴響。按王陽明的預計，藍天鳳現在正處在猶豫不決、進退維谷的境地。他的心已亂，攻心的機會已到。

一五一七年農曆十一月初一，王陽明命令南康縣縣丞舒富領數百人奔鎖匙龍下寨，聲稱要在這裡接受藍天鳳的投降，並且催促藍天鳳儘快對招降書做出回覆。這是陽的一面，陰的一面的是：早在一天前，他就已命令贛州府知府邢珣領兵直奔茶坑，吉安府知府伍文定領兵直入新地，汀州府知府唐淳領兵奔十八磊，廣東潮州府程鄉縣知縣張戩兵入葫蘆洞，這四路部隊都趁夜到達指定攻擊地點，等待王陽明總攻的命令。

初一早上，天降大雨，整個桶岡地區煙雨迷蒙。藍天鳳向外望去，幾乎什麼都看不到。他此時此刻突然有了一種想法，就是從前發生的一切現在突然都消失不見了，唯一留下的就是那片煙雨。王陽明不停地派人催促他快點作出答覆，他拿著那封招降信，心裡莫名地空虛，眼前的世界模糊起來。有人提醒他趕緊做出決定，他仍然沒反應。

這很好理解，因為他的桶岡部隊希望投降，而謝志山和他的橫水、左溪部隊不希望投降。要藍天鳳在如此關鍵的時刻作出重大決定，那不現實，因為這已經超出了他的能力。

他聽著投降派和主戰派的辯論，聽著大雨把樹葉打得發出淒慘的叫聲，這種叫聲把他從恍恍惚惚的虛空中拉回現實。他看了看外面的雨，以一種奇異的聲調說：「今天這麼大雨，王陽明該不會有所行動吧？」

沒有人回答他的問題，自從收到王陽明的招降書後，藍天鳳彷彿靈魂出竅，誰也不知道他每天坐在椅子裡兩眼無神地望著外面的天空在想什麼。用王陽明的話說，藍天鳳的心已經亂了。他沒有能力應對有生以來遇到最厲害的敵人——王陽明。

一五一七年農曆十一月初一中午，他才脫卸了折磨他好多天的精神包袱：王陽明部隊同時在鎖匙龍、葫蘆洞、茶坑、十八磊、新地發起進攻。他的傳令兵把命令傳給他時，這五處已經失守了三處。

藍天鳳連吃驚的力氣都沒有了，他自言自語：「王陽明真是用兵如神，這些兵怎麼像是從天而降啊？」

他的衛隊長大吼一聲：「大王，風緊啊。」

藍天鳳叫了起來，靈魂終於附體，傳令他的衛隊集合，就在桶岡裡憑藉地勢打阻擊戰。但是王陽明部隊已經一擁而入，雙方幾乎是摩肩接踵，根本沒有打阻擊戰的條件，只能肉搏。盧珂部隊在此時發揮了重要作用，為了重新做人，立下功勳，他和他的五百人和藍天鳳衛隊玩起了命。藍天鳳和他的幾個親信在萬人中衝出一條血路，奔向十八磊逃跑。十八磊尚未陷落，藍天鳳得到了片刻的喘息，命令他的守衛部隊拚命抵抗。雙方僵持了一夜，盧珂的部隊趕到，一頓衝殺，十八磊陷落。藍天鳳又逃到桶岡後山，在這裡死守數日，最終見大勢已去，他就設想乘飛梯進入范陽大山。因為老話說「留得青山在，不怕沒柴燒」，但老話還說「莫道君行早，更有早行人」。王陽明早在範陽大山中佈置了部隊。藍天鳳在桶岡後山前無進路，後無退路，仰天長歎說：「謝志山害我。」說完，看著萬丈懸崖，一個猛子栽了下去。

謝志山不如藍天鳳骨頭硬，他主動放下武器投降了。

至此，横水、左溪、桶岡被全部平定，王陽明所耗費的時間不足一個月。據說，王陽明在打掃戰場時，湖廣部隊才到達郴州，聽說王陽明已經消滅了謝志山和藍天鳳後，部隊指揮官吃驚得張大了嘴巴，像是被人塞進個拳頭：從前三省聯合剿匪，打了一年也不見成效，而王巡撫朝去夕平，如掃秋葉，真乃天人也！

這位部隊指揮官說王陽明是天人，恐怕未必可信。因為他是把王陽明和他們這群飯桶相比而言的。王陽明早就說過，無論是三省還是四省聯合圍剿，唯一的作用就是勞民傷財，助長土匪們的傲氣。三省部隊的長官都是平級，沒有統一的指揮，而且距離剿匪地點路途遠近不同，先到的部隊如果等後到的部隊，等於是把一大批軍糧拉到南贛讓士兵吃，這和旅遊吃大餐沒有區別。而當大家聚齊後又都不用力。比如剿橫水、左溪，湖廣部隊和福建部隊認為這是江西部隊的事。如果剿龍川，江西部隊又認為是廣東部隊的事。沒有責任感的部隊註定沒有戰鬥力，多次剿匪失敗後，南贛地區的部隊已沒有鬥志，只是一群消耗糧食的吃貨。

按王陽明的心學，一個人如果用心誠意，天下就沒有難事。因為心外無事，一切事都是心上的事，就看是否用心。

王陽明可謂用心良苦。每一場戰役之前，他都深思熟慮，盡量用最小的代價換取最大的勝利。他打詹師富，用兵五千人，打橫水、左溪用兵一萬人，打桶岡用兵一萬人，所耗費的錢糧據他自己說不過幾千金。而數省聯合圍剿時，每天都要耗費千金。

王陽明的目光不僅是在戰場上，還在戰場外。他曾仔細考察研究後寫給中央政府一份報告。報告上說，南贛地區的匪徒數量在五六年前還是幾千人，可最近這三五年，他們像滾雪球一樣越滾越大。原因有兩個，一個是如謝志山、詹師富這樣的山賊的確有過人之處，能在短時間內招兵買馬。但最關鍵的因素是，當政者在某些方面的推波助瀾。比如各種苛捐雜稅，這是逼人為盜。再比如，政府軍的圍剿不是沒有成效，但剿滅一股土匪後，就認為萬事大吉。他們一走，該地馬上又崛起另一群土匪。

王陽明所認識到的問題只有一個辦法可以解決，那就是該地吏治清明，但這顯然辦不到。王陽明可能也意識到這一點，所以他三番五次地上書朱厚照，要朱厚照取消南贛地區的苛捐雜稅，尤其是鹽稅，他說他在萬安遇到的那群水盜就是這種不合理稅收的直接後果。但是，朱厚照並沒有回音。王陽明也並未唉聲歎氣，他只能盡最大心力讓匪患不再如狗尿苔，見雨就起。

「平定」這兩個字大有深意，「平」是剿匪成功，而「定」則是讓該地區安定，不再有土匪。

王陽明的「定」主要就是在關鍵地方設置行政建制，比如他在消滅詹師富後，就在象湖山附近設立平和縣，平了橫水、左溪、桶岡後，他又在附近設置崇義縣。他用十家牌法牢牢地控制每一個固定村鎮，用置縣的辦法把容易產生盜賊的地方割裂。同時，他還在各地宣言道德教育，讓百姓知道做賊不值，做百姓挺好。

王陽明用心做的這一切，把南贛盜賊的毒瘤徹底清除，再未復發。作為剿匪司令，他對山賊們並非是切齒痛恨，有時候，他也為自己殺了那麼多山賊而心上不安。在圍剿藍天鳳大功告成後，王陽明面對桶岡漫山遍野的屍體，不由得心上流淚，他後來對弟子說：「如果我再等幾天，藍天鳳可能會出來投降，也就不必死那麼多人了。」

據說，謝志山在被處決前，王陽明特地去看了這位在南贛地區如雷貫耳的大人物。謝志山雖然身在囚牢，但精神不錯，一股英雄氣直衝腦門。當王陽明告訴他即將被處決的消息時，謝志山神色平靜，只是手指微微顫抖，他坐在王陽明對面，眼神黯淡，時不時用手撣掉肩膀上的灰塵。

王陽明說：「殺你的不是我，是國法。」謝志山看著王陽明，笑笑。他說：「無論是誰殺我，我都已不在乎。我第一天上山做賊時就曾預料到這樣的結局。不過我還是榮幸能死在你手裡，你用兵我佩服。」

謝志山輕聲細語，和他在橫水時判若兩人。他見王陽明沒有說話，就換了種口氣說：「我看得出你和從前來打我們的人不同，你是真的為民著想，而不是打完就拍拍屁股走人。但我不明白，你這樣智慧高超的人，為什麼想不明白，百姓叛亂的病根不在我們身上而在政府身上呢？」

王陽明沉默良久，轉移了話題，也是他很感興趣的話題：「你是用什麼辦法網羅了這麼多同黨？」

謝志山歎氣道：「也不容易。」

王陽明問：「怎麼不容易？」

謝志山回答：「平生見世上好漢，我絕不輕易放過。我會用盡各種辦法和他接近，請他喝酒吃肉，為他解救急難，等到和他建立真正的友誼，我就把真情告訴他，沒有不答應入夥的。」

王陽明感慨萬分，站起來對謝志山說：「上路吧。」

事後，王陽明對他的弟子們說：「我們交朋友，也應該抱著這種態度啊。」

現在，王陽明在南贛的敵人只剩下了一個，也是最厲害的一個：廣東浰頭三寨的池仲容。

金龍霸王池仲容

池仲容造反是「官逼民反」的活例子。池仲容在廣東浰頭山區裡長大，放眼望去千山萬嶺，他的青少年時代就是在這樣原始的生態環境中度過的。池家以打獵為生，因為靠近森林，本應該衣食無憂。但政府對當地獵戶的稅收相當嚴苛，池家很快就發現，一旦獲得獵物，除非不讓政府知道，否則即使把獵物全部上繳也不夠交稅。這是一個無解的難題，池家人有著中國南方人典型的堅韌性格，他們坦然接受這樣的殘酷事實，到地主家當長工，勉強維持生存。不過當地的地主也不全是富得流油，當地多山，可耕種的土地稀少，一旦天公不作美，乾旱和暴雨就會毀了一切。地主家裡也沒有餘糧，像無數池家這樣的人家就得失業。政府本來有責任在災荒之年救濟百姓，中央政府也有撥款。然而每次從中央出來的賑災款到了災區時，就如一車鹽經過大江大河的淘洗，最後只剩下寡淡的鹽水。

明帝國政府的官員貪污腐敗已達極致，從處於權勢巔峰的「立皇帝」劉瑾到居於體制底層的縣長、村長，只要有貪污的機會從不放過。劉瑾被抄家時，金銀珠寶堆積成山，全是他貪污所得。《明史紀事本末補編》說，劉瑾的巨額財產共有金子二九八七萬兩（大約台幣一四一八．六億元），元寶五百萬錠，銀八百餘萬兩（大約台幣二六三．二億元），僅此兩項合計就高達三三六三．七億元。另外還有寶石二鬥，金甲二，金鉤三千，玉帶四千一百六十二束。當時，明帝國十年財政收入也就這麼多。劉瑾在高位不過四年時間，也就是說，他每天貪污的數額達到兩億元人民幣。

在地方上，比如萬曆年間的山東昌邑令孫鳴鳳腦子裡只有兩件事，一是貪墨，二是私自徵稅。一遇災荒年，孫鳴鳳就高興得手舞足蹈，因為中央政府會發放賑災款。而這些錢全都入了他的腰包，不但如此，他還和平時一樣繼續向百姓徵稅。

我們很不理解，為什麼像孫鳴鳳這樣的地方官會如此肆無忌憚地搜刮聚斂本應該屬於老百姓的錢財，難道他們不怕百姓造反？

他們當然怕，但他們好像摸透了中國老百姓的性格。中國老百姓不被逼上絕路是不會去反抗的，把他們逼到「革命」的大路上，需要很長很長的時間。所有官員都相信，這個「很長很長」的時間是沒有盡頭的。即使真的到了盡頭那天，他們已被調出這塊是非之地，或者早就抱著財寶回家養老去了。正如池仲容造反多年之後所說的，我現在殺的貪官都不是我真正的仇人，我真正的仇人不知在哪裡。

朱祐樘在位的最後幾年，池仲容正在深山老林裡小心翼翼地跟在他父親屁股後面。他的父親時刻如箭在弦上，機警地尋覓著倒楣的獵物。那一天，池仲容和父親一直向森林深處摸去，他們尋找了很久，都沒有找到一頭野獸。越向森林深處走，池仲容就越感到壓抑。他感覺如同走進一個沒有盡頭的地獄，而一旦看到盡頭，就是死亡。他又聯想到他和大多數人的生活，就像是這片史前森林，遮天蔽日，透不過氣來。

他在森林中唯一感覺良好的就是，這片森林給了他鍛鍊體魄的機會。據說，池仲容能把一隻剛吃飽的老虎摔倒在地，還能在樹上和猿猴賽跑。他能鑽進水裡待半個時辰，可以捉住在水底歇息的老鱉。他後來成為廣東浰頭的霸主後，有人聲稱他能從當地森林裡最高的樹上騰躍而起，觸摸到月亮。他靠著天賦和後天的努力，終於把自己鍛造成了森林之王和山區之王。

池仲容還有一項天賦，和謝志山異曲同工。他善於交際，能和各色人等在最短的時間裡結下深厚的友誼。他盡最大能力仗義疏財，並且非常開心地為人解救危難。時光流逝，他漸漸地在廣東浰頭地區的廣大平民中獲得信賴和威望。人人有困難時都會去找他，人人都相信他能解決一切難題。

世界上有一種人，他們幾乎是無意識地助人為樂，他們只看到別人的困難，卻向來對自己的艱難處境視而不見。這種人被孔孟稱為聖人，池仲容也應該是這樣的人。他在為別人排憂解難時似乎沒有注意到自己時刻都處在憂難中。

他的父親租賃了地主家的土地，因為遇到災荒，所以在地主來收租時，兩手空空。地主很不高興，就把他的父親抓走，留下一句話給池仲容和他的兩個兄弟：拿錢贖人。

池仲容和他的兩位兄弟商議了一夜，沒有任何結果。因為這種事根本不用商議，解決方式一目了然：拿錢贖老爹。問題就在於，這唯一的方式行不通，他們沒有錢。

這件事讓池家蒙上了一層陰影，池仲容那幾天用他那有限的知識儲備思考父親被綁架是否合理合法。當他最後認定，這既不合理也不合法時，縣衙的收稅員來了。這是一群錘子，在錘子眼中，所有的百姓都是釘子，他們所做的事就是砸釘子。他們見門就踹，見人就打，池仲容家的大門也不能倖免，池仲容和他的家人更不能倖免。每家每戶值錢的東西都被這群人強行奪走，裝上數輛大車。他們又拉出身強力壯的百姓讓他們幫助拉車。

民情沸騰起來，這些百姓的想法是，你們把我的東西搶走，還要讓我們幫你拉車，你別欺人太甚！池仲容的想法是，這是什麼世道啊！

池仲容只能咀嚼著無聲的怨恨想到這裡，即使是王陽明恐怕也不會想到這樣一個地步：財產權是人不可侵犯的天賦權力之一。中國古代人沒有財產權的概念，因為沒有人權的概念。僅以明帝國為例，皇帝想殺誰就殺誰，不需要通過法律。一個人連生命權都沒有，何談別的權力。中國古代政治史上有一個特別令人作嘔的現象：普天之下莫非王土。實際上，這是政治家最不要臉的行為之一。僅以池仲容所在的廣東浰頭為例，浰頭是自然形成的村鎮，這裡所有的百姓都是靠自力更生和互相尊重而維持村落的穩定和發展的，明帝國政府沒有為他們做任何事，相反，他們聽說有這樣一個地方後，立即派人到這裡組建政府，他們唯一做的事就是收稅和沒收無辜百姓的財產。

那天夜裡，在家家戶戶的哭聲中，池仲容對著昏黃的燈光和他的兩個兄弟池仲安、池仲寧說：「你們把青壯年組織起來，我們必須要去打仗。」

他兩個兄弟不以為然，說：「武器呢？所有的鐵器都被他們收走了。」

「用拳頭！」池仲容握緊了拳頭，平靜地說。

那天後半夜，在一次亂哄哄的行動中，池仲容和他年輕力壯的老鄉們用拳頭向縣衙的稅務官們發起了進攻，兩名政府官員被殺，剩下的都被活捉。池仲容割下了他們的耳朵，放他們回去報信。他站到最高處，對他的戰士們發表演講。他說：「我們忍了半輩子終於決定不再忍受，因為我們發現一味忍受永遠換不來吃飽穿暖。我們必須做出改變，我們要自己掌握自己的命運。」

接下來的幾天裡，池仲容解救了自己的父親，用他多年來積攢下的人脈迅速壯大了他的隊伍。他們打劫一些地方政府，獲得了武器。他們用「打土豪分田地」的方式獲得了整個浰頭地區百姓的強力支援。

池仲容審時度勢，把三浰（上、中、下）作為自己的根據地，並在附近設立了三十八個據點。好像是神鬼附體，池仲容豐富的想像力和創造力源源不斷地噴湧而出。他組建政府，封官拜爵，他自稱「金龍霸王」，一條畫著蜈蚣的鮮紅色大旗在浰頭迎風飄揚。他組建紀律嚴明的軍隊，在根據地開荒種地、屯兵耕活，同時讓人邀請一批鐵匠到根據地來製造武器。他創造了一個像王陽明心學精髓的新天地：自給自足，不需外求。

池仲容的精力好如泉水，永無枯竭。他努力發展壯大自己的同時，還把眼光投向外面。他以飽滿的熱情和謝志山、藍天鳳、高快馬等同志取得聯繫，他提醒這些兄弟們，大家是一損俱損，一榮俱榮。既然大家都是抱著「和政府作對」的共同目的，那就應該緊密地聯合起來。只有強強聯合，才能把事業做大。他還指出，我們最終的目的不是占山為王，我們將來有一天必須走出深山老林，掃滅明帝國的牛鬼蛇神，取締明帝國的統治。也許很多人都認為，我們現在不過佔據個山頭，實力太弱，能打的太少。但星星之火可以燎原，只要我們站在鄉親們這一面，就一定能打敗站在鄉親們對立面的明政府。

池仲容的語言動人心弦，謝志山被深深地吸引，「喜歡拉攏好漢」的江湖脾性被激發出來，他給池仲容寫信，說要親自去拜訪他。他設想能像拜訪藍天鳳一樣把池仲容也籠絡到自己門下。但池仲容比他的野心還要大，在給他的回信中，池仲容態度堅決：你別胡思亂想，我們只是聯合的關係，我也沒有讓誰來我門下的意思。

謝志山很沮喪，歎息說：「可惜了池仲容這位好漢不能為己所用。」實際上，他不知道池仲容的志向要遠比他大。當池仲容站在山頭的最高處，向下望去時，他的理想不但超越了他目光的範圍，還超越了他可以想像的範圍。

他滿臉的鬍子迎風飄蕩，像是要脫離他的下巴飛向天際。他堅毅的眼神、高聳的顴骨、熠熠生輝的皮膚都讓他驕傲萬分，正如他在給他的同志的信中所說，他不僅要做山中之王，還要做一個帝國的王。

事實上，在池仲容造反的開始階段，一系列的成功都在支撐他這個理想。他和謝志山、藍天鳳、高快馬聯合攻打過附近的無數城池，並且成績不俗。他活捉過地方官和部隊指揮官，還曾在翁源城裡檢閱過他那支衣衫襤褸的軍隊。

王陽明的前幾任南贛巡撫被他頻繁的攻城掠寨折磨得痛苦不堪。這些人一聽說一面蜈蚣大旗迎風飄揚時，就手足無措。王陽明到南贛之前，池仲容曾獨自面對兩次四省圍剿。最後一次圍剿大軍無計可施撤退時，他甚至還進行了一次非常漂亮的追擊。對於四省部隊指揮官來說，池仲容部隊和他的根據地三浰是擁有人類智慧的毒蛇猛獸，最好的辦法就是不去碰它。

「金龍霸王」池仲容威震四方，南贛地區的各路山賊難以望其項背。王陽明在萬安遇到水盜時，池仲容聽說有新巡撫到來，就給了王陽明一個下馬威：圍攻南贛巡撫辦公地贛州南部的信豐城。池仲容雖然沒有攻下信豐城，但王陽明得到消息後的確吃了一驚。

池仲容沒有把王陽明放在眼裡，還是緣於他的經驗。多年以來，南贛巡撫如走馬燈似的換，沒有一個能動他分毫，他覺得王陽明也不例外。直到王陽明以迅雷般的速度消滅了詹師富、溫火燒等人後，他才把狂熱的自信收起來，認真地審視起王陽明來。

池仲容就是有這樣的自制力和領悟力，一旦發現情況不對，立即轉向。他的兩位兄弟安慰他：「王陽明沒有那麼可怕，消滅詹師富只是瞎貓碰上死耗子。況且，他原本說要打橫水、左溪、桶岡，要打咱們，可他也沒有打啊。這只是揀柿子挑軟的捏。」

池仲容正色道：「詹師富經歷的政府軍圍剿次數最多，可謂身經百戰。他的象湖山又是易守難攻，只幾天時間就被王陽明拿下，這人不可輕視。」

兩個兄弟毫不在乎，說：「只要我們在山裡不出去，他王陽明難道長了翅膀能飛進來嗎？」

池仲容不和兩個兄弟說話，而是把他的元帥高飛甲叫來，憂慮地說：「王陽明此人不可輕視，看他消滅詹師富的用計和排兵，就知道他不是個省油的燈，咱們要多加防範。」

高飛甲也是不以為然：「咱們經歷過多少事，四省聯軍都被咱們趕跑了，那些政府軍隊裡的指揮官們還不是對咱們無計可施。據說王陽明不過一書生，能有什麼本事？」

池仲容深呼吸，說：「你們呀，還是年輕。這都是在順境中消磨了機警和智慧。總之，王陽明不可輕視，要時刻關注他的舉動。」

池仲容的確在關注王陽明的舉動。當他看到王陽明四處散發的《告諭巢賊書》時，他大叫不妙。他趕緊給各地的同志們發消息說，我知道你們對這封信心動了。但我提醒你們，我等做賊不是一年兩年，官府來招安我們也不是一次兩次，可哪一次是真的？王陽明這封信就是個圈套，讓我們自投羅網，任他宰割。

當黃金巢和盧珂投降王陽明後，池仲容仍然是信心滿滿的樣子，說：「等黃金巢和盧珂得到官職再說。」當盧珂得到官職並被王陽明大力重用後，池仲容有點不確定了。他想，難道這次是真的招撫？

這種想法只是靈光一現，他很快就認為，即使是真的招撫，他也不能就這樣投降。他的造反字典裡根本就沒有「投降」這兩個字。

局勢瞬息萬變。很快地，陳曰能倒下了。池仲容背剪雙手在房間裡踱步，陳曰能是第一個宣稱拒不接受招安的人，並且放出狠話，要把王陽明裝進他的囚車裡。池仲容從陳曰能的覆滅總結出這樣一件事：王陽明對拒不投降的人，只有一個字——殺。

這還不是要命的，要命的是，王陽明總能把拒不投降的人殺掉。如果陳曰能的覆滅讓池仲容心緒波動的話，那麼，謝志山的橫水、左溪的覆滅則讓池仲容萬分驚恐起來。

他急忙審視自己的根據地，這塊據點無論從哪方面來論，都和謝志山的橫水、左溪差不多。謝志山的才能和自己也是不相上下，卻在不到一個月的時間裡灰飛煙滅。這足以說明下面的問題：王陽明對剿匪太在行了，無論他想剿誰，那個人應該沒有可能躲過。

在第二天的會議上，池仲容把這種擔憂說給他的兄弟聽。這些人已經對王陽明重視起來，現在只希望池仲容拿出像樣的解決方案來。

池仲容就領著他的「文武百官」在根據地巡視，他看到人們在收割莊稼，聽到鐵匠鋪裡叮噹當的打鐵聲，士兵們在巡邏，他一會兒搖頭一會兒點頭，眼珠子亂轉。在一處亂石中間，他停下腳步。池仲容轉身看了看他的「文武百官」，說了兩個字：「投降。」

眾人張大了嘴：「什麼！」

池仲容一字一句地說：「我們向王陽明投降。」

池仲容用計

池仲容所謂的投降王陽明，用他的話來說就叫刺探虛實、緩兵之計、以毒攻毒。總而言之，這是一招非常漂亮的棋。王陽明善於玩詐，那我就以其人之道還治其人之身。詐，誰不會玩？不說真話，不做真事而已。

但玩詐，也有高低之分。玩得高明的人，會讓對手暈頭轉向找不到北，你永遠猜不到真假，比如王陽明。玩得拙劣的人，破綻百出，對手一眼就能看出他的虛實，比如池仲容。

池仲容雖然口口聲聲說王陽明不是等閒之輩，但表現在行為上，他還是輕視了王陽明。他要弟弟池仲安帶領二百名老弱殘兵去向王陽明投降，王陽明馬上感覺到，這些人根本就不是池仲容的武裝人員，而是匪兵家屬，其中有些人連走路都氣喘吁吁。

王陽明將計就計，聲稱對池仲容的改邪歸正表示讚賞，然後問池仲安：「你哥哥為何不親自來？」

池仲安按池仲容的囑咐回答：「寨子裡還有很多事務要處理，處理完畢，我哥哥會快馬加鞭趕來投降，他現在唯恐落後。」

王陽明笑了笑，說：「你們棄暗投明，應該需要我給你們個將功贖罪的機會吧？如今我正要進攻左溪，你有興趣嗎？」

池仲安慌得連連搖頭，險些把腦袋搖下來，說：「王大人您看我這些手下能打仗嗎？」

王陽明假裝掃了一眼那二百老弱殘兵，點頭道：「的確不能上戰場，那我就給你另外一個差事吧。我看他們雖然身體孱弱，但手腳還能動，我正準備在橫水建立營場，你們就辛苦一下。」

池仲安說：「我們不會啊。」

王陽明大喝一聲：「你們建了那麼多據點，怎麼就說不會！」

池仲安哆嗦了一下，連聲說「好」。

於是，在王陽明的指揮官的監視下，池仲安和他的二百人在橫水當起了農民工。

一五一七年農曆十月下旬，「金龍霸王」池仲容的弟弟池仲安領著二百多老弱殘兵開始在王陽明的橫水營場修營。他來投降王陽明的目的是刺探王陽明的虛實，這些虛實包括如下情況：王陽明對他池仲容的看法如何？他對三浰根據地有什麼看法？他是否有對三浰用兵的想法？如果用兵，他是等廣東特種剿匪部隊狼兵來，還是只靠他現在的江西部隊與福建部隊？

池仲安記憶力差強人意，所以把這些問題都記在一張紙上，他以為用不上幾天時間，就能探得王陽明的虛實。可是自從當了農民工後，不用說見王陽明，就連王陽明部隊的下級軍官都見不到，池仲安刺探虛實的計畫徹底泡湯。

正當他憂心忡忡時，王陽明突然命令他跟隨部隊去打桶岡。池仲安痛快地答應了，也不管自己的老弱殘兵能否上戰場，因為畢竟跟著部隊走，會離王陽明近一點，離他那份問卷上的答案也近了點。

王陽明對他關懷備至，說：「你才來投靠，不如盧珂他們能獨當一面，而且你的士兵恐怕也不是打硬仗的材料，但你必須要經歷戰陣。我讓你上戰場是對你信任，我不怕你陣前倒戈，天下合夥人必須要建立在信任的基礎上才能成事，你懂我的意思嗎？」

池仲安像磕頭蟲一樣連連點頭，王陽明就把吉安府知府伍文定介紹給池仲安，說：「你和你的兵由他指揮，去前線吧。」

池仲安有些小感動，王陽明對他如此信任，他險些忘了池仲容交給他的另一項任務：及時把王陽明的行動通知給咱們的同志藍天鳳。他後來在行軍路上想起這項任務時，前面的部隊突然停了下來。伍文定派人告訴他，咱們就在這裡埋伏。池仲安問：「此是何處？」回答：「新地。」

池仲安七竅生煙：王陽明這王八蛋，這不是要我嗎？新地是離藍天鳳的桶岡最遠的一個隘口，藍天鳳只有走投無路時才會從這裡突圍，守在這裡，等於守個墳墓，什麼消息都得不到，什麼消息也送不出。

王陽明交給他任務時，他又驚又喜；現在，他卻如喪考妣。

尤其要命的是，新地離三浰的路程非常遙遠，如果回三浰，一定會經過王陽明的控制區。如果被王陽明的巡邏隊捉住了，他就不好解釋回三浰的理由。

桶岡被剿滅後，池仲安越來越心神不寧。他拿出那張紙來看著那些問題，只憑感覺就能得出正確的答案，王陽明對池仲容和三浰的態度很明朗：剿為主，撫為次。

如果說池仲安還有可取的地方，那就是他的這份答案。他無法對王陽明本人做出評價，這超出了他的能力，有時候他認為王陽明就是個書呆子，因為他每次見王陽明時，王陽明都在看書。有時候他又認為王陽明是個混世魔王，橫水、左溪、桶岡戰場屍橫遍野，他看到那些同志的屍體時，心驚肉跳。還有的時候，他認為王陽明是個快要死掉的病夫，臉色青黑，聲音嘶啞飄忽，雙手好像總是吃不準要搆的東西的位置。

他對王陽明的種種印象交織在一起，像一隻大蝴蝶盤旋在他頭上，折磨得他痛苦不堪。他想把王陽明對待三浰態度的情報送出去，但這不可能，王陽明有一支小部隊如影隨形。

實際上，他對於王陽明會如何對待三浰上的直覺是對的。消滅桶岡後，王陽明就四處尋找和池仲容打過交道的官員和受他騷擾過的地方士紳。這些人向他著重指出，池仲容這種人只能剿滅，不能招撫。因為在整個南贛地區，他的實力最強，而且犯下滔天大罪。他也明白自己十惡不赦，所以他絕不會相信投降後會得到好下場。

而沒太遭受池仲容傷害的士紳卻有不同意見。意見是這樣的：王巡撫您自來南贛後，每天的太陽都是血紅的，每夜的月亮也是血紅的，不知道我是不是老眼昏花，有時候我看這天空都是血一樣的紅。雖然他們是盜賊，罪大惡極，但上天有好生之德，純靠殺戮不能解決問題。孔孟說，要以仁義感化人，不嗜殺，能不殺人就不要殺人。

持這種論調的人在王陽明看來，既可悲又可恨。王陽明很想對他說，我來南贛的目的就是剿匪，不是向土匪傳播他們不屑一顧的仁義道德的。除非是神仙，否則沒有人可以讓豬欣賞交響樂。用他的心學來說就是，人人都有良知，盜賊也有。但他們的良知被欲望遮蔽太久，靠理論灌輸，不可能讓他們的良知光明。盜賊的良知正如一面斑駁陸離的鏡子，他們映照不出真善美，必須要透過強大的外力擦拭。可他們不讓你擦，難道你能把每個人都活捉來，廢寢忘食地擦他們的鏡子嗎？只有一個辦法：消滅他們。

王陽明心學雖然和朱熹理學一樣，把道德提到至高無上的位置，但王陽明心學有一條很重要：提升個人道德固然重要，不過用嚴厲的手段掃蕩那些不道德的人和事更重要。

池仲容就是那個良知之鏡斑駁陸離的人，誰要是指望他能自我更新光明良知，只能等到死。實際上，王陽明並非是嗜血如命的人，他每次消滅一處盜賊見到血流成河時，良心就會受到譴責。每當有盜賊被他感化前來投降時，他就異常高興。他是個有良知的人，而有良知的人有時候也要做些讓良知不好受的事，但這絕不是違背良知。王陽明的良知告訴他的是，還南贛一個清平世界是他的任務，想要做到這點，剿匪不容置疑。所以對於池仲容，王陽明還抱著一絲希望，面對這個最大的敵人，他也不希望發生硬碰硬、血流漂杵的決戰。

池仲容也不希望他和王陽明在戰場上相見。他派池仲安去刺探王陽明虛實，其實心中已有了判斷：王陽明在未等到廣東部隊和湖廣部隊到來前，不會輕易發動進攻。畢竟他的三浰不是公共廁所，想進就能進。即使是廣東部隊和湖廣部隊來了，他也不會驚慌。用他的說法，我閉門不出，你們軍糧一盡，不用我動手，你們馬上就灰溜溜地走了。

他也想用這招拖垮王陽明。不過局勢越來越緊張，左溪、桶岡消失後，他稍顯慌張，開始在老巢和各個據點備戰。

可王陽明不可能讓他拖，於是開始穩住他。王陽明讓池仲安回三浰，同時還拉了幾大車酒肉。臨行前，他對池仲安推心置腹地說：「你哥哥池仲容已經宣稱投降我，我覺得我已仁至義盡，沒有催促他趕緊來報到。可他現在卻備戰起來，你回去傳達我的意思，既然已經投降，為何要備戰？如果不投降，何必又派你來，這不是羊入虎口嗎？」

池仲安被這番話驚了一下，此時此刻，他才發現自己已身處險境多日。他哥哥在三浰搞備戰，幾乎是把他推上了斷頭臺。他的雙手直顫，想說些感謝王陽明不殺之恩的話，但咬了咬嘴脣，沒有說。

池仲安和王陽明的慰問團到達三浰後，池仲容舉行了熱烈的歡迎儀式。當被問到為何要備戰時，池仲容早已準備好了答案：盧珂那廝要對我下手，我是防備他，並非是防備官兵。

池仲容說的恐怕有點道理。盧珂的根據地龍川山區離池仲容的三浰很近。

池仲容當初四方聯合他的同志們，只有盧珂不搭理他，盧珂並不想做他的小弟。兩人的梁子就此結下，不過在很長一段時間裡，兩人的矛盾並未白熱化，因為他們當時最大的敵人是政府剿匪部隊。盧珂投降王陽明後，池仲容怒氣沖天，他對人說：「我早就知道這小子不可靠，今日果然。」池仲容之所以發如此大的邪火，一是和盧珂早有矛盾，二是他憎恨軟骨頭。

盧珂打完桶岡後，王陽明讓他帶著那支山賊為主的剿匪部隊回龍川，目的就是監視池仲容的一舉一動。王陽明對池仲容的打擊戰略是從遠到近，一步一步地圍困，盧珂只是其中一個點，桶岡戰役結束後，他把精銳分成數路，慢慢地向池仲容三浰合圍。由於盧珂離池仲容最近，所以池仲容馬上就察覺到了盧珂的威脅。

王陽明回信給池仲容，他說：「如果情況屬實，我肯定會嚴辦盧珂，他真是賊心不改。」池仲容冷笑，對他的「文武百官」說：「我倒要睜著兩眼看王陽明怎麼嚴辦盧珂！」

王陽明說到做到，立即派出一支農民工打扮的部隊來三浰，說要開一條道去龍川。池仲容驚叫起來，因為去龍川最近的路必須經過三浰，池仲容擔心王陽明會在借道過程中對自己發動突襲。他回信給王陽明，說自己的武裝雖然沒有政府軍強大，但抵禦龍川盧珂還是綽綽有餘。他同時問，盧珂現在是政府人員，他總對我虎視眈眈是他本人的行為，還是代表政府？

王陽明要池仲容別疑神疑鬼，還是那句話：「你已投降我，我何必還多此一舉對你動兵。你如果不相信的話，我現在就回贛州，我請你來贛州商談你的有條件投降事宜，你意下如何？」

池仲容不回信，靜觀王陽明行動。王陽明說到做到，一五一七年農曆十二月初九，王陽明從前線撤兵回南康。六天後，王陽明到達南康，給池仲容寫信說：「我從前線回來所過之處，老百姓對我們感恩戴德，頂香迎拜，甚至還有老百姓自動自發地捐款為我立生祠。我從前還殺了那麼多山賊而良心不安，現在我完全釋懷，因為老百姓用行動告訴了我，我們代表了民心。如今我在南康城，正要回贛州，隨時恭候你的到來。」

池仲容看完信，捻著鬍子，做思考狀，還是不給王陽明回信。

王陽明不必等他的回信，因為盧珂來到南康，把池仲容三浰的情況向他做了詳細彙報。他判斷說，池仲容必反！

王陽明笑了：「他根本沒有歸順我，何來『反』？」

盧珂雖然知道王陽明奇計百出，不過此時對王陽明的表現卻還是深有疑慮。他小心地提醒王陽明：「我們應該做好準備。」王陽明又笑了笑：「做什麼準備？池仲容不敢出三浰，他無非是擺出如臨大敵的姿態，讓我不敢攻他。那我就做給他看看。」

一五一七年農曆十二月二十，王陽明和他的部隊回到南贛巡撫辦公地贛州，他宣布：休兵，本地士兵回家務農，外地士兵自由活動。

當池仲容在三浰寨子裡思考王陽明這一行動時，王陽明又給他來了封信。王陽明說：「整個南贛地區的匪患已徹底清除。有人說還有勢力最大的你，可我告訴他們，你已經投降了，只不過還沒有辦理投降手續。我已把部隊解散，並且準備了好酒好肉在贛州城裡等你，你何時來？」

池仲容拿著信給他的「文武百官」看，說：「王陽明是不是病糊塗了？南贛地區除了我之外，還有高快馬啊！他難道把高快馬忘了？」

王陽明沒有忘記高快馬。除了池仲容，高快馬在他的黑名單上堅持的時間最長。王陽明一直沒有抽出時間對高快馬動手，是因為高快馬在廣東樂昌的根據地與他距離遙遠。他動用大部隊圍剿高快馬，和從前的南贛巡撫剿匪四省聯剿一樣得不償失。他只是派出一支敢死隊，時刻注意高快馬的動向。幸運的是，高快馬是個神經質。每當王陽明剿滅一處山賊時，他就在根據地裡如熱鍋上的螞蟻。一有風吹草動，他立刻心跳加速、渾身發抖。當王陽明消滅桶岡後，高快馬的精神已近崩潰，他認為自己的大本營很快就會被王陽明攻破。有一天夜裡，他突然發起神經，讓他的兩個老婆收拾金銀財寶，帶著幾十人組成的衛隊潛出大本營，奔到他自認為不會被人尋到的地下據點，像老鼠一樣躲了起來。

王陽明的敢死隊在他後面悄悄跟蹤，第二天，就對他的據點發起了猛攻。高快馬魂飛魄散，跳出據點就跑，連老婆和衛隊也不要了。敢死隊緊追不捨，終於在他徹底精神失常前活捉了他。

高快馬的事蹟告訴我們，做任何事，尤其是做賊，沒有過硬的心理素質，是絕對不成的。

池仲容取笑王陽明遺忘了高快馬的第二天，高快馬被捕的消息傳來。他急忙要池仲安帶口信給王陽明：盧珂是我的一塊心病啊！

這是以攻為守，他想看看王陽明怎麼做。王陽明就當著池仲安的面把盧珂叫來，訓斥他道：

「你這廝總對池仲容心懷不軌，還誣陷他要造反。你看，人家把親弟弟都派來和我談判投降事宜，你罪大惡極，本應就地正法。看在你戰場上的表現，暫時放你一馬。不過死罪可免，活罪難逃，你去監獄裡待著，你的未來到底如何，該由池仲容來決定。」

王陽明這是胡說。池仲容很快連自己的未來都無法決定，何況是別人的！

定力的交鋒

王陽明處置盧珂時，池仲安就在身邊。池仲安看得一清二楚，王陽明聲色俱厲，根本不像是演戲。王陽明又當著他的面給池仲容寫了封信。信中說，雖然我把盧珂關押了，但他的部隊還在龍川，請你不要撤除警戒，我擔心他的部隊會攻擊你。

池仲容收到信後終於有了點感動，他給池仲安帶密信，要他仔細偵察王陽明和剿匪部隊的情況，不要放過任何蛛絲馬跡，要得到最可靠的情報：王陽明是否在制訂進攻三浰的計畫。

池仲安很不耐煩地回信給他的老哥：王陽明把軍隊都解散了，贛州城裡只有為數不多的維持治安的軍警。王陽明每天都在和一群弱不禁風的書生談什麼「心學」。我的印象是，王陽明不會對咱們動手，如果你不相信，可親自來。

這封報告信讓池仲容吃了一驚，它和池仲安在半個月前的判斷涇渭分明。池仲容不明白，池仲安的變化如此之快，如此之大，王陽明到底給他灌了什麼迷魂湯。

池仲安對王陽明態度的轉變，全是王陽明用詐的結果。他和與池仲安關係非常親近的一位山賊小首領徹夜長談，給他做思想工作，談人生談理想。最後，這位山賊突然發現自己的前半生是白活了，他痛哭流涕地要拜王陽明為師，學習精深而又靈動的心學。王陽明就對他說：「學點心學理論和知識都是等而下之，心學的最高境界是實踐，到現實中去做些有意義的事，以此來喚醒自己的良知。」

山賊於是和池仲安談心。他說：「咱家大王莫名其妙，王陽明對咱們如此善良和寬厚，就算是鐵石心腸的人也會被感動。咱家大王應該來致謝，而且，大王如果親自來就可以借機堵住盧珂等人的嘴。」

池仲安就把這位山賊的原話透露給池仲容，池仲容反復考慮後，決定去見王陽明。不是因為他徹底相信王陽明，而是他想親自去偵察下王陽明。用他的話說：不入虎穴焉得虎子，王陽明究竟耍什麼花招兒，我必須親自前去看一下才能知道。

有人反對，說王陽明這廝太狡詐，這裡肯定有鬼，您這一去不是自投羅網？池仲容說：「我心裡有底。我走後，你們必須提高警惕嚴防死守。五天內沒有消息傳回，那說明我已遇害，你們要繼承我的事業和王陽明死磕到底。不過這種情況不會發生，因為據可靠情報（他弟弟池仲安的情報），王陽明對咱們動兵的可能性不大。我之所以去，是想完全清楚地瞭解他的意圖。只要我們拖他幾個月，他自然就會走了。」

臨行前，池仲容挑選了飛簷走壁、力大如牛的四十人作為他的衛隊。這些人曾是深山老林中的驕子，能讓狼蟲虎豹望風而逃。池仲容離開三浰根據地時，陣陣涼風從山上吹下來，他不由得打了幾個噴嚏。他說：「這肯定是王陽明在迫切地盼望我去呢！」

王陽明的確在盼望他來贛州，池仲容離開老巢的消息剛傳來，王陽明立即命令離三浰最近的部隊開始行動。這支部隊的指揮官拿著王陽明簽發的緝捕盧珂黨羽的檄文，推進到池仲容的據點。池仲容據點的人先是驚恐，準備抵抗。可當他們發現那道檄文後，又歡喜起來，因為事實再一次證明，王陽明的目標是盧珂在龍川的餘黨，而不是他們。就這樣，王陽明這支部隊輕易地進入了池仲容的腹腔。緊接著，一支又一支部隊都從池仲容的據點路過，他們拿著緝捕盧珂黨羽的檄文如入無人之境。

池仲容的武裝之所以如此掉以輕心，是因為他們的老大池仲容去了贛州。池仲容去贛州使這些人產生了一個錯誤的印象：萬事大吉。

池仲容絕不是粗率大意的人，進入贛州郊區後，他就不再向前一步，而是派人去通知王陽明，我池仲容來了。

王陽明假裝納悶地問池仲安：「既然來了，怎麼不進城，難道還要讓我這個巡撫大人親自去迎接他不成？」

池仲安就跑到贛州郊區對池仲容說：「你都走到這裡了，王陽明如果真想加害於你，一隊人馬就足夠。你要是擔心，就不要來嘛！」

池仲容對弟弟的變化如此之大極為吃驚，不過弟弟的話也有道理。於是，他放下謹慎的包袱，進了贛州城。贛州城中正張燈結綵，迎接新年。尤其是巡撫衙門，春節氣息撲面而來。在巡撫衙門口，池仲容停了下來。他對五個保鏢說：「你們先進去，我在外面看看這如畫的春節景象。」他的想法很簡單：只要發現情況不對，他可以轉身就跑。進城的路他已經仔細查探過，有幾條路可以讓他輕易脫身。

五個人進去沒多久，池仲容就聽見裡面亂了起來。他大驚失色，抽出大刀，轉身就要跑。他的那群保鏢擁堵了去路，延遲了他起步的速度，所以他沒有跑出幾步，就聽身後他弟弟池仲安喊他：「沒事，別跑！」

池仲容魂不附體地回頭，看到他弟弟池仲安一個人和那五個保鏢奔了過來。池仲安氣急敗壞地說：「王大人說了，你都到衙門了，居然不親自去見他，明顯是不相信他，看不起他。所以在裡面摔東西，把我們趕出來了，要我們哪兒來回哪兒去！」

池仲容被這段話震住了。他急忙賠著小心，對後來走出來的官員說，請向王大人解釋，我是山野村夫，沒見過像王大人這樣大的官，怕見了有失體統。

那位官員一笑，說：「王大人沒有官架子，和藹可親。請吧！」

池仲容左顧右盼，沒有發現什麼不對勁的地方，他沒有看到軍隊，連衙門口的警衛也只有兩個。他指了指他的衛隊，向那位官員說：「這些人一直寸步不離我，我可以帶他們進去嗎？」

那位官員連忙點頭，可以啊。

池仲容這才放下心來，小心翼翼地向巡撫衙門走。他突然緊張起來，不是因為危險，而是因為他即將要見到那位天神般的王陽明。

王陽明站在他的辦公室門口，微笑著向他點頭。池仲容和王陽明在一五一七年農曆閏十二月二十三那天見面了。池仲容和王陽明才談上三句話，他的緊張感就消失得無影無蹤。王陽明就有這種本事，能用三言兩語把一個陌生人變成朋友。

王陽明說：「你在南贛可謂是大名鼎鼎，而我籍籍無名。今日我們二人相見是大喜事，我可以回京交差，南贛百姓可以安居樂業，你功不可沒。」

池仲容哼哼哈哈地附和著，他偷偷地打量王陽明。這人正如外面傳言的那樣，不是什麼一餐斗米、吸風飲露的神仙，只是個身體孱弱，幾乎有點弱不禁風的黑面書生。他在一瞬間想到這樣一個問題：這樣一個人，怎麼就能用兵如神？他的軍事能力從哪裡來？

池仲容存著這個疑問又開始想另外的問題，萬一他現在就和我談投降事宜，我該如何應對？如果我說容我考慮下，會不會激怒他？他掃視了下周圍，心想，即使他惱怒了，我也不怕，我憑這四十個大漢就能衝出贛州城。

很多時候，你越是想什麼，那「什麼」就絕不會發生。意外毫無懸念地發生了：王陽明根本沒有談投降事宜，而是用一句話結束了這次會面：「你先休息幾天，住處我已經為你們準備好了。」

王陽明為他們準備的住處在贛州城最繁華的地段，住處裝修華麗，生活設施一應俱全。這對於總在大山裡生活的人來說，簡直就是天堂。池仲容和他的衛隊躺在舒適豪華的大床上一夜未眠，這足以證明，有些福對於有些人而言，是不能享受的。第二天起床，王陽明就派人送來酒肉，還有當時最新潮的衣服。池仲容的衛隊大為驚喜，感動不已。不過池仲容還是穩住了心態，他做了三件事：第一，派人到贛州城裡城外仔細打探王陽明部隊的情況；第二，透過重金賄賂監獄的守衛，他親自去監獄看了盧珂；第三，尋找贛州城最頂級的妓院和最有名的妓女。

三件事很快就有了結果：贛州城裡除了少量的王陽明衛隊和巡邏隊外，沒有任何軍隊；盧珂在監牢裡睡大覺；贛州城裡的妓院可憐兮兮的只有一兩家，他們沒的挑，只能將就了。

池仲容放下心來，給他的根據地寫信說，在贛州城沒有遇到任何事，你們儘管放心，不要每天都繃緊神經。

三浰根據地和他的那些據點馬上放鬆了守備，大家都認為無事了，再熬一段時間，王陽明就滾蛋了。

王陽明不可能滾蛋，而且在池仲容做那幾件事的同時，他也沒有閒著。池仲容從關押盧珂的監獄一走，他馬上放了盧珂，要他晝夜兼程回龍川集結他的部隊隨時待命。同時又讓各地方的部隊悄悄集結，等待他的命令；另一方面，他每天都和池仲容喝酒吃肉，池仲容的那些保鏢在幾天時間裡把半輩子的肉都吃了。

王陽明還對他們抱有一絲希望，所以每次在宴席上都會對他們談仁義道德，對他們談人之為人，就在於忠孝。並且暗示他們，你們現在上山做賊，讓父母擔心是不孝，和政府作對就是不忠。一個不忠不孝的人如果還不主動改正，那就是無可救藥，如何生活在這個世界上。

池仲容深刻明白王陽明的意思，但他來贛州可不是來投降的，他是來緩兵的。按他一直以來的想法，只要再拖上一段時間，王陽明就會知難而退。池仲容對政府恨入骨髓，怎麼可能投靠政府。他最想過的日子就是坐在虎皮鋪墊的木頭椅上，吃肉喝酒。其他一切，不是他人生的課題。

所以王陽明苦口婆心地勸他改邪歸正，而他卻用各種藉口搪塞，王陽明漸漸發現，他在對牛彈琴。或許正是他總對牛彈琴，池仲容這頭牛不高興了。他要告辭回三浰。

王陽明在一五一八年春節到來之前的最後幾天時，所考慮的事已不是如何對付池仲容。池仲容現在已是他盤裡的烤鴨，插翅難飛。他疑慮的是，盧珂還沒有回到龍川。他之所以重視盧珂，是因為盧珂本來是賊，賊最瞭解賊，「以賊攻賊」會減少不必要的損失。而且，盧珂回到龍川，就可以完成對三浰的合圍計畫。

他對池仲容隻字不提投降的事，而是勸他說：「現在已是年關，你若回去，春節一過還要來給我拜年，何苦這樣折騰。我看贛州這地方可能比不上你的三浰，但有一樣，你三浰是沒有的，就是元宵節的花燈。你也不差這十幾天，賞完花燈再走也不遲。」

池仲容說起了場面話：「叨擾多時，心有不安，我們還是走吧。」

王陽明歎道：「你這一回，我也要回京交差，人生苦短，咱們此生恐怕再不能相見，我很不捨。我這裡有酒有肉，你們還經常出去找妓女，今後這樣的好日子恐怕不多，何不多享受幾天？」

談到酒肉，池仲容的衛隊無動於衷，因為他們山中也經常有酒肉。但談到女人，山中就很稀缺了，池仲容的衛士們兩眼放光。他們勸池仲容多留幾天，按池仲安的說法，人家王陽明都說了，他要回京交差了，你在贛州城等他走和回三浰等他走，有什麼區別？

池仲容的衛隊認為沒有區別，池仲容思來想去，也認為應該沒有區別。他的確好多年不在民間過春節了，他想，這倒是個好機會。

春節那天，池仲容和他的衛隊喝得爛醉如泥。第二天醒來時已是中午，池仲容後怕起來，如果王陽明就在他們喝醉時下手，那簡直易如反掌！他對池仲安說：「不是我不相信王陽明，我是心理素質不過硬，總覺得在這裡每天都提心吊膽的。」

池仲安大為驚異，說：「看來你的心理是有問題，那怎麼辦？」

池仲容說：「後天，初三，初三必須離開這個鬼地方。」

王陽明同意了池仲容的告辭請求，因為他估算著盧珂已經到了龍川，他說：「初三日子不好，初四早上走。初三，我為你們餞行。」

池仲容不同意，說：「初三我們必須走。」

王陽明回覆：「可以，中午吃飯，飯畢，你們就上路。」

在這種拉鋸式的談判中，池仲容神經不再緊張，一想到回三浰，他就舒坦了很多，心裡最後的警惕不復存在。

一五一八年正月初三，王陽明請他們吃大餐。吃到一半時，池仲容的衛隊把武器從身上摘了下來。即將結束時，王陽明向他身邊的衛兵使了個眼色，他的衛兵大喝一聲：「拿下。」帳幕後面躥出了一群刀斧手，池仲容「哇呀」一聲，去拿身邊的武器，但他太慢了，兩個刀斧手已把他拍倒在桌子上，他的衛隊裡有幾個人跳到桌子上要反抗，王陽明的刀斧手們就把桌子掀翻，把他們壓在底下。整個緝捕過程快速有效，沒有任何人傷亡，池仲容被捕了。

王陽明命人把池仲容等人捆綁起來，擊鼓升堂，拿出了盧珂遞交給他的書信，那上面寫的正是池仲容必反的分析報告。王陽明冷冷地盯著他，說：「你認罪嗎？」

池仲容嘴裡滲出苦澀的黏液，勉強地笑了笑，沒有說話。在一瞬間，他確信，一切都已過去了。

王陽明接著問：「你既已投降我，為何還要造反？」

池仲容吐出了幾個字：「欲加之罪何患無辭。」他又補充了一句，「你殺了我一個，我那萬把兄弟不會袖手旁觀。」

王陽明說：「我想像不出，你那萬把兄弟看到你的人頭後會有什麼感想？」

池仲容一千人等被斬首，頭顱還在滴血，王陽明就下達了對三浰的總攻令。他本人率領自己的衛隊經由龍南縣冷水徑直奔浰頭三寨。

三浰岌岌可危。任何一個組織、團體乃至團夥只要群龍無首，滅亡可立而待。王陽明在給中央政府的報告中三番五次說，三浰是南贛地區危害最大的土匪，原因就在於池仲容的武裝有嚴明的紀律和遠大的割據理想。靠紀律組織起來的一群人就不是團夥，而是組織。當然，有利就有弊，這種靠紀律維持的組織，一旦沒有了領導人，必是一盤散沙。王陽明把池仲容誆到贛州，無非是要造成這樣的後果。不過，王陽明並未輕視三浰武裝，雖然在群龍無首下沒有有效的抵抗，但他們的力量還在。困獸猶鬥，有時候比自由的野獸還要厲害。

一五一八年正月初七，王陽明兵分三路，直指三浰：第一路從廣東惠州府龍州縣奔三浰；第二路從江西贛州府龍南縣奔三浰；第三路從贛州府信豐縣奔三浰。盧珂的龍川部隊作為機動部隊，隨時支援各處。

三浰山賊自池仲容送回那封平安信後，就已沒有了絲毫的警惕。一五一八年正月初七那天，王陽明三路剿匪部隊向他們發起進攻時，他們張惶失措，在短暫商議後，決定把精銳放在龍子嶺抵抗王陽明。王陽明三路部隊同時向龍子嶺發動猛攻，決心一戰而成。開始時，王陽明部隊遇到了頑強的抵抗，但當戰鬥進入白熱化時，王陽明命人把池仲容的人頭懸掛在長杆上，叫人呼喊：「你們大王已身首異處。」池仲容的部隊頃刻喪失鬥志，在逃跑中互相踐踏，死了一半，另一半又被王陽明的部隊緊緊追擊，也死傷殆盡。王陽明趁熱打鐵，命令所有部隊掃蕩池仲容的各個據點，池仲容多處據點的抵抗都沒有任何實質意義，只有九連山據點的抵抗可圈可點。

九連山四面都是懸崖絕壁，只有一條鳥道可以到達山頂。九連山武裝設下了滾木礌石，王陽明部隊寸步難進。王陽明乞靈於詐術，他挑選一批敢死隊，讓他們穿上盜賊的服裝，入夜後，這批敢死隊在九連山下發出淒慘的求救，聲稱他們是從老巢逃出來的人。九連山盜賊毫不懷疑，給他們開了大門，打著燈籠照著他們腳下的路。敢死隊抓住機會砍翻了守衛，守住隘口，放進了王陽明的一部分大部隊。九連山就這樣被拿下了。

一五一八年農曆三月初八，王陽明從三浰班師回贛州，讓四省多年疲於奔命而又勞而無功的南贛匪患被王陽明徹底平定，用去的時間僅一年又三個月。

只怕有心人

我們敘述王陽明南贛剿匪時，讀者往往會產生這樣的疑問：剿匪真的就如敘述的那樣順利？一個明顯的事實是，南贛土匪在少則數萬、多則數十萬的四省剿匪部隊面前幾乎不可動搖，但在王陽明指揮的一萬餘部隊面前卻不堪一擊。原因何在？

一五一八年農曆四月下旬一個陽光明媚的午後，王陽明邀請他的弟子們喝酒，席間，他真心實意地對弟子們說：「謝謝諸位，以此相報。」弟子們大為驚訝，說：「我們還為沒有幫到您而慚愧，您為何要感謝我們？」王陽明回答：「我剛到贛州辦理軍務時，時常擔心辦錯事，愧對諸位，所以謹慎之極。我一人靜坐回憶執行賞罰時，總感覺有些地方還是不到位。不過一旦與諸位相對，我感覺所做的一切賞罰之事都無愧於心。這就是你們助我之處啊！」

其實這段話說的就是「事上練」，任何一件事靠你一個獨坐想像，無論想得如何滴水不漏，都於事無補。必須要到事上去磨煉。做事時無愧於人、無愧於心，這才是王陽明心學所說的真正的「存天理去人欲」，真正的「煉心」。

王陽明的這段話還透露出一個訊息。他初到南贛打敗詹師富之後曾給中央政府上了一道奏疏，他認為賞罰不明才是南贛剿匪屢次失利的根本原因。也就是說，他自認為能夠順利掃蕩群賊，歸因於他忠誠地執行了賞罰。

固然，「賞罰公正」是一個組織前進的催化劑。但公正的賞罰只能保證組織本身的前進，它並不是組織解決外部問題的充要條件。王陽明南贛剿匪的全盤勝利，主要靠的是他非同凡響的軍事才能和行政才能。

王陽明在軍事上有三個過人之處。

一、不重形式，只重實質。王陽明之前的南贛巡撫都喜歡調動四省部隊，場面壯觀，聲勢逼人，卻寸功難立。王陽明認為這是搞形式主義，南贛地區千山萬壑，根本就不適合大部隊縱橫馳騁，而且勞民傷財。他動用的剿匪部隊其實只是機動部隊，人數最多時才一萬餘人。按他的見解，山賊未經過專業的軍事訓練，所以野戰能力脆弱，全靠地勢存活，只要解決了他們倚靠的「地利」就萬事大吉。而解決「地利」的問題，一支驍勇善戰的機動部隊就足矣。

二、以毒攻毒，以賊攻賊。任何一個王朝的正規軍在軍事訓練中很少訓練山地戰。因為正規軍的主要任務是抵禦強大的外敵，消滅敵人有生力量必須在大平原上進行硬碰硬的衝鋒戰，躲貓貓式的游擊戰簡直就是玩笑。所以正規軍一旦對付起山賊草寇，就力不從心。王陽明的策略就是以毒攻毒，以賊攻賊。最瞭解賊的不是官，而是賊。用賊攻賊，勢如破竹。王陽明重用受降的盧珂，就是此例。

三、心理戰。真真假假、虛虛實實，永遠讓人摸不透他的路數。在軍事才能之外，王陽明還有出色的行政才能。每消滅一處土匪，他就在土匪滋生處建立政府據點，崇義縣、和平縣就是這種思路的產物。另外，之前我們提到的保甲制、光榮榜和黑名單，都被王陽明在南贛地區全方位地實行了。最值得一提的是《南贛鄉約》。

南贛匪患銷聲匿跡後，王陽明開始以一個儒家門徒的眼光看待匪患產生的緣由。儒家思想把個人道德抬到至高無上的位置，認為道德是靈丹妙藥，百病可除。王陽明則把這種思想實踐化。他的心學認為，道德就在我心，不必外求，關鍵是有人並不想釋放它。

如果遇到不想釋放道德的人，王陽明和孔孟的辦法一樣：教養。孔孟、朱熹、王陽明都認為，家庭宗族鄉里的風俗環境，對個人的道德和行為影響極深。孔子說，性相近，習相遠。孟母為了讓孟子有個良好的生活環境，曾多次搬家。王陽明則說：「天理固然在我心中，但如果一個意志力不堅定的人，生活在一個骯髒的環境裡，他的天理就很難顯現。」

按王陽明心學的意思，真正的聖人是在花街柳巷而能清白為人，不去做妓；是在強盜窩裡正身修心，不當強盜的人。可這樣的聖人鳳毛麟角，因為大多數人都是被大環境影響的。所以，對於這大多數人來說，大環境相當重要。

不過王陽明也認為，單純和這些人講大道理未必有效，所以他的《南贛鄉約》不是道德教科書，實際上，它應該屬於命令，其中主要內容如下：

一、每一鄉的領導人（約長、約正）要幫助大家，必須對他所管轄區域內的人負責。任何人有疑難，鄉領導必須出面為其解決。鄉領導還要主動去瞭解人們的困難，如果有人作奸犯科，鄉領導就有連帶責任。

二、每一鄉的領導人要協助官府完成納糧的任務，勸一些頑民改過自新、恪守本分，以及勸誡大家維護地方安定。如果鄉領導認為無法解決的問題，必須第一時間向官府彙報。

三、每一鄉的領導人有保護其所管轄人民的責任。如果有地方官吏、士兵等來勒索騷擾，鄉領導必須向官府報告，並追究官吏和士兵的法律責任。

四、每一鄉的領導人必須有處理管轄區事宜的責任和義務。在經濟事務上，鄉領導要勸令大戶、客商，放債收息合依常例，貧難不能償還的宜以寬舍，不得趁火打劫，逼人為盜。親族鄉鄰若有紛爭、鬥毆等不平之事，不得妄為，當向鄉領導上訴。男女成年宜及時婚嫁，如有因為聘禮或嫁妝沒準備好而推遲婚期，要請示鄉領導，鄉領導要出面勸他們不要耽擱，隨時婚嫁。為父母辦喪事，根據家庭經濟條件，只要心誠盡孝就好，不必浪費。否則，鄉領導有權在糾惡簿上的「不孝」欄裡寫上他的名字。

由上述內容可以看出，《南贛鄉約》從政治層面來講，有點自治的味道。它是一個由政府督促的鄉村組織，也許在王陽明之前，它不過是個政府的規條，而到了王陽明手中，它就成了政府統治鄉村的工具。而從王陽明心學的角度來講，它就是「格心」。

康有為曾說，言心學者必能成事，而且是大事，這句話在王陽明身上是不言而喻的真理。因為王陽明的心學，說白了，就是讓人用心的學問。所謂「天下無難事，只怕有心人」。任何一件事，只要你用心，正如王陽明所說，道理就在你心中，你用了這個道理，就必能成事。「用心」其實就是一種使命感，為了一個目的而進行全方位的思考。

王陽明到南贛剿匪就一直在用心。他最初的目的是消滅山賊，他就「用心」地運用「詐術」消滅山賊。他後來的目的是還百姓一個太平世界，他就「用心」地設立政府據點、教化百姓，出爐《南贛鄉約》。因為他的使命感告訴他，消滅土匪後拍拍屁股走人不是做事的正確態度。

當然，在一年多的剿匪過程中，他始終沒有忘記自己作為心學大師的角色。只要稍有空閒，他就會和跟隨他的弟子討論心學。在贛州，他要弟子們靜坐祛除人欲，又讓弟子去事上練，更讓弟子們去事上練時一定要誠心實意。為了大範圍地傳播他的心學，他在贛州城一口氣建立了義泉書院、正蒙書院、富安書院、鎮寧書院、龍池書院。同時寫下心學《教約》，要弟子們每日清晨聚集後，捫心自問如下問題：愛親敬長的心是否有鬆懈時？孝順父母的行為實踐否？人際交往中是否有不得當之處？每天是否做了欺心的事？如果沒有，那就繼續，如果有，那就馬上要改。

為了讓弟子們深刻理解他的心學，他在贛州寫下了《大學問》一書。《大學問》是心學入門課，是王陽明從心學的角度重新解釋了儒家經典《大學》。任何對心學感興趣的人，必須要讀這本書。而如果能讀透這本書，也就從理論上正式邁進了王陽明心學的殿堂。

心學入門課——《大學問》

首先將和我們有關的《大學》的內容放在這裡：

大學之道，在明明德，在親民，在止於至善。知止而後有定，定而後能靜，靜而後能安，安而後能慮，慮而後能得。物有本末，事有終始，知所先後，則近道矣。古之欲明明德於天下者，先治其國；欲治其國者，先齊其家；欲齊其家者，先修其身；欲修其身者，先正其心；欲正其心者，先誠其意；欲誠其意者，先致其知；

致知在格物，物格而後知至，知至而後意誠，意誠而後心正，心正而後身修，身修而後家齊，家齊而後國治，國治而後天下平。

有弟子問王陽明：「《大學》一書，過去的儒家學者認為是有關『大人』的學問。我冒昧地向您請教，『大人』學問的重點為什麼在於『明明德』呢？」

《大學》是論述士大夫透過廣泛學習，獲取可以用來從政做官的學識和本領的一篇文章。學習的目的就是為治理國家，並顯示自己光明的品德。古典儒家和朱熹認為，「大人」就是獲得治理國家能力和光明自己品德的人。

王陽明回答：「所謂『大人』，就是以天地萬物為一體的那種人。他們把天下人看成是一家人，把所有中國人看作一個人。倘若有人按照形體來區分你和我，這類人就是與『大人』相對的『小人』。『大人』能夠把天地萬物當作一個整體，並非是他們有意這樣認為的，實在是他們心中的仁德本來就是這樣，這種仁德跟天地萬物是一個整體。

實際上，不僅僅是『大人』會如此，就是『小人』的心也是這樣的，問題就在於，他們自己把自己當作『小人』罷了。為什麼這樣說呢？任何一個人看到一個小孩兒要掉進井裡時，必會自然而然地生起害怕和同情之心，這說明，他的仁德跟孩子是一體的。

或許有人會說，哎喲，那孩子是人類，所以才有害怕和同情的心。可是當一個人看到飛禽和走獸發出悲哀的鳴叫或因恐懼而顫抖時，也肯定會產生不忍心聽聞或觀看的心情。飛禽走獸不是人類，他仍有這樣的心情，這說明他的仁德跟飛禽和走獸是一體的。

或許有人又疑問：飛禽和走獸是有靈性的動物，如果他看到花草和樹木被踐踏和折斷時呢？我確信，他也必然會產生憐憫、體恤的心情，這就是說他的仁德跟花草樹木是一體的。又有人說，花草樹木是有生機的植物，如果當他看到磚瓦石板被摔壞或砸碎時呢？我仍然確信，他也肯定會產生惋惜的心情，這就足以說明他的仁德跟磚瓦石板也是一體的。這就是萬物一體的那種性德，即使在『小人』的心中，這種性德也是存在的。

那麼，這種性德是怎麼來的呢？這個問題無需證明，它與生俱來，自然光明而不暗昧，所以被稱作『明德』。只不過『小人』的心已經被分隔而變得狹隘、卑陋了，然而他那萬物一體的仁德還能像這樣正常顯露的時候，是他的心處於沒有被欲望所驅使、沒有被私利所蒙蔽的時候。

待到他的心被欲望所驅使、被私利所蒙蔽、利害產生了衝突、憤怒溢於言表時，他就會損物害人、無所不用其極，甚至連自己的親人也會殘害。在這種時候，他那內心本具的萬物一體仁德就徹底被遮蔽了。所以說在沒有私欲障蔽的時候，雖然是『小人』的心，它那萬物一體的仁德跟『大人』也是一樣的；一旦有了私欲的障蔽，雖然是『大人』的心，也會像『小人』之心那樣被分隔而變得狹隘、卑陋。所以說致力於『大人』學養的人，也只是做祛除私欲的障蔽、彰顯光明的德性、恢復那天地萬物一體的本然仁德功夫而已。根本不必在本體的外面去增加或減少任何東西。」

這段話的意思是，人人都有良知，與生俱來，不必外求。一個有良知的人不會去殺戮同類，也不會去殘害飛禽走獸，更不會踐踏草木瓦石，因為有良知的人能把天地萬物都當成自己的一部分。而那些殺戮同類、殘害飛禽走獸、踐踏草木瓦石的人不是沒有良知，而是良知被遮蔽了。所以說「光明自己的良知」（明明德）很重要。

弟子接著又問：「『明明德』確實很重要，可是為什麼又強調『親民』呢？」

王陽明的回答是：「『明明德』是要倡立天地萬物一體的本體；親民（關懷愛護民眾）是天地萬物一體原則的自然運用。所以，明明德必然要體現在親愛民眾上，而只有親民才能彰顯出光明的德性（明明德）。所以愛我自己父親的同時也兼愛他人的父親，以及天下所有人的父親。做到這一點後，我心中的仁德才能真實地同我父親、別人的父親以及天下所有人的父親成為一體。真實地成為一體後，孝敬父母（孝）的光明德性才開始彰顯出來。愛我的兄弟，也愛別人的兄弟，以及天下所有人的兄弟，做到這一點後，我心中的仁德才能真實地同我兄弟、他兄弟以及天下所有人的兄弟成為一體。真實地成為一體後，尊兄愛弟（悌）的光明德性才開始彰顯出來。

對於君臣、夫婦、朋友，以致於山川鬼神、鳥獸草木也是一樣，真實地愛他們的，以此來達到我的萬物一體的仁德，然後我的光明德性就沒有不顯明的了，這樣才真正與天地萬物合為一體。這就是《大學》所說的使光明的德性在普天之下彰顯出來，也就是《大學》進一步所說的家庭和睦、國家安定和天下太平，也就是《中庸》所說的充分發揮人類和萬物的本性（盡性）。」

這段話的意思是，良知的有無不是你說有就有，必須要知行合一，要到事上磨煉，要致良知。也就是說，要光明你的良知（明明德），必須到在萬事萬物上（親民）。不然的話，那就成了禪宗，只說不做。

弟子問：「既然如此，做到『止於至善』為什麼又那麼重要呢？」

王陽明回答：「所謂『至善』，是『明德』、『親民』的終極法則。『至善』的顯現，表現在立刻能肯定對的、否定錯的。凡輕重厚薄，都能根據當時的感覺而展現出來，它富於變化卻沒有固定的形式，然而它是人的規矩與物的法度的終極裁斷，其中不容許有些微的設計籌畫、增益減損存在。其中若稍微有一點設計籌畫、增益減損，那就是出於私心的意念和可笑的智慧，而並不是真正意義上的『至善』。只有將慎獨（自己獨處時也非常謹慎，時刻檢點自己的言行）做到精益求精、一以貫之境界的人才能達到如此境界。

後人因為不知道『達到至善』的關鍵在於我們自己的心，而是用自己摻雜私欲的智慧從外面去揣摩測度，以為天下的萬事萬物各有自己的道理，因此掩蓋了評判是非的標準，使『心為統帥』的簡單道理變得支離破碎、四分五裂。人們的私欲氾濫而公正的天理滅亡，明德親民的學養由此在世界上變得混亂不堪。

古來就有想使明德昭明於天下的人，然而因為他們不知道止於至善，所以使得自己夾雜私欲的心過於膨脹、拔高，所以最後流於虛妄和空寂，而對齊家、治國、平天下的真實內容無所說明，佛家和道家兩種流派就是這樣的。

古來就有希望親民的人，然而由於他們不知道止於至善，而使自己的私心陷於卑微的瑣事中，因此將精力消耗在玩弄權謀智術上，沒有了真誠的仁愛惻隱之心。春秋五霸這些功利之徒就是如此。

這都是由於不知道止於至善的過失啊！所以止於至善對於明德和親民來說，就像規矩畫方圓一樣，就像尺度量長短一樣，就像權衡稱輕重一樣。所以說方圓如果不止於規矩，就失去了準則；如果長短不止於尺度，丈量就會出錯，如果輕重不止於權衡，重量就不準確。而明明德、親民不止於至善，其基礎就不復存在。所以用止於至善來親民，並使其明德更加光明，這就是所說的大人的學養。」

止於至善，說的就是按良知的指引做事。

弟子問：「『知道要止於至善的道理，然後自己的志向才得以確定；志向確定，然後身心才能安靜；身心安靜，然後才能安於目前的處境；安於目前的處境，然後才能慮事精詳；慮事精詳，然後才能得到至善的境界。』這是什麼意思呢？」

王陽明回答：「人們只是不知道『至善』就在自己心中，所以總是向外界尋求；以為萬事萬物都有自己的定理，在萬事萬物中去尋求『至善』。所以使得求取至善的方式、方法變得支離決裂、錯雜紛紜，而不知道求取至善有一個確定的方向。

如果你知道至善就在自己心中，而不用向外面去尋求，這樣意志就有了確定的方向，就沒有支離決裂、錯雜紛紜的弊病了。沒有支離決裂、錯雜紛紜的困擾，那麼心就不會妄動而能處於安靜。心不妄動而能安靜，那麼在日常生活中，就能從容不迫、閒暇安適，安於目前的處境。

能夠安於目前的處境，那麼只要有一個念頭產生，只要有對某事的感受出現，它是屬於至善的呢，還是非至善呢？我心中的良知自然會以詳細審視的本能對它進行精細的觀察，因而能夠達到處事精詳。能夠處事精詳，那麼他的分辨就沒有不精確的，他的處事就沒有不恰當的，至善就能夠得到了。」

只有讓自己的良知正常工作，那就能做到定、靜、安、慮、得。由此可知，良知並不僅是一種美德，還能助你做成一切事。

弟子問：「任何事物都有本末主次，從前的理學家把彰顯德性當作根本，把教導民眾重新做人當作末梢，這兩者是從內心修養和外部用功的相互對應的兩個部分。事情有開始和結束。從前的理學家把知道止於至善作為開始，把行為達到至善作為結束，這也是一件事情的首尾相顧、因果相承。像您這種把『新民』作為『親民』的說法，是否跟儒家學者有關本末終始的說法有些不一致呢？」

王陽明回答：「有關事情開始與結束的說法，大致上是這樣的。說顯明德性為本，親愛人民為末，這種說法也不是不可以。但是不應當將本末分成兩種事物。樹的根幹稱為本，樹的枝梢稱為末，它們只是一個物，因此才稱為本與末。如果說是兩種物，那麼既然是截然分開的兩種物，又怎麼能說是相互關聯的本和末呢？如果明白彰顯光明的德性是為了親愛民眾，而親愛民眾才能彰顯光明的德性，那麼彰顯德性和親愛民眾怎麼能截然分開為兩件事呢？理學家的說法，是因為不明白明德與親民本來是一件事，反而認為是兩件事，因此雖然知道根本和末梢應當是一體的，卻也不得不把它們區分為兩種事物了。」

朱熹解釋《大學》，認為是「新民」，而不是「親民」，王陽明認為是「親民」，再次闡釋「知行合一」。

弟子問：「從『古代想使天下人都能發揚自己本身具有的光明德性的人』，直到『首先要修正本身的行為』，按照先生您『明德親民』的說法去貫通，也能得到正確、圓滿的理解。現在我斗膽請教您，從『要想修正本身的行為』，直到『增進自己的知識，在於能夠析物窮理』，在這些修為的用功次第上又該如何具體地下功夫呢？」

王陽明回答：「此處正是在詳細說明明德、親民、止於至善的功夫。人們所說的身體、心靈、意念、知覺、事物，就是修身用功的條理之所在，雖然它們各有自己的內涵，而實際上說的只是一種東西。而格物、致知、誠意、正心、修身，就是在現實中運用條理的功夫，雖然它們各有自己的名稱，而實際上說的只是一件事情。什麼叫作身心的形體呢？這是指身心起作用的功能而說的。什麼叫作身心的靈明呢？這是指身心能做主宰的作用而說的。什麼叫作修身呢？這裡指的是要為善去惡的行為。我們的身體能自動地去為善去惡嗎？必然是起主宰作用的靈明想要為善去惡，然後起具體作用的形體才能夠為善去惡。所以希望修身的人，必須首先要擺正他的心。然而心的本體就是性，性天生都是善的，因此心的本體本來沒有不正的。

那怎麼用得著去做正心的功夫呢？因為心的本體本來沒有不正的，但是自從有意念產生之後，心中有了不正的成分，所以凡是希望正心的人，必須在意念產生時去加以校正，若是產生一個善念，就像喜愛美色那樣去真正喜歡它；若是產生一個惡念，就像厭惡惡臭那樣去真正討厭它，這樣意念就沒有不誠正的，而心也就可以得正了。

然而意念一經發動、產生，有的是善的，有的是惡的，若不及時明白並區分它的善惡，就會將真假對錯混淆起來，這樣的話，雖然想使意念變得真實無妄，實際上也是不可能的。所以想使意念變得純正的人，必須在致知上下功夫。

『致』就是達到的意思，就像常說的『喪致乎哀』的致字，《易經》中說到『知至至之』，『知至』就是知道了，『至之』就是要達到。所謂的『致知』，並不是後來的儒家學者所說的擴充知識的意思，而是指達到我心本具的良知。這種良知，就是孟子說的『是非之心，人皆有之』的那種知性。

這種知是知非的知性，不需要思考，它就知道；不需要學習，它就能做到。因此我們稱它為良知。這是天命賦予的屬性，這是我們心靈的本體，它就是自自然然靈昭明覺的那個主體。凡是有意念產生的時候，我們心中的良知就沒有不知道的。如果它是善念，唯有我們心中的良知自然知道；如果它是惡念，也唯有我們心中的良知自然知道。這是誰也無法給予他人的那種性體。

所以說，雖然小人造作不善的行為，甚至達到無惡不作的地步，但當他見到君子時，也會不自在地掩蓋自己的惡行，並極力地表白自己做的是善事。由此可以看到，就是小人的良知也具有不容許他埋沒的特質。

今日若想辨別善惡以使意念變得真誠無妄，其關鍵只在於按照良知去判斷行事而已。為什麼呢？因為當一個善念產生時，人們心中的良知就知道它是善的，如果此時不能真心誠意地去喜歡它，反而背道而馳地去遠離它，那麼這就是把善當作惡，故意隱藏自己知善的良知了。而當一個惡念產生時，人們心中的良知就知道它是不善的，如果此時不能真心誠意地去討厭它，甚或反而把它落實到實際行動上，那麼這就是把惡當作善，故意隱藏自己知惡的良知了。像這樣的話，雖說心裡知道，但實際上跟不知道是一樣的，那還怎麼能夠使意念變得真實無妄呢？

良知所知道的善，雖然人們誠心地想去喜歡它，但若不在善的意念所在的事情上實實在在地踐履善的價值，那麼具體的事情就有未被完全校正的地方，可以說喜歡善的願望還有不誠懇的成分。良知所知道的惡，雖然人們誠心想去討厭它，但若不在惡的意念所在的事情上實實在在地剷除惡的行為，那麼具體的事情就有未被完全校正的地方，可以說那討厭惡的願望還有不誠懇的成分。如今在良知所知道的善事上，也就是善意所在的事情上實實在在地去為善，使善的言行沒有不盡善盡美的。在良知所知道的惡事上，也就是惡意所在的事情上實實在在地去除惡，使惡的言行沒有不被去除乾淨的。我的良知所知道的內容就沒有虧缺和被掩蓋的地方，它就得以達到純潔至善的極點了。

此後，我們的心才會愉快坦然，再也沒有其他的遺憾，真正做到為人謙虛。然後心中產生的意念才沒有自欺的成分，才可以說我們的意念真正誠實無妄了。所以《大學》中說道：『繫於事上的心念端正後，知識自然就能豐富；知識得以豐富，意念也就變得真誠；意念能夠真誠，心情就會保持平正；心情能夠平正，本身的行為就會合乎規範。』雖然修身的功夫和條理有先後次序之分，然而其心行的本體卻是始終如一的，確實沒有先後次序的分別。雖然正心的功夫和條理沒有先後次序之分，但在生活中保持心念的精誠純一，在這一點上是不能有一絲一毫欠缺的。由此可見，格物、致知、誠意、正心這一學說，闡述了堯舜傳承的真正精神，也是孔子學說的心印之所在。」

良知是件法寶，使用它不需要任何繁瑣的程序，也不需要任何咒語，只要你按它的意思行事，就是最好的使用方式。

這就是王陽明《大學問》告訴我們的一個終極真理，用王陽明的話說，不是我告訴你的，這個道理其實就在你心中：天下一切事，都是你良知的事。

風雨又來

一五一九年春節剛過，王陽明在贛州給王瓊寫了封長信。在信中，他平靜地敘述了南贛地區的剿匪和設立行政區的情況。人們從夢中醒來後，就再也不會心有餘悸地去回想那個噩夢。緊接著，他滿懷熱情地追憶了王瓊對他的信任往事，聲稱如果沒有王瓊在中央政府的全力支持，他在南贛的剿匪不可能這樣順利。然後又談到自己獲得的那些國家榮譽，諸如升為右副都御史，實在感到有愧，他沒有這個才能。還有他的後代可以世襲千戶，這讓他受寵若驚。他說，大部分功勞應歸於王瓊。

王陽明這樣說，乍一看去有些虛偽。南贛匪患的平定無可置疑是他的功勞，王瓊不過是把他推到那個舞臺上而已。不過這就是問題所在：王陽明固然偉大，但王瓊更偉大，因為他能重用王陽明。

信的最後，王陽明談到自己的健康狀況。他說南贛地區氣候潮濕，瘴癘彌漫，他的肺病復發，又因為剿匪工作辛苦，所以生活作息不能規律，患了很嚴重的痢疾。他此刻最大的希望就是王瓊能在皇上朱厚照面前替他求情，允許他退休回老家。他說，自己所以如此不顧體統地總想回家，是因為祖母於一五一八年農曆十二月離開了人世，他因為來南贛剿匪未能見祖母最後一面，內心在滴血。

王陽明的身體狀況的確不容樂觀。他在給弟子的信中經常提到他的肺病和不見好轉的痢疾，在一五一八年春節的那場邀請池仲容的宴會上解決了池仲容後，他一個猛子紮到地上，口吐鮮血。弟子們驚慌地扶起他時，他開始劇烈地咳嗽。當時弟子們的感覺是，王陽明想把肺咳出體外。在成功地徹底掃蕩南贛山賊後，他連續四次寫信給朱厚照，以及吏部、兵部，允許他退休，但都被一一駁回。

中央政府不准王陽明退休，實際上是王瓊不讓王陽明退休。王陽明在南贛建下煊赫的功績後，中央政府很多人既羨慕又嫉妒，他們巴不得王陽明趕緊離開政壇。在意料之中，這些人都是朱熹門徒。他們擔心王陽明會挾著卓著功勳闖進中央政府，與他們並肩而立。可這是他們絕不能容許的，因為在他們眼中，王陽明是異端，是他們的精神偶像朱熹的敵人。

一五一九年二月初，王陽明的第四封請求退休的信到達北京。朱厚照先問吏部尚書陸完，王陽明三番五次要退休，吏部怎麼看？

陸完是朱熹門徒，但從未按朱熹的教導「存天理去人欲」。他對王陽明在南贛的成就不屑一顧，因為他也是靠剿殺農民武裝（一五一〇年劉六、劉七起義）成功上位的。他對朱厚照說：「王陽明在江西的剿匪是托皇上洪福，他是個異端分子，不應該留在政府中，可以允許他辭職。」

朱厚照又問王瓊。王瓊回答：「王陽明絕不能離開江西！」

朱厚照問為什麼。王瓊不可能說是因為寧王朱宸濠，可他也沒有別的理由。王陽明第一次請求退休時，他對朱厚照說南贛地區還有土匪殘餘，只有王陽明能掃清這些殘匪。王陽明第二次要求退休時，他對朱厚照說南贛地區社會治安問題很大，王陽明必須要整頓社會秩序。王陽明第三次申請退休時，他對朱厚照說沒有合適人選接替王陽明。總之，他用盡各種藉口把王陽明釘在江西。但這最後一次，他實在找不出理由來了。王陽明給中央政府的報告中已經詳細地說明了他清整南贛的所有舉措和成果。如果南贛地區已經太平無事，誰來當這個南贛巡撫已無關緊要。

這就是陸完的看法，也是朝廷內部很多官員的看法。他們都對王瓊在王陽明退休上的態度疑惑不解，既然匪患已平定，南贛社會秩序已恢復，為什麼不讓人家離開？王瓊對這些人的質疑反應很冷淡，只是希望朱厚照不要批准王陽明的退休請求。他有一種不祥的預感，大事馬上就要發生，山雨馬上就要來了。

朱厚照也不理解王瓊何以如此沒有人情味，人家王陽明口口聲聲說身體狀況不佳，祖母又去世，即便是鐵石心腸的人看到王陽明信中提及未見祖母最後一面的悲痛筆墨也會流下眼淚，但王瓊卻不為所動。

朱厚照對別人的傷心事一向不太關心，而南贛匪患的平定的確是王瓊舉薦王陽明的功勞，所以他也就不想有什麼立場。他對王瓊說：「你呀，和王陽明好好談談這件事，人家非要退休，你就不要強人所難。」又對陸完說：「這件事就暫時聽王瓊的吧，你們吏部把他的退休申請打回去。」

王陽明接到吏部「不准致仕」的信後，歎了口氣。他的學生問他：「我聽說老師您年輕時就立下經略四方的志向，如今天下不安，到處都是可以建功立業之地。您為何屢屢辭職呢？」

王陽明思索半天，才道：「當年年輕氣盛，自龍場之後，這種心態平和了很多。因為我終於想明白，人有建功立業的心沒有錯，但千萬不要把這種心當成常態。我們應該時刻格自己的心，心如明鏡，物來則照，不要刻意去追求。你把自己鍛造成一個良知光明的人，這種機會總會來找你。況且，我現在最重要的任務是傳播心學，讓天下人知道聖學法門，相比而言，建功立業就成了副業。」

又有弟子問他：「如果您在年輕時被派來剿匪，您能成功嗎？」

王陽明痛快地回答：「恐怕不能。」

弟子問：「為什麼？」

王陽明回答：「我早已說過，年輕時涉世未深，內心浮躁，心不定就難成事。人非要經歷一番不同平時的劫難才能脫胎換骨，成為真正能解決問題的人。」

弟子問：「如果沒有磨難呢？難道去主動找嗎？」

王陽明回答：「當然不是這樣。我是從磨難中得到了真諦，人只要時刻格心，讓良知不要被人欲遮蔽，就都能成功。」

一五一九年前半年，王陽明就是在這種和弟子有聲有色的講學中度過的。他沒有再向中央政府遞交退休申請，他的身體雖然恢復了許多，但遠不及正常人健康。有一段時間，他曾想起他的妹夫、最得意的大弟子徐愛。徐愛病逝於一五一八年農曆四月，正是王陽明在贛州大興書院之時。

徐愛字曰仁，號橫山，浙江省余姚馬堰橫上村人。一五〇八年，年僅二十一歲的他高中進士，被朝廷派到祁州（今河北安國市）擔任州長（知州）。兩年後，霸州文安縣（今河北文安）居民劉六、劉七憑藉在地方上的勢力發動武裝起義，徐愛在祁州堅壁清野，抵抗二劉。二劉失敗後，中央政府曾對其點名表揚。

徐愛為官清正廉明、勤奮敬業，在知識份子圈中享有美譽，後來調至南京建設部工作（南京工部郎中）。就是在南京當差時，得知王陽明講授心學，於是登門拜訪。相談之下，深為王陽明的「心即理」理論而折服，於是對其北面而拜稱弟子。他是王陽明創建心學後的第一位弟子，後來，又深深地愛上了王陽明的妹妹王守讓，娶之，由此又成了王陽明的妹夫。

徐愛和王陽明討論最多的就是《大學》宗旨問題，王陽明為其辨難解惑，使徐愛對王陽明心學的認識深入骨髓。隨著王陽明弟子的與日俱增，很多弟子對王陽明的良知學有不明之處，徐愛就充當了大師兄的角色，為他們辨難解惑。
一五一六年年末，王陽明受命到江西剿匪。王陽明在中央政府屢次催促下不肯上路，最後一次，徐愛勸王陽明，如今天下紛紛議論，您還是走一遭吧！我願意永遠跟隨您。王陽明大為感動。一五一八年農曆三月，王陽明剿匪功成。徐愛希望能和王陽明一起回浙江余姚，終身膜拜王陽明。同時，他還引用名言道：「朝聞道，夕死可矣！」想不到的是，竟一語成讖，就在他回老家看望父母時，一病而死，年僅三十一歲。王陽明在贛州得此噩耗，悲痛萬分，大呼：「天喪我！天喪我！」心情長久低落，每每想到徐愛，心情不能自已。
據說，徐愛曾做過一個奇異的夢，夢見他在空曠的沙漠中，遇到一位和尚。和尚預言他「與顏回同德，亦與顏回同壽」。如果此夢真如王陽明所說的是人在良知完完全全時的狀態，那麼，良知告訴徐愛，你就是王陽明的顏回。
王陽明對此也有同感，他說：「徐愛的溫恭，實在是我不能企及的啊！」多年以後，他領著眾多門徒到徐愛的墓前（今紹興迪埠山麓）掃墓，就在徐愛的墓前講解他的心學，講到興頭上，突然長歎一聲：「真想讓他起死復生聽我講課啊！」
實際上，在王陽明的眾多弟子中，徐愛是最能領悟他心學的弟子。他對徐愛的懷念不僅僅是純粹感情上的懷念。在之後傳播心學的道路上，每遇挫折和攻擊，王陽明都會想到徐愛。兩人不僅僅是師徒，還是惺惺相惜的好友。
《傳習錄》第一篇就是《徐愛錄》，如果說《大學問》是心學入門書，那麼《徐愛錄》就是《大學問》的課外輔導書。在《徐愛錄》中，我們清晰地知道，「心即理」其實就是一切道理、真理、天理都在我心，不需外求，知行肯定是合一的。

當王陽明在贛州一面講學、一面回憶徐愛時，兵部來了指令。王瓊要王陽明到福建福州去處理一個軍人的叛亂。這個軍人叫進貴，是中央政府在福州設立的三衛下屬的「所」的千戶。

在此需要補充解釋明朝的「衛所」。衛所制是朱元璋的軍師劉伯溫創立的，它是這樣的一個軍事組織：在全國各個要地建立軍事據點「衛」，每一「衛」有五千六百人，長官稱為指揮使。這位指揮使管轄五個千戶「所」，每個千戶「所」有一千一百二十人。千戶「所」又下轄十個百戶「所」，一所為一百一十二人。百戶「所」下設兩個「總旗」，「總旗」下再設五個小旗，每個小旗為十人。千戶所的長官稱為千戶，百戶所的長官稱為百戶。有戰事時，中央政府國防部（兵部）就命令各地的衛所最高長官指揮使把他的五千六百人交出來，然後皇帝再指派一人擔任這支軍隊的司令，司令領著這群衛所的士兵出征。

這是一個相當完善的軍事組織。但到了朱厚照時代，衛所制已破敗。指揮使把千戶當成苦勞力，千戶把百戶當成農民工，百戶又把總旗當苦勞力。由此就中了「大魚吃小魚，小魚吃蝦米」的魔咒，最底層的士兵要為長官免費打工，所以怨聲載道。

進貴就是看到了這樣的危機，同時也認為這是一個改變命運的良機，所以帶領他能控制的所有士兵，發動兵變。一時之間，福州危急，福建危急。

王瓊在得到進貴叛亂的消息時，認為不足慮。不過這恰好給了他一個大好機會，要王陽明繼續在江西附近轉悠，所以他立刻命令王陽明到福州平息叛亂。而在給王陽明的私信中，他說，南昌城最近動靜很大，你不必在進貴的身上浪費太多精力，要密切注意南昌城。

王陽明明白王瓊的意思，南昌城裡正是寧王朱宸濠。也許在此時，王陽明已經猜到了當初王瓊要他到江西的真正目的。

但王陽明也有自己的打算，朱宸濠造反的傳言已傳播了好多年，不過按他的見解，朱宸濠不會在這個時候造反，因為種種跡象都表明，朱宸濠沒有準備好。倘若他真在這個時候造反，那只能證明一點：朱宸濠的智商絕對不足以支撐他的帝王理想。所以，他在一五一九年農曆六月初九從贛州啟程後，並沒有急如星火地奔瑞金過福建，而是繞道豐城直奔廣信，理由是他想回家奔喪。

這在外人看來是典型的不負責任，進貴正在福州大動干戈，大概已血流成河，他不但不去拯救萬民，反而要回家奔喪。事後曾有些小人追究王陽明的這一責任，而王陽明給出了巧妙的解釋：瑞金、會昌等縣瘴氣生發，不敢行走，所以取道豐城。

倘若他走的是瑞金這條路，恐怕他就趕不上朱宸濠上演的那場大戲了，因為朱宸濠在王陽明從贛州啟程的四天後掀起了聲勢浩大的革命。如果他不繞道，此時已在福建福州，正因為他繞了道，所以他在朱宸濠宣布革命兩天後的一五一九年農曆六月十五得知朱宸濠革命的消息時，才走到豐城縣界。

先是有人來報告：「朱宸濠反了。」王陽明在船艙裡吃了一驚，他急步走出船艙站到船頭。緊接著，又有一批人來報告：「朱宸濠已經發兵了。」

王陽明在船頭上驚駭起來。他和跟隨他的兩個謀士說：「想不到寧王如此焦急！」

他命令他的船原路返回。但返回時是逆風，他的船寸步難行。此時有兩種說法：第一種說法是，王陽明在船頭焚香禱告，流下眼淚說，如果老天憐憫聖靈，讓我可以匡扶社稷，就請給我一陣順風。如果老天沒有此心，此舟就是我葬身之地。他的禱告靈了，很快地，風變了方向，王陽明和他的幾個謀士順利地潛進了臨江鎮（江西樟樹臨江鎮）。

第二種說法是，雖然有了順風，但他的船老大不想開船，因為回去肯定是死路一條。於是王陽明抽出衛兵的刀，把船老大的耳朵割掉了一隻，船老大認為一隻耳朵也能活下去。王陽明又割掉了他另一隻耳朵，並且威脅他，如果再不開船，就把他扔到水裡餵魚。船老大認為，不開船是死，開船或許還能有活路。兩害相權取其輕，船老大開了船。

這艘滿載著王陽明焦慮的船乘風破浪，把王陽明送到了最榮耀、最光芒的巔峰，也把他推到了別人望塵莫及的傳奇聖壇，更把他送進了讒誣誆詐的漩渦中，這艘船永遠都不會想到，正是它讓王陽明心學「致良知」的終極真理橫空出世。

一五一九年農曆六月十五夜，烏雲滾滾，不見月亮。王陽明在臨江鎮忽明忽暗的燈光下，看向南昌城。那裡將是戰場，是王陽明和朱宸濠的戰場。他將在那裡和朱宸濠正式交鋒，而實際上，他和朱宸濠早已有過交鋒，只不過那時的交鋒是隔山打牛，這一次，卻是短兵相接！

第三章

王陽明如何做到知行合一之平定寧王

不被待見的寧王

在正式進入王陽明和朱宸濠的對決前，有必要瞭解朱宸濠這位王爺的一切。只有真正瞭解他，才能使我們深刻認識到王陽明這位對手的強大，以及王陽明下定決心解決寧王問題時承受的重如泰山般的壓力。而王陽明則用後來的成功完美地證明了心學的巨大威力。

朱宸濠的故事不是他一個人的故事，而是他整個家族的故事。事情要從明帝國開國皇帝朱元璋談起。朱元璋建明帝國後，有一天對秘書說：「元帝國強大如超級巨獸，卻在短短幾十年內就土崩瓦解，何故？」他的秘書當然說些元王朝統治者不珍惜權力，不愛惜百姓的廢話。朱元璋搖頭說：「他們如此迅速滅亡的原因就是沒有藩王。」他的秘書大吃一驚，說：「西漢時建立諸侯國，後來發生了七國之亂；西晉時設置藩王，後來發生了八王之亂，這是歷史留下的教訓，不能重蹈覆轍。」朱元璋大怒，下令處決這位秘書，開始陸續封他的兒孫們為藩王，分鎮各地。

朱元璋設藩，並不僅僅從元王朝覆亡中得到的啟示。他設立藩王的根本目的是為了解決功臣尾大不掉的局面，試圖以分封藩王的方式來牽制中央政府那些權臣，進而把軍權和君權牢牢抓在手中。朱元璋並不是顢頇的君主，那位秘書對他普及的歷史知識也深深觸動了他的心弦。所以在設藩時對藩王們潛在的危害採取了嚴厲的「預防措施」，可用六個字來說明：不列土，不領民。

各位藩王們並未實現朱元璋限制權臣的意圖。朱元璋是靠屠刀解決了那群開國功臣，但藩王制卻伴隨了明帝國的始終。

「不列土」指的是藩王沒有自己的土地；「不領民」指的是藩王不能直接管理百姓，他所管理的只有他的王府。藩王有自己的武裝力量——王府衛隊，人數不能超過一萬五千人。一萬五千人和明帝國的百萬正規軍相比，實在是九牛一毛。藩王所在的地方政府的軍政官員不許和藩王有來往。這樣一來，藩王沒有行政權，只有可以忽略不計的軍權，所以他們沒有實力造反。

有些規定制定出來就是讓人違反的，而第一個違反規定的人就是朱元璋。

他在世的最後幾年，蒙古殘餘在北方持續不斷地攻擊他的帝國邊防，於是他許可在邊疆的藩王可以把衛隊增加到五萬人，用這五萬人去和敵人作戰。五萬人只是個概數，迫於形勢，這個數字還會增加。也就是說，在很長一段時間裡，封到邊疆的藩王成了野戰軍的司令。他們在血肉橫飛的戰場上鍛鍊自己和自己的衛隊，終於使自己成為英雄人物，使其衛隊成了驍勇善戰的野戰兵團。燕王朱棣和寧王朱權就是這方面最卓著的代表人物。

朱棣是朱元璋的第四子，一三七〇年被封到燕（北京）為王，因以地名為藩王稱號，所以他的王號為燕王。一三八〇年，二十歲的朱棣就藩北京，從此帶著他的衛隊在長城以北衝鋒陷陣。他兩次以北伐軍總司令的身分帶領他的衛隊和明帝國主力出擊蒙古人，在軍界和北京政界威望大振。

朱權是朱元璋的第十七子，一三九二年到大寧（今內蒙古赤峰市寧城縣）就藩，是為寧王。由於此地是蒙古主力最活躍的地區，所以朱權的責任很重，壓力很大。在和蒙古人無數次交手中，朱權的實力野蠻生長。朱元璋去世時，他的衛隊已逼近七萬人，強悍善戰，是蒙古人最懼怕對手。

一三九九年，朱元璋的孫子朱允炆（建文帝）在幾個親信大臣的慫恿和支持下削藩，朱棣針鋒相對地發動「靖難之役」。

「靖難」是「平定變亂」的意思。朱棣認為朱允炆已被他的大臣控制，不能行使意志，所以他要清君側，解救朱允炆。

朱棣當時只有三萬人，三萬人和中央政府的百萬政府軍抗衡，後果比用雞蛋去砸石頭還要明顯。想不到的是，奇蹟發生了。朱棣把從蒙古兵團那裡學來的閃電戰用在戰場上，所過之處，各地政府軍丟盔卸甲。但奇蹟的發生不會持久，朱允炆反應過來把帝國主力部隊投入戰場後，朱棣就開始處境維艱。他留下少量軍隊守衛北平，在親自領軍解除了永平的包圍後，率軍向朱權的地盤——大寧進發。

朱權對朱允炆不念親情的削藩極為反感，但從未想過要使用武力和朱允炆攤牌。他對哥哥朱棣的攤牌舉動既不贊成也不反對，所以當朱棣來敲大寧城城門時，他和當地政府官員商量了一下，於是帶話給朱棣：可帶少量衛士進城。

朱棣當初在北京喜歡看戲，從優伶（藝人）那裡學到了精湛的表演技巧，如今有了用武之地。他遠遠看見朱權，就像是餓狗看到骨頭一樣，三步並作兩步跑了過去，拉起朱權的手放聲大哭，哭得如喪考妣，在場的人險些莫名其妙地流下眼淚。當他確信朱權已被他感動後，開始訴衷腸：「我從燕地起兵去南京，千山萬水，多劫多難，什麼都不圖，就是為了讓皇上能擺脫奸賊之手。我起兵實在是迫不得已，總不能看著老爹打下的江山落到別人手上。然而現在我的一片苦心遇到了不分青紅皂白地對待，皇上居然派大軍把我往死裡打，我實在不忍心骨肉相殘，所以想結束這場鬧劇，這次來大寧，就是希望老弟你能當個仲介，幫我去向皇上求情，化干戈為玉帛。我從此做個草民也心甘情願。」

朱權很少看戲，大概不知道世界上有演戲這回事。世人傳說朱棣善打，朱權善謀。可他的謀都是堂堂正正的陽謀，朱棣這招表演式的陰謀，他從未遇到過。所以，他不確定自己是否該相信朱棣。他讓朱棣稍作休息，自己好有時間來思考朱棣的真假。朱棣不給他這個機會，因為正如王陽明所說，戲子的演技再精湛也是假的，假的東西最怕夜長夢多。朱棣決定引蛇出洞。他先密令他的一部分士兵化裝成普通百姓混進大寧城，在寧王府附近埋伏下來。而他本人則告訴朱權，他要去南京向朱允炆負荊請罪。

朱權挽留他，說自己正在寫奏疏給朱允炆，希望他能看在親戚的分上饒朱棣叔叔一回。朱棣搖頭說：「我想了一下，要你做中間人，也不是太好的事，因為你也是他手下那些臣子對付的對象。我覺得表示誠意最好的辦法就是去親自見他，到時候殺剮隨他，我心甘情願承受。」

朱權一聽到這話，挽留朱棣的心情更為堅定，他才真是不想看到骨肉相殘的人。朱棣馬上就來個一百八十度大轉彎，說：「既然你不願意我死，那我就不去南京，我回我的燕地，解散軍隊，找個山村隱居起來。你和諸位親王在皇上面前多向我美言，讓他對我網開一面，我老死山中，這樣的結局皆大歡喜啊。」

朱權實在沒有別的辦法，他不想看到骨肉相殘，但他不能把朱棣留在大寧。朱棣說得沒錯，他現在還是泥菩薩過江自身難保，怎麼還有閒心保朱棣。

為了盡兄弟之情，朱權要求送哥哥朱棣一程。朱棣假裝想了想，說：「是啊，此次一別大概是永別，你應該送我。就送我到城外吧，然後你走你的，我走我的。」

朱權被親情沖昏了頭腦，毫無戒備，只帶了幾百名衛士送朱棣出了城。朱棣拉著他的手，聊些閒話，朱權本想出城就返回，卻礙於情面，順從地被朱棣拉著走。走出很遠，朱棣回頭望了一眼，確信大寧城部隊即使現在出城也無濟於事後，立刻大吼一聲，早已埋伏在路邊的部隊一湧而出，把朱權的衛隊武裝解除，這時他還拉著目瞪口呆的朱權的手。

朱權畢竟是見過大場面的人，很快就醒悟過來，對朱棣說：「你不怕我的七萬人馬？」

朱棣狂笑，說：「你稍安勿躁。」

一會兒工夫，大寧城上插上了一面「燕」字大旗，朱權在城裡的衛隊跑出城報告朱權，府裡家眷都被燕王俘虜了。

朱權長歎一聲。他看向朱棣，咬了咬嘴唇，說：「你好卑鄙。」

朱棣一本正經地說：「你太不懂政治，政治無是非、無親情，利害即是非。不過咱們是兄弟，我不忍殺你的家眷，我們現在做個交易，咱倆二人共同對付朱允炆那小兔崽子，事成之後，你我二人平分天下如何？」

朱權根本只有一個選擇，就是和朱棣共進退。於是，之後的事情就是，兄弟倆合兵揮軍南下，向他們的侄子發起猛攻。再後來，朱棣得到南京空虛的消息，繞過北面城鎮，迂回奇襲南京大獲成功，取得靖難之役的勝利。自然，帝位也被他笑納懷中。

朱棣登基稱帝後，朱權望眼欲穿地等待朱棣兌現承諾。可他很快就發現，朱棣是忘恩負義的行家裡手。他不再奢望一半天下，而只是希望有個山清水秀之地養老，於是請求到蘇州去當藩王。朱棣不答應，而理由是，蘇州不是邊陲，沒有設藩的必要。

朱權強忍命運對他的捉弄，再請求去杭州。朱棣還是不答應，理由是，江蘇已有吳王。而且當初有人主張把吳王府設杭州，可老爹說杭州富得流油，是國家賦稅重地，你也知道，藩王的經濟來源就是本地百姓繳納賦稅的一部分，所以這地方不能設藩。

朱權悲憤不能自制，居然控制不了淚水，奪眶而出。朱棣看到這個飽經戰爭風雲的老弟竟然也會哭，被遮蔽的良知突然閃現一絲光亮，人性剎那間復蘇。他拿出大明帝國疆域圖，掃視了一遍，說：「朕有慈悲之心，給你四個地方，你選。」

這四個地方是：福建建寧、四川重慶、湖北江陵、江西南昌。

朱權學識淵博，對大明帝國的地理成竹在胸。福建建寧在當時堪稱荒山野嶺；四川重慶是山城，只有鳥道通往外面；湖北江陵氣候潮濕多雨，相較而言，只有江西南昌還算適宜人居住。本來朱權一直在北方，已經適應了中溫帶半乾旱大陸性季風氣候，讓他到亞熱帶季風濕潤氣候區，實在是一種懲罰。

朱權只能接受這種懲罰，用朱棣的話說，我能給你個藩王已是仁至義盡，當初你不主動幫我，反而要我施展高超的謀略逼你幫我，對於不能識時務者，我的態度就是如此。你既然選擇江西南昌，你的王號還叫寧王，不過要記住，你已不是從前的那個寧王了。

朱權到南昌後，為了讓朱棣安心，每天把自己沉浸在公子哥的生活中，種花養鳥，讀書寫字。有時候會到廬山上去修行，下山時會用袋子把廬山上的霧裝起來。

朱棣對朱權的監控漸漸放鬆，朱權以善終告別人世。但稍有頭腦的人都能意識到這樣的問題：朱權後半生之所以在江西南昌度過，全是因為朱棣的欺騙。

宿命論者認為，人的命運天註定，無法更改。每個人一生下來就註定了他將是什麼樣的人生、什麼樣的結局。朱權的人生就是被朱棣欺騙，頂著「寧王」的帽子在江西南昌一直到死。而朱宸濠認為，他的命運就是要替祖宗向朱棣的子孫討回這個公道，並且讓朱棣的子孫兌現朱棣和朱權當年「平分天下」的承諾。朱宸濠還堅定地認為，由於這個承諾未被兌現的時間太久，所以他要收利息。這利息就是：朱棣子孫的那一半天下。

實際上，朱權有怨氣，只不過他不敢發作。在他之後的寧王們每每想到這段祖宗的往事，都有點心煩意亂。不過，當時正是朱棣子孫如日中天時，他們的怨氣也不敢發作，而且隨著時間的推移，祖先留下的仇恨漸漸淡化，後來就成了無關痛癢的、別人的故事了。

人類最悲痛的事就是遺忘，恩情、仇恨都能被遺忘，漫長的時間則是罪魁禍首。所以，春秋時期齊襄公為報九世祖被紀國人誣陷致死而攻取紀國的「九世復仇」成了不可複製的神話。

江西南昌的寧王譜系是這樣的：朱權死後，他的長子朱盤烒繼承寧王爵，朱盤烒死後，他的長子朱奠培繼承王爵。朱奠培身體狀況欠佳，他的老婆也不爭氣，所以直到三十一歲才得了一個男孩，這個男孩就是朱宸濠的父親朱覲鈞。朱覲鈞繼承寧王爵時已四十三歲，五年後，他一病而死。他的正室只生了兩個女兒，他的小老婆生的是朱宸濠。

關於朱宸濠的身世，有一段惡劣的故事。據說他的母親本是妓女，朱覲鈞垂涎其美色，將她帶回寧王府，後來她懷上了朱宸濠。臨產那天，朱覲鈞在噩夢中看到這位妓女的肚子被一條蟒蛇從裡面撕開，那條蟒蛇衝出母親的肚子後就在寧王府中掀起屠殺風暴，見人就吞噬，最後撲到朱覲鈞面前，也要把他吞食。朱覲鈞心膽俱裂，拚命大叫，從夢中驚醒。有人通知他，小妾生了個男孩。朱覲鈞把那個噩夢和這個誕生的男孩聯繫到一起，確信這個男孩是不祥之物，於是把他送給山村裡的百姓養活。他臨死前，朱宸濠才被准許和父親相見。但朱覲鈞死不瞑目，因為他始終確信朱宸濠是把家族帶進地獄的一條惡蟲。

這個醜惡的故事很可能是「事後諸葛」式的編造，目的就是把朱宸濠醜化，認為他後來的叛亂是從娘胎裡帶來的。

據正史記載，朱宸濠天資聰穎，過目不忘，在儒家經典和歷史方面是個專家，又喜歡寫詩歌，和南方的知名文人墨客來往頻繁。他自信、氣度非凡、禮賢下士，擁有一顆慈悲之心，很多知識份子都聞名而來到南昌，見一見這位風流倜儻的王爺。那位傳說比事實多出數倍的風流人物唐伯虎就不遠千里來南昌城，朱宸濠和他結下了深厚的友誼。唐伯虎有一年回老家蘇州，曾向他們的朋友誇獎朱宸濠，說朱宸濠是他唐伯虎有生以來見過的最溫文爾雅、最才華橫溢的朱家人。唐伯虎這種讚譽正如文人的誇張修辭，不必當真。如果他真如此欣賞朱宸濠，就不會在幾年後發現朱宸濠有叛亂跡象時溜之大吉。

朱宸濠不但能文，而且能武。他對兵法如癡如醉，對戰爭躍躍欲試。和王陽明一樣，他經常在他朋友們面前排兵佈陣，和王陽明不同的是，誰如果破了他的陣，他就悶悶不樂。朱宸濠悶悶不樂時，就會取消一切娛樂活動，由於娛樂活動要大把花錢，而朱宸濠每次都做東，所以大家都不希望他悶悶不樂。如此一來，朱宸濠的排兵佈陣天下無敵。正如王陽明所說，你不謙虛接受別人的意見，最終害的是你自己。於是，朱宸濠就成了個半吊子軍事家。

他自己並不這樣認為。於是，寧王朱宸濠的日子就在他經常訓練他的衛隊和懷抱大志中度過。而他懷抱的「大志」和他本人的性格與外人的推波助瀾不可分割。

朱宸濠的理想

任何人的終極理想都非一蹴而就，理想的大小和當下現狀有關。一個屠夫殺豬賣肉時的理想絕不會是做皇帝，他最大的理想大概是透過殺豬賺更多的錢。當如願以償後，他的理想可能是開個屠宰廠，殺盡天下豬。再次如願以償後，他的理想可能就是花錢買官，如此循序漸進，他最後的理想可能就是做皇帝，命令天下人都不許殺豬。

朱宸濠初當寧王時的理想肯定不是革命，朱棣的後人們對朱權的後人們有嚴格的限制，僅在衛隊數量上，寧王府衛隊就不得超過七千人。這可憐兮兮的七千人絕不至於催生朱宸濠當皇帝的理想。

當二十八歲的王陽明於一四九九年高中進士步入仕途時，二十歲的朱宸濠繼承了寧王爵位，意氣風發。他開始以王爺的眼光審視他的王府。朱棣當年根本就沒有允許朱權建新王府，寧王府只是江西省主管民政的布政司官署，很讓朱宸濠在其他王爺的王府面前自慚形穢，於是他首先在老巢上「開疆拓土」。

寧王的辦法很機巧：在王府某處邊緣縱火，撲滅火勢後重修，修建時向外擴張地基。王府附近的百姓惶惶不可終日，因為寧王府黴運當頭總失火，寧王府失火是他自己的事，本來不必擔心。但詭異的是，寧王府的火勢總是蔓延到周圍百姓家。這群百姓認為住在寧王府附近就是住在了不祥之地，紛紛變賣房產遠走。朱宸濠就用極低的價格購買這些房產，他的寧王府像是個怪獸，四面八方吞吃，最後把自己吃成了大胖子。

按明律，私自擴建王府屬於違法，但那已是老掉牙的規定。朱宸濠始終相信人際關係才是人間最大的法。他積極結交中央政府各路貪財的官員和皇帝身邊的太監。他省吃儉用，把錢用車推到北京，只要有人肯和他交朋友，一大筆錢就是他朱宸濠「不成敬意」的一點見面禮。於是，雖然很多江西官員都向中央政府彈劾朱宸濠私擴王府，但朱宸濠在中央的那些好朋友們都替他遮掩過去了。

在明孝宗朱祐樘時代，朱宸濠的理想就是做一個名副其實的、在江西有不容置疑影響力的寧王爺。這一點他做得很好，他結交五湖四海的朋友，這些人四處傳播他的種種美德，尤其重要的是，所有人都知道朱宸濠在中央政府有靠山。

在強大人脈的刺激下，朱宸濠開始把目光轉向他的衛隊。他需要威儀，而威儀的獲得必須以軍事實力為前提。他積極訓練他的衛隊，南昌郊區的百姓在晨光熹微中就能聽到寧王府衛隊喊打喊殺、震耳欲聾的聲音，他招兵買馬，很快就把七千人的衛隊擴充到了一萬五千人。

但在這方面的進取上，朱宸濠遭遇了挫折。一五〇四年，王陽明在兵部人事司（清吏武選司）任職時，江西某匿名官員指控朱宸濠私自擴充衛隊，皇帝朱祐樘忍無可忍，下令取消朱宸濠衛隊。這一次，朱宸濠那些靠山沒有幫忙，他們不敢。擴充衛隊這種事和擴建王府有本質上的區別，後一種只是對物質的貪欲，前一種則可能是野心。對於二者的區別，他那些朋友心知肚明。

朱宸濠鬱悶地度過一五〇四年，但到了一五〇五年，他重見光明。朱厚照繼位，劉瑾專權。朱宸濠從幾年來和太監打交道的經驗中得到啟示，劉瑾是讓他衛隊重獲新生的不二人選。他派人分批把兩萬兩黃金送到劉瑾家中，劉瑾當時剛獲得大權，在此之前從未見過這麼多錢，所以對朱宸濠的豪爽和懂事印象深刻。朱宸濠一擊即中，馬上向劉瑾提出恢復他的衛隊。劉瑾未加思索就同意了。朱宸濠心花怒放，暗示劉瑾在朱厚照面前替自己美言。劉瑾則很對得起朱宸濠的黃金。

很快地，朱厚照印象中的寧王朱宸濠就成了江西省的聖人，集儒家經典中的美德和能力於一身，是當時他們朱家除了朱厚照之外最睿智的一人。朱厚照對家族中出了這樣一位聖人級的人物表示欣慰，特意叮囑江西省政府官員對寧王朱宸濠要多多關照。朱宸濠原本對朱厚照的關愛心生感激，但透過他安插在北京城間諜們的報告，他對朱厚照縱樂無度、昏庸無能的印象逐漸深刻起來，他的理想因此升級。

人因性格、人生閱歷和生活環境的不同，看待事物時的態度就會迥然不同。多年以前，秦始皇威風八面地出遊，無賴劉邦看到後說：「大丈夫就該如此啊！」而貴族項羽看到後則說：「我要滅了他（彼可取而代之）。」劉邦性格灑脫，不拘小節，在社會底層摸爬滾打多年，所以秦始皇是他可望而不可即的，他最大理想也不過是能過上秦始皇那樣的日子。而項羽身為前朝貴族，國仇家恨全拜秦始皇所賜，所以他的理想是復仇。王陽明看到朱厚照熱愛玩樂高於熱愛政事時，會苦口婆心地規勸朱厚照，這是因為王陽明有一顆悲天憫人的心，不想看到天下百姓因為朱厚照的胡作非為而受苦。而朱宸濠看到朱厚照玩世不恭的行徑時，確信這不是塊當皇帝的料，是個千載難逢「取而代之」的機會。因為他本來就是個對社稷、百姓沒有太多感情的人，他身體裡最多的就是持續不斷膨脹的野心。

他決心取朱厚照而代之。

這在普通人眼中就是個比天還高、比海還深的理想。但朱宸濠不是普通人，以術士李自然和李日芳的專業眼光來看，朱宸濠是悄悄隱在民間的真龍，遲早有一天會乘風駕雲騰飛而起。李自然和李日芳都有獨門絕技。李自然精於看相摸骨，據他說他曾在龍虎山得到道教大亨張道陵的靈魂垂青，賜他相人神技。他於是走遍大江南北，不斷給人看相摸骨，賺得擁躉無數。李日芳擅長風水，他也是個有故事的人。三十歲前的李日芳是個苦讀理學的窮酸書生，一天晚上他夢到一個道士模樣的人對他說：「你是天上的星宿下凡。」李日芳從夢中驚醒，突然有了看風水的絕招。從此周遊天下，也獲取了大師的名號。

朱宸濠自有了那個超塵拔俗的理想後，就四處招攬人才，很快就大喜過望地招攬到了李自然和李日芳這兩個不世人才。

有一點需要補充。江西在明代時術士氾濫成災，這可能和道教大亨張道陵有關。張道陵在江西龍虎山修煉，後來白日飛升，引得無數江西人都開始鑽研道教神祕難測的方術。當時的民間和官署，乃至皇帝的宮廷中到處都有江西術士的身影。有一個資料可以作為直接證據，明帝國第八任帝朱見深（明憲宗）在位的二十三年（西元一四六五——一四八七年）裡，一百二十七名傳奉官（皇帝直接下詔任命的官員）中有十二名方士。這十二名方士中有四人是江西人，其中術士李孜省以名震天下的房中術做到了教育禮儀部副部長（禮部侍郎）的位置，成為江西人的驕傲。無疑，江西在明代是道教術士們的大本營，是方術文化的重鎮。在這種大背景下，朱宸濠招攬人才，招到的人才中肯定有術士。

李自然用理性的專業眼光讚歎朱宸濠：骨相天子。李日芳在南昌溜達了一圈後，用格外確定、格外敬業的口吻提醒朱宸濠：江西南昌東南方有天子氣。

這二人的配合天衣無縫，從裡到外給朱宸濠灌迷魂藥。朱宸濠的寧王府就在南昌城的東南方，看來李日芳的風水知識相當精湛，而他多次照鏡子，也發現自己的相貌異於常人，這必是天子相。看來，李自然看相摸骨的技能已經到了爐火純青的境界。朱宸濠確信這點後，神清氣爽、興奮無邊。但李日芳提醒他，有高道行的人不止我一個，萬一有人看到南昌東南方有天子氣，可不太好。朱宸濠馬上驚慌起來，說：「這可如何是好？」李日芳說：「可以把氣遮掩起來。」幾天後，朱宸濠就按李日芳提出的方法，開始興建「陽春書院」來遮掩天子氣。

朱宸濠並非總玩這種肉麻的遊戲，而是真的在為實現理想而努力實踐。用王陽明心學來解釋朱宸濠的行為就是，人人心中都有個「天子」，但如果你不去事上練，那就和禪宗的枯禪沒有區別，而朱宸濠的「事上練」相當賣力。

他把人際交往擴大化和精深化，不但結交朝中權貴要人，還結交山賊草寇和江洋大盜。他干涉司法，從監獄裡撈人。被撈出來的人為了報答他，就替他賣命，搶劫、殺人、放火，無惡不作，得到的利潤統統交給朱宸濠，朱宸濠再重新分配。他在南昌城郊區建立武器製造廠，晝夜不息地打造兵器，聲音能傳出幾公里。

劉瑾的覆滅對朱宸濠的影響微乎其微，因為很快他又攀上了代替劉瑾被朱厚照寵愛的太監強尼。強尼能贏得朱厚照的歡心靠的不僅僅是諂媚，他是個有本事的人，據說能雙手同時開弓，百發百中。強尼也有俗人的弱點就是愛錢。朱宸濠就對其揮金如土，強尼寂寞，朱宸濠就把一個叫臧賢的男藝人推薦給強尼。強尼又把臧賢推薦給朱厚照，臧賢的機靈乖巧很快就征服了朱厚照的心，臧賢很賣力地在朱厚照面前讚揚朱宸濠這位聖人級人物，朱宸濠此時感覺更如魚得水。

朱宸濠對朱厚照的關注已經到了這種地步：臧賢在家中建有專門的牆壁，裡面可以藏人。他時常邀請朱厚照到家中做客，朱宸濠就把間諜藏到牆壁中，朱厚照在臧賢家說的所有話都被一一記錄，然後命人乘快馬飛奔南昌交給朱宸濠。朱厚照對臧賢過於誇張地渲染朱宸濠的行為也有過懷疑。某次，他在臧賢家看到一別致的酒杯，臧賢說是朱宸濠送給他的。朱厚照質問：「他有好東西怎麼不給我，為何要給你？」臧賢冒了身冷汗。另有一次，朱宸濠示意他在中央政府的朋友們讚頌他「仁孝」，臧賢把奏疏呈給朱厚照看時，朱厚照疑惑道：「官員仁孝，可以升官。他一個王爺仁孝，這是要幹什麼？難道他想做皇帝？」

臧賢這回不僅是冒冷汗，而是毛骨悚然了。

當朱宸濠發現自己太急功近利時，為時已晚。江西某匿名官員指控他擴充衛隊違背律法。朱厚照下令，取消寧王府衛隊。朱宸濠的人生蒙上了一層陰影。

但老天爺大概非要看一場好戲。一五一三年，那個對王陽明沒有好感的陸完當上了兵部尚書。王府衛隊理論上歸兵部管，所以陸完只要開口，就大事可成。朱宸濠馬上命人推了一車珠寶來到京城，透過他強大的人脈和陸完接上頭。陸完見到發光的財寶後已被震得神志不清，連聲答應要為朱宸濠排憂解難。陸完很快就完成了朱宸濠交給他的任務，寧王衛隊再次起死回生。

朱宸濠衛隊復活後，他暗暗發誓這是最後一次，決心不再招搖，而是悄悄地發展自己。他很快從歷史中得到啟示：自己要成大事還缺少一個關鍵因素，這就是謀士。

凡是想做成大事的人，身邊都有謀士。劉備有諸葛亮、苻堅有王猛、朱元璋有劉伯溫，就是西夏李元昊在決心和北宋帝國翻臉時，還找了兩個落第秀才當謀士，朱宸濠於是加緊尋找謀士。

他找到的第一個謀士是江西的一個舉人劉養正。劉舉人屬於神童級別，本來可以做出一番事業的，但被卡在了會試上，屢試不中，惱羞成怒之下他發誓不再去考，安心在家鄉養生。他製作了別具一格的道冠道服，經常出門晃悠，惹人注目。江西有地方官曾邀請他當自己的幕僚，劉養正嚴厲拒絕，他說自己已是世外之人，凡塵瑣事已不是他人生的課題。

劉養正的特立獨行獲得了廣泛關注，江西各地官員以被他允許見面為至高無上的榮耀。朱宸濠認為此人就是傳說中的頂級謀士，三番五次派人帶著厚禮去請他出山。朱宸濠請的次數越多，劉養正的譜擺得就越大。朱宸濠想起劉備三請諸葛亮的往事，親自登門拜訪。一來二去，劉養正被朱宸濠的禮賢下士感動，來到寧王府和朱宸濠共謀大計。

朱宸濠的另一位謀士叫李士實，來歷非凡。李士實原是皇帝秘書（翰林官），由於每天都在國家圖書館看書，所以逐漸懂得謀略之術，退休回江西後，朱宸濠迫不及待地邀請他再度走上工作崗位。李士實聽了朱宸濠一番豪言壯志後，拍著桌子叫道：「老夫半截已入土，懊惱終生抱負不能實現，如今是蒼天有眼，把你送到我面前。薑子牙、諸葛亮只配給我提鞋，他們一生所用謀略我一清二楚，你找我，沒有錯。」

這位千古難遇的大賢給朱宸濠貢獻的第一個奇計就是：讓朱宸濠的兒子認朱厚照做乾爹。朱厚照三十多歲始終沒有兒子，李士實的著眼點正在此。他說，這個計畫可謂是最出彩的和平演變。如果您的兒子成了朱厚照的兒子，將來朱厚照一死，您就成了皇上的親爹。朱宸濠不想做太上皇，因為那是個花瓶。李士實神祕地說：「我這奇計分兩段，第二段我現在不能說。」

依常理猜測，李士實這個奇思妙想的後半段大概是，一旦朱宸濠的兒子成了皇帝，朱宸濠就把兒子搞定，自己來當皇帝。解決親生兒子遠比解決朱厚照要容易得多。

朱宸濠或許猜到了這個奇計的後半段，所以大喜過望，馬上動員在京城的朋友們向朱厚照推薦自己的兒子。

朱厚照莫名其妙。他說：「我不過才三十多歲，而且身體健康良好，你們怎麼就敢保證我不能生出兒子來。」不過，他又說，「寧王這份為了江山社稷的苦心真讓我感動。你們要叮囑江西的那群官員，好好照顧寧王。」

朱宸濠得到朱厚照關心的問候後，馬上又主動起來。先是要求中央政府給予他管理和調動當地監軍和他所在地區衛所部隊軍官的權力的印信。理由是，江西地區的反政府武裝太多，他希望為國出力。這是一個不可能被允許的請求，但奇蹟發生了：朱厚照同意了。

朱宸濠蹬鼻子上臉，又提出一個為家族分憂的請求：管理江西境內的皇族。這又是一個不可能被允許的請求，不談法理，只從人情上而言，他就沒有資格管理其他皇族。但奇蹟再次發生：朱厚照又同意了。

朱宸濠對朱厚照的昏庸印象越發深刻，他本人也越來越肆無忌憚。他坐在裝修豪華的寧王府的山寨龍椅上自稱「朕」，把他的衛隊稱為皇帝衛隊，把他的命令說成是皇帝的敕令。他沒有侷限在自娛自樂中，而是繼續去「事上練」：當王陽明在贛州和池仲容吃飯聊天時，他命令南昌各地官員以後要穿戴正式朝服隨侍他。

當王陽明掃清南贛匪徒，並加緊後期重建工作時，朱宸濠的辛苦努力得到了他自認為的回報，他認為自己已控制了局面，並且信心百倍地確定了革命的具體時間。

針鋒相對

在朱宸濠的革命準備階段，最大的阻力並非來自北京，而就在他眼皮子底下——那群江西省的政府官員。王陽明只是其中之一，像王陽明這樣的官員在江西至少有兩個：一個是胡世寧，另一個是孫燧。

胡世寧是個善於發現問題和處理問題的行政官僚，眼睛裡揉不得半點沙子，文武兼備。他到江西南昌當軍事督察副督察長（兵備副使）時，朱宸濠正在為「革命」埋頭苦幹。胡世寧立即搜集朱宸濠和山賊土匪勾結的鐵證，呈送中央，要求中央派調查組前來調查。

朱宸濠得到消息後，慌忙去拜訪胡世寧。他不能像對付別的惹事官員一樣對付胡世寧。因為胡世寧是兵備副使，不僅有監察當地軍隊的權力，還有調動軍隊的權力，尤為重要的是，胡世寧忠正的聲名遠播。胡世寧對朱宸濠的到訪很冷漠，還把話說得很不好聽。他說：「律法規定，親王不得結交地方官員，寧王爺這是想幹什麼？我胡世寧天生就不喜歡交朋友，請寧王自重。」

朱宸濠發現胡世寧果然像傳說中的那樣又臭又硬，所以不想在他身上浪費時間。不過他警告胡世寧，在南昌做官，要小心。胡世寧最不怕的就是威脅，一五一四年，胡世寧在多次向中央政府指控朱宸濠謀反未果後，再上最後一道奏章。他沉痛地指出：「人人都認為江西現在最大的災難是匪患，但是幾個毛賊能成何大事？我確信，不久之後，江西將有大難，那就是寧王府。無論如何都要派人來調查寧王，否則後果不堪設想。」

兵部尚書陸完回覆胡世寧：不要杞人憂天；之後，他又寫信給朱宸濠：胡世寧誣告你多次，你二人有何深仇大恨？

朱宸濠大怒，他決心除掉胡世寧。他那張越織越密的關係網發揮了力量：胡世寧被調到福建。朱宸濠認為這不足以洩憤，連上三道奏疏指控胡世寧妖言惑眾，誣陷皇族。胡世寧黴運當頭，去福建上任時轉道回浙江老家看望家人。朱宸濠抓住機會指控胡世寧畏罪潛逃，並且命他在浙江的朋友巡撫潘鵬把胡世寧緝拿到南昌來。胡世寧發現問題嚴重了，一旦回江西必是老命不保，於是慌忙逃往北京，主動走進錦衣衛大牢。就是在獄中等待死亡時，胡世寧依然三次上書認定朱宸濠必反。朱宸濠動用他在京城的關係網想把胡世寧置於死地，但胡世寧的忠直之名拯救了他。朱厚照出人意料地認為胡世寧罪不至死，將其發配東北。朱宸濠革命失敗後，胡世寧才被撤銷罪名，回到京城，因多次直言朱宸濠必反的先見之明而為朝野所推重。

孫燧和王陽明是同鄉，也是要好的朋友。他以都禦史的身分巡撫江西和王陽明巡撫南贛的時間大致相同，但兩人的遭遇卻有天壤之別。孫燧機敏、正直，做事有計畫，不畏強暴。去巡撫江西之前，他對朱宸濠作了詳細的瞭解，最後確信朱宸濠造反只是時間問題，又確定了當時疑霧重重的兩件事：他的兩位前任王哲和董傑之死的幕後黑手正是朱宸濠。這二人在巡撫江西時都拒絕和朱宸濠合作，下場淒慘。孫燧對他的家人說：「此去凶多吉少，你們不必跟隨，我只帶兩個僕人去就是了。你們不在，我沒有後顧之憂，還可以用這條命和寧王鬥上幾個回合。」

孫燧一到南昌，毫不遲疑，立即將進賢、南康、瑞州的城防精細化。這是針對活躍在三處土匪的一記重拳。有情報指出，這些土匪和朱宸濠有千絲萬縷的關係，甚至就是朱宸濠的屬下。

同時，他又強烈建議中央政府對九江兵備大力加強。按他的想法，朱宸濠一旦造反，必先攻九江，九江的城防如果完美，將成為朱宸濠出門的第一塊絆腳石。

朱宸濠對孫燧如此勤於軍政之事大感意外，他請孫燧吃飯。他要孫燧了解，江西有他寧王在，太平無事，你不必錦上添花。孫燧向朱宸濠陳說大義。朱宸濠對孫燧所謂的大義很冷淡，他有自己的大義，那就是「滅親」。

孫燧見朱宸濠已是油鹽不進的頑固分子，也就不費唇舌。他開始接二連三地把朱宸濠必反的奏摺送向中央。此時的江西南昌到處都是朱宸濠的人，所以孫燧的奏摺永遠都出不了江西。但孫燧這種持續不斷打小報告的行為惹惱了朱宸濠，他決心剷除孫燧。不過他是個有身分的人，所以先禮後兵。他給孫燧送去四樣江西土特產：棗、梨、薑、芥，暗示孫燧「早離疆界」。孫燧的反應極為激烈，他探聽到活躍在鄱陽湖附近的盜賊淩十一、吳十三、閔廿四和朱宸濠有密切往來，於是在大雨夜突襲其老巢。三人狼狽地逃到朱宸濠祖墓後突然消失。孫燧要進朱宸濠祖墓搜索，雖未如願，但卻給了朱宸濠一記悶棍。

孫燧更確信朱宸濠必反，他在給朝廷的文件中還取笑朱宸濠「不願做王爺，甘去做盜賊，大概是做王爺的趣味不如盜賊佳」。

朱宸濠怒火攻心，當他正要對孫燧下手時，王陽明來到江西剿匪，他的注意力很快被這位心學大師吸引了。當王陽明以迅雷不及掩耳的速度解決了詹師富、以一封信的力量讓龍川大亨盧珂痛改前非後，朱宸濠驚駭萬分。他對兩個謀士劉養正和李士實說：「王陽明果然非同凡響，希望他來江西只是剿匪。」

李士實一笑，說：「他那兩下子也就能對付幾個山賊而已。我聽說，這人全靠唬弄成事，從不講真話。」劉養正不同意李士實的見解。他說：「這人不可小覷，即使他來江西只是剿匪，難道會眼睜睜看著我們做大事而不干涉？」

李士實的意見是，他要阻擋歷史的車輪，我們就軋死他。對付他，只需要一支機動部隊。

朱宸濠批評李士實：「你呀，越老越糊塗。咱們不能無故給自己樹敵，在革命之前最好把障礙全部清除。我覺得可以試著拉攏他，看他出什麼價。天下沒有談不攏的買賣，只有談不攏的價格。」

劉養正悶悶地來了一句：「孫燧就是談不攏的買賣。」

朱宸濠冷笑：「誰說談不攏，不過這個買賣的價格是一條命而已。」

這當然也是買賣，不過是砸鍋的買賣。

當王陽明在贛州準備對付池仲容時，朱宸濠派劉養正和李士實去探王陽明的虛實。雙方一見面，噓寒問暖談些家常，氣氛融洽。劉養正向王陽明請教心學，王陽明認真地闡述他的心學思想，李士實極不耐煩地聽了半天，突然插嘴道：「我們還是談正事吧！」這意思是，王陽明的心學不是正經事。

李士實不等王陽明開口，就侃侃而談。在他激情四射的敘述裡，王陽明瞭解到，如今整個江西，上至皇親國戚下至販夫走卒都知道寧王爺尊師重道，集商湯、周文的氣質於一身，是正在成為聖人的人。而王陽明也鼓吹恢復聖學，所以他寧王爺特地派他最親密的人來拜訪王陽明，表達他對王陽明的欣賞之意。同時，如果王陽明不介意，寧王就親自來向王陽明討教。

王陽明裝出誠惶誠恐的模樣，說：「我的學生雖然都是官員，但官位最高的也不過是侍郎。寧王爺身為千金之軀要做我的學生，我哪裡敢當。難道寧王爺要捨棄王爵來做我的學生嗎？」

李士實冷笑：「我們王爺捨棄王爵如棄掉一雙破鞋，但捨棄王爵對天下蒼生有何意義？當今天子鬧得太不像話，政事荒廢，黎民生活在大黑暗中，如果我們王爺捨棄王爵能讓百姓重見天日，捨棄了又如何？」

王陽明和劉養正都變了臉色。這話實在太露骨，劉養正認為李士實太心急，不該一上來就把朱宸濠的理想全盤托出。王陽明則認為，李士實居然敢在他這個巡撫面前說這些大逆不道的話，說明朱宸濠的造反已是箭在弦上。

箭的確已在弦上。李士實見王陽明不說話，用一種沮喪的語調說：「難道當今世上就沒有湯武嗎？」這話明顯有兩層意思，朱厚照是桀紂，朱宸濠是湯武。

王陽明也假裝歎了口氣：「縱然有湯武，也需要有伊呂（伊尹、薑子牙）來輔佐。」

李士實雖然年紀大了，但反應仍然很快：「有湯武就有伊呂！」

王陽明不想糾纏在「雞生蛋、蛋生雞」的悖論中，他發揮出去：「有伊呂，就有伯夷、叔齊。」伯夷和叔齊都是前朝堅定的衛道士。

劉養正終於有了插話的機會，而且他認為自己這句話絕對可以堵住王陽明的嘴：「伯夷、叔齊後來都餓死了。」

王陽明的嘴沒有被堵住，而且比上次反駁得還要快：「他們那顆忠誠的心還在！」

李士實追擊：「心在有個屁用，要看既成事實。」

王陽明搖頭：「人人心中都有良知，人人心中的良知都會得出一個真理。伯夷、叔齊雖然死了，但他們的良知卻在每個人心中。」

兩人發現再辯論下去就會踏進王陽明心學的地盤，那不是他們擅長的，所以他們當天就告辭回了南昌。

他們去時是兩人，回南昌時卻是三人。王陽明派了一個名為冀元亨的弟子跟他們來到南昌。冀元亨此行有兩個任務，一是用心學的力量把朱宸濠拉回正途；二是，如果第一個任務無法完成，那就搜集朱宸濠謀反的證據。

實際上，第一個任務是不可能完成的任務，第二個任務已是多此一舉。朱宸濠已是王八吃秤砣——鐵了心要造反，即使佛祖下凡做他的思想工作也無濟於事；王陽明早已對朱宸濠謀反的事實心知肚明。劉養正和李士實來之前，孫燧也來過贛州。孫燧把朱宸濠的謀反罪證一五一十地說給王陽明聽。

雖然如此，王陽明還是派了自己的得意弟子冀元亨去南昌，原因恐怕只有一個：他不想隨便放棄任何一個人，尤其是朱宸濠，哪怕有一絲希望，他也要爭取。畢竟這是關係千萬生命的大事。

冀元亨是王陽明在貴州龍場時的入室弟子，樂觀向上、智勇兼備，深信王陽明心學，確信任何道理都要到實踐中去驗證。有一件事可以證明。他在老家湖南參加鄉試時，考官出的題目是「格物致知」。朱熹已把這四個字講得很透徹，冀元亨也知道，可他非要按王陽明解釋的「格物致知」答題。王陽明派他到南昌，他居然樂不可支。王陽明提醒他，此去凶多吉少，他更是心花怒放。他向王陽明保證，他將傾盡全力完成任務。

冀元亨這個陌生人闖進了朱宸濠的世界，讓朱宸濠和他的兩個謀士疑慮重重。劉養正認為，冀元亨是王陽明出於禮貌派來給朱宸濠上心學課的。李士實卻認為，這人就是個奸細。朱宸濠思來想去，最後說：「留下他，看他能耍出什麼花樣來。」

朱宸濠不怕冀元亨耍花樣，就怕冀元亨講心學。冀元亨最先給他講的是王陽明重新詮釋的「格物致知」。朱宸濠聽得目瞪口呆。冀元亨講完，他才發現這東西的確可以讓他耳目一新，但和他的認知有很大出入。

他不認可王陽明心學，尤其不認可王陽明在《大學問》裡說的「只要良知光明就能獲得一切」。他反駁說：「良知這玩意就是孟子說的惻隱之心，它只是一種個人品德，人如果能靠個人品德獲取成功，簡直天方夜譚。」

冀元亨大聲道：「誰說的良知只是一種品德，它是萬能的。如果你不信，請先光明你的良知，你再看。」

朱宸濠較勁了：「難道你老師王陽明掃平了那群山賊靠的就是良知？」

冀元亨吃驚地喊了起來：「不靠良知還能靠什麼啊！人唯一的依靠就是自己的良知啊。」

朱宸濠無論如何都理解不了冀元亨的話，問道：「你老師王陽明的良知徹底光復了嗎？」

冀元亨愣了一下，朱宸濠笑了起來。

朱宸濠的笑聲好不容易結束，冀元亨又不緊不慢地說開了，這次不是談良知了，而是談朱宸濠最感興趣的問題。

他首先立下大提綱：君臣。君就是君，臣就是臣，臣絕不能叛君。朱宸濠在這方面的學識比冀元亨淵博。他說：「商湯周武就是臣，後來成了君。」冀元亨說：「那是因為桀紂都不是好鳥，孟子說，商湯殺的不是君，而是獨夫民賊。」朱宸濠說：「當今聖上和桀紂有何區別？」

冀元亨被朱宸濠的露骨驚駭當場，可他沒有辦法反擊，只是使出渾身的力氣吼道：「為臣的就不能有謀反之舉！」

朱宸濠想起家恨：「成祖皇帝（朱棣）的江山是怎麼來的？你們現在這群抱著儒書歌功頌德的那個皇帝的祖宗就是個謀反之臣！」

冀元亨發現自己在講大道理上明顯被朱宸濠壓得透不過氣來，於是他轉換角度，設身處地為朱宸濠著想。他對朱宸濠的「時」與「勢」進行分析，最後得出結論，你沒有「時」運，沒有「勢」，所以萬萬不可妄動。

朱宸濠說：「你的分析是隔靴搔癢。我非常想把我的時勢都告訴你，但這恰好是你想得到的，所以我不告訴你。」

冀元亨的第一個任務毫無懸念地失敗了，而他的第二個任務根本不必用心去做，因為當時的南昌城裡到處都是朱宸濠的兵馬在緊鑼密鼓地調動。他跑回贛州對王陽明說：「朱宸濠造反只是時間問題了。」

王陽明當時的分析是，朱宸濠不可能馬上造反。他沒有任何根據，大概是他的良知告訴他的，這是一種直覺。實際上，有時候直覺非常重要，按王陽明的說法，直覺就是你良知發動時遞交給你的正確答案。

不過有時候直覺也會出錯，尤其是這種直覺和我們自己沒有直接關係時。

朱宸濠在一五一九年農曆六月十五造反，是王陽明沒有預料到的。而朱宸濠的造反實在是過度緊張後的做賊心虛。

實際上，和朱宸濠近在咫尺的孫燧在一五一九年農曆六月初也沒有預料到朱宸濠會如此迅疾地造反。就在六月初，他捉了幾個盜賊，朱宸濠的衛隊蒙面來劫獄。他捉住了一名劫犯，嚴刑拷打之下聲稱是朱宸濠所派。孫燧要朱宸濠給出解釋，朱宸濠出乎意料地把已搶到手的盜賊還給孫燧，而且還親自處決了那個招供犯。這件事讓孫燧產生一種錯覺，朱宸濠還未準備好。

朱宸濠的確沒有準備好。他本來定在一五一九年農曆八月十五鄉試時起兵，但一件偶然發生的事，讓他做出了提前起兵的重大決定。

寧王革命了

一五一九年農曆五月中旬，退休南昌的禦史熊蘭對朱宸濠咬牙切齒。原因只有一個，朱宸濠很不待見他。這並不怪朱宸濠，朱宸濠正在做大事，結交各類有用的人，對於一個已經退休的禦史，他顯然不會放在心上。熊蘭發誓要讓朱宸濠付出輕視自己的代價，於是把朱宸濠謀反的事實報告給他在京城的好友禦史蕭淮。本來，舉報朱宸濠的人前仆後繼，得逞的人卻鳳毛麟角，蕭淮也不可能違背這個定律。但是，蕭淮和當時首輔楊廷和關係非同一般。他直接把控告朱宸濠的信私下交給楊廷和，並且暗示楊廷和：朱宸濠的衛隊被恢復，你這個內閣首輔可是簽字的，朱宸濠如果造反，你有不可推脫的關係。楊廷和是政治高手，馬上發現自己已坐到了火山口，他急忙向朱厚照申請撤銷朱宸濠衛隊。

本來，楊廷和的申請也會像從前別人的申請一樣，泥牛入海。但此時宮廷政治發生了變化，新被朱厚照寵愛的江彬以及朱厚照身邊的太監張忠結成聯盟正在猛烈打擊強尼和臧賢。三人都知道強尼和朱宸濠的關係非比尋常，於是抓住這個機會，在朱厚照面前煽風點火。最後，朱厚照確信朱宸濠的確有問題，所以命令駙馬都尉崔元去南昌。

這裡有個典故：明帝國第五任皇帝朱瞻基（明宣宗）時，他的叔叔、趙王朱高燧在封地很不老實，朱瞻基就派駙馬袁泰到朱高燧封地警告他不要亂來。朱高燧恐懼萬分，從此安分守己。這是和平的安撫，並沒有其他意思。朱厚照也是想用這一招讓朱宸濠老實本分。但朱宸濠做賊心虛，一聽說中央政府派駙馬前來，想到的卻是另一個典故。

這個典故是這樣的：明帝國第九任皇帝朱祐樘（明孝宗）時，荊王朱見潚天良喪盡，把生母活活餓死，又把親弟弟殺掉、霸佔弟媳，再把堂弟活埋、霸占堂弟媳，還經常帶著他的衛隊與山賊到民間強搶民女。朱祐樘不能忍受家族這個禍害，於是派出駙馬蔡震到朱見潚封地，將其擒獲處決。

這個典故對朱宸濠的衝擊是巨大的，他一得到駙馬崔元要來南昌的消息後，馬上召集他的兩個謀士問計。

李士實捶胸頓足道：「北京的官員們全是群廢物，虧您給了他們那麼多金錢，怎麼就讓事情發展到這一地步？」

劉養正認為這件事或許沒有想像的那麼可怕。按他的分析，朱厚照多年來對朱宸濠一直不錯，派駙馬崔元來南昌可能只是撫慰。朱宸濠歎息道：「即使是撫慰，肯定要取消我的衛隊，所謂事不過三，這次再取消，想要恢復就難了。」

李士實拍案而起：總是要反！擇日不如撞日，明天是王爺您的生日，江西官員都會來祝賀您，咱們把他們全數消滅，願意跟隨咱們的，留下；冥頑不靈的，殺掉。

朱宸濠說：「應該師出有名。」

李士實說：「這簡單，人人都說朱厚照是野種，根本不是朱家的人，我們就說奉太后命令發兵討罪。」

朱宸濠說：「這個理由很好！」

當天夜裡，朱宸濠集結部隊七萬餘人，號稱十八萬，然後在長夜中坐以待旦。

一五一九年農曆六月十四，太陽從東方升起，寧王府人潮洶湧，幾乎所有高級官員都來為寧王祝壽。當宴會進行到高潮時，朱宸濠站到高臺，示意眾人安靜，大聲說：「太后密旨，要我出兵北京，討伐偽帝朱厚照。」

群臣大駭。孫燧第一個站出來質詢朱宸濠：「太后密旨何在？」

朱宸濠說：「你別廢話，密旨是你想看就看的？我現在準備去南京，你等願意保駕嗎？」

孫燧跳了起來，高聲叫道：「你這是謀反，天無二日，民無二王，寧王爺你好大膽子。」

朱宸濠拍手兩下，帷幕後衝出了一群士兵。他看定孫燧，說：「你們這群鳥人，名義上保我孝行，背地裡卻告我謀反，陽奉陰違。來啊，給我把孫賊拿下！」

江西省法院副院長（按察副使）許逵厲聲高叫：「孫都禦使是皇上派來的欽差大臣，你們這群反賊還有王法嗎？」

朱宸濠狂笑：「什麼狗屁欽差，我巴不得他就是狗皇帝本人。來啊，把許逵也給我拿下。」

孫燧和許逵被士兵刀架脖子上，大罵不已。朱宸濠見二人已經無法以死脅迫，於是成全二人讓他們成了烈士。

孫、許二人的被殺在眾人心中引起了冰冷的迴響。在當時，人人只有兩條路可以走：一條是臣服朱宸濠；一條就是走孫、許的死路。大多數人都選了第一條路，正如王陽明所說，人最難看破的就是生死關，在生死一線時，人人都求生而懼死。

朱宸濠宣稱他將是明帝國未來的主人，而和他一起同生共死的人將是帝國的頂樑柱，好處不言而喻。

當朱宸濠在南昌城運籌帷幄時，王陽明也在臨江鎮運籌帷幄。他的弟子心驚膽戰，朱宸濠可不是詹師富、池仲容這樣的山賊，而是擁有精兵十幾萬的超級巨獸。

王陽明那支在剿匪戰爭中成長起來的強悍兵團由於軍餉不足已解散，等於說，王陽明現在是光杆司令。況且，整個江西大部分官員都跪倒在朱宸濠的淫威下。王陽明沒有幫手，只有數不清的敵人。這一嚴峻的情況，王陽明完全可以避免。因為他沒有職責和朱宸濠對抗，他的職責是去福建平定兵變。即使他現在已到吉安府，他也完全可以撒手不管，假設有一天朱宸濠真的做了皇帝，他王陽明也對得起朱厚照的明帝國。或者可以這樣說，王陽明從去福建的路上返回是抗旨不遵，不但無功反而有罪。

這些問題，王陽明根本就沒有考慮。他在聽到朱宸濠造反消息的第一反應就是：我必須阻止他。用他的心學理論解釋就是，良知在剎那間傳遞給他的信息就是這個，而這個就是正確的，是有良知的表現。他如果在聽到朱宸濠造反消息時的第一反應是思考，那就不是王陽明。王陽明有一顆悲天憫人的心，而朱宸濠造反勢必要掀起腥風血雨，生靈塗炭，良知告訴他，必須讓這些事消弭於萌芽之中。康有為說心學家都能成事，理由就在這裡：他們憑良知做事。憑良知做事，首先大題目就是正確的，用今天的話來說就是，它代表的是大多數人的利益，站在正義的立場上。

一五一九年農曆六月十六凌晨，王陽明在臨江鎮對幾個小知縣說：「朱宸濠有三個選擇：第一，從南昌直襲北京；第二，從南昌突襲南京；第三，死守南昌城。如果他用第一計，由於北京方面沒有準備，他很可能旋轉乾坤，江山社稷危如累卵。如果他用第二計，長江南北必是血流成河，他運氣若好，搞不好會是南北對峙。如果他用第三計，那天老爺保佑，等政府軍一到，他只能困守南昌，滅亡指日可待。」

有人問王陽明，按您的猜測，朱宸濠會用哪一計？

王陽明回答：「朱宸濠志大才疏。志大才疏的人膽子小，瞻前顧後，尤其是對老巢有感情。如果他知道勤王之師正在準備攻打他的南昌城，他肯定會用第三計，死守南昌。」

有人不以為然，說：「勤王之師連影都沒有。朱宸濠氣焰萬丈，肯定不會用第三計。」王陽明沒有糾纏於這個問題，而是對臨江鎮的縣令說：「你這個地方離南昌太近，又是交通樞紐，朱宸濠一支部隊就能把我們全數殲滅，所以我決定去吉安。」

當王陽明從臨江去往吉安的路上時，朱宸濠已在實踐他的宏圖大略了。他的一支精銳兵團在一五一九年農曆六月十六、十七兩天時間裡突襲南康、九江，大獲成功。當王陽明在六月十八到吉安府時，朱宸濠已穩固了南康和九江的防禦。

王陽明死都不想讓朱宸濠實行他的第二條計策，他決心讓朱宸濠死守南昌。當然王陽明要把他釘死在南昌城，必須倚靠計謀。在開始他的謀劃前，他要各地還效力政府的官員招兵買馬，集結起一支可以上戰場的部隊。

憑著這支臨時湊起來的部隊，王陽明開始了他的佈置。首先他傳檄四方，把朱宸濠罵了個狗血淋頭，要天下人都知道朱宸濠造反就是和全天下人作對，和良知作對，是自尋死路；其次，他以南贛巡撫的身分要求江西各地軍政長官起兵勤王。但這些只是佔據了道義制高點，道義制高點是否可以產生效力，要有實力支撐；再次，他讓伍文定帶領那支臨時湊起來的部隊到離南昌六十公里的豐城敲鑼打鼓，聲稱要進攻南昌。最後的計謀，才是王陽明用兵之策最完美的展現。

這個計謀用兩個字就可以概括：造假。他偽造了各種迎接正規軍進駐南昌的公文，在這些公文中最耀眼的就是正規軍的人數，粗算一下，大概有十萬人。公文中還聲稱，約定在本年六月二十合圍南昌城，次日拂曉發動總攻。在另外的公文中，王陽明「回覆」說：「不要太急躁，為了避免重大傷亡，攻城是下策，應該等朱宸濠出城後打殲滅戰。」

他還偽造了答覆李士實和劉養正投誠的書信。在信中，他對兩人棄暗投明的態度表示深深的欣賞，並且答應兩人，在平定朱宸濠後會給兩人升官發財的機會。他再偽造朱宸濠手下指揮官們的投降密狀，然後讓人去和平時與朱宸濠結交的人相談，在會談結束後故意把這些公文遺落，這些偽造的公文就會統統進了朱宸濠手裡。

有地方官員對王陽明這些造假計謀不以為然，他們問王陽明：「這有用嗎？」

王陽明不答反問：「先不說是否有用，只說朱宸濠疑不疑。」

有官員不假思索地回答：「肯定會疑。」

王陽明笑道：「他一疑，事就成了。」

這位地方官當然不明白王陽明的意思。王陽明就解釋說：「朱宸濠雖然苦心經營多年，但他的造反不得人心，雖然有那麼多官員都歸順了他，有很多人卻是被形勢所迫，並非是他們良知使然。也就是說，朱宸濠表面上人多勢眾，實際上各懷心思，所以他的失敗是遲早的事。但是，如果讓他出了南昌城，所過之處必是血流成河，百姓遭殃。我用了這麼多計謀，無非是讓他多留在南昌城一天，那麼百姓就少受一天劫難。我的良苦用心，希望你們可以瞭解。」

在場眾人聽王陽明如此說，都感動得要流下眼淚。

正如王陽明所預料的，朱宸濠對著那些公文，果然起了疑心。他立即派人私下打聽劉養正和李士實，情報人員沒有在這二人身上找到造反的證據，卻在二人的家人那裡得到可靠情報。他們的家人都被王陽明好心照料，二人的家裡人衣食不愁、夜夜歡宴。朱宸濠又派人到豐城去查探王陽明部隊的虛實，發現豐城城上果然旌旗蔽日，城裡人喊馬嘶，據他那心膽俱裂的情報人員分析說，豐城裡的部隊大概有十萬人。

朱宸濠不再疑了，而是確信了下述的事實：王陽明集結了大部隊準備攻南昌；政府軍正從四面八方雲集南昌；兩個狗頭軍師三心二意，簡直是混帳王八蛋；他的部隊指揮官們也是首鼠兩端，準備站在勝利者一邊。

朱宸濠想到這裡就大怒若狂。可我們始終有個疑問，他既然已確信李士實和劉養正懷有貳心了，為什麼不殺了二人？不過在李士實看來，朱宸濠現在對他的態度比殺了他還難受。因為當他向朱宸濠分析王陽明在故布疑陣時，朱宸濠不理不睬。當他向朱宸濠建議按照原計畫在一五一九年農曆六月二十親自帶領主力直奔南京時，朱宸濠「哼」了一聲，說：「你呀老眼昏花了嗎？看不到現在的形勢啊，政府軍就要來了，咱們必須先守住南昌城才能進行下一步。」

李士實愕然，不過出於責任還是勸說朱宸濠立即領兵北上直趨南京，朱宸濠死都不聽。李士實和朱宸濠結交以來第一次大失所望，他歎息、流淚，忽然就想到王陽明，狠狠地罵道：「這個王八蛋真是詭計多端！」

王陽明曾對弟子說，他用陰謀時總受到良心的譴責。按他的心學，有良知的人要做到「誠」，不能欺騙別人。哪怕你的對手是盜賊，也不能欺騙，因為人家也有良知。最正確的辦法是感化他們，喚醒他們內心的良知，讓他們主動認識到從前的錯誤，洗心革面重新做人。當初他在南贛剿滅藍天鳳後就非常自責，他對弟子們說：「藍天鳳本可以繳械投降的，我是太著急了，沒有給他時間。」在對朱宸濠進行了那麼多「造假」計謀後，他也對弟子說，弄虛作假不該是我等人做的事，雖然是出自善意，卻和自己的良知有違背。多年以後，他的弟子們回憶王陽明時說了這樣一段話：「王老師認為陰謀詭計不符良知本體，所以每次行間用計，都不詳細說明。」

所以，我們在看到王陽明在戰場上光芒四射的同時，更應該看到他對自己所行之事的深刻總結，那就是做人應該誠實不欺，不可弄虛作假。

除了戰場用計外，王陽明的確不是弄虛作假的人，一五一九年農曆六月十九，王陽明向中央政府遞交了《飛報寧王謀反疏》。我們今天來看這道奏疏，好像看不出王陽明與眾不同之處。但如果我們和當時的形勢結合，就會發現王陽明的膽氣直衝霄漢。

朱宸濠造反醞釀十幾年，有七萬精銳和一個龐大的關係網，朱厚照的胡作非為在政府官員中造成了惡劣的影響，這些官員對朱厚照已失去信心，他們或許並不希望朱宸濠造反，可一旦朱宸濠造反了，他們就採取坐山觀虎鬥的態度。這是朝廷的中央官員。地方上，尤其是南方各省，朱宸濠的部隊用了一天時間就把江西軍事重地九江攻陷，這種雷霆之力徹底把他們震住了。他們雖然不能肯定朱宸濠是否有帝王之運，但對朱厚照的前途也不確定。

於是，我們會在一五一九年的江西、浙江、湖廣、福建、南京等地官員中看到這樣一件奇怪的事：在他們反映江西情況的奏疏中，絕口不提朱宸濠造反。有的官員說，江西南昌有變；有的官員說，江西南昌十分緊急；有的官員說，江西南昌巡撫孫燧被害；還有的官員說，南昌居聚軍馬船隻，據說有變。只有王陽明說，朱宸濠造反了。

這種不顧身家性命的膽氣足以讓我們折服，對於這種第一時間站出來和朱宸濠劃清界限，並把朱宸濠貼上造反標籤的舉動，王陽明的一位弟子認為大可不必，正如那些官員一樣，應該給自己留個緩衝的餘地。依這位弟子的想法，王陽明不必發表什麼檄文慷慨激昂地聲討朱宸濠，一旦朱宸濠真的革命成功，王陽明的這種努力非被朱宸濠誅了九族不可。王陽明批評這位弟子說：「就是因為很多人都抱有這種心態，所以我輩才要反其道而行之，憑良知做事！」

他也不是沒有憂慮，在寫完《飛報寧王謀反疏》後，他突然憂心忡忡地說：「如果朱宸濠捉了我的家人可怎麼辦！」

幸好，朱宸濠當時被他的「造假」計謀攪得心煩意亂，沒有想到去捉王陽明的家人來要脅王陽明。幾天後，朱宸濠就更不會想到這件事了，因為他已經發現王陽明在虛張聲勢。

安慶保衛戰

朱宸濠在一五一九年農曆六月末得到可靠消息：根本就沒有中央軍來，王陽明在豐城的部隊才幾千人。出人意料地，他對中了王陽明的詭計這件事超然度外，反而還當著李士實的面稱讚王陽明果然是非凡人物，險些把自己嚇死。

李士實卻沒有朱宸濠這樣的胸襟，他先是咒罵王陽明詭計多端，然後預測說大勢恐怕已去。朱宸濠問原因。李士實分析說：「您和南康、九江的部隊約定六月二十二從南昌出發去南京祭拜太祖皇帝朱元璋的墓後繼位，可現在過去很多天，您卻遲遲不出。不必說南康、九江部隊，就是南昌城的部隊也已人心沮喪。他們錯把王陽明的虛張聲勢當成事實，人心離散，無心攻鬥。我聽說已有小股部隊正走在投降吉安府的路上。」

朱宸濠認為李士實是杞人憂天。他說：「我有精銳部隊十八萬，可以不費吹灰之力席捲江南，王陽明僅靠幾個虛假宣傳就能亂我軍心，世界上可從來沒有這種事。」

說到這裡，朱宸濠猛地一拍腦門：「我應該派人去招降王陽明！」這真是個奇異的想法，但朱宸濠真的做了。被派到吉安府去招降王陽明的人叫季斆和趙承芳。

季斆曾是南安府知府，在王陽明領導的桶岡、橫水戰役中立下大功。南贛匪患平定後，季斆被任命為廣西政務長官（參政）。一五一九年農曆六月十五，黴運當頭的季斆攜帶家眷到廣西上任路過南昌，聽說是寧王生日，就跑去為朱宸濠慶生，結果被扣。據季斆自己說，他當時寧死不屈，可朱宸濠用他家人的性命威脅他，他只好屈從。而趙承芳則是南昌府教育局局長，屬於自發投靠朱宸濠的人。

季斆心知肚明，來招降王陽明是個不可能完成的任務。所以他一見了王陽明，就把自己面臨的困境說給王陽明聽，而且把他所知道的南昌城和朱宸濠的所有情況彙報給王陽明。王陽明終於得到確切消息：朱宸濠要出南昌奔南京。王陽明還得到一個看似千真萬確的消息：如果季斆的招降不成功，朱宸濠將和葉芳夾攻吉安府。

葉芳本是南贛地區的造反首領之一，後被王陽明招降，在桶岡之戰中身先士卒，立下汗馬功勞，很得王陽明的讚許。南贛匪患平定後，葉芳在惠州府政府工作，不過他仍然擁有精兵一萬人，是當時朱宸濠積極拉攏的對象之一。如果這個消息屬實，那王陽明將陷入絕境。吉安府恰好在朱宸濠的南昌和葉芳部隊駐紮地中間，二人夾攻，王陽明縱是吳起、韓信再世也無濟於事。

但王陽明認為葉芳絕不會和朱宸濠連成一氣。他以深邃的洞察力告訴驚慌失措的弟子們：「山賊草寇們都以茅草建築房屋，但凡叛亂都會把房屋燒毀，以示破釜沉舟的決心。可我曾路過他大本營，見他們用上好的原木為房屋的建築材料，如此重視家園的人，肯定不反。」

後來的事實證明，葉芳的確不會反，而且還在王陽明平定朱宸濠的戰爭中出力不小。

一五一九年農曆七月初二，朱宸濠帶著他的主力部隊開出南昌城，目的地：南京。他根本沒有理會季斅去招降王陽明的成敗，也許在當時的他看來，一個手無精兵的人，即使他是用兵如神的王陽明，也不會構成什麼威脅。所以，他毫無顧慮地去實現他的理想。

王陽明更加忙碌起來，他命令各地仍然效忠中央政府的官員集結所能集結到的一切部隊，在本年七月十五會合於離南昌九十公里的臨江樟樹鎮，他將在此地集結兵力後向北對南昌城發動總攻。

隨後他很擔心中央政府對朱宸濠的造反認識不清，又連上兩道奏疏，在其中一道奏疏中，他提醒朱厚照：「您在位這十幾年來，屢經變難，民心騷動，可您卻四處巡遊，皇室謀動干戈不止。我告訴您，覬覦您龍椅的又豈止寧王一人？天下的奸雄又豈止在皇室？如果您不易轍改弦，罷黜奸諛，以回天下豪傑之心，絕跡巡遊，以杜天下奸雄之望，那麼會有無數個寧王站出來。我一想到這裡，就心寒徹骨。如果您真的能像漢武帝那樣有輪台之悔，像唐德宗那樣有罪己之詔，天下人必被感動，天下人心必被收服，那真是江山社稷之幸。」

朱宸濠可沒有王陽明那份「愚忠」的心，他倒巴不得所有的皇帝都像朱厚照那樣昏庸。皇帝昏庸，他才有機會。可不知為什麼，朱宸濠感覺這次革命的開頭就不怎麼順利。雖然有攻陷南康和九江的成績，但他被王陽明的虛張聲勢耽誤了近半個月，這讓他很不爽。另外，在他水軍誓師那天，出了個天大的意外。本來是萬里無雲的天突然變化，雲氣如墨、暴風驟雨、電閃雷鳴。他的艦隊先鋒官被雷擊。一艘軍艦瞬間起火，很快就燒成了灰燼。朱宸濠對這一晦氣的預兆很不開心，更不開心的是，他睡夢中看到自己照鏡子，裡面的他白髮如霜。驚醒之後，他沮喪地叫來解夢專家。解夢專家看到他那半死不活的架勢，趕緊安慰他：「您現在是親王，而夢到頭髮白，『王』字上面一個『白』，乃是『皇』字，此行必輕取皇位！」

這個解釋真是千古一絕！朱宸濠重獲青春的活力，命令水陸大軍全力向前，取那命中註定的皇位。

朱宸濠兵團一路沿江北上，過九江後又勢如破竹，推進到安慶附近。朱宸濠命人去安慶招降，結果安慶知府張文錦不吃這套，還給朱宸濠帶了口信，詛咒他必死在安慶城下。朱宸濠七竅生煙，決心攻陷安慶活剝了張文錦。我們從地圖上可以看到，南昌、九江、安慶和南京是在南北向的一條直線上，四個城市都在長江邊，所以去南京必通過安慶，但通過它和攻佔它不是同一回事。按李士實的意思，朱宸濠沒必要和安慶較勁，應該迅速通過安慶以最快的速度去攻南京。朱宸濠看著李士實蒼老而紅通通的臉，試圖找到他居心叵測的證據，可惜沒有找到。

他對李士實說：「如果不把安慶拿下，我們攻打南京又不順利，安慶部隊斷了我們的後路，我們就插翅難飛了。」

李士實說：「安慶城易守難攻，我們會在這裡浪費太多時間，南京方面一旦有了準備，那我們可真是插翅難飛了。」

朱宸濠說：「就是因為我們浪費了太多時間，所以南京城肯定早就有了准備，我們應該穩紮穩打，如果真的打不下南京城，還能有個退路。」

李士實跌足道：「都到了這個份上，還要什麼退路。南京是帝國的第二心臟，攻取南京，太祖墳前登基，南方就是我們的了。不直趨南京而攻安慶就是不要西瓜撿芝麻。」

朱宸濠不理李士實，命令他的兵團猛攻安慶城。安慶城和它的主人張文錦開始經受嚴峻考驗。

安慶城誕生於南宋初年，它被築於長江北岸的目的就是為了防禦從海上進攻的蒙古兵團，由此可知，它必定是易守難攻。張文錦到安慶擔任知府後，江西巡撫孫燧曾多次給他寫信，要他把安慶防禦進一步精細化。張文錦也認為朱宸濠肯定會鬧事，於是勤懇專業地料理安慶防禦工事。當一五一九年農曆七月份朱宸濠來到安慶城下時，他看到的是一個固若金湯的城池，他還看到城牆上擺滿了防守軍械。

朱宸濠猛攻安慶城的第一天，張文錦就把消息傳給了王陽明。王陽明祈求老天保佑張文錦能守住安慶城。王陽明對張文錦並不瞭解，他只是知道這位知府是個忠正之士，曾受過劉瑾的制裁被迫回家養老。劉瑾死後，張文錦被重新起用，到陝西負責稅務工作。據可靠消息，張文錦為官清廉，忠貞不貳。可這只是個人道德素質，它並不能證明張文錦的能力。

張文錦很快用實際行動證明了他的能力。安慶城正規軍不到一千人，預備役（民兵）也只有幾千人，張文錦發揮他突出的演講能力，動員安慶城所有百姓有力出力、有錢出錢。他又發揮出色的管理能力，讓每個登城者攜帶一塊大石，石積如山，安慶城更加高大堅固。他發布命令說，每個登城者防守的時間必須堅持到一個時辰。一個時辰後，沒有受傷的歇息一個時辰再來；輕傷的可以休息半天；重傷的不但無限期休息，還會得到物質獎勵。

用王陽明的說法，真正的作戰高手打的都是心理戰，張文錦深以為然。他命人在城上架起大鍋煮茶解暑。當時正是伏天，南方的伏天簡直比煉獄還可怕，朱宸濠的攻城部隊眼睜睜地看著對手喝茶解暑，而自己卻是揮汗如雨，氣得直跳。

開始時，他們用雲梯攻城，被張文錦的衛兵用大石頭砸得痛不欲生。後來他們又推出雲樓，那玩意兒比安慶城牆高出一大截，他們想從雲樓上跳到安慶城裡。張文錦以毒攻毒，就在城上製造雲樓，恰好比他們的高出一截。雙方士兵在雲樓中面對面，可朱宸濠的士兵只有大刀長矛，而張文錦的士兵有滾燙的熱水，熱水澆身，堪稱火上澆油。

朱宸濠七竅生煙，可讓他五臟俱裂的是，張文錦居然趁夜派出敢死隊縋城而下襲擊他的艦隊。

在經過多輪的較量後，朱宸濠失去信心，說：「一個安慶都不能攻陷，還說什麼南京城啊！」李士實又適時地發話，他始終認為應該放棄安慶直奔南京。朱宸濠一生中從未遇過如此挫折，發毒誓要拿下安慶，否則他死不瞑目。經常有人說，遇到挫折時如果不能解決就繞過它，這叫拿得起、放得下。其實，世界上唯一能拿得起放得下的只有筷子。特別是從未遇過挫折的人突然面臨困境時，要麼退縮，要麼死鑽牛角尖。

如果沒有王陽明，朱宸濠的毅力還是會取得效果。無論是張文錦還是王陽明都深知，安慶城抵抗不了多久。在朱宸濠喪心病狂的攻擊下，安慶城正呈加速度的戰鬥性減員。吉安知府伍文定勸說王陽明，應該改變七月十五圍攻南昌的計畫而去援救安慶。因為人人都知道，安慶一下，南京就在朱宸濠眉睫。南京的防禦工事多年來從未升級，根本抵擋不住朱宸濠的虎狼之師。如果朱宸濠拿下南京稱帝，大明必將是另外一番景象。

王陽明沉思片刻，說出了他的見解：「九江、南康都已是朱宸濠的了，據可靠消息，朱宸濠留了一萬精銳在南昌城。如果我們去解救安慶，必走長江，必過南昌、九江、南康，這都是朱宸濠的地盤，危機四伏，誰也不敢保證我們是否能順利到達安慶。即使我們順利到達安慶，朱宸濠必掉頭來對付我，他號稱十萬精銳，我們如何能對付？縱使我們和朱宸濠旗鼓相當，可他的九江部隊一旦割斷我們的運輸線，到那時必是大勢已去。」

伍文定問：「那我們該怎麼辦？」

王陽明說：「執行原計畫，七月十五全力攻南昌。一旦攻陷南昌，朱宸濠必會從安慶城下撤兵。這是一箭雙雕：解了安慶之圍，南京再無危險；朱宸濠失去老巢，必魂飛魄散，大功可成。」

一五一九年農曆七月十五，各路部隊在樟樹鎮會合。三天後，王陽明在樟樹誓師，並向南昌城推進。農曆七月十九，王陽明部隊攻陷了距南昌城二十公里的南昌縣。當夜，王陽明調兵遣將，確定在第二天拂曉對南昌城發動總攻。王陽明針對南昌城七個城門把攻擊部隊分為十三路。

第一路指揮官兼副總司令官伍文定，領官兵四千四百二十一人，進攻南昌城廣潤門，事成之後徑直到布政司屯兵，分兵把守寧王府內門；第二路指揮官泰和縣知縣李緝，領官兵一千四百九十二人，和第一路指揮官伍文定夾攻廣潤門，事成後直入王府西門屯兵；第三路指揮官贛州府知府邢珣，領官兵三千一百三十人，進攻南昌城順化門，事成之後徑直入城到鎮守府屯兵；第四路指揮官吉安府推官王暐，領官兵一千餘人，夾攻順化門，事成之後直入南新二縣儒學屯兵；第五路指揮官袁州府知府徐璉，領官兵三千五百三十人，進攻南昌城惠民門，事成之後徑直入按察司察院屯兵；第六路指揮官臨江府知府戴德孺，領官兵三千六百七十五人，進攻南昌城永和門，事成之後徑直到都察院提學分司屯兵；第七路指揮官瑞州府通判胡堯元，領官兵四千人，進攻南昌城章丘門，事成之後徑直到南昌衛前屯兵；第八路指揮官新淦縣知縣李美，領官兵兩千人，進攻南昌城德勝門，事成之後直入王府東門屯兵；第九路指揮官吉安府通判談儲，領官兵一千五百七十六人，夾攻德勝門，事成之後直入南昌左衛屯兵；第十路指揮官撫州府通判鄒琥，領官兵三千餘人，夾攻德勝門，事成之後撤出城在天寧寺屯兵；第十一路指揮官中軍贛州衛都指揮余恩，領官兵四千六百七十人，進攻進賢門，事成之後直入都司屯兵；第十二路指揮官萬安縣知縣王冕，領官兵一千二百五十七人，夾攻進賢門，事成之後直入陽春書院屯兵；第十三路指揮官寧都縣知縣王天與，領官兵一千餘人，夾攻進賢門，事成之後直入鐘樓下屯兵。

在發動總攻前，王陽明做了一件讓指揮官們心驚膽戰的事。王陽明命人把十幾個穿著低階軍官制服的人當著那群指揮官的面處決，鮮血淋漓、觸目驚心。王陽明平靜地對這些指揮官說，這幾個人在攻打南昌縣城的戰役中不聽命令，得此下場罪有應得。你們明天作戰，必須要嚴格按我的命令進行。如果我發現有士兵不聽命令，就斬士兵的長官；你們的手下不聽命令的，就斬你們；如果你們不聽命令，我就斬你們的司令官伍文定。

眾人汗流浹背。實際上，王陽明所斬的都是俘虜。王陽明的權術高深莫測，這只是一個並不顯眼的證明。

令人大為驚詫的是，南昌城兵團指揮官對王陽明從一五一九年農曆七月十五到七月十九日的情況毫不知情。王陽明的神速是其中一方面，不過也同時證明朱宸濠南昌兵團指揮官的低能。直到七月二十日凌晨，王陽明的部隊已經敲起戰鼓時，朱宸濠南昌城守衛兵團才大夢初醒，南昌城裡頓時像被踢翻的螞蟻窩一樣。

決戰朱宸濠

一五一九年農曆七月二十日凌晨，王陽明對南昌城下達了總攻令。據後來被俘的寧王部屬交代，他們對王陽明的用兵如神早有耳聞，當時得知王陽明來攻南昌城時嚇得魂飛魄散。尤其是看到南昌城周邊兵力頃刻瓦解崩潰退回城內後，他們對守衛南昌城已不抱絲毫希望。

世界上最堅固的城池絕不是銅牆鐵壁，而是人心。南昌城原本就是南中國壯麗的大城，又被朱宸濠經營多年，幾乎堅不可摧。城上常年架設著滾木、灰瓶、火炮、石弩等現代化守城軍械，朱宸濠臨走時又留下一萬精銳和五千預備役（土匪流氓），而王陽明的雜牌部隊才三萬人，兵法說「圍五攻十」，包圍敵人要用五倍於敵人的士兵，攻擊敵人就要用十倍於敵人的士兵。如果南昌城死守，王陽明絕討不到半點便宜。問題是，王陽明之前的宣傳戰（各地勤王軍正源源不斷趕來）和他迅雷不及掩耳地掃除南昌周邊防禦的陣勢嚇住了南昌城守軍。

當伍文定攻城部隊率先攻打廣潤門時，廣潤門守軍一哄而散，伍文定幾乎未遇任何抵抗就進了廣潤門。廣潤門一失，其他各門扔掉武器大開城門，王陽明的攻城部隊就這樣幾乎兵不血刃地佔領了南昌城。

王陽明一進南昌城就馬不停蹄地忙碌起來：首先是張貼安民告示，對百姓沒有支持朱宸濠守軍表示欣慰，要他們各安生業，就像是什麼事都沒有發生過一樣。同時打開朱宸濠的糧倉，大放糧食；其次是撲滅寧王府大火。寧王府的人一聽王陽明圍城就開始放火，王陽明進城時，寧王府已濃煙滾滾，火光四射，殃及周圍的百姓房屋；再次是整頓部隊紀律。王陽明的部隊是從各地徵召來的，其中難免有地痞無賴，這些人進城後姦淫擄掠，搞得南昌城居民苦不堪言。王陽明就捉了幾個鬧得最凶的斬首示眾；最後，王陽明整編朱宸濠留在南昌城的部隊，同時張貼告示，所有脅從人員只要自首，一律不問，雖主動投靠朱宸濠但現在只要改邪歸正，寫份保證書，也既往不咎。南昌城很快秩序井然，於是朱宸濠的老巢換了主人。

當王陽明把朱宸濠的大本營重新恢復為明政府治下的一個城市時，朱宸濠早已得到南昌城失守的消息，他嚼著無聲的怨恨，痛苦地流下眼淚。朱宸濠下令回師奪回南昌，李士實和劉養正都不同意。

李士實認為，一旦從安慶撤軍回南昌，軍心必散。朱宸濠冷冷地說：「南昌是我們的根基所在，怎能不救？」劉養正說：「男兒四海為家，況且您可是頂天立地的大男兒，安慶城指日可下。拿下安慶，調遣九江、南康部隊，再救南昌也不遲。」

朱宸濠咆哮起來，大罵二人：「你們兩個站著說話不腰疼的東西，你們的家人被王陽明好生照料著，我的家人卻在南昌城受苦，要我不回南昌，除非我死。」

兩人萬分錯愕，解釋說：「這是王陽明的詭計，他在離間我們。」

朱宸濠冷笑：「我現在倒希望他也對我使用詭計！」

李士實和劉養正突然發現自己的脖子已放到了朱宸濠的屠刀下，他們沉默起來。沒有了謀士的朱宸濠奮起雄威，下令把軍隊從安慶城下撤到阮子江。一到此地，朱宸濠就制訂了奪回南昌城的作戰計畫。作戰計畫是這樣的：先鋒部隊二萬人乘戰艦南下，直逼南昌城，他隨後跟進。

一五一九年農曆七月二十二，朱宸濠回師的消息傳到南昌，王陽明召集他的指揮官們開會商議對策。所有指揮官都認為，朱宸濠那支虎狼之師最近這段時間戰無不勝攻無不取，只在安慶城下小遇挫折，如果不是我們取了他南昌逼他撤兵，安慶城早被他拿下了。面對這樣一支強悍之師，最好的辦法就是閉門堅守，等待援兵。

王陽明厭惡被動防守，他認為最佳的防守就是主動出擊。況且，朱宸濠造反已一月有餘，勤王之師連個影兒都沒見到。誰敢保證他們死守南昌城就一定能等來援軍？南昌城糧食本來就不多，很大一部分又分給老百姓，一旦糧食吃完，援軍又不來，到時豈不成了甕中之鱉？

王陽明的分析是從「心」的角度出發的，他說：「朱宸濠自造反以來，兵鋒所向的確銳不可當。而現在我們占了他的老巢，他又不能打下安慶，處於進不能攻、退不能守的尷尬境地。出師才半個月又要回師，這對他部隊的士氣是個嚴重的打擊。我們不如雪上加霜，出奇兵一鼓作氣挫了他先鋒的銳氣，他的兵團必不戰自潰。三軍可奪氣，將軍可奪心。」

這分析和解決方案從理論上說，非常絕妙。沒有人否認朱宸濠的士兵現在已是方寸大亂，朱宸濠部隊的大部分士兵都是南昌人，家人都在南昌城，家裡換了主人，換作是誰都會方寸大亂。一個人內心已動，就必然心不在焉，心不在焉的人必然會失敗。

但還有個問題：戰場情況瞬息萬變，王陽明憑什麼就確定他的「奇兵」能一戰而成？

王陽明沒有給出肯定的答案，而是小心翼翼地佈置戰場。伍文定仍然是他的頭馬：領兵五百從正面迎擊朱宸濠的先頭部隊；贛州衛都指揮余恩領兵四百作為伍文定的增援；贛州知府邢珣領兵五百繞到敵人背後；袁州府知府徐璉和臨江府知府戴德孺在敵人左右埋伏。伍文定把敵人誘進埋伏圈後，總攻開始。

在佈置完戰場後，王陽明又命人製造免死木牌數萬塊。有人問他緣由，王陽明笑而不答。

一五一九年農曆七月二十三，朱宸濠先頭艦隊乘風破浪抵達樵舍（江西新建縣樵舍鎮）。王陽明的探子心驚膽戰地回報：風帆蔽江，戰鼓雷動，傳出幾公里。王陽明下令伍文定等人進入戰場。七月二十四，朱宸濠先頭艦隊直逼離南昌城十五公里的黃家渡（屬南昌縣南新鄉）。王陽明下令伍文定和餘恩迎擊。

九百人對兩萬人，小艦艇對大戰艦，只有天絕其魄的人才敢在這樣絕對劣勢的情況下主動進攻。朱宸濠先頭艦隊的指揮官看到幾艘足足落後三代的戰艦迎面衝來，愣了一下。不過他很快就回過神來，他認為敵人這是在自掘墳墓。

伍文定和餘恩果然有自掘墳墓的徵兆，兩人並駕齊驅，遙遙領先，把自己的艦隊遠遠地甩在後面。朱宸濠先頭艦隊指揮官發現世界上還有如此呆鳥，大喜若狂，也從他的艦隊群中魯莽地衝了出去。他衝出去時，他的艦隊沒有得到是跟進還是原地待命的命令，所以張惶起來。後面的軍艦不知道前面發生了什麼事，所以就想開到旁邊看看。大家都這樣想，也都這樣做，朱宸濠的先頭艦隊自己先亂了，橫七豎八地趴在江面上。指揮艦和伍文定已經交戰，後面的艦隊還不知道怎麼回事。

就在此時，贛州知府邢珣的軍艦已經悄悄地繞到敵人的後方，王陽明得到消息後下令前後左右同時進攻，三路艦隊猛地切進了朱宸濠的先頭艦隊，朱宸濠的戰艦上都配有巨炮，但前後左右有敵人也有同僚，所以不敢輕易開炮。而王陽明的小軍艦上每個士兵都配備了小火槍，在亂哄哄中，小火槍正好派上用場。一陣混戰後，朱宸濠先頭艦隊完敗，死在水裡的士兵不計其數。此時，朱宸濠主力艦隊剛到八字腦（今屬南昌縣塘南鎮），聽說先鋒艦隊潰敗，心膽俱裂。

他急忙召開緊急軍事會議，會議上，人人都保持沉默。李士實和劉養正想說話，但朱宸濠不給他們機會。朱宸濠沒有任何方案，因為第二天，王陽明艦隊就向八字腦發動進攻。朱宸濠這才有了方案：抵抗。

朱宸濠的頑強抵抗出現了奇蹟，王陽明艦隊被逼退數十次，最後沒有人敢再向前。不過也有壞消息，有人告訴朱宸濠，士兵在大量逃亡。他們從江中拾到寫著「免死」的木牌，都投奔王陽明去了。朱宸濠氣得哇哇怪叫，他奢望能失之東隅，收之桑榆，借著擊退王陽明艦隊的數次勝利失而復得的銳氣命令他的艦隊反攻。

以當時的情勢，王陽明艦隊恐怕抵擋不了朱宸濠的反攻。王陽明收到伍文定遲遲無法突破朱宸濠防禦的戰報時，正在給學生講課。他講課時聚精會神、神態從容，彷彿外面根本就沒有他親自指揮的戰役一樣。每當前線送來消息，他就抱歉地對弟子們笑一下，然後起身到外面看軍情報告，輕聲細語地發布命令。伍文定在八字腦毫無進展，讓王陽明動了殺心，他處斬了幾個衝鋒不力的人，可仍然沒有進展。

不久，伍文定和贛州知府邢珣各送來兩封信。伍文定說邢珣不聽從他的指揮，而邢珣則說，伍文定的打法有問題。朱宸濠艦隊一字排開，伍文定也讓艦隊一字排開衝鋒，本來雙方艦隊數量對比懸殊，這是以卵擊石。他的建議是應該採取中央突破戰術，找到朱宸濠艦隊防禦弱點，集中主力迅猛插入，然後左右展開。

王陽明回覆二人道：「採用什麼戰術不重要，重要的是大家齊心合力，奮勇衝鋒，不要在地域上畫圈圈（邢珣是贛州知府，伍文定是吉安知府）。你們二人的行為已經觸犯軍法，我本該現在就處置你們，可如今正是用人之際，希望你們好自為之。」

伍文定和邢珣對這個彷彿藏了刀鋒的回覆心驚肉跳，二人握手言和，齊心協力。伍文定改變戰術，試圖在江面上捕捉朱宸濠的指揮艦。他雖然沒有找到朱宸濠的指揮艦，卻找到了朱宸濠的副艦。伍文定高興得跳了起來，因為他的戰艦上有當時最先進的武器——佛郎機炮，這一武器是王陽明的崇拜者林見素貢獻的。

林見素是一四七八年的進士，進入官場後以敢於諫諍出名，後來到沿海地區做官，和外國的商人們結下友誼，佛郎機銃大概就是他從葡萄牙人那裡得來的。據說，當他知道朱宸濠叛亂後，第一時間把一尊佛郎機銃運送給王陽明。伍文定大展神威，把佛郎機炮對準朱宸濠的副艦，開出了山搖地動的一炮，朱宸濠的副艦像紙糊的一樣被打成碎片。

意料之中的，朱宸濠的指揮艦就在那艘倒楣的副艦後面，副艦被炸碎後，朱宸濠的指揮艦也被震盪得左右搖晃。副艦燃燒的碎片擊中了他的指揮艦，他驚慌失措，棄艦逃到岸上。

眾人一看王爺跑了，哪裡還敢戀戰，紛紛潰退。伍文定指揮艦隊一陣猛衝，朱宸濠損失慘重，退到了黃石磯。那天夜裡，朱宸濠神情沮喪，心不在焉地問身邊的衛兵：「這是什麼地方？」衛兵急忙顯擺學問：「『王』失機。」（南方人講話，黃、王不分）朱宸濠提起十二分的精神咆哮道：「你敢咒我！拉出去砍了。」

朱宸濠身邊的人看到王爺已是神經錯亂，歎息著偷偷潛逃。朱宸濠望向江面，江面死氣沉沉，如他當時的心。他突然想討個吉利，命艦隊退避樵舍，召開緊急軍事會議，商量對策。有人提議，調集九江、南康部隊和王陽明拼死一搏。朱宸濠認為這也是個主意，立即派人去調動他在九江、南康的部隊。

王陽明不給他這個機會。當朱宸濠心急火燎地南下時，王陽明就已派出兩支部隊繞過朱宸濠的主力，直奔南康和九江。

仍然是攻心戰。他命人在南康、九江城外散播朱宸濠已在南昌附近被擒的消息，南康、九江守軍人心浮動。當他們絕望升級時，這兩支部隊突然發動進攻。南康、九江被克復，朱宸濠的兩萬精銳部隊棄械投降。

朱宸濠得到這個消息後，如五雷轟頂。他不得不承認，王陽明真是個厲害角色。他也不得不向李士實和劉養正請教。李士實也無計可施，劉養正卻有個主意：主力艦隊受損不大，如果把戰艦連成一體，完全可以抵禦王陽明的進攻。王陽明的部隊都是雜牌，只要我們擋住他幾輪進攻，然後找准機會反攻，仍能反敗為勝。

「連舟」這種事，有兩個英雄人物做過：一個是三國時期的曹操；一個是元末的陳友諒。二人的結局都是慘敗。劉養正肯定知道歷史上有這兩個反面案例，但他還要堅持用這一招，而朱宸濠又毫不猶豫地同意，說明這一招肯定有它的優點。

把單個戰艦連成一體，會讓艦隊不被一一擊破，而且無數隻戰艦連成一體，無論是防禦還是進攻，都會給敵人造成排山倒海的氣勢，實際也有這種威力。

朱宸濠立即下令用鐵索把所有軍艦連起來，同時搬出他所有金銀財寶，鼓勵他的將士們，如果能殺回老巢南昌，這些財寶就屬於那些奮勇殺敵的人。

每個人都喜歡財富，但更愛惜生命。雖然的確有為了錢不要命的人，但大多數人在二者之間都會選擇後者。朱宸濠兵團的人心已散，失敗已成定局，沒有人可以拯救他。因為拯救人心是世界上最難的一件事。

一五一九年農曆七月二十六，王陽明和朱宸濠決戰的時刻到來。朱宸濠用「鐵索連舟」，王陽明就用「火攻」。這是最簡單的智慧：借鑒歷史經驗。

王陽明下令把戰艦換成輕便靈活的小艦艇，裝備炮火、全線進攻。伍文定立於船頭指揮放火，身邊射出的火箭把他的鬍子都燒著了，他紋絲不動。「鐵索連舟」的致命缺陷此時暴露：一舟著火，舟舟起火。朱宸濠的龐大艦隊成了王陽明放火的試驗場，朱宸濠在衝天的火光中確信大勢已去。

此時，他突然回憶起南昌城裡他的王府。據說，王府已被燒成灰燼，和他眼前的艦隊一樣的下場。他回憶這一個多月裡所走的每一步，試圖找出走到今天這一地步究竟錯在哪裡。結果發現，他自起事後就已不能行使自己的意志，他就像是王陽明的木偶，讓他跳，他就跳；讓他跑，他就跑。最後他總結出失敗的罪魁禍首：王陽明。

王陽明還沒有抽出時間來總結，他在給學生講授心學。當伍文定徹底摧毀朱宸濠主力的軍情報告送來時，他和往常一樣向學生們抱歉地笑了笑，然後走到外面，看了看報告，思索了一下，神色如常地回到學生們中間。有人問他，寧王可是敗了？

他點了點頭，回答：「敗了，但死傷太重。」

說完，又平靜地繼續講他的心學。弟子們由衷地讚歎道：「王老師真是不動如山的大聖人啊！」

何必如此費心？

朱宸濠決心給世人留下「雖敗猶榮」的印象。他和他的妻妾們說：「我現在就想一死了之，無奈擔心妳們的將來。」妻妾們說：「不必擔心，我們先走。」說完，紛紛投河自盡。朱宸濠看到這些弱女子在水裡掙扎哀號的痛苦模樣，馬上就收回他的決心，換了身平民衣服，跳到一條擺渡船上，悄悄地逃出了混亂的戰場。

王陽明似乎未卜先知，在決戰開始前就命令一支機動部隊埋伏在戰場之外的蘆葦叢中，當朱宸濠的擺渡船經過蘆葦叢時，這支機動部隊迅速開出，擋住了朱宸濠的去路。由於他們不是官軍打扮，引起了朱宸濠的誤會。他認為這是天老爺扔給他的救命稻草，急忙捉住，對在為首的船隻中的指揮者說：「我是寧王，你們送我到岸上，我必有重謝。」

王陽明的機動部隊指揮官幾乎要狂笑了，不過不忍心在此時摧毀朱宸濠的希望，於是裝作驚訝地問道：「你真是寧王爺嗎？如何重謝我們？」

朱宸濠指著擺渡船上的幾個箱子說：「裡面是金銀珠寶，上岸後全歸你們。」

那位指揮官強忍住狂喜，說：「來來來。」

朱宸濠大喜過望，跳到他們的船上，要他們趕緊划船。船上所有的人都狂笑起來，朱宸濠正想對這種沒有禮貌的舉止做一番評價時，發現船並沒有劃向岸邊而是直奔戰場。朱宸濠預感大事不妙準備跳船，但上了賊船的人很難輕易下去，他立即被人壓倒，五花大綁。

就在賊船上，朱宸濠王爺得知他的軍隊全軍覆沒，他的文武百官也統統被俘。一五一九年農曆七月二十七，朱宸濠被押進南昌城見王陽明，此時他仍不失王爺氣派，他站在囚車裡，向王陽明投去冷冷的一笑，說：「這是我們朱家自己的事，你何必費心如此？」

這是一句實事求是的話。明帝國是由朱元璋創立，並由他的家族統治的，國事和家事很難分得清。以朱宸濠的思路，他造反是造他們朱家的反，和國家沒有關係。況且，中國古代根本就沒有國家的概念，只有「天下」的概念。

王陽明並不同意朱宸濠的見解，但他的確拿不出反駁的有力話語。朱宸濠給了他一個機會。他說：「我願意撤銷衛隊，降為庶民如何？」

王陽明回答：「有國法在。」

朱宸濠乾笑起來，以一種「狗拿耗子」的姿態仔細審視王陽明。王陽明下令處置朱宸濠的偽臣，朱宸濠換了一種聲調，說：「婁妃是個好女人，希望你能厚葬她。」

婁妃是王陽明理學入門導師婁諒的女兒，多次勸阻朱宸濠不要造反，朱宸濠始終不聽。投河自盡前，婁妃還對朱宸濠進行過思想教育，朱宸濠仍然無動於衷。現在，他進入囚車，才開始懊悔不該不聽婁妃的勸告。

有些人，你用言語勸告根本不起作用，必須讓他親身經歷失敗，他才會得到真知。這可能就是王陽明心學強烈主張「事上練」的良苦用心。

從朱宸濠起兵（一五一九年農曆六月十五）到被俘（一五一九年農曆七月二十七日），王陽明平定他只用了四十三天，四十三天的時間還不夠燕子從北飛到南，還不夠牡丹花徹底綻放，而王陽明卻只用了這麼點時間就把一場震盪大江南北的叛亂輕而易舉地平定，堪稱奇蹟。

本年農曆七月二十八早晨，王陽明起床洗漱完畢，恰好他弟子在側，就恭維他：「老師成百世之功，名揚千載啊！」

王陽明笑了笑：「功何敢言。自從寧王造反以來，我就沒睡過一天安穩覺，昨天晚上這一覺真舒服啊！」

上午講課時，有弟子問王陽明，用兵是不是有特定的技巧（用兵有術否）？王陽明回答：「哪裡有什麼技巧，只是努力做學問，養得此心不動。如果你非要說有技巧，那此心不動就是唯一的技巧。大家的智慧都相差無幾，勝負之決只在此心動與不動。」

王陽明舉例子說：「當時和朱宸濠對戰時，我們處於劣勢，我向身邊的人發布準備火攻的命令，那人無動於衷，我說了四次，他才從茫然中回過神來。這種人就是平時學問不到位，一臨事，就慌亂失措。那些急中生智的人的智慧可不是天外飛來的，而是平時學問純篤的功勞。」

一位弟子驚喜道：「那我也能帶兵打仗了，因為我能不動心。」

王陽明笑道：「不動心豈是輕易就能做到的？非要在平時有克制的能力，在自己的良知上用全功，把自己鍛造成一個泰山壓頂色不變，麋鹿在眼前而目不轉的人，才能不動心。」

弟子又問：「如果在平時做到不動心，是否就可以用兵如神？」

王陽明搖頭：「當然不是。戰場是對刀殺人的大事，必須要經歷。但經歷戰場非是我心甘情願的。正如一個病入膏肓之人，用溫和療養的辦法已不能奏效，非下猛藥不可，這猛藥就是殺人的戰場。我自來江西後，總在做這種事，心上很有愧啊。」

不喜歡打架，卻把打架上升為一種藝術，這就是王陽明。

他的心思沒有幾個人可以明白，他的弟子對老師創造的震動天地的奇功非常感興趣，但王陽明很少提及用兵之術。他的精力是在學問上，讓每個人光復良知成為聖人，才是他最喜歡做的事。

當朱宸濠在囚籠裡沉浸在往事中時，王陽明隱約感覺到這件事還沒有完。他在一五一九年農曆七月三十連上兩道報捷書，一是報告收復了南昌城，二是報告活捉了朱宸濠。他把兩件事分開寫，就是想提醒皇上朱厚照，不是為了誇耀功勞，而是強調他王陽明所以如此捨身涉險建下這番功勞，就是希望皇上能改弦更張，不要再自私任性。

他如此費心費力，希望能避免的一些事情，還是發生了。

第一個把朱宸濠造反的消息送到北京的是巡撫南畿（轄今江蘇、安徽兩省，治所南京）的都禦史李克嗣。和很多人一樣，李克嗣在奏摺中也沒有明說朱宸濠造反，只是說南昌必有驚變。王瓊得到消息後，立即要求朱厚照召開緊急會議，對朱宸濠造反這件事進行認定。王瓊一口咬定朱宸濠肯定是反了。但其他朝臣有的是朱宸濠的朋友，有的則採取觀望態度，都認為朱宸濠不可能造反。他們還舉出證據說，南方各省的官員都有奏疏到京，沒有一個人說朱宸濠造反了，只是說南昌城有變。「有變」和「造反」可有天壤之別，不能亂說。

朱厚照這次突然有了智慧，他把強尼和臧賢下錦衣衛獄，嚴刑拷打，兩人招供：朱宸濠的確有造反的心，所以南昌城有變，應該就是謀反了。

朱厚照猛地吃了一驚，王瓊要他不必多慮，因為王陽明在江西。他當初讓王陽明到江西剿匪的終極目的就是擔心有今天這件事。按他的見解，朱宸濠是個釘子，王陽明就是錘子。王陽明以雷霆速度剿滅南贛土匪的例證讓朱厚照吃了顆定心丸。在王瓊的提醒下，他立即發布命令，要王陽明擔任江西巡撫，平定朱宸濠叛亂。

很快地，王陽明的兩道明言朱宸濠謀反的奏疏也陸續到京，朱厚照這次確信，朱宸濠真造反了。

朱厚照這回出人意料地不吃驚了，他對身邊的親信江彬和張忠說：「寧王怎麼敢造反啊，太讓我生氣了，我真想和他短兵相接，手刃此賊。」

說者無心，聽者有意。張忠小心地探詢：「不如您御駕親征？」

朱厚照眼睛放光。江彬趁勢說：「當初您出居庸關親征蒙古小王子，天下人都對您的英雄事蹟直豎大拇指。」

張忠繼續挑逗朱厚照：「江南風景如畫，美女如天仙，皇上從未去過吧？」朱厚照眼前立即出現一番美女如雲的幻境，他發情得跳了起來：「好，親征！」

眾臣譁然。幾年前，朱厚照以「威武大將軍朱壽」的名義跑到關外去和蒙古小王子打了一架，據說他以滴水不漏的指揮調度和身先士卒的無畏精神取得了那場戰役的勝利，擊斃蒙古人幾百人，在民間傳為美談。但他是偷偷出關的，他後來回到北京時，所有大臣都向他發難，指責他窮兵黷武，以尊貴之軀陷危險之地，根本就不符合皇帝的身分。朱厚照為了解決這些煩惱，還動用廷杖，打了很多人的屁股。不過他在那時就明白，皇帝去戰場艱難異常。所以之後的兩年內，他雖然對戰場如癡如醉，但在眾臣的壓力下再也沒有出去過，只在紫禁城的各個皇家娛樂場所度日。據他自己說，雖然娛樂場所裡有野獸有美女，凡是滿足人欲的應有盡有，但與驚心動魄的戰場相比，實在味同嚼蠟。

實際上，發生在一五一七年朱厚照和蒙古兵團的應州戰役名不副實。朱厚照是在帶著少量衛隊出關遊玩時偶遇蒙古兵團南下，朱厚照就以他的衛隊為誘餌，引誘蒙古兵團發動攻擊，然後以皇帝的命令調集各路邊防部隊。蒙古兵團在進入他設置的埋伏圈後，雙方開戰，蒙古兵團大敗而逃。

一些人煞有介事地說，這次戰役充分顯示了朱厚照的軍事才能。其實，人人都能誘敵，朱厚照能有應州戰役的小勝，全是因為他以皇帝的身分調動增援部隊，增援部隊哪裡敢耽擱片刻，而且有的邊防部隊根本未接到命令就跑來救駕。這是一場十倍於敵的戰役，卻讓蒙古兵團主力衝出重圍，簡直是丟臉到家了。

按王陽明的看法，平時吃喝玩樂不肯靜養良知的人，遇到戰事時絕不可能取得勝利，因為他們做不到「不動心」。他們的心被物欲所牽引，一直在躁動。這樣的人怎麼可能鎮定自信地指揮千軍萬馬？

固然，明帝國的文官們都反對戰爭，更反對皇帝親自參加戰爭。一部分原因是儒家本身對大動干戈就有排斥心理，一部分則因為，很多人都認識到朱厚照這個皇帝不過是個花花公子，根本就不是戰神。

朱厚照深知，想要去江南必須先擺平他的文官們。擒賊先擒王，朱厚照決定先堵住內閣首輔楊廷和的嘴。他找來楊廷和問：「寧王造反，可曾派大將？」

楊廷和說：「正在選將。」朱厚照一揮手：「選什麼將啊，我親自去。」

楊廷和立即發現一五一七年的往事要重演，他說：「區區一個寧王造反，王瓊說有王陽明在，何必勞您大駕。」

朱厚照說：「社稷有難，我焉能坐視不理？」

楊廷和一下就戳穿了朱厚照的嘴臉：「皇上是想遊覽江南吧？」

朱厚照怒了，尤其是他發現楊廷和說的是對的時候，更是惱羞成怒。他拿出殺手鐧，斥責楊廷和：「寧王造反，你們內閣有不可推卸的責任。他的衛隊被恢復，就是你的主意，我現在是替你收拾殘局。你不感謝我，居然還無中生有地污蔑我。」

楊廷和馬上意識到殺機四伏，急忙換了腔調：「恐怕眾臣不允啊。」

朱厚照笑了，說：「這就是我來找你的目的。你去說服他們，告訴他們，我勢在必行。」

楊廷和無奈地歎了口氣，萎靡地離開皇宮。他一回到家，就把大門緊閉，任是誰來求見都不開門。文官們雖然沒有楊廷和的領導，但都自發地跑到宮門號啕大哭，宣稱皇帝親征萬萬不可，在他們的哭聲和訴求中，朱厚照聽出了這樣的意思：一旦親征，江山社稷將有危險。

朱厚照對付這群危言聳聽的人，唯一辦法就是廷杖。他把哭得最響亮、最狼狽的幾個大臣摁倒在地「劈裡啪啦」地打。可很快就有大臣接替了前輩的位子，而且青出於藍而勝於藍，哭聲震盪屋瓦、樹葉飄零、天空變色。朱厚照只好說：「我不以皇帝的身分出征，出征的是威武大將軍朱壽。」

文官們就說：「活了一大把年紀，為朱家王朝效力了半輩子，從沒有在皇族裡聽過這個名字，此人是誰？有何奇功？能帶兵出征？」

朱厚照說：「這人你們不記得了嗎？就是兩年前在應州打得蒙古兵團鬼哭狼嚎的那位天才軍事家啊。」

文官們繼續鬧，朱厚照不理睬，到他的娛樂場玩樂去了。他不必準備，自有人替他準備出征事宜，這個人自然是朱厚照最親近的朋友江彬。

江彬原來是大同軍區的一名低階軍官。一五一一年，北京郊區發生群體性暴力事件，隨之席捲全國，江彬的部隊在本年奉調維穩。在維穩行動中，江彬神勇非常，大有明朝版城管之氣魄，和變民對抗時身中三箭，拔出再戰。這件英雄事蹟傳到中央，政府的官老爺想要樹立個典型，就把江彬吆喝到了北京。於是，江彬得到了朱厚照的親切接見。

朱厚照未接見江彬之前，政府老爺們命令江彬把包紮的箭傷暴露在外，那時正是春末夏初，乍暖還寒。江彬憑僅有的一點醫學常識告訴政府老爺們，箭傷未痊癒，如果暴露在外，容易得破傷風，破傷風在當時可是很難攻克的醫學難關，人得了後十有八九會沒命。

但江彬的死活是江彬的事，政府老爺們對別人的事向來漠不關心，他們只關心這個典型在皇帝面前的表現。所以，江彬露出三處箭傷，跪在朱厚照腳下，心裡想著一旦得了破傷風，該去找哪位醫生醫治。

朱厚照一見江彬，大吃一驚，江彬的三處箭傷分佈在身體的不同部位：闌尾、胸口、耳根。由於被政府老爺訓令必須體現箭傷，所以江彬的打扮很古怪：裸著上身，褲子褪在闌尾下，有些當時少數民族風格的打扮。換作任何一位靠譜的皇帝，江彬的衣衫不整可是大不敬，但現在的皇帝是朱厚照，吃驚過後，連呼「壯士」。就把江彬的傷口仔細研究了一回，讓江彬穿上宮中官服，也就是說，江彬被升官了。

江彬懂軍事，朱厚照喜歡軍事，兩人一拍即合，在大內搞軍事演習，朱厚照暗暗發誓要和江彬成為一生的朋友。

江彬是個伶俐的人。據很多人說，他如果想和你結交，一頓飯的工夫就會讓你把他當成知己。同時，他心機極深，不甘心做朱厚照身邊的一條哈巴狗。在給朱厚照組織軍隊的同時，他其實也在給自己組織軍隊。

江彬和朱厚照極為親近，有一件事可以證明。

朱厚照喜歡下棋，江彬也喜歡下棋，所以兩人經常下棋。朱厚照是臭棋簍子，江彬也是。但兩個臭棋簍子相遇，更臭的那個總是輸，所以朱厚照總是輸。

朱厚照不但棋臭，棋品也臭，總悔棋。對這種人最好的辦法就是，不跟他玩。可朱厚照是皇帝，江彬只好陪著玩。

這一次，朱厚照已經悔棋了十幾次，最後時刻，江彬已穩操勝券，朱厚照又要悔棋，而且是三步。

朱厚照剛要去棋盤上抽子，江彬按住了朱厚照的手，說：「皇上，您這哪裡叫下棋，簡直是耍無賴。」

朱厚照笑嘻嘻的，當時在場的錦衣衛官員周騏卻血向上湧，一直衝到腦門，衝破了理性，但他認為這是忠心的體現。他大喝一聲：「江彬，你是什麼東西，敢不讓皇帝棋子，敢說皇帝是無賴，敢按著皇帝的手！」

三個排比句如三道巨浪，把江彬打得冷汗馬上就下來了。他急忙把手從朱厚照手上拿下來，跪下說：「該死，我該死。」

朱厚照哈哈一笑，讓他起來，並且訓斥周騏：「我們在玩，搞那麼多事幹什麼，你真是多事！」

周騏只好啞口無言。

江彬為朱厚照的南征所做的準備工作很快完成，京城衛戍部隊和臨時從北方幾大軍區抽調來的部隊十幾萬人集結完畢，朱厚照以威武大將軍朱壽的身分在北京城外誓師，然後浩浩蕩蕩地向南方開拔。

王陽明的倒楣日子倒數計時。

真誠的權變：最難不過鬥小人

朱厚照這次南下場面宏大，人才濟濟。除了威武大將軍朱壽之外，還有掛將軍銜的江彬、許泰，宦官張永、張忠，朱厚照還特意帶了兩個史官以記錄他將來的豐功偉績。

朱厚照於一五一九年農曆八月二十二從北京出發，四天後走到河北涿州。北京紫禁城距涿州直線距離五十五公里，討伐叛逆應刻不容緩，可朱厚照大軍每天才走十多公里，這說明他根本就沒有把討伐朱宸濠放在心上。據小道消息稱，朱厚照所以走得這樣慢，是因為他在和一個叫李鳳姐的安徽美女遊山玩水。

就當他在涿州和李鳳姐欣賞祖國大好河山時，王陽明的兩道捷報到了河北，第二道捷報中是這樣說的：我知道您一聽說寧王造反，必然御駕親征。可很多事您並不知道，比如：寧王朱宸濠曾訓練了一批殺手埋伏在北京通往江西的路上，這些人唯一的任務就是刺殺您。只不過寧王失敗得太快，您還沒有來，所以他的奸計並未得逞。但這些殺手還在路上，而且他們是寧王忠誠的死士，如果您來，他們肯定會繼續執行刺殺您的任務。且不說他們，光朱宸濠潰敗後的餘黨就有無數隱藏在民間，他們在暗您在明，一旦他們發作，後果不堪設想。所以我請您千萬別來！

朱厚照毫不理會這一提醒，卻把王陽明的捷報當成瘟疫，暴跳如雷，說：「王陽明如此心急，真讓朕憤怒，寧王這廢物怎麼如此不堪一擊！」他發了一通邪火之後，就召集他的將軍們討論。張忠獻上一計：扣住王陽明的捷報，不發北京。同時派人帶著聖旨快馬加鞭到江西和王陽明談交易。交易的內容是，要王陽明把朱宸濠放到鄱陽湖上，皇上要親自和他打一架，並且創造奇蹟活捉朱宸濠。

朱厚照認為這是一條開天闢地的奇計，可使自己流芳百世。於是，命令張忠和許泰去江西和王陽明做交易，命令張永到人間天堂——杭州，為自己捉住朱宸濠後放鬆一下的生活做鋪墊。

張忠能排除萬難一路混到朱厚照身邊並且成為朱厚照的紅人，顯然不是個簡單的角色。他性格陰陽兼備、笑裡藏刀、陰鷙易怒，連大太監張永都讓他三分。而許泰出身將門，還是武狀元，因有功封為伯爵，但品德爛汙猥瑣異常，和張忠勾搭成奸，在當時炙手可熱。

兩人一面向江西飛奔，一面派出錦衣衛拿著威武大將軍的手牌去見王陽明。錦衣衛的速度驚人，一五一九年九月初，錦衣衛到達南昌城，並且向王陽明呈上威武大將軍的手牌，命令王陽明和他見面。王陽明確信，朱厚照真的來南方了。

王陽明的弟子們說：「很明顯，威武大將軍就是皇上。他的手牌和聖旨到沒有區別，應該趕緊相見。」

王陽明說：「聖旨是聖旨，手牌是手牌，怎可同日而語？大將軍的品級不過一品，況且我是文官，他是武官，文武不相統屬。我為什麼要迎他？」

王陽明的弟子們大駭：「他明明就是皇上，老師您這是想瞞天過海，恐怕要得罪皇上。」

王陽明歎息道：「做兒子的對於父母錯誤的言行無法指責時，最好的辦法就是哭泣，怎麼可以奉迎他的錯誤呢！」

王陽明的屬下苦苦相勸。王陽明只好讓一名屬下代替自己去見那名錦衣衛。錦衣衛發了一通火，更讓他不爽的是，按規矩，王陽明需要孝敬錦衣衛一大筆財物，可王陽明只給了五兩金子。錦衣衛決定第二天返回張忠處，讓王陽明吃點苦頭。

第二天，王陽明出現了。他說他親自來送錦衣衛上路，然後拉起錦衣衛的手，滿懷深情地說：「下官在正德初年下錦衣獄很久，和貴衙門的諸多官員都有交情，但您是我見過的第一個輕財重義的錦衣衛。昨天給您的黃金只是禮節性往來，想不到就這麼點錢您都不要，我真是慚愧得要死。我沒有其他長處，只是會做點歌頌文章，他日當為您表彰此事，把您樹立成典型，讓天下人膜拜。」

錦衣衛先是錯愕，接著就是感動。他讓王陽明握著手，說：「本來這次來是讓您交出朱宸濠的，可我看您也沒有這個意思，雖然我沒有完成任務，但您的一番話讓我心弦大動。我提醒王大人，還會有人來。」

王陽明裝出一副驚異的樣子，問道：「為何要朱宸濠？朱宸濠既被我捉，本該我獻俘才對啊！」

錦衣衛不語，轉身跳上馬背，一溜煙跑了。

王陽明不讓朱厚照來，朱宸濠的殺手組織只是一個藉口。唯一的理由是，朱厚照不會是一個人來，十幾萬大軍就如漫山遍野的蝗蟲，所過之處人民必定遭殃。他們僅以搜索朱宸濠餘黨這一堂而皇之的理由就能讓無數百姓家多年的積蓄化為烏有。

現在，王陽明只有一條路可以走，那就是押著朱宸濠急速北上，在半路堵住朱厚照，讓他沒有理由再來南方。一五一九年農曆九月十一，王陽明把朱宸濠等一干俘虜裝進囚車，從水路出發去堵朱厚照。

張忠和許泰一路猛追，終於在廣信追上王陽明，再派兩位高級宦官去見王陽明，聲稱是奉了皇上朱厚照的聖旨，要王陽明把朱宸濠交給他們。

王陽明這次面對的不是錦衣衛，而是東廠太監。錦衣衛還有點人性，東廠全是獸性，王陽明用對付錦衣衛那套辦法對付東廠太監，顯然是膠柱鼓瑟。他對弟子們說，對付惡人，千萬別引發他的惡性，你不能和惡人直接槓上，要懂得鬥爭的技巧。惡人也不是天不怕地不怕的，他們最怕的就是喪失利益。對付他們，只需要給他們擺清利害關係，他們就會知難而退。

王陽明熱情地接待了兩位高級宦官，兩宦官請王陽明不要廢話，立刻交出朱宸濠。王陽明慢條斯理地問：「這是皇帝的意思還是你們老大張忠的意思？」

兩宦官冷笑：「當然是皇上的意思。」

王陽明又問：「皇上如此急著要朱宸濠，想要幹什麼？」

兩宦官再度冷笑：「我們做下人的，怎敢去擅自揣摩聖意！」

王陽明就諱莫如深地說：「我大概知道皇上如此急迫想要幹什麼。」

兩宦官以為王陽明發現了他們的陰謀，臉色一變，不過很快就恢復平靜，問王陽明：「王大人難道是皇上肚裡的蛔蟲嗎？」

王陽明說：「我能猜出個一二。寧王造反前在宮中府中朋友無數，天下人誰不知道，寧王交朋友靠的就是金錢。本來，這是寧王人際交往的一個方式，可他現在既然造反，就是叛逆，用金錢交朋友那就是賄賂。我進南昌城後在寧王府中搜到了一箱子帳本，上面詳細地記載了他給了什麼人錢，給了多少錢，這人又為他謀取了多少好處。」

說到這裡，兩位宦官早已面無人色，因為朱宸濠的朋友裡就有他二人。王陽明見二人已沒有了剛見面時的傲慢，馬上就清退身邊的所有人，然後從袖子裡掏出兩本冊子，一本是帳簿，另外一本則夾著二人和朱宸濠來往信件。這些信件完全可以證明二人和朱宸濠的關係非同一般，而且在朱宸濠造反的準備工作中給予了很大幫助。王陽明把兩本冊子都遞給二人說：「我仔細搜檢了一番，只有這兩本冊子和二位有關，所以就都拿來，你們早做處理，以免後患。」兩人又驚又喜，對王陽明感激不盡。王陽明借勢說：「我準備北上親自獻俘，二位可願跟隨？」

兩位宦官急忙說：「不必，我等回張公公處報告。王大人放心，我等絕不會在您面前出現第二次。」

兩人裝出一副沮喪的表情回報張忠，說王陽明的確不好對付，取不到朱宸濠。張忠發誓事不過三。他再派出一個東廠太監中的狠角色，要他無論如何都要拿到朱宸濠。

這一次，在張忠看來，連神仙都不能阻擋他。王陽明的弟子們也認為，張忠第三次來取朱宸濠，勢在必得，恐怕再用什麼計謀也無濟於事。王陽明內心平靜如古井之水，特意在廣信多留一天，等待張忠的奴才到來。

這位東廠宦官抱定一個信念：不和王陽明說任何廢話，必須交人，否則就把王陽明當場法辦。在東廠眼中，王陽明不過是個都禦史，他們的祖宗劉瑾連內閣首輔都辦過，何況區區王陽明！

讓這位宦官意外的是，當他提出要取朱宸濠時，王陽明沒有和他針鋒相對，而是馬上同意。這位宦官正在沾沾自喜時，王陽明突然讓人擺出筆墨紙硯，然後指著窗外說，朱宸濠的囚車就在外面，只要您寫下下面的話：今某某帶走朱宸濠，一切後果由我某某承擔。然後簽字畫押，馬上就可以領走朱宸濠。

他呆若木雞，不敢簽字畫押。他和張忠都知道這樣一件事：朱宸濠絕不能出意外，但意外很可能會發生。朱宸濠餘黨隱藏在江西各處，如果這些人頭腦一熱，劫了囚車，自己就是有十個腦袋也不夠朱厚照砍的。他試圖讓王陽明明白這樣一個道理：張公公無論取什麼，都不需要簽字畫押。

王陽明說：「那就請張公公親自來！」

張忠不能來，有兩個原因：第一，他早聽聞王陽明不是個省油的燈，他怕出醜，一旦出醜就有了第二個原因，在朱厚照身邊的江彬或張永會乘虛而入，取代他在朱厚照心中的位置。

張忠的人雖未去見王陽明，但卻向王陽明扔了一把匕首。這把匕首塗上了一目了然的劇毒：他給朱厚照寫信說，王陽明和朱宸濠的關係很異常，有兩件事可以證明。第一件事是孫燧未巡撫江西前，朱宸濠曾給中央政府寫信推薦人選，談到王陽明時說過「王守仁（陽明）亦可」的話；第二件事是王陽明曾派了得意弟子冀元亨到寧王府，還許諾借兵三千給朱宸濠。至於證據，只要把王陽明扔進審訊室就能得到。最後，張忠用「牆頭草」來歸納王陽明征討朱宸濠這件事：他之所以調轉槍頭揍朱宸濠，是他的良知發現朱宸濠難以成事。

王陽明得此消息時已過了玉山，正在草坪驛歇息。這個消息就如一顆炸彈在他頭頂「轟」的一聲爆開，他預想過張忠等人會用卑劣的手段對付自己，卻從未想到會如此卑劣，居然把他和朱宸濠生拉硬扯上關係！

但他並未憤怒，詆毀來得越強烈，越需要冷靜。憤怒會讓自己陣腳大亂，良知不能發揮力量。他明白朱厚照即使相信他是清白的，可架不住朱厚照身邊那群小人的吹風。他確定不能再向前走，向前走即使不是死路，也絕不是一條順暢之路。良知告訴他，現在迫在眉睫的一件事就是要找到他和朱厚照之間的橋樑，這個橋樑很快就被他發現了，那就是閒居在家的前首輔楊一清。

楊一清自和太監張永聯合搞掉劉瑾後，在張永的幫助下青雲直上，最後進入內閣擔任首輔。一五一二年，強尼來到朱厚照身邊並迅速得寵，張永迅速失寵。作為他的好友，楊一清自然緊隨其後被排擠出中央政府。

王陽明見到他，把張忠等人的行徑輕描淡寫地說了一遍，希望楊一清能發揮餘熱，給他指條明路。楊一清先是讚賞王陽明的功績，又誇獎了王陽明忠君愛國的那顆心，然後遺憾地搖頭說：「人走茶涼，我不在體制內混已好多年，哪裡還有什麼餘熱。」看到王陽明雖遇風波卻不焦不躁，不禁暗暗稱讚。於是他話鋒一轉說：「你可以找張永。」

張永此時正在杭州為朱厚照的「工作視察」做準備。王陽明披星戴月來到杭州見張公公。張公公不見。

張永不見王陽明的心理基礎是，王陽明已得罪了朱厚照身邊的群醜，這種情況下，和王陽明交流是件極度危險的事。

但王陽明必須要讓張永和他見面，他在門口扯起嗓子喊道：「我王守仁千辛萬苦來見公公，為的是國家大事，公公為何不見我！」

孔子說，真正聰明的君子，要麼不言，言必有中。王陽明對當時的其他太監說「國家大事」都不可能打動對方，卻能打動張永。因為張永有良知，是個把國家大事當成自己事的好太監。

這是王陽明心學的一個獨到之處：說服對方的成功與否，在於見什麼人說什麼話的能力。有一次，王陽明的弟子們出外講學回來，都很沮喪，王陽明問原因。弟子們說：「那些老百姓都不相信您的心學。」王陽明回答：「你們裝模作樣成一個聖人去給別人講學，人們看見聖人來了，都給嚇跑了，怎麼能講得好呢？唯有做一個愚夫笨婦才能給別人講學。」

王陽明喊的那句話就是找準了張永的頻率。張永把王陽明請進來，單刀直入問道：「你說的國家大事是什麼？」

王陽明語重心長地說：「江西百姓先遭盜匪荼毒，後又遭朱宸濠蹂躪，已奄奄一息，如今皇上又要來。朱宸濠餘黨聽說皇上來，肯定會給皇上製造麻煩，到那時豈不是刀兵又起？皇上安危是問題，江西百姓有可能會被逼上梁山，如何是好？」

張永歎息道：「我何嘗不知道，可皇上身邊那群小人蠱惑皇上非要來，皇上又喜歡出宮，我也沒辦法阻攔。我這次主動跟隨，就是為了保護皇上，在力所能及之內勸阻皇上不要鬧得太厲害，其他，就不是我所能管得了的了。」王陽明向前一步，拉起張永的手握緊了，聲音微顫：「公公您必須要管啊！」

張永認真審視王陽明，在那張憔悴的青黑色臉上充盈著焦慮，那是在為南方百姓擔憂，為皇帝擔憂。張永很是敬佩眼前這個老學究，兩人很快就惺惺相惜起來。張永關心地問道：「王大人啊，你這顆忠君愛民的心讓我好生佩服，難道你不知道你自己身處險境嗎？」

王陽明無奈地一笑：「我知道，有人在皇上面前誣陷我私通朱宸濠，不過我已將生死榮辱置之度外，只希望公公能拯救南方蒼生和皇帝的安危。」張永驚訝地問道：「你真不想知道他們為何要構陷你？」

王陽明搖頭。他當然知道，但他向來不以最大的惡意來揣測別人，尤其是評說別人。

張永多費脣舌道：「這些人為了給皇上增添樂趣，要皇上南下。但皇上南下必須有個由頭，現在朱宸濠被你擒了，皇上如果繼續南下也就名不正言不順，這群無恥小人當然不可能讓皇上不開心，而且他們本人也想趁亂撈點油水，所以逼你交出朱宸濠放到鄱陽湖上，讓皇上去擒拿，這樣就師出有名了。可王大人你三番五次地不交朱宸濠，那群小人當然不開心，構陷你，也就在情在理了。」

王陽明借梯就爬：「我這次來的其中一個目的就是為此事，我一身清白卻被人無端潑髒水，真是悲憤。希望張公公能代我向皇上解釋。」

張永陷入沉思，有句話他不知該說不該說，不過他還是說了：「你呀，把朱宸濠交給我。當然，我要朱宸濠和那群人要朱宸濠本心不同，我得到朱宸濠就可以面見皇上，向皇上說明你的忠心。」

這是王陽明最希望聽到的，朱宸濠現在就是個燙手山芋，他爽快地答應了張永。這個張忠費盡心機都未得到的寶貝，張永卻唾手而得。這不禁讓人想到一句格言：命裡有時終須有，命裡無時莫強求。

王陽明和張永分開後，並未回南昌而是到杭州淨慈寺休養起來。原因有二：他的健康狀況的確很差，需要休養；皇上還未對他釋疑，他必須在半路等著皇上的意思。

王陽明忙裡偷閒，張永卻忙碌起來。他以最快的速度推著囚車來到南京面見朱厚照，申明兩點：第一，朱宸濠是王陽明主動交給他的，這樣就減少了張忠等人對他的嫉妒；第二，他嚴正地指出，王陽明是忠貞之士，絕不可能和朱宸濠有關係，他基本上是毫不利己專門利國，可現在還有人想要利用剿寧王這件事大做文章陷害他。如果這群小人真的得逞，以後朝廷再遇到這類事情發生，誰還敢站出來，朝廷還有什麼臉面教導臣下為國盡忠？

朱厚照被這番話打動，張忠和許泰仰頭看天，不以為然。他們再出奸計，對朱厚照說：「王陽明就在杭州，離南京近在咫尺，為何他不親自獻俘，說明他心中有鬼。如果皇上您下旨召見，他必不來。」

朱厚照點了點頭說：「傳旨，要王陽明來南京。」

王陽明接到聖旨，就要啟程。他的弟子們不無憂慮地說：「皇上始終沒有召見過您，這次召見肯定是皇上身邊那群小丑的奸計，這一去必是羊入虎口。」

王陽明正色道：「君召見臣，臣不去，這是不忠。」

弟子們苦苦哀求老師不能去，王陽明笑道：「我沒那麼傻，你們想想，那群小人真會讓我和皇上見面？他們這是在試探我，你們看著吧，我在半路上就會被原路打回。況且，張公公肯定為我說了不少好話，如果我不去，不是把張公公給賣了！」

王陽明果然料事如神，他才離開杭州郊區，聖旨就來了：王陽明可在杭州養病，不必來南京。

他的弟子們正欽佩老師的神斷時，王陽明卻來了倔脾氣。他對弟子說：「皇上不見我，我卻要去見他。」弟子們吃了一驚，王陽明說：「我要給他講講良知，不要再胡鬧下去。」說完這句話，他不顧眾人的反對直奔南京，走到京口時，楊一清把他攔下了。

楊一清對行色匆匆的王陽明說，不要去南京，去了也是白去。

王陽明一旦有了定見，十頭牛都拉不回來，他堅定自己的主張。楊一清悄聲對他說：「張忠和許泰已經去了南昌。」
王陽明驚問：「他們去南昌做什麼？」
楊一清笑道：「當然是想從朱宸濠之亂中撈點油水，你以為他們去普度眾生嗎？」
王陽明半天不說話。
楊一清看著別處，唉聲歎氣道：「南昌城的百姓要受苦了。」
王陽明「騰」地站起來，大踏步衝出門。
楊一清喊他：「去哪兒？」
「回南昌！」聲音還在，人已不見。
張忠和許泰的確已到南昌，正如楊一清所分析的那樣，他們到南昌城是為了撈點油水，人人都知道朱宸濠有大量財寶，包括朱厚照，所以當張忠和許泰暗示朱厚照去南昌城會有莫大的好處時，朱厚照一口同意，還給了他們幾萬政府軍。張、許二人就打著「掃清朱宸濠餘孽」的旗子如鬼子進村一樣進了南昌城。
兩人一進南昌城，馬上把城裡的監獄恢復，一批批「朱宸濠餘黨」被拖了進來，接受嚴刑拷打，只有一種人能活著出去：給錢。
沒有王陽明的南昌城已如地獄，雞飛狗跳、聲震屋瓦、怨氣沖天。幸好，王陽明馬不停蹄地回來了，一五一九年農曆十一月末，王陽明以江西巡撫的身分進了南昌城。百姓們簞食壺漿迎接他，惹得張太監醋意大發。他對許泰說：「王陽明這人真會收買人心。」許泰說：「人心算個屁，誰說得民心者得天下，兵強馬壯才得天下。」

這是錯誤的歷史觀和價值觀，很快將得到證實。

百姓對王陽明越是熱情，王陽明的壓力就越大。他必須拯救南昌城的百姓於張、許二人的水火之中。如果有機會，他還想拯救兩人的良知。

他分兩步來走，第一步，樹立權威，必須讓張、許二人知道這樣一個事實：他王陽明才是南昌城的一把手，而不是別人。他回南昌的第二天，穿上都禦史的朝服去了都察院。張忠、許泰正在都察院琢磨朱宸濠的財寶去向，看到王陽明昂首獨步而來，存心要他難堪。張忠指著一個旁位給王陽明看，意思是，你坐那裡。

王陽明視而不見，徑直奔到主位，一屁股坐上去，如一口鐘。張、許二人目瞪口呆，王陽明才假裝反應過來，示意他們坐下——旁位。

許泰冷笑，看著王陽明說：「你憑什麼坐主位？不知高低！」

王陽明盯準了他，說：「我是江西巡撫，本省最高軍政長官，朱宸濠叛亂，都察院沒有長官，依制度，我順理成章代理都察院院長，這個主位當然是我的。況且我是從二品，你等的品級沒我高，你們不坐旁位坐哪裡？」

這番話說得有理有據，張、許二人，包括頭腦靈敏的江彬都無法反駁。王陽明發現自己取得了第一步的勝利，於是乘勝追擊：「咱們談談朱宸濠餘孽的事吧。」

沒有人和他談，三人拂袖而去。

確立權威後，王陽明開始第二步：切斷張、許二人捉拿朱宸濠餘孽的來源。他命人悄悄通知南昌城百姓以最快的速度離開南昌城，等風平浪靜後再回來。但很多人都走不了，因為家裡上有老下有小，故土難離。所以，張忠一夥人每天仍然忙碌不堪，監獄裡鬼哭狼嚎。

張忠等人也有計畫，方式是剝洋蔥。他們不敢直接對王陽明動手，所以從周邊突破捉來王陽明的頭馬伍文定，嚴刑拷打，要他承認王陽明和朱宸濠的關係。伍文定是條硬漢，死活都不讓他們得逞。

這一計畫流產了，他們又生奇計：派一批口齒伶俐的士兵到王陽明府衙門前破口大罵，這是潑婦招式。王陽明的應對策略是，充耳不聞。他和弟子們專心致志地討論心學，在探討心學的過程中，整個世界都清靜如海底。王陽明的淡定讓張忠團夥無計可施，正如一條狗面對一個蜷縮起來一動不動的刺蝟一樣，無從下口。

王陽明發現他們黔驢技窮後，發動了反擊。反擊的招數正是他最擅長的「攻心」。

一五二〇年春節前夕，南昌百姓開始祭祀活動，城裡哭聲震天。王陽明趁勢發布告示，要南昌城百姓在祭祀自己的親人時也不要忽略還有一批不能和父母相見的孩子，那就是被張忠帶來的中央軍。中央軍的戰士們看到告示後流下淚水。張忠等人還沒有拿出反擊的辦法，王陽明趁熱打鐵，再發布告示說，中央軍的弟兄們不遠萬里來南昌，萬分辛苦，他代表皇帝犒師。實際上，王陽明的犒師搞得很簡單，他只是讓百姓們端著粗茶淡飯在大街小巷等著，只要看到中央軍士兵就上前關懷，這些武夫們各個心潮澎湃。王陽明本人也親自上陣，每當在街道上遇到鬱鬱寡歡的中央軍士兵時，都會噓寒問暖一番。這就是將心比心，永遠都不會過時，必能產生奇效。

很快地，張忠這夥人就得到極為不利的消息：軍營中的絕大多數士兵已開始念叨王陽明的好，同時對自己在南昌城裡做過的壞事懺悔。許泰敲著桌子氣急敗壞地說：「完了完了，軍心散了。」張忠默不作聲，江彬眉頭緊鎖。許泰絮絮叨叨起來：「姓王的給這些人灌了什麼迷魂湯，讓他們如此是非不分。」

江彬緩緩地伸出兩指，說：「倆字，攻心。」

張忠把拳頭捶到桌子上，咬牙切齒道：「姓王的太善玩陰的，我們真是玩不過他。」

江彬冷笑道：「每個人都有弱項，我們找到他的弱項，給他點顏色看看。」

許泰冷冷道：「我聽人說姓王的是聖人，無所不能。」

江彬指了指牆上掛的一張弓，吐出一個字：「弓。」

許泰沒明白，張忠一點就透，拍著大腿跳起來，喊道：「他王陽明弱不禁風，看他這次不出醜才怪！走，請王陽明去校場。」

校場人山人海，都是張忠組織起來的士兵，王陽明施施然來了。

張忠扔過一張弓來，向王陽明說：「懂射箭嗎？」

王陽明看了一眼弓，笑笑說：「略懂。」說完，就從旁邊的箭筒裡抽出一支箭搭到弓上，看向遠處的箭靶，緩慢而有力地拉弓，二指一鬆，「嗖」的一聲，箭如流星飛了出去，正中靶心。箭杆猶在震顫，王陽明的第二支箭已在弓上，略一瞄，二指一鬆，這支箭的箭杆在靶心上震顫得更厲害。張忠驚訝得來不及張嘴，王陽明的第三支箭已飛了出去，又是正中靶心。三支箭的射擊一氣呵成，王陽明臉不紅心不跳，場上響起了雷鳴般的掌聲和叫好聲。

王陽明向士兵們微微一笑，把弓扔回給張忠，一拱手：「獻醜了。」說完轉身就走。張忠團夥垂頭喪氣，這是他們唯一能想到的反擊王陽明的招數，可惜慘敗。

射箭事件後，張忠團夥的所有成員都發現他們的隊伍不好帶了，執行力下降，有些士兵甚至還跑到王陽明那裡去聽課。他們一致確定，王陽明是南昌城的真正主人，而他們現在唯一能做的就是夾著尾巴走人。

南昌城百姓用最熱烈的儀式歡送他們，每個人都在心中祈禱，瘟神來南昌只此一回。王陽明沒有祈禱，他知道祈禱也沒用，因為張忠團夥對他的攻擊必有下文。

的確有下文，張忠等人一到南京見到朱厚照，馬上就七嘴八舌地議論起王陽明來。

張忠說：「王陽明平定朱宸濠功勞一般，實際上是知縣王冕（前面提到的活捉朱宸濠那位）擒了朱宸濠。」

朱厚照「哦」了一聲，許泰立即跟上：「王陽明擁兵自重，將來必占江西造反。」

朱厚照「啊」了一聲，張永在旁邊冷笑道：「您有什麼根據嗎？」

許泰是能發不能收的人，幸好江彬接過話頭：「王陽明在南昌城用小恩小惠收買軍心，我們的士兵幾乎都被他收買了。如果您不相信，現在下詔要他來南京，他肯定不敢來。」

朱厚照笑了，說：「下旨，要王陽明來南京。」

詔書一到南昌，王陽明立即啟程。可當他走到安徽蕪湖時，張忠團夥又勸朱厚照，王陽明是個話癆，來了後肯定要你別這樣、別那樣。

朱厚照點頭說：「下旨，要王陽明回南昌。」

王陽明現在成了猴子，被耍來耍去，還沒有申辯的機會。他不想當猴兒，所以沒有回南昌，而是上了九華山。

江彬派出的錦衣衛如狗一樣跟蹤而至。王陽明知道有狗在身後，所以他每天都坐在石頭上，閉目養神，彷彿和石頭合二為一了。

錦衣衛得不到任何有價值的資訊，只好回報江彬：王陽明可能得了抑鬱症。

抑鬱症沒有，但王陽明的確得了病。他三次上書朱厚照，要回家養病，同時看一下入土多時的祖母。朱厚照在張永的阻攔下三次不允，王陽明在九華山上對弟子們說，這可如何是好，我現在是如履薄冰，不敢多走一步，很擔心被張忠等人拿了把柄去。

弟子們說：「老師也有退縮的時候啊。」

王陽明回答：「誰喜歡身在誣陷的漩渦裡！」

弟子們問他：「那您現在該怎麼辦？」

王陽明不知道下一步該怎麼辦，直到南京兵部尚書喬宇的到來。

喬宇本是北京民政部的副部長，因得罪江彬而被排擠到南京坐冷板凳。可能是這件事對他的打擊很大，突然有一天他認定江彬要謀反。沒有人相信他，他卻矢志不移地向別人灌輸這個信念。朱厚照南下，他捶胸頓足，認定江彬可能要在這個時候動手。可還是沒有人相信他，他於是找到王陽明，說了自己的擔憂。

王陽明也不太相信，喬宇就說了一件事證明自己的判斷。這件事的經過如下：幾日前，朱厚照和江彬到郊外打獵，某日宿營突然發生夜驚，士兵們紛紛到皇上軍帳前保衛，想不到皇上居然不在軍帳。找了許久，才在一個山洞找到狼狽不堪的皇上，和皇上在一起的就是江彬，江彬緊張兮兮。

王陽明沒有喬宇那樣豐富的想像力，不過他曾在給朱厚照的信中談到過朱厚照南下面臨的風險，朱宸濠餘黨還在江湖上，皇上又不肯回北京，如果真的發生不測……

王陽明不敢想下去，他的良知也沒有再讓他想下去，而是讓他馬上行動起來。一五二〇年農曆六月，王陽明集結軍隊在贛州郊區進行了一場聲勢浩大的軍事演習。演習準備期間，王陽明的弟子都勸他不要如此高調，因為張忠團夥賊心不死，搞演習就是授人以柄。

王陽明說：「我之所以這樣做當然有苦衷，我要警告那些別有用心的人，不要打皇上的主意。話說回來，即使我不搞軍事演習，那群人想找麻煩就一定能找得出來。既然橫豎都是被人盯著，何必畏畏縮縮，如果有雷就讓它打吧，有電就讓來閃吧。」

仁者所以無懼，是因為做事全憑良知。

為了表達自己的這一想法，王陽明作了一首《啾啾吟》：

> 丈夫落落掀天地，豈顧束縛如窮囚！千金之珠彈鳥雀，掘土何煩用鐲鏤？君不見，東家老翁防虎患，虎夜入室銜其頭？西家兒童不識虎，抱竿驅虎如驅牛。癡人懲噎遂廢食，愚者畏溺先自投。人生達命自灑落，憂讒避毀徒啾啾！

這是王陽明經歷張忠團夥的誹謗和構陷後豁然開朗的重新認識，超然、自信、不惑、不憂的人生境界躍然紙上。

讓人驚奇的是，朱厚照對王陽明大張旗鼓的軍事演習毫無意識，所以當江彬向他進讒言說王陽明別有用心時，朱厚照一笑置之。朱厚照現在最迫切的想法是讓朱壽大將軍名垂青史。幾個月前，他真把朱宸濠放到了鄱陽湖上，派給朱宸濠一群士兵，這群士兵的唯一工作就是擂鼓和揮舞旗幟。朱厚照英勇神武，身穿重甲，站在船頭指揮作戰，朱宸濠毫無還手之力，繳械投降。這是一場完全有資格載入史冊的戰事，朱厚照決心要把這件事和他當初的應州大捷寫入他的人生，這叫雙峰並峙。

他的這一想法給王陽明製造了難題。王陽明曾向中央政府連上兩道捷音書，天下人都知道是王陽明捉了朱宸濠。現在要把這一客觀事實改變，解鈴還需繫鈴人，王陽明想躲也躲不開。

朱厚照明示張永，要他暗示王陽明，重上江西捷音書。

張永哭笑不得地暗示王陽明：只要把張忠團夥和朱厚照寫進平定朱宸濠的功勞簿裡，此前種種，一筆勾銷。王陽明也哭笑不得，他是個有良知的人，不能撒謊。即使面對種種構陷也不願意撒謊。

張永對王陽明的高潔品格印象深刻，他只好拿出最後一招，也是王陽明最在意的一招：如果按皇上的要求重寫江西捷音書，皇上馬上回北京！

王陽明片刻沒有遲疑，馬上按照要求重寫。張永成功了，因為他知道王陽明不在乎自身安危，卻在乎皇上和天下百姓。皇上在南方多待一天就多一天危險，而當地百姓也會早日解脫，要知道，皇上和他的軍隊每天吃喝的錢可都是民脂民膏啊！

一五二〇年農曆七月十七，王陽明獻上修改版平定寧王報捷書，朱壽大將軍、張忠、許泰、江彬成為功勳，王陽明屈居功臣第二梯隊。

朱厚照果然說話算話，一五二〇年農曆八月下旬，朱厚照從南京啟程回北京。王陽明得到消息後大鬆了一口氣。有弟子問他：「老師您受到如此不公正待遇，卻還心繫皇上，這是良知的命令嗎？」

這個問題問得非常刁，所以王陽明被問住了。

人生在世，難免遇到不公正的待遇。可當遇到不公正待遇時，我們該怎麼辦呢？王陽明時常教導弟子，為了自己相信的正義要勇敢去拼，不要做縮頭烏龜，否則就算活千年，不過是千年的禽獸。如果王陽明知行合一，他就應該在面對張忠團夥的無恥和朱厚照的昏聵時勇敢地說「不」，他應該抗爭，而不是畏畏縮縮地被人牽著鼻子走，到頭來貢獻了力量卻沒有得到榮譽，任何人的良知都不會教導他，這樣做是對的。

王陽明思考了很久，終於說出了一個可以讓人接受的答案：「應視功名利祿如浮雲，要勇敢地去做事，不必計較事成之後的榮耀。有榮耀是我幸，無榮耀是我命，這就是良知給我們的答案。」

致良知

直到一五二〇年農曆九月前，王陽明始終把「存天理去人欲」作為他心學的終極目標。每當有人問他應該如何成為道德聖人時，他給出的方法也只是「存天理去人欲」，但經歷了張忠團夥處心積慮地讒誣構陷而能毫髮無損後，王陽明的心學來了一次飛躍，這即是「致良知」的正式提出。從此後，王陽明什麼都不提，只提「致良知」。

有人考證說，「致良知」早就被南宋的理學大師胡宏提出過，我們已無從得知王陽明是不是抄襲了胡宏，還是根本不知道胡宏而自創出來的。無論哪種情況，在今天，「致良知」和「王陽明」已成一體，不容置疑。

「致良知」其實很容易理解，就是用良知去為人處世。按王陽明的話說則是，由於良知能分清是非善惡，所以它就是天理，致我心的良知於萬事萬物上，萬事萬物就得到了天理，於是皆大歡喜。

「致良知」的運行原理是什麼呢？王陽明和弟子陳九川的一段對話是最佳的答案。

陳九川向王陽明提出這樣一個困惑：「心學功夫雖能略微掌握些要領，但想尋找到一個穩當快樂的地方，倒十分困難。」

王陽明告訴他：「你正是要到心上去尋找一個天理，這就是所謂的『理障』。此間有一個訣竅。」

陳九川就問訣竅是什麼。

王陽明回答：「致良知。」

陳九川問：「如何致良知？」

王陽明回答：「你的那點良知，正是你自己的行為準則。你的意念所到之處，正確的就知道正確，錯誤的就知道錯誤，不可能有絲毫的隱瞞。只要你不去欺騙良知，真真切切地依循著良知去做，如此就能存善，如此就能除惡。此處是何等的穩當快樂！這些就是格物的真正祕訣，致知的實在功夫。若不仰仗這些真機，如何去格物？關於這點，我也是近年才領悟得如此清楚明白的。一開始，我還懷疑僅憑良知肯定會有不足，但經過仔細體會，自然會感覺到沒有一絲缺陷。」

據此，我們可以知道，「致良知」就是「格物致知」裡的「致知」，它的運行原理就是按良知的本能（能分是非善惡）指引去為人處世。

我們現在可以追溯王陽明如神的用兵事蹟，他對付江西土匪和朱宸濠未敗一戰，一個顯而易見的原因是：他在多方面考察和大量資料搜集後，一旦定下戰略就絕不更改。這恰好就是「致良知」的力量。

由上面的論述可以知道，王陽明心學認為人心中有個能分是非善惡的良知，所以人不必靠典籍，也不必靠其他外在的方面來證明，良知剎那間一發作，那就是正確答案。但千萬不能有第二次發作，也就是在一件事上不要反復思考，記住你面對事情時腦海中的第一個解決方案，那就是最佳方案，這也就是真正的致良知。一個出色的軍事家就應該致良知，相信自己良知的力量，按良知的指引做出決定，這樣才不會疑慮和悔恨。

沒有確鑿的證據證明王陽明是在一五二〇年農曆九月的哪一天提出了致良知的心學思想，我們只是知道，王陽明心學又被稱為「良知學」，可見致良知在王陽明心學中的分量。

據王陽明自己說，提出「致良知」還要特別感謝張忠團夥，如果沒有他們對他進行的百般構陷使他每天都在生死一線徘徊，他就不可能在這極端惡劣的人為環境中提出「致良知」。

王陽明對良知的評價非常高，他曾在給弟子的書信中說，考察人類歷史和神鬼歷史，發現「致良知」三字是聖門正法眼藏，能規避災難、看淡生死。人如果能致良知，就如操舟得舵，縱然無邊風浪，只要舵柄在手，就能乘風破浪，可免於沉沒。

聽上去簡潔明快的「致良知」真的有如此神奇？王陽明的回答是堅決的肯定，不過他也有擔憂，說：「就是因為致良知如此簡捷，很多人會不太重視，走向歧路。實際上，我的致良知之說是從百死千難中得來，真不可以輕視。」

王陽明這種擔憂是必要的，多年以後，王陽明心學的衰敗就是他這種擔憂成了事實。我們也無從明白，王陽明怎麼會把「致良知」看得如此重要，並且預見性地認為人們在學習良知學時會走歪路。

依我們之見，致良知無非是用良知去為人處世而已，這有什麼難的？可王陽明卻說，人人都明白，但很少有人能真的做到。一件壞事到眼前，良知明明告訴你不要去做，無數人還是違背了良知的教導。這就是王陽明為什麼說「致良知」看似簡易，其實艱難的原因在於：知行不一。

按王陽明的意思，如果我們做每件事都按良知的指引去做，那就能獲得不動如山的心和排憂解難的智慧。他在張忠團夥的非難中能安然度過，除了一點點運氣外，靠的就是這種不動如山的心和排憂解難的智慧，而這兩種東西，必須長時間地堅持致良知才能獲得。

王陽明心學無非如此！

它難就難在我們很多人都不能持之以恆地致良知，如果真能堅持到底，那超然的心態和超人的智慧就會不請自來。遺憾的是，我們很多人都不能把致良知堅持到底，所以我們缺乏不動如山的定力和解決問題的智慧，煩惱由此而生。

一五二〇年農曆九月後，王陽明開始向弟子們講授「致良知」。第二年五月，王陽明在白鹿洞書院大事聲張「致良知」，並且聲稱，他的「致良知」學說並非空穴來風，而是直接從孟子而來，也就是說，聖學到孟子後就戛然而止，賴天老爺垂青，終於讓他接下了孟子手中的棒子。這種說法，韓愈、程頤、陸九淵、朱熹都用過，並無創新。王陽明還煞有介事地說，他提出的「致良知」是千古聖賢尤其是孟子遺留的一點血脈。對於那些譏笑和反對他學說的人，他長歎說：「這些人頑固得很，即便滴血認親得到證據，他們也不會相信。」

王陽明顯然在睜著眼睛說瞎話。孟子所謂的「良知」純粹立足於人的情感上，也就是道德上，惻隱之心、羞惡之心都屬於道德，屬於善惡之心。而王陽明提的「良知」則除了關於道德的善惡之心外，還有關於智慧的是非之心，這一點一定要注意。

在王陽明弟子越來越多的同時，他的學術敵人也越來越多。這些人攻擊王陽明的致良知學說是枯禪，理由是，禪宗主張直指本心，人人都有佛性，佛在心中坐，不去心外求。而王陽明的心學和禪宗異曲同工，無一例外的，他的學術敵人都是朱熹門徒，發誓有生之年和王陽明心學不共戴天。

王陽明的反應很讓這些人憤怒，他不但未有所收斂，反而變本加厲。一五二一年農曆八月回浙江余姚後，他居然肆無忌憚地擴招門徒，搞得天下人都知道浙江余姚有個王陽明在講心學。在他的敵人看來，王陽明明知道自己的學說是荒謬的，應該痛哭流涕地向他們懺悔。可王陽明不但不知悔改，還拿聖人孟子當擋箭牌，這真是恬不知恥。

攻擊謾罵王陽明的聲音在整個明帝國成了學術界的主旋律，上到中央政府高級官員下至地方小吏，王陽明的敵人滿坑滿谷。當然，對他頂禮膜拜的人也是浩如煙海。王陽明大有不管不顧的氣勢，用他的話說，我只相信自己的良知，其他一概不理。

他曾和弟子們談論過這樣一件事：為什麼自平定朱宸濠後，王陽明的學術敵人像雨後的狗尿苔一樣層出不窮？有弟子說：「因為先生立下與天地同壽的奇功，所以很多人都嫉妒先生，因妒生恨，這應該是真理。」還有弟子說：「這是因為先生的學說影響力已如氾濫的黃河一發不可收拾，而那些朱熹門徒自然要站出來反抗讓他們耳目一新的學說。」更有人說：「先生創建了動搖山河的功勳，所以尊崇先生的人越來越多，根據辯證法，那些排擠阻撓先生的人也就越來越賣力。」

王陽明說：「諸位的話有道理，但並不是根本。最根本的原因應該是這樣的，未發現良知妙用之前，我對人對事還有點鄉愿的意思，也就是言行不符。可我確信良知的真是真非後，就發現只要我按照良知的指引去為人處世，心情非常愉快，由此就養成了『狂者』的胸襟。即便全天下人都講我言行不符也毫無關係。這就是自信，真正的自信就是相信自己的良知！良知告訴你什麼時候該做什麼事，那就去做，不必顧慮、不必計較。」

如果說，王陽明在龍場悟道的「格物致知」是王陽明心學的基調，那麼，他後來提「知行合一」、「存天理去人欲」則是探索方法。一五二〇年，他提出「致良知」，由此給了王陽明心學的靈魂。到他一五二一年這次和弟子談話後，王陽明心學第一次在他身上有了成果：超狂入聖。王陽明心學的主張就是要成為聖人，先要成為狂者，然後才能循序漸進，進入聖人殿堂。

所謂「狂」，就是在相信真理的前提下時刻堅持真理、踐履真理，其他一概不管。或者說，和真理無關的事就不是我的菜，對於不是我的菜，我不需偽飾，只要本色表現就可以了。

王陽明年輕時就是個狂放不羈的人，堅持建功立業的真理。為了這個真理，他廢寢忘食苦讀兵法，不屑眾人的嘲笑在飯桌上用果核排兵佈陣，這就是狂。因為他本是個狂人，所以他英雄相惜，他也喜歡別人是狂人。一五二〇年他收服王艮就是個典型例子。

王艮原名王銀，出生於儒家大本營江蘇泰州，父親靠煮鹽維持全家生計，王艮七歲開始學習理學，四年後輟學繼承父業，二十五歲時成為當地富翁。由於經濟條件許可，王艮重新回歸理學，他的天分和刻苦成就了他，二十九歲的某天夜裡，他從夢中驚醒，渾身大汗如雨，突然感覺心體洞徹、萬物一體，確切地說，他悟道了。

其實，即使朱熹本人，也不可能在四年時間裡悟透理學之道，王艮的悟道只是他沒有深厚的理學基礎，沒有基礎就沒有思想負擔，一番胡思亂想後就很容易讓自己誤以為悟道了。王艮自悟道後，就四處講學，他的講學有個特點：不拘泥陳說舊注，而是根據自己的心理、以經證心，以悟釋經。說白了，就是望文生義，但因為可以言之成理，所以他的聽眾越來越多。

三十七歲時，王艮已在泰州聲名大振，他把自己塑造成超級特立獨行的人物：按古禮定制了一套冠服，帽子叫「五常冠」，取儒家仁義禮智信五常之義，衣服是古代人穿的連衣裙「深衣」。穿戴完畢，他捧著笏板，行走時邁的步子經過精緻的測量，坐時一動不動，和死人唯一的區別就是還有氣息。

王艮還有一特立獨行之處，就是嗜酒、嗜賭如命。一五二〇年他到江西挑戰各路理學大家並且百戰百勝。他最後狂傲地宣稱，天下沒有人可以當他的對手。當有人告訴他，江西有個叫王陽明的在學術上很厲害時，他冷笑。

王陽明聽說有這樣一個人後，派人隆重地去邀請。王艮沒有時間，他正在喝酒賭博。王陽明不停地去請，王艮不停地在喝酒賭博。

王陽明的弟子勸說：「這種人還是算了，他既然不想來，強求不得。」

王陽明說：「據說這人很有『狂』氣，我非要他來見我不可。」

弟子們問：「難不成去綁架他？」

王陽明笑了笑，找出幾個學習能力強的人專門學習喝酒賭博。這幾名弟子學成後就跑到王艮面前，先是喝酒，把王艮喝得大醉三天，又和王艮賭博，王艮輸得一塌糊塗。王艮大為嘆服，對方卻告訴他，我們不是自學成才，而是有名師指導。王艮問是何人，他們就把王陽明的名字告訴了王艮。

王艮大吃一驚，說：「想不到王陽明這老儒還會這些東西。」

這些贏家就說：「我們老師非腐儒，而是能靈活變通的聖人。」

王艮打了幾個酒嗝，推開牌局，說：「那我要去見見他。」
王艮戴上了他的復古帽，穿上了他的非主流衣服，捧著笏板來見王陽明。
二人開始了一段有趣的對話。
王陽明：「你戴的是什麼帽子？」
王艮：「舜帝的帽子。」
王陽明：「穿的什麼衣服？」
王艮：「春秋道教創始者老萊子的衣服。」
王陽明：「為什麼穿這樣非主流的衣服？」
王艮：「表示對父母的孝心。」（舜和老萊子都以孝著稱）
王陽明：「你的孝道貫通晝夜嗎？」
王艮：「當然。」
王陽明：「如果你認為穿這套衣服就是孝，那你脫掉衣服就寢時，你的孝還在嗎？」
王艮：「我的孝在心，哪裡在衣服上！」
王陽明：「既然不在衣服上，何必把衣服穿得如此古怪？你是想把孝做給別人看？」
王艮無言以對。
王艮：「咱們來談談天下大事吧。」
王陽明：「君子思不出其位，天下事可不是你這樣的人應該管的。」
王艮狂傲道：「我雖是個草民，但堯舜君民之心，沒有一天忘記過。」

王陽明：「當年舜是平民時在山中和野獸玩樂，快樂得忘記了還有天下這回事。」

王艮：「那是因為上有堯這樣的聖君。」

這回輪到王陽明答不上來了。王艮說得對，上有堯那樣的聖君，作為平民的舜才沒心沒肺地忘記還有天下這回事。可如果上有朱厚照那樣的混蛋，作為一個有良知的平民，是否還應該沒心沒肺呢？

我們可以看出，王陽明和王艮在後者著裝上的談話已經透露了王陽明「心即理」的心學核心，而王艮的回答恰好符合了這個心學的核心。王陽明發現，這是一個可塑之才，大喜之下，連忙給王艮腦子裡灌他的心學思想，從「格物致知」談到「誠意」，再談到「存天理去人欲」，最後談到「致良知」。王艮聽得一愣一愣的，深深拜服。王陽明最後說：「其實你已有了『狂』的靈魂，但有點跑偏，你應該靜下心來，專心致志地得到『狂』的真諦，這就需要你致良知。你的名字『銀』邊是個金字，金乃狂躁流動之物，把它去掉，名為王艮，字『汝止』。這是提醒你自己：要靜止，不要太流動。」

王艮同意王陽明的見解，從此專心地學習起心學來。王陽明後來說：「我收服王艮比我平定朱宸濠還有滿足感。」但也正是這個王艮，後來把王陽明心學的這艘巨舟駛入狂傲不羈的禪宗海洋，讓王陽明心學的敵人們有了攻擊的話柄，導致心學在明代被圍剿，直至沒落。

當然，這是後話了。

從王陽明的角度來看，王艮犯的致命錯誤就是，全力渲染良知的效用，而不注重光明良知。王陽明說，因為我心中有良知，良知能辨是非善惡，所以我只要按良知的指引去做事就一定符合天理。問題是，良知能分是非善惡，是因為良知光明。如果良知不光明，在是非善惡上，它的作用就會微乎其微。王陽明一直主張，你固然有良知，但別人也有良知，只有大多數人的良知認定同一件事是對的或者錯的，那才叫心即理，否則就不是。

王艮和他後來的弟子都有這樣的思路：良知告訴我，五花肉好吃，那不管什麼場合面對什麼人我都吃。但如果我們面對穆斯林時吃豬肉，那就是大不敬，這種行為就不符合天理了。也就是說，這個時候，你的良知分清的就不是「是」或者「非」，它完全反了。

不過這大概也不能怨王艮，王陽明在對待良知能分清是非的問題上，也刻意強調良知的作用。曾經有個叫楊茂的聾啞人向王陽明請教如何對待「是非」，王陽明用筆和他交談。

王陽明：「你的耳朵能聽到是非嗎？」

回答：「不能，因為我是個聾子。」

王陽明：「你的嘴巴能夠講是非嗎？」

回答：「不能，因為我是個啞巴。」

王陽明：「你的心知道是非嗎？」

楊茂興奮起來，手舞足蹈，拚命點頭。

王陽明最後寫下這樣的話：「你的耳朵不能聽是非，省了多少閒是非；口不能說是非，又省了多少閒是非；你的心知道是非就夠了。」

人人都有良知，所以人人心中都知道「是非」，但耳朵不聽是非，口不說是非，那也不是知行合一。

王陽明說他已進入狂放、不管不顧的境界，其實這只是他的一廂情願，至少他在良知指引下的狂放境界就不能完全解決下面的問題——對朱厚照的評價。

偉大的楊廷和

人人都知道王陽明在平定朱宸濠中居功至偉，人人也都知道，王陽明最終鬧了一場空。他的全體弟子都為他抱不平，但無濟於事。甚至是退休在家的楊一清也為王陽明抱不平，也無濟於事。整個一五二〇年，王陽明成了一把掃帚，掃完朱宸濠這堆垃圾後就被人放到牆角，中央政府所有高官顯貴都故意不想起他。

一五二一年農曆三月，王陽明的光明時刻看似到來。因為朱厚照死了，環繞在他身邊的垃圾群如冰山消融，首當其衝的自然就是江彬。

一五二〇年末，朱厚照一行到達通州，江彬提醒朱厚照不要回紫禁城，因為一旦回紫禁城再出來就很難。江彬設法讓朱厚照相信，在通州完全可以處置寧王餘孽，完事後可以去他在大同建造的行宮。朱厚照欣然同意，就在通州，審訊朱宸濠同黨。強尼和吏部部長陸完被拖到他面前，朱厚照對二人恨得咬牙切齒，因為他們以謀反來回報他對他們的信任。他以惡作劇的方式來懲治這兩個罪犯：把二人剝得一絲不掛，五花大綁，站在嚴寒天氣中讓士兵向他們身上吐口水。淩辱完畢，他命令把二人淩遲處死。至於朱宸濠，他顯示了家人溫情的一面：允許朱宸濠自盡，不過朱宸濠自盡後，他命令把朱宸濠的屍體燒成灰燼。

雖然朱宸濠已灰飛煙滅，但朱厚照相信江彬的說法，所以對中央政府官員要他回京的請求置之不理。但他的身體已不允許他再胡鬧。兩個多月前，他在江蘇淮安的清江浦獨自划船時，船莫名其妙地翻了，他喝了好多口水才被人救起。也就在那時，他經常會感到寒冷，不停地咳嗽，到通州時，他給人的感覺已是有氣無力。

朱厚照其實特別想去大同行宮，但紫禁城來到通州的御醫告訴他，如果不回北京進行一番正規的療養，那後果不堪設想。他聽到這句話時很遺憾地看了看江彬，江彬欲言又止的神情讓他如墜雲裡霧裡。

一五二〇年農曆十二月初十，朱厚照終於病體沉重地回到紫禁城。雖然如此，他還是進行了一番誇張的表演：幾千名捆綁著的俘虜排列在通往皇宮的路旁，他則騎著高頭大馬，穿著軍裝耀武揚威的「檢閱」俘虜們，由於身體的關係，這場表演很快結束了，這是他人生中最後一次表演，有點失敗。

三天後，他勉強從床上爬起到天壇獻祭。在群臣的驚呼聲中，他當場暈倒，被抬回紫禁城時，氣若游絲。皇家御醫們雖然保住了他的命，卻沒有恢復他的健康。一五二一年農曆二月初二，他帶病和一位宮女進行品質不高的性生活，之後，病情加重，只能躺在病床上回憶往事。一五二一年農曆三月十四，朱厚照一命嗚呼，享年三十一。

一直以來，人們對朱厚照的評價都不高。大家普遍認為，朱厚照是一位自私任性的皇帝。

倘若用王陽明心學來評價他，應該有兩種評價：作為普通人，朱厚照無疑是很出色的，因為他能創造心靈的自由，不被那群腐朽的老臣訂立的規則所左右，只活最真實的自己；但作為皇帝，他是極不合格的。朱厚照在享受皇帝權力帶給他快樂時卻很少履行皇帝應該盡的責任。按王陽明心學的解釋，朱厚照的心中應該有這樣的天理：我要為江山社稷負責，要為黎民蒼生負責。但事實證明他沒有。他心中的「天理」就是：我行我素，讓自己成為一個「將軍——皇帝」式的皇帝。如你所知，這和大多數人（儒家門徒）對皇帝心中應該具備的天理的共識背道而馳。

天理是什麼，其實就是有良知的大多數人對一個道理達成的共識。顯然，身為皇帝，朱厚照沒有按他的良知去行事。

江彬也沒有按自己的良知去行事。朱厚照在殘存於世的那兩個月裡，江彬一直在違背良知。他明知道朱厚照已病入膏肓，卻還要求朱厚照去大同行宮，目的只有一個：朱厚照死時，他能在身邊，將來的事就都好辦了。

但朱厚照忽然變得聰明起來，他回到北京紫禁城，讓江彬的計畫泡湯了。江彬明知道偽造聖旨不是臣子應該做的事，卻還是在一五二一年農曆三月初九偽造了一道「要江彬擔任北京郊區邊防軍司令」的聖旨。

北京郊區的邊防軍是江彬幾年前在得到朱厚照許可的情況下調動的大同軍區部隊，這是一支訓練有素、久經沙場考驗的部隊，能以一敵百。江彬希望這支軍隊能為他的前途保駕護航。他接下來唯一要做的事就是守在朱厚照病榻前，只要朱厚照一死，他可以再偽造朱厚照的遺命，而他江彬則將名標青史。至於怎麼名標青史，江彬的答案是：造反。

這一計畫險些就成功了，但最終還是功虧一簣：一五二一年農曆三月十四朱厚照咽氣時，江彬不在朱厚照身邊，歷史由此轉向。

朱厚照死時，身邊除了幾名宮女外，只有兩個與大局無關的司禮太監，兩名太監記下了他的臨終遺言：「朕疾至此，已不可救了。可將朕意傳達太后，此後國事，當請太后（張太后）與內閣定奪。從前政事，都由朕一人所誤，與你等無關。」

相當一部分人認為，朱厚照的遺言是偽造的。那兩個宦官很擔心朱厚照死後政府官員找他們算帳，所以添加了「從前政事，都由朕一人所誤，與你等無關」這一句。即使這句是偽造的，但前面幾句話肯定是真的，因為它是口語，反映了朱厚照實際說話的情態。

朱厚照把後事完全交給皇太后和大學士，說明他臨死前已變得清醒。如果他再混帳一點，把後事交給江彬，後果不堪設想。

出色的政治天才、內閣首輔楊廷和勇擔重任。他要做的第一件事就是尋找新皇帝，朱厚照一生沒有兒女，而且也沒有過繼的子嗣，所以必須要從朱家重新挑選一位。這件事不必臨時抱佛腳，楊廷和早在朱厚照臥床不起時心中就有了人選，而且曾向朱厚照暗示過，但朱厚照認為自己可以起死回生，所以沒有答覆。當楊廷和第一時間得知朱厚照歸天的消息後，馬上跑進太后宮中，提出了他心目中的人選：設藩於湖廣安陸（湖北鐘祥）的興王朱厚熜（時年十三歲）。太后同意了。楊廷和立即向群臣宣布這件大事，群臣譁然。

楊廷和的理由是：朱厚熜天生明敏、溫文爾雅，後天受到良好的教育，有明君的氣度。張兵部尚書王瓊第一個強烈反對。他的理由是，皇上朱厚照還有很多叔伯，讓一個十三歲的孩子來做皇帝，這太玩笑了。楊廷和老謀深算地祭出朱元璋制定的《皇明祖訓》說，這裡有「兄終弟及」的規定，我是按規定辦事。

王瓊又反對說：「『兄終弟及』的『弟』必須是嫡長子，而朱厚熜是他老爹朱祐杬的次子，這不符合規定。」

楊廷和冷笑說：「朱祐杬的長子已死多年，我們去哪裡請他？」

王瓊再反對說：「無論如何都輪不到朱厚熜，益莊王朱厚燁（設藩江西撫州）今年二十三歲，生性恬淡，生活簡樸，而且是嫡長子，他更適合。」

楊廷和冷笑：「別忘了，江西可剛出了個寧王朱宸濠。你提江西的朱厚燁，什麼意思？」

王瓊驚駭萬分，突然發現這場廷議殺機四伏，馬上閉嘴。沒有人反對，因為該反對的理由都被王瓊說盡了。

楊廷和為什麼非要違背《皇明祖訓》選朱厚熜而不選朱厚燁，從二人的年齡上就可以得到答案：朱厚熜十三歲，還是個小孩子，容易控制，而朱厚燁已經二十三歲，具備了獨立意識，楊廷和控制起來會非常麻煩。

迎朱厚熜繼位的大隊人馬剛出北京城，楊廷和立即著手第二件事：解決江彬。

一五二一年農曆三月十七日，楊廷和正式發布朱厚照遺詔，江彬大搖大擺地來聽遺詔。他不擔心楊廷和，因為他來之前就已經和他的部隊商量好，只要在約定的時間內沒有見到他出宮，他的部隊將採取行動。楊廷和當然明白江彬是有備而來，所以絕不會在這時對他動手，但還是偽造了朱厚照的遺詔，命令江彬指揮的邊防軍撤出北京回大同軍區。

命令於發布的那一刻開始就開始執行，邊防軍陸續北返。江彬的幕僚們慫恿他立即採取行動，可江彬根本就不是成事的料，他猶豫不決。大概是邊防軍撤出北京一事嚴重地打擊了他，他已亂了方寸，甚至派人去打探楊廷和的態度。

楊廷和發現自己已掌握了主動權，內心狂喜。不過表面上他還是設法讓江彬相信，他對江彬不會採取任何行動，且處理江彬是未來皇帝的事，他一個首輔沒有這個權力。

江彬得到這一消息後，如釋重負。他不知道這是楊廷和的緩兵之計，只要等邊防軍全部撤出北京，楊廷和就會翻臉無情。由這件事可以推斷，江彬不過是個庸人，他最擅長的只是諂媚和構陷，對政治，他一竅不通。

江彬的幕僚們看到主子忽然悠閒起來，不禁扼腕歎息。一五二一年農曆三月十九日，邊防軍全部撤出北京，江彬現在成了孤家寡人。他的幕僚們出於對主子的愛護，勸他立即離開北京。江彬拒絕，他不但拒絕這一善意的提醒，反而就在當日跑到皇宮裡參加坤寧宮的落成典禮。在典禮進行到最高潮時，江彬突然發現露天禮堂周圍多了很多士兵，一股冷汗順著頭皮流了下來。他推開眾人想要逃跑，楊廷和大喝一聲，早已準備多時的士兵把他拿下，送進了錦衣衛大牢。

等待他的只有死路一條。

解決江彬後，楊廷和淩厲地開始第三件事：滌蕩朱厚照在北京城內的一切痕跡。撤銷朱厚照的皇家娛樂場所，遣散仍逗留在宮中的僧侶、異域美女、演藝人員。把朱厚照豢養的野獸統統拉到郊區放走，或是殺掉。

看上去，紫禁城恢復了它本來的莊嚴。

楊廷和現在成了明帝國當之無愧的主人，成了一個偉大的人。一個月後，朱厚熜來到北京郊外，偉大的楊廷和指示有關人員：要以迎接太子的儀式迎接朱厚熜。

楊廷和是想給朱厚熜一個下馬威，要朱厚熜意識到他的龍椅是怎麼來的。朱厚熜不領這個情，他傳話給楊廷和說：「我不是先帝的兒子，所以不是太子，我是來繼承帝位的，所以我是皇帝，要用迎接皇帝的儀式迎我進城。否則，我就打道回府。」

楊廷和沒想到這個十三歲的孩子這麼較真，他只能同意朱厚熜的意見。本年農曆四月二十二，朱厚熜以皇帝的身分被迎進北京城，楊廷和先敗一局。

朱厚熜繼位的第五天，禮部接到這位小皇帝的命令：拿出適合於他父母的大禮和稱號的意見。

這是朱厚熜註定要面臨和解決的問題：他不是先皇朱厚照的兒子，他有自己的親生父母。他既然做了皇帝，那按常理，他的父母必然是太上皇和皇太后。

可正如楊廷和所說：當今聖上的父母不能是太上皇和皇太后，因為他的帝位是從朱厚照那裡得來的。朱熹說過，繼承別人的皇位後，就要稱此人為父，這是天理。而對於親生父親，就不能稱為父，可以稱皇伯、叔父。朱熹總結說，如此一來，正統就明瞭，天下人對皇帝的尊崇就到達極限，天理就昭昭了。

楊廷和拿出自己的見解：朱厚熜應該效仿北宋趙曙（宋英宗）稱呼父母的方式。

趙曙是北宋第五任帝，他前任是趙禎（宋仁宗）。趙禎一生無子，就把兄弟的兒子趙曙認作義子，趙禎死後，趙曙繼位。按儒家家法，他應該稱親生父母為伯父，稱趙禎為親爹，理由是：趙曙是從趙禎那裡繼承的皇位，而不是從親爹那裡。

在偉大的楊廷和的指示下，禮部建議朱厚熜：「稱您親爹為皇伯，而稱朱厚照的父親（朱祐樘）為親爹。」

朱厚熜大為不解，他說：「我和趙曙的情況不一樣，他是早已入繼趙禎膝下的，趙禎活著時，趙曙就已經稱趙禎為父，而且還當過太子。可我從未入繼過朱祐樘，也從未被立為太子，所以我不必遵守儒家理法。」

楊廷和認為這是件嚴重的事，如果朱厚熜真的稱親生父親為父，那就預示著皇帝的位子不必一系相承，朱宸濠要做皇帝，也無非是想從旁系進入皇帝這一系。如果朱厚熜真如願以償，將來皇系以外的皇族各系都會對皇位虎視眈眈。

還有就是，朱厚熜如果真稱親爹為爹，那就是斷絕了朱祐樘一系的正統。這屬於內部革命，無論如何都不成。

朱厚熜非要稱親爹為爹，而楊廷和和他的朱熹門徒同僚們強烈反對，雙方由此展開了空前的激戰，這就是明代歷史上最動人心弦的「大禮議」。

那麼，遠在浙江余姚、不同於朱熹理學的異端王陽明的態度是什麼呢？

不許來京

無須推測，我們就能知道王陽明對「大禮議」的態度必然和楊廷和背道而馳。朱熹理學主張孝道，王陽明心學更主張孝道。所不同的是，王陽明心學對事物做出判斷依靠的不是外界的規定，而是內心的良知。任何人的良知都會告訴他，親生父母就是父母，不可更改。難道朱熹和楊廷和的良知不知道這一點嗎？當然知道！但他們自認為那些儒家的規定能保證正統，所以他們違背良知的告誡，做出莫名其妙的事情來。然而在他們看來，這是很嚴肅的事，認為他們莫名其妙的人才莫名其妙。

朱厚熜的抵抗是強烈的。一五二一年農曆四月到六月，朱厚熜統治下的明帝國最大的政治事件就是「大禮議」。楊廷和帶領全體官員向朱厚熜施加壓力，要他稱自己的父親為皇伯。朱厚熜單槍匹馬，靠著皇帝至高無上的權力頑強抵抗。一五二一年農曆六月，一個叫張璁的新進士讓本無希望再抵抗的朱厚熜神奇地轉守為攻。

張璁的運氣一直不好，連續七次參加會試，才終於在一五二一年的第八次過關，這一年他已四十六歲。張璁一進入政壇，就遇到「大禮議」事件，他發現這是個旱地拔蔥的機會，決心站在朱厚熜一邊和整個帝國的官員們作對。

張璁向朱厚熜表明了自己的主張，他認為楊廷和挑選的典故並不適用於當今皇上，皇上應該稱自己親爹為父。朱厚熜心花怒放，把這個唯一盟友的奏疏轉給楊廷和看。楊廷和傲慢地在奏疏上批下自己的意見：一介書生曉得什麼大體？

十三歲的朱厚熜火冒三丈，把奏疏摔到地上，他有點沉不住氣地要和楊廷和翻臉。他從湖廣帶來的幕僚群提醒他說：「和楊廷和翻臉是極不明智的。從私人角度講，楊廷和是您的恩人；從政治角度講，楊廷和控制著政府，皇帝新來乍到，在力量不足時絕不能和楊廷和控制的政府作對。」

朱厚熜問計，有幕僚提到大量引進外援，比如王陽明。依這名幕僚的見解，王陽明思想開通，而且依靠他的哲學思想和不可置疑的軍功，建立了卓著的聲譽和廣泛的人脈，他將是抗衡楊廷和的最佳人選。朱厚熜轉怒為喜，下旨給王陽明：你當初能剿平亂賊，安靖地方，朝廷新政之初，正是用人之時，你速速來京，我要封賞你，並委你重任，不得遲疑。

一五二一年農曆六月二十一，聖旨到達江西南昌時，王陽明正和他的弟子們在遊山玩水中探討學問。

他接到聖旨後，心中波瀾起伏。客觀地說，王陽明的仕途並不順。開始時王陽明是沒有用武之地，後來有了用武之地，卻永遠都是無名英雄。朱厚照剝奪了他的一切榮譽，他並不沮喪，因為他看淡了這一切。

但他只是看淡這一切，而不是推託。當一個可以施展抱負的機會來到他面前時，他絕不會拒絕。他對弟子們說，新帝上任，朝廷風氣面目一新，此時正是施展我抱負的時機，我應該去京城。

弟子們對老師的深明大義表示讚賞，但有弟子犀利地指出，此一時彼一時。當初您到江西剿匪能功成名就，是因為兵部尚書王瓊。也就是說，您上面有人。可王瓊在一月前已被楊廷和清除出中央，您現在是孤家寡人，皇上又是個初出茅廬的後生，中央政府裡情況曖昧不明，此事還是慎重為好。

王陽明一聽到「王瓊」這個名字，心上不禁一顫。王瓊是他一生中最重要的貴人，沒有之一。如果不是王瓊，王陽明的一生將失色很多，從我們今天的角度來說，如果沒有王瓊，王陽明不過是個哲學家，不可能在軍事家中擁有一席之地。

王瓊在朱厚熜未進北京時就被楊廷和排除，罪名是：私通強尼、江彬等亂黨。這個罪名從王瓊的行為上看是成立的，王瓊和強尼、江彬的關係的確很緊密。可他有不得已的苦衷，當時的中央，想要做成大事必須通過朱厚照身邊這兩位紅人，王瓊之所以主動結交他們，就是為了讓王陽明在江西百無禁忌，否則，一旦派去監軍，王陽明將會束手束腳、難以成事。

結交皇帝身邊的紅人是一個政治家變通的智慧，多年以後的張居正能讓半死不活的明帝國重獲生命力，靠的就是和宮中的大太監馮保的友誼。但對於朱熹門徒的那些君子來說，君子和小人勢不兩立，和那群小人打個招呼都是罪過。

法律專家楊廷和排擠王瓊只和政治有關。自朱厚照死的那天開始，王瓊就對楊廷和的自作主張非常厭惡，楊廷和清醒地認識到，必須要把這塊石頭搬走，他才能控制政局。

王陽明弟子們的擔憂不僅於此。有弟子說：「幾乎所有的政府官員都是朱熹門徒，對王老師您的心學深惡痛絕，您進中央政府和進龍潭虎穴有何區別？縱然朝廷上有為王老師您講話的人，那也是位卑言輕之輩，王老師您雖然有良知在身，能乘風破浪，可咱們在江西待得好好的，為什麼要去經歷大風浪？」

還有弟子小心翼翼地問：「王老師難道有官癮？」

王陽明瞪起眼睛來，說：「胡說！我怎麼會有官癮？我早就教導過你們之中進入仕途的人，仕途如一張網，進入後就會被沾上不得轉身，所以千萬不要沉浸在裡面，要懂得站在網上看。但也不是要你不作為，是要你看明白，然後進入網中去做，做完就趕緊撤出來，這樣才能不被仕途牽引，不被功名利祿所累。」

說完，他歎息一聲說：「皇上此時正是用人之際，我雖然能力有限，但皇上既然能想到我，說明我還有利用的價值，我應該去。」

有先見之明的弟子說：「恐怕去不了京城。」

王陽明問原因。

弟子回答：「楊廷和是朱熹忠實的門下走狗，絕不容許您這樣的異端。」

王陽明說，不能以惡意推測別人，楊廷和是識大體的人，不會為難我。

這可能是心學的一個缺陷：絕不要先以惡意去推測別人，否則自己就先惡了，一旦如此，就是喪失良知的表現。那麼，不要先以惡意去推測別人，該如何防止別人的惡意（例如欺騙）呢？比如有弟子就向王陽明提過這方面的擔憂：「人情詭詐多變，如果用誠信應對它，經常會被它欺騙。很多騙子行騙成功就是利用了人們的厚道和誠信。但是，如果想不被騙，必須事先能察覺，可事先察覺的前提必須是把每個人都當成潛在的騙子。可這樣就違反了孔子『不要預先猜測別人欺詐自己，不要預先揣度別人不誠實』的忠告。也就是說，我這樣做，就把自己變成了那種不誠實、不厚道的人了。」

王陽明告訴他：「這是孔子針砭時弊而言的，當時人們一心欺詐別人，做不誠信的事，而深陷於欺詐和不誠信的泥潭中；還有人不會去主動欺詐別人，但是缺乏致良知的能力，而常常又被別人所欺詐。孔老夫子並非是教人事先存心去體察他人的欺詐和不誠信。只有心懷不軌的人才事先存心，把別人看成是騙子。可即使他時刻防備，也很難不被欺騙。原因很簡單，他把別人當成騙子，就證明他也是騙子。他總是防備別人，心力交瘁，偶一疏忽，騙子就乘虛而入了。」

也就是說，只要我們苦下致良知的功夫，就可以避免被人欺騙，更可以避免別人的攻擊。問題是，攻擊和欺騙的主動權不在我們手中，而在對方的手中，比如楊廷和，他即使知道王陽明沒有把他當成壞人，也不會撤銷阻撓和攻擊王陽明的行動。

王陽明絕不能來中央政府，這就是楊廷和給他自己和他所控制的政府定下的基調。楊廷和和王陽明結怨已久。王陽明當初在江西剿匪，不停地給王瓊寫信報捷，信中隻字不提內閣，楊廷和這位首輔面子上當然過不去。王陽明在這件事上做得的確有些失誤。人人都知道，他王陽明雖然是兵部推薦的，但內閣位於兵部之上，王陽明至少應該提一下內閣才對。另外，楊廷和在思想修為上和王陽明也是水火不容。所以楊廷和對臣僚們說：「皇上要王陽明來京肯定是尋找外援，王陽明的主張必然和我們的相反，所以他絕對不能來京。」

有人認為王陽明來到京城後無依無靠，他的弟子都聚集在政府下層，無關大局，楊廷和是不是有點小題大做了。

楊廷和嚴肅地指出：「王陽明非同小可，不說他那野路子的學說，只看他在江西短時間內創建的軍功就能說明這是個狡詐多端的人。這種人，不能讓他來京城。」

其實，楊廷和還有一點忌諱沒有說，那就是，王陽明和王瓊的關係非常密切，他擔心王陽明來京後皇上會重新重用王瓊。

他對朱厚熜提出自己的意見，朱厚熜的娃娃臉陰沉下來：「我是皇帝，任用一個人還需要你的許可？」

楊廷和吃了一驚，他發現皇上對他的不滿已溢於言表，不過他明白皇上對他的不滿還只停留於言表，他說：「先皇才駕崩，此時不宜行封賞之事。」

朱厚熜跳了起來：「這是哪門子規定？」

楊廷和是法律方面的專家，這種規定他隨時可以找出一百條。他就站在那裡，看著地面，彷彿地面有法律條文一樣，滔滔不絕。

朱厚熜發現在這方面他遠不是楊廷和的對手，擺手示意他停下。他知道自己這次請外援的行動失敗了，但他還抱有一線希望：「我是皇帝，君無戲言，如今已宣王陽明來京，難道要我食言？」

楊廷和早已為他想好了王陽明的結局，這想法是非常隨意的：可讓他返回江西南昌，繼續擔任他的江西巡撫。

朱厚熜深深地鄙視起楊廷和，因為這實在不是對待一位功勳卓著的高級官員的態度。可楊廷和眼睛盯著他，一眨不眨，這讓他如芒刺在背。

必須要扳倒楊廷和！這是朱厚熜當時最真實的想法。但現在，他只能忍耐：那就按你的意思去做吧。

王陽明走到錢塘，楊廷和的聖旨來了：國喪期間不宜進行封賞事，王陽明立即回南昌履行江西巡撫之職。楊廷和還擅作主張，免去王陽明南贛巡撫的職務，由他指定的人選擔任。

王陽明百感交集，幾乎要仰天長嘯。他如掉進冰窟窿裡，渾身冰涼。他沒有讚賞那位有先見之明的弟子，而是看向錢塘江，此時還不是錢塘江大潮來的時候，但他分明感覺到潮水互相衝擊的巨響。他忽然想家了。

一五二一年農曆七月，王陽明向中央政府告假，楊廷和允准。一個月後，王陽明回到闊別已久的浙江余姚。他的父親王華喜極而泣，拉著他的手訴說：「當初朱宸濠造反，有傳言說你也參加了。我卻對人說，我兒向來在天理上用功，知道是非對錯，絕不會做此愚昧之事。後來，又有傳言說你和孫燧等人遇害，我悲傷過後是欣慰，因為你做了忠臣。再後來聽說你討伐朱宸濠，知道原來你還活著，我高興得手舞足蹈，每天都焚香禱告你能馬到成功。再後來，我聽說皇上身邊的那群小人拚命地想把你置於死地，我每天所做的事還是為你祈禱，希望你能化險為夷。而我也知道，公道自在人心，你必能全身而還。如今你回來了，可見世上的確有天理這回事啊！」

父親的一番話讓王陽明流下愧疚的眼淚，說：「讓父親總為我牽腸掛肚，真是不孝！」

王華說：「我之所以擔心你，是因為你在名利場中，不過現在我不必為你擔心，當我見到你第一眼時就發現功名利祿在你眼中已是浮雲了。」

知子莫若父，王陽明的確早已看淡功名利祿。有一天早上醒來，王陽明對弟子說：「昨日穿著蟒玉（江西巡撫的官服），大家都說榮耀，可脫衣就寢，只是一身窮骨頭，何曾添得分毫？所以，榮辱不在人，人自迷耳。」

酒不醉人人自醉，色不迷人人自迷。酒、色、榮辱都是心外之物，如果心外無物，何嘗能為物所迷？

然而有一樣東西是人無法不迷的，那就是親情。它和我們的良知一樣，與生俱來。王陽明曾指著他當年出生的那個閣樓，心情沉重地說：「我的母親五十年前在這裡生下了我。閣樓還在，我還在，母親大人早已不在了。」當他看到年邁的父親和荒草萋萋的祖母墳墓，不由下淚。有耍小聰明的弟子問道：「老師您曾教導我們不要隨意動心，此時為何而動心？」

王陽明擦掉淚水說：「此時此刻，不能不動心！」

對於親情，很少有人不會動心，這是人良知的表現之一，正如朱厚熜非要給他父母正當名分一樣，就是良知。令人齒冷的是，楊廷和和他控制的政府非要朱厚熜泯滅良知。對於朱厚熜而言，楊廷和簡直喪盡天良。

對於喪盡天良的人，朱厚熜唯有抗爭到底。一五二一年農曆八月，朱厚熜命令禮部去湖廣迎接他的親娘。楊廷和命令禮部：以王妃的禮儀迎接，不能以皇太后的禮儀。朱厚熜的母親大怒，拒不進京。

朱厚熜七竅生煙，脫下龍袍，聲言要回湖廣，而且馬上收拾行李。楊廷和慌了，這是明擺的事實，一旦朱厚熜真的走了，他楊廷和就有不可推卸的政治責任。他終於退後一步：迎接朱厚熜的母親可用皇太后禮儀。但在稱呼上，不得變更。

楊廷和退一步，朱厚熜自然就進了一步。只要在前進，那就必能抵達勝利的終點。朱厚熜是這樣想的，忽然又想，如果有人助力，那就更好了。

老天爺像是聽到了他熱切的希望，「助力」翩翩而來。

再見，楊廷和

來的「助力」當然不是王陽明，他正在余姚置辦父親王華的喪禮，全身心沉浸在父子之情的漩渦中，心無旁騖。一五二二年農曆二月，王華安詳地離開人間，享年七十七歲。

王華是王陽明一生中最敬慕愛戴的人。他年輕時和父親王華常有衝突只是性格使然，王陽明內心深處始終把父親當成一個偉大的人，心裡無時無刻不在掛念著父親。王華同樣如此，他親眼看著王陽明從一個叛逆少年成長為國家棟樑，到後來，他幾乎深深地佩服起自己的兒子來。當他離開人世前的最後一刻，朱厚熜第二次封王陽明新建伯的使者們到達余姚，王華在病榻上對王陽明說：「不能有失禮之處，扶我起來迎接使者。」使者走後，王華問王陽明：「有失禮否？」王陽明回答：「沒有。」王華頷首，閉上眼睛，離開人世。

王陽明號啕大哭，像個孩子。大家都以為他會哭得神志不清，但半天工夫，王陽明就從傷悲中恢復過來，投入到葬禮的籌辦中去。像是排兵佈陣一樣，王陽明把門下的弟子們按照素質的不同分工，比如他讓一個謹小慎微的人負責出納，讓平時非常注重衛生的人負責廚房，讓嘴巴靈活的人負責接待客人。余姚風俗，葬禮非常奢華，有肉有酒，連桌椅都要置換新的，王陽明把這一風氣革除，一切從儉。

不過幾天後，他又吩咐廚房烹飪幾樣葷菜。他對弟子們說：「你們這些人啊，平時就有酒有肉的，突然吃素，肯定受不了，所以我為你們添個葷菜。而那些來客大都是浙江余姚人，不添加葷菜，就會和他們的習俗產生衝突，這是權宜之計，也就是致良知。」

任何時代，提倡儉樸都是天理使然。不過也要實事求是，王陽明的這一舉動並未違反天理，相反地，他在處處為別人考慮，恰好符合了天理。楊廷和如果懂得這個道理，就不可能有「大禮議」事件。而正因為他不懂這個道理，才會有懂這個道理的人出現，這就是朱厚熜所希望的助力。

助力來自三個人，第一個是曾大力邀請王陽明到貴陽講學的席書，此時正以都禦史的職務在巡撫湖廣（湖北南部、湖南及廣東北部地區）；第二個是王陽明最忠誠的弟子、吏部官員方獻夫；第三個則是王陽明最聰明的弟子之一、南京刑部主事黃綰。三人將心比心地認為朱厚熜應該聽從良知的指引認親生父親為皇考，同時也就認定楊廷和一党的行為違背天理良知。

朱厚熜看到三人的上書後，心花怒放，馬上重新提出要認自己親爹為皇考的問題。楊廷和堅守陣地，寸步不讓。一五二二年農曆十一月，朱厚熜祖母去世。按禮，皇帝的祖母去世，朝廷應該披麻戴孝三個月，可楊廷和讓禮部下達命令：披麻戴孝十三天。朱厚熜的肺都快要氣炸了，他私下指使被楊廷和驅趕到南京的張璁聯合各種力量反擊。

一五二三年農曆十一月，張璁、南京司法部主事桂萼、席書、方獻夫、黃綰聯合上書請求朱厚熜堅持立場。朱厚熜以迅雷之勢召集朝中官員要他們議論這份上書，同時發布命令，調張璁、桂萼進京任職，其他三人也被重用。

當楊廷和準備動用他的政府力量阻止時，為時已晚。楊廷和心驚肉跳起來，他發現這個小皇帝的手腕比他想像的還要強。一五二四年春節剛過，楊廷和向朱厚熜提出辭職，同時命令他的黨羽們上書朱厚熜挽留他。朱厚熜見到雪片一樣請他挽留楊廷和的上書，只好不同意。楊廷和發現自己先贏了一局，馬上乘勢追擊，故伎重施，再提辭職。朱厚熜早有準備，反應極為淩厲，他的辭職信才上，朱厚熜只看了前面幾句話，立即批准。當楊廷和的黨羽們把請挽留楊廷和的信件送來時，批准楊廷和辭職的詔書已公布於眾。楊廷和就這樣糊里糊塗地被「辭職」了。

楊廷和的悲憤可想而知，臨走前，他的同夥問：「您走後，誰能領導我們？」楊廷和茫然若失地答道：「蔣冕吧！」

蔣冕是內閣第二大學士，楊廷和一走，他自動升為首輔。但他沒有楊廷和的威望和魄力，所以他雖然帶領群臣給朱厚熜製造了很多小問題，卻遠未形成大麻煩。在堅持了三個月後，一五二四年農曆五月，蔣冕退出。按資歷，大學士毛紀硬著頭皮頂上，可他連蔣冕的十分之一都不如，苦撐了兩個月後，提出辭職。大學士費宏接過毛紀的棒子時，「大禮議」已接近尾聲。

費宏不是堅定的楊廷和主義者，朱厚熜和他的顧問們也發現了這一事實，於是在一五二四年農曆七月，朱厚熜邀請費宏和他在內閣的同僚參加茶話會。會上，朱厚熜委婉地說，他要稱親生父親為皇考。費宏等人沒有反對也沒有贊成，朱厚熜就認定這件事成了。可費宏回到內閣後，在楊廷和主義者們的逼迫下不得已發表聲明反對皇上的自作主張。

朱厚熜立即把費宏找來，斥責他陽奉陰違，拿皇帝當猴耍。費宏嚇得渾身發抖，慌不擇言地答應朱厚熜將在四天後為朱厚熜的親生父母上「帝」、「后」尊號。

朱厚熜只高興了兩天，第三天早朝結束後，兩百多名官員不願意散去，跪在闕下，向朱厚熜提出抗議。朱厚熜當時正要進行齋戒，發覺有騷動，就派宦官去查看。宦官回報說，官員們跪在那裡不肯散去，除非皇上明天改變初衷。朱厚熜再讓宦官去傳遞要官員們散去的命令，可這些官員說，沒有書面命令，他們就跪死。朱厚熜馬上就拿出書面命令，可大臣們食言，仍不肯散去。

張璁和桂萼適時地向朱厚熜進言說：「帶頭的人正是楊廷和的兒子楊慎，他最近這段時間像是瘋了一般。」他還挑唆那些愚蠢的臣子說，「國家養士一百五十年，仗節死義，正在今日。」於是有些臣子就跟著起哄說：「萬世瞻仰，在此一舉。」

這些臣子的確有名垂青史的意願，在闕下伏跪時，大聲喊叫朱元璋和朱祐樘的帝王稱號。很多人在這場運動中因誇張的政治表演脫穎而出，他們用拳頭捶打膝蓋下的磚石，吼起來連雷公都要退避三舍的聲音，放聲大哭。有人發現如果不這樣做就會面臨不忠不孝的指控，所以使盡渾身氣力緊緊跟隨。一時之間，紫禁城在哭聲中晃動起來。他們一致認為，如果朱厚熜不懸崖勒馬，那國家命脈就毀於一旦。

朱厚熜氣得直跳腳，他對張璁說，大同正發生兵變，這是國家大事，他們不關心這些，卻盯著我這點家事，如今還想把紫禁城哭塌，真是天理不容。他下達命令：「把哭聲最大的扔進錦衣衛監獄，杖刑伺候。」於是，一百多人被扔進了錦衣衛領了杖刑。

第二天，朱厚熜成功地為自己的父母上了尊號。至此，綿延達三年多的「大禮議」事件暫時結束。我們由此可以看出，有些事根本就不是「議」出來的，而是打出來的。

王陽明對待「大禮議」的態度如何？除了我們前面的猜測外，倒是有兩件事實作為他態度的證據。

當他在余姚講學時，有弟子問他對「大禮議」的態度，王陽明沒有回答。有一天夜晚，他坐在池塘邊，忽然想到「大禮議」，於是寫了兩首詩。

第一首是這樣的：

一雨秋涼入夜新，池邊孤月倍精神。潛魚水底傳心訣，棲鳥枝頭說道真。

莫謂天機非嗜欲，須知萬物是吾身。無端禮樂紛紛議，誰與青天掃舊塵。

第二首則是：

獨坐秋頭月色新，乾坤何處更閒人。高歌度與清風去，幽意自隨流水春。

千聖本無心外訣，六經須拂鏡中塵。卻憐擾擾周公夢，未及惺惺陋巷貧。

這兩首詩實際上就是王陽明對待「大禮議」的態度，他顯然是站在張璁、桂萼一邊，以為天理當出於人情，朱厚熜當尊自己的親生父親為皇考。

還有一件事能直接證明王陽明的態度。他的弟子陸澄開始時是楊廷和思想的參與者，後來他問王陽明。王陽明說：「父子天倫不可奪，皇上孝情不可遏，眾多大臣的話未必是對的，張、桂諸位大賢的話未必是不對的。」

這已是明顯表態，他和張璁、桂萼不謀而合。尤其是他的信仰者席書和弟子方獻夫在向朱厚熜表明態度時，其思想出發點就是王陽明心學的出發點。

幾年後，「大禮議」事件重新爆發，這一次雙方勢均力敵。而王陽明在官場中的很多弟子都站在了張璁、桂萼一面，肆無忌憚地攻擊朱熹理學的衛道士們。很多人都認為，這是王陽明心學和朱熹理學的正式較量。不過我們應該注意張璁，他不是王陽明的弟子，甚至激烈反對王陽明心學。他在「大禮議」中支持朱厚熜只是因為他是個敏銳的政客而已。真正服膺王陽明心學的人，都沒有登上權力的之巔。所以，王陽明只能在余姚當他的教育家，權力核心對他而言，遙不可及。

那麼，作為他其中一個最光芒的身分——軍事家呢？

第四章

王陽明如何做到知行合一之廣西戡亂

萬人齊捧王陽明

一五二七年，王陽明重出江湖到廣西剿匪。能有再次展現他軍事光芒的機會，是各種合力的結果，其中最重要的就是王陽明的影響力催生的眾人齊捧。

一五二四年，「大禮議」塵埃落定。禦史王木迫不及待地向朱厚熜舉薦王陽明和賦閒在家的楊一清。王木在舉薦信中指出，想要天下大治，非此兩人不可。遺憾的是，王木的舉薦信如同投入墓道，毫無聲息。一五二五年農曆二月，席書也上書舉薦王陽明和楊一清，席書把二人推崇到了極致：「生在我前者有一人，曰楊一清；生在我後有一人，曰王陽明，我只敬佩這二人，所以應該要他們來中央政府擔當重任。」但這封舉薦信又如泥牛入海。四個月後，並未死心的席書再上書舉薦王陽明和楊一清。這一次，朱厚熜給了回覆：楊一清可來，至於王陽明，稍等。

席書很快就明白了為什麼楊一清能來，而王陽明要稍等。因為張璁和桂萼兩人對王陽明的心學始終抱有成見，他們「以言廢人」，自然就對王陽明不待見。

但他們努力遏制王陽明的行動終歸會成為泡影。因為王陽明多年播撒的心學種子開始生根發芽，心學門徒們要他出山的呼聲已震動朝野。

一五二五年農曆七月，應天巡撫吳廷在他的治所蘇州向中央政府遞交一份舉薦王陽明的信。吳廷曾到王陽明的課堂上多次聽講，很快就迷上心學。王陽明用人格魅力打動了他，讓他瘋狂地迷戀上心學。在蘇州辦公時，他想到王陽明的思想和其創建的不世之功，確定王陽明是帝國最需要的偉大人物，於是向朱厚熜舉薦王陽明。吳廷比較幸運，他等到了答覆：朱厚熜告訴他會認真考慮王陽明。不過，這只是個書面答覆，吳廷等了很久，也沒有等到朱厚熜的行動。

九月，退休司法部部長（刑部尚書）林俊透過他的老部下們向朱厚熜談到王陽明，林俊也是王陽明的門徒，在活了一大把年紀後突然認識到程朱理學的弊端，感覺到了王陽明心學對心靈的衝擊。林俊知道幾年來舉薦王陽明的人都以沮喪而結束，所以他沒有向朱厚熜舉薦王陽明當官，而是希望朱厚熜能讓德高望重的王陽明到皇帝身邊當秘書。朱厚熜身邊的秘書已經多如牛毛，況且，朱厚熜身邊最讓他歡喜的秘書是道士們，而不可能是德高望重之人。所以，林俊也只能收穫失望。

十月，監察禦史熊爵向中央政府推薦王陽明擔任兵部尚書。熊爵喜歡辦學，自從和王陽明相識後，到處主持辦學事宜，傳播王陽明心學思想。他尤其對王陽明用兵感興趣，但王陽明很少和他提用兵韜略。這是王陽明的苦衷，他不希望別人學他在戰場上的詐術，詐術和良知是水火不容的。

熊爵的舉薦被朱厚熜狠狠駁回，朱厚熜還訓斥熊爵，身為監察禦史，不好好監督百官，反而夜以繼日地辦學校、設講座，真讓我這個做皇帝的寒心。熊爵立即發現自己要官職不保，馬上敬業起來。

在眾人費盡心機地齊捧王陽明時，王陽明倒是很自在。他在浙江余姚守孝期間唯一的事就是講學，對於別人詆毀他的學說，他無動於衷。

他在余姚老家講學的這幾年，抨擊他學說的風浪此起彼伏。一五二二年末，中央政府的兩個禦史突然向朱厚熜提出禁止王陽明講學，他們認為王陽明心學會讓聖學（朱熹理學）蒙塵。王陽明的弟子陸澄馬上反擊，提出王陽明心學才是聖學。王陽明得知這件事後，給陸澄寫信說，從來沒有靠辯論制止誹謗的事，天下學問豈止是程朱理學一門，如果有人說你的學問是邪道，你就去辯駁，那會活活把你累死。況且，學問的好壞豈是辯出來的？你認為哪門學問好，就專心地去學習實踐，只要它能帶給你心靈上的安寧，它就是好學問。

這封信表面上是讓陸澄專心於學問而不是去辯駁，實際上是王陽明暗示弟子陸澄：千萬不要把你自己和你的老師我捲進政治鬥爭的漩渦中。因為一旦你辯駁就證明你出手，你出手肯定就有人接招，然後還手。王陽明最大的希望就是自己的學說能普及天下，他渴望學術上的成就，而不希望被捲進政治的漩渦。

一五二三年進士考試，出題者顯然是個朱熹門徒，所以《策問》的內容是這樣的：朱熹和陸九淵的學說是涇渭分明的，但現在有學者卻認為二者殊途同歸，這就是抬高了陸九淵貶低了朱熹。這種險惡用心和南宋時期的何澹、陳賈有什麼區別（何澹、陳賈都是攻擊朱熹理學的學問家）？這個學者現在到處蠱惑人心，以售賣他那低級的思想，是不是應該把他的書燒掉，把他的思想扼殺？

顯然，「這個學者」指的是王陽明，這是一道赤裸裸攻擊王陽明的考題。

王陽明弟子徐珊在考場中看到這道考題時，歎息說：「我怎麼可以不顧良知而迎合錯誤的言論！」於是放下筆，走出考場，主動落榜。和徐珊不同，王陽明的弟子歐陽德、魏良弼則用王老師的心學主旨回答了這個問題。讓人疑惑的是，這二人居然高中進士，王陽明的得意弟子錢德洪也用王老師的心學主旨答了問卷，卻落了榜。錢德洪見到王陽明後，惱恨時事之乖。王陽明卻大喜過望道：「聖學可以從此明也。」錢德洪認為王老師糊塗了，問：「連考題都反對您的學說，怎麼能說聖學可以明瞭呢？」

王陽明說：「你反過來想，連進士的考題都質問我的學說，那不就是說我的學說現在已被天下士子們瞭解了嗎？它以為它在攻擊我，實際上是在變相地宣傳我啊！如果我的學說是錯的，那經過這樣的宣傳，肯定有人會找出對的學說；如果我的學說是對的，那必將被有識之士認可，咱們應該大肆慶祝一番。」

錢德洪對王陽明這種樂觀態度表示欽佩，並自愧不如。大概也正是這次進士考試的考題，讓王陽明心學風靡整個中國，連朱厚熜請來的煉丹道士都對王陽明心學表示出極大的興趣，在朱厚熜面前時不時地提到幾句。朱厚熜當時有個疑惑，王陽明的心學應該是自我修煉的學說吧，那他的弟子們應該找個在深山老林裡隱居，鍛造道德和智慧才對，為什麼要跑出來參加科舉考試？

王陽明早就說過：聖學無妨舉業。

這句話起源於王陽明的弟子和自己老爹的談話。這位弟子的老爹曾問去拜訪王陽明多日的兒子：「去學習心學，可曾溫習理學？你可是要科舉的啊。」這個兒子神祕地說：「雖然沒有溫習朱子學，但時刻都不曾荒廢。」老爹說：「我知道王陽明心學可以觸類旁通，可它和朱子學終究還是有差別的。」這個兒子嚴肅地告訴老爹：「用我的良知去讀朱熹，就如同打蛇打到了七寸上，每擊每中。」老爹認為這是兒子走火入魔，請教王陽明。

王陽明欣喜地說：「這是對的啊。良知無所不能，學習良知學，正如治家，產業、第宅、服食、器物就是良知，欲請客，這就是要參加科舉考試，而你就有了請客的資本。當送客後，這些產業、第宅等物還在，還能自己享受，這就是終生之用。可今天的讀書人，就如平時不積累家財（他的心學），到了請客（科舉考試）時，到處借物件，雖然僥倖混過關，可客人走後，這些物件還要還給別人，家裡仍然空空如也。學我的心學不但不妨礙舉業，而且還是舉業成績的源泉，科舉考試的人怎麼能不學我的良知學呢？」

這段話至少告訴我們，王陽明心學是入世創建功業的學問，想要入世找到一個大平臺，就必須進行科舉考試，因為天下最大的平臺是國家設置的平臺。沒有這個平臺，能力再強大也無用武之地。

值得注意的是，王陽明的心學思想能在短時間內受萬人矚目，一方面是其學說的靈動，另一方面是王陽明頗具靈氣的教育方法。一五二四年正月，浙江紹興府知府南大吉來向王陽明請教政事。南大吉曾是程朱理學忠實門徒，但其天賦靈性總讓他在一本正經的朱熹理學殿堂中受到煎熬。自聽聞王陽明心學精髓後，南大吉就如飛蛾撲火般奮不顧身地喜歡上了王陽明心學。

那一天，南大吉向王陽明發問：「我為政總有過失，先生為何沒有說法？」

王陽明反問：「你有什麼過失？」南大吉就把自己為政的過失一一說給王陽明聽。王陽明聽完說：「你這些過失，我都指點過你。」

南大吉愣住了：「您說過什麼？」

王陽明介面道：「如果我沒有說過，你是怎麼知道這些過失的。」

南大吉恍然：「良知。」

王陽明點頭微笑，南大吉也笑了。

幾天後，南大吉又來見王陽明，歎息說：「如果身邊有個能人經常提醒我，我犯的過失可能會少點。」

王陽明回答：「別人的提醒不如你自己良知的提醒。」

南大吉的心靈又受到一次洗禮。

又幾天後，南大吉來問王陽明：「行為上有了過失可以改變，心上有了過失可如何是好？」

王陽明看了他一眼，說：「你現在良知已現，心上不可能有過失，心上沒有過失，行為上也就不可能有過失，當然這是從理論上來講，實踐中，還需要刻苦修行。」

南大吉的心靈被洗得稀里嘩啦。

然而，王陽明當時所能做的也只能是給那些相信他心學的人，或者說是良知未泯的人的心靈給予洗禮。有弟子說：「如果皇帝和他的親信張璁、桂萼認可您的心學該多好啊！」

王陽明反問：「有什麼好？」

弟子瞪著眼睛回答：「那您就可以入朝為官，造福天下百姓了。」

王陽明笑笑：「心學無非是讓人認可自己的良知，你怎麼知道他們不認可自己的良知呢？況且，聖人行事如明鏡，物來則照而已，世間任何事都不要強求。」

「物」很快就來了。

李福達案

一五二八年農曆二月王陽明重新出山，除了舉薦他出山的震耳欲聾的呼聲外，還有個重要原因：中央權力的再分配和桂萼的用人不當。

楊一清能被重新起用，是張璁和桂萼以及王陽明弟子方獻夫等「大禮議」勝利派共同努力的結果。楊一清一進入內閣，就聯合張、桂二人排擠首輔費巨集，這是痛打落水狗的前奏，目的是要把楊廷和的勢力連根拔除。一五二六年農曆五月，楊一清繼費宏之後擔任首輔。張璁和桂萼都得到了高額回報：兩人仍然在內閣任職，張璁被推薦為都察院院長，桂萼被推薦為吏部尚書。內閣大學士兼尚書，這已是官場中的頂級榮譽。與此同時，王陽明的弟子方獻夫也到大理寺擔任首長。眾人都佔據了重要部門，張璁認為清洗楊廷和勢力的時機已到。

雙方開戰的時機是到了，但楊廷和勢力卻搶先一步發動了進攻。一五二六年農曆六月，一名禦史揭發武定侯郭勳有叛逆行為，證據是他府中一個叫李福達的人曾是兩年前大同軍區叛亂的軍官，郭勳和這位失勢的軍官關係密切，而且這名軍官的身分被發現後，郭勳居然還要求禦史把這件事暗暗抹去。李福達的人生經歷很豐富，年輕時從江湖術士那裡學過巫術，後來到大同軍區服役，由於太辛苦就開了小差重入江湖，在一群流氓地痞煽動下，李福達發動了叛亂，失敗後就跑到京城，改名換姓以巫師的身分進了武定侯郭勳府中，並且很快得到郭勳的信任。

李福達被人告發做過反政府的事時，審訊官正是楊廷和勢力的人，他們馬上把李福達和郭勳聯繫到一起。楊廷和勢力中的一名禦史上書朱厚熜，聲稱郭勳有謀反的嫌疑。看一下郭勳的關係網就可知道他們這樣做的原因，郭勳是張璁與桂萼的堅定支持者，張、桂二人能在「大禮議」中大獲全勝，郭勳功不可沒。

張、桂二人一得到李福達案的消息，馬上反擊。首先張璁以都察院院長的身分要求他管理的禦史們上書指控那名禦史誹謗郭勳，桂萼則以吏部尚書的身分開除那名禦史，方獻夫則以大理寺首長的身分要求案件由他們大理寺重新審理。

案件很快就有了結果：李福達從來沒有參加過反政府武裝，他的罪名只有一個——在武定侯府上施行巫術。郭勳馬上出來作證說，有一段時間他腰疼背痛腿抽筋，大概就是這個巫師搞的鬼。

案件結果一公布，楊廷和的勢力根基翰林院像開了鍋一樣，他們性急地上書要求朱厚熜下令重新審理此案，並且認定，此案在審理中被人動了手腳，有的上書已經指名道姓說是張璁和桂萼。他們沒有指責楊一清，大概是向楊一清示好，想把楊拉到自己這一方來。

楊一清此時的態度突然曖昧了起來，或許他是不想捲進這個無聊透頂的政治事件中，或許是他認為案件的確受到了張璁等人的影響。楊一清模棱兩可的態度給了楊廷和勢力極大鼓勵，政府中潛伏的楊廷和勢力成員紛紛跳出，指控張璁、桂萼踐踏法律，擾亂司法公正。

張璁和桂萼又驚又喜。驚的是，楊廷和勢力居然如此強大；喜的是，被楊廷和勢力利用來攻擊他們的李福達案居然成就了他們的一招計謀：引蛇出洞。

二人馬上向朱厚熜彙報他們的分析結果：楊廷和人走茶未涼，朝中勢力還很大，如果不把他們消滅，「大禮議」將重新啟動。朱厚熜下令楊一清徹查此案，當然，其實就是想讓楊一清消滅楊廷和勢力。楊一清突然遲疑起來，張璁和桂萼抓住這個千載難逢的機會對朱厚熜說，楊一清不肯行使皇上您的意旨，此人的立場有問題。朱厚熜立即下令：楊一清滾開，首輔由張璁接任。

張璁大權在握，對掃滅楊廷和勢力不遺餘力。在短短的幾天時間裡，就把五十餘位官員捲了進來，這五十餘人結局悲慘：十餘人被廷杖致死，四十餘人被發配邊疆。在各位官員家屬淒慘的哭聲中，張璁把都察院和六部的楊廷和勢力一掃而空。

這還沒有完，張璁和桂萼抱著「除惡務盡」的人生信條，開始清整翰林院。翰林院一直以來是出產皇帝秘書和內閣成員的人才庫，張璁絕不能容許這裡有楊廷和的勢力。清整的方式是：對翰林院官員進行考核，考官自然是他。幾天後，二十多名翰林院官員沒有通過考核，按規定被清出翰林院。一批人離開翰林院後，又一批張璁指定的人進入翰林院。如果一切順利，將來的年代裡，內閣將全是張璁的人馬。

張璁和桂萼的淩厲發展讓朱厚熜警覺起來，他絕不允許有第二個楊廷和出現。張璁很快接到通知：交出首輔的位子給費宏。

費宏是老大不願意，但在朱厚熜的淫威下只好硬著頭皮上。結果可想而知，幾個月前的故事重演：他再被張璁和桂萼聯合楊一清排擠出內閣。一五二七年農曆二月，楊一清再度成為首輔。張璁和桂萼當面笑臉相迎楊一清，背後卻舉起了刀子。然而，他們的刀子才舉了一半，注意力就被另一件事吸引過去了，那就是「姚鏌事件」。

姚鏌是一四九三年的進士，曾在廣西做官，成績斐然。一五二二年「大禮議」進入高潮時，身為工部侍郎的他傾向於張璁和桂萼。這次站隊給桂萼留下了深刻印象，很快他就成了張璁、桂萼的鷹犬。一五二五年，廣西地區局勢不穩，朱厚熜要人去巡撫，桂萼馬上就想到了姚鏌。因為看上去，姚鏌是當時最合適的人選，他有在廣西的行政經驗，瞭解當地情況。所以，姚鏌很快被任命為都禦史，提督兩廣軍務並擔任兩廣巡撫。

廣西局勢不穩，全因為田州的領導人岑猛。廣西是個諸多少數民族聚居之地，而且遠離明帝國的權力中心北京，在這種少數民族的地區，明帝國執行的是歷代王朝的「土官」政策。「土官」是相對於「流官」而言，由中央政府封賜，獨霸一方的世襲官員或統治者。

在廣西諸土著民族中，岑氏勢力最大，堪稱是當地土著的王中王。岑氏自稱是東漢建立者劉秀的後代。朱元璋建明後，岑家當家人岑伯顏主動獻出他的地盤田州向朱元璋表示效忠。朱元璋為了嘉獎他的熱情，設置田州府，岑伯顏則為知府。岑家不但有家族衛隊，還對表面上效忠明帝國的田州軍隊有唯一的指揮權。所以說，岑氏家族就是個隱蔽的割據軍閥。一百多年後，岑氏傳到第五代岑猛這一代。岑猛本是他老爹的第二子，沒有繼承權，但他用謀殺父親的手段取得了繼承權。朱厚照統治的初年，岑猛用重金賄賂劉瑾取得成效，於是，他被任命為田州知府，成為田州貨真價實的領導人。

和他的祖輩不同，岑猛野心勃勃，他想擴展自己的勢力，統治整個廣西。在大肆賄賂北京的特派員後，他幾乎吞併了周邊所有土著居民的地盤。北京政府對這種情況一無所知，因為那些特派員封鎖了消息。江西匪患嚴重時，岑猛發現這是擴充軍隊的好機會，他聲稱要去剿匪而大肆擴招士兵。當地政府對岑猛的行為表示讚賞，但岑猛也提出條件，那就是剿匪過後，他需要更大的官職來增強他的權威。但剿匪結束後，明帝國的官員沒有兌現承諾。岑猛大失所望時，心懷怨恨。他把他控制的行政邊界不停地向四面八方推移，有些警覺的官員立即出面制止，岑猛卻毫無收斂。這還不是他驚動北京的根本原因，根本原因是，岑猛拒絕再向明帝國到廣西的特派員們行賄，這些官員怒了，紛紛上書指控岑猛正在謀反。朱厚熜得到消息後和張璁等人商議，張璁理性地指出，從來沒有聽過岑猛要謀反，怎麼突然之間就能謀反，難道他有橫空出世的能力？

桂萼卻認為這是他作為吏部尚書出政績的機會，立即推薦了姚鏌。於是，姚鏌奔赴廣西戰場。姚鏌巡撫廣西和王陽明巡撫江西南部時截然不同。王陽明是先到江西後才調集部隊，而姚鏌從北京出發前就已經調動了部隊，他帶著一批年輕氣盛的指揮官，率領八萬士兵分道進入廣西，進逼岑猛。

岑猛想不到中央政府的反應如此迅疾，他本以為中央政府會先派人和他談判，慌亂之下，他組織部隊抵抗。姚鏌完全用鐵腕手段，絕不給岑猛任何申訴和投降的機會。兩個月後，姚鏌部隊攻陷了岑猛的基地田州，並掃蕩了岑猛辛苦多年取得的其他地盤。岑猛英雄氣短，逃到老岳父那裡，祈求老岳父向中央政府求情保他一條命。他的老岳父拍著他的肩膀要他放心，大設酒宴為女婿以及他的殘兵接風。宴會達到高潮時，岳父偷偷地對女婿說：「你的士兵都被我的士兵灌多了。」岑猛頓時酒醒，看到岳父一張笑裡藏刀的臉，聽到老岳父在說：「中央軍正全力追捕你，我無論如何都無法庇護你，你自己應該有個打算。」說完，岳父指了指一杯新端上來的酒向岑猛推薦：「這裡有毒酒一杯，可免你我二人兵戎相見，多溫馨啊。」岑猛發出末路窮途的長歎，飲下毒酒，痛苦而死。他老岳父未等岑猛屍骨變冷，就割了他的首級送給姚鏌。

姚鏌成了英雄。他把報捷書送到中央的同時已開始在廣西樹立不必要的權威。他下令處決一切投降的造反者，禁止少數民族五人以上的聚會，按他自己的意志制定地方法規，要人嚴格遵守，他把廣西田州變成了南中國執法最嚴厲的地區。早就有清醒的人提醒過他，在這個地方不適合實施這種高壓的辦法，不然會適得其反。姚鏌認為這種論調是消極的，仍然堅持他的恐怖統治。一五二七年農曆五月，廣西田州風雲再起。

掀起風暴的是岑猛當初的兩個將軍盧蘇和王受。岑猛敗亡後，兩人逃進了安南國。他們本以為會孤獨地老死在安南，想不到姚鏌的政策幫了他們。當他們聽說姚鏌去了廣西桂林後，就偷偷潛回田州這個一觸即發的火藥庫，只是扔了一點星星之火，馬上就形成燎原之勢。當姚鏌在桂林得到田州又起暴亂的消息時，盧蘇和王受的部隊已達五萬人，聲勢浩大，所向披靡。

姚鏌絲毫不認為這是自己的過錯，他請求中央政府再調集部隊入廣西，由他再來一次轟轟烈烈的剿匪。

這就是桂萼當時遇到的麻煩。按許多禦史們的指控，姚鏌上次剿岑猛就靡費了大筆軍費，這次肯定還要用錢，中央政府哪裡有那麼多錢夠他花！

還有禦史攻擊姚鏌是個愚不可及的行政官，他以毫無用處的高壓手段統治廣西田州，現在不但田州沒了，思恩也被叛亂武裝奪去，損失相當慘重，應該將他正法。但姚鏌能展示他的愚蠢，是桂萼給的機會，所以桂萼應該負「薦人不當」的責任。

桂萼現在只有一個辦法：將功補過，舉薦一個並不愚蠢的人代替姚鏌。

有請王陽明

桂萼和張璁不得不討論代替姚鏌的人選，商量了一天，也沒有答案。兩人又找方獻夫，方獻夫拍掌叫道：「還用商量嗎，我老師王陽明啊！」

張璁和桂萼互相看了一眼。方獻夫沒有死皮賴臉地向二人推銷王陽明，只是說：「如果你們心中還有合適的人選，那就當我沒說。」兩人當然沒有，桂萼咬了咬嘴脣，堅定地說：「就用王陽明吧。」

但是，張璁對方獻夫說：「你可要提前給你老師通風，這次剿匪沒有多少錢，因為剿匪資金都被姚鏌用光了。」

方獻夫說：「有一點就成。我老師當初在江西南部剿匪，也沒用多少錢啊。」

桂萼小心翼翼地試探方獻夫：「你老師如果能馬到功成，我們是不是要保舉他來中央？」

方獻夫一眼就看穿了兩人的疑慮，縱聲大笑：「你二人不必多慮。我老師是淡泊名利的人，他只會專注於軍事，並不關心政治。」

兩人放下心來，去找首輔楊一清商議。楊一清聽了二人舉薦王陽明的建議，立即冷笑起來，他說：「朝廷難道只有一個王陽明是剿匪人才？」

桂萼本來對王陽明出山的想法並不堅定，但聽楊一清這麼一說，火氣就上來了。而且，他急於想將功補過，所以馬上質問楊一清：「你說還有什麼人才？」

楊一清不緊不慢地說：「姚鏌平定岑猛的成績天下人有目共睹，廣西又起叛亂，就是因為姚鏌急功近利，我們現在要做的不是派軍事人才去廣西，而是要派個行政專家。只要再給姚鏌一個機會平定叛亂，讓行政專家來治理廣西，就萬事大吉。」

楊一清的說法很有道理，充分展現了出色政治家的犀利眼光。張璁卻說：「姚鏌現在被攻擊得體無完膚，皇上根本不可能再給他上戰場的機會，除非你能說服皇上。問題是，你能嗎？」

楊一清被問住了。他的確不能，但要王陽明出山，一旦王陽明立下大功，肯定會挑戰他的地位。一個政治家絕不能給自己培養敵人。他沉默了起來，大概是他的良知最後打敗了他的私意，他終於同意要王陽明出山的建議。

朱厚熜也同意，他此時唯一的想法就是，儘快讓廣西恢復秩序。一五二七年農曆五月末，中央政府任命南京兵部尚書王陽明兼都御史，征討思恩、田州。

張璁和桂萼竭力淡化王陽明的重要性，所以在讓王陽明出山的同時，也讓在邊疆做苦工的王瓊出山，提督三邊（從延綏到寧夏，直至河西走廊嘉峪關外）軍務。王陽明和王瓊，同時在明帝國的南北締造輝煌。

王陽明在一五二七年農曆六月初收到中央政府的新任命時，也收到了他弟子方獻夫和陸澄的信。兩位弟子向王陽明祝賀，王陽明回信告誡他們：「你們啊，以後不要如此積極地推薦我，這會給別人造成不必要的壓力。而這種壓力會讓我無論做出多麼大的事都會被他們抹去。我倒不是爭那點功勞，可我不想身在政治之外，卻總被無緣無故地捲進政治之中。」

這正是王陽明的老到之處，或許也是他多年來致良知產生的超人智慧。他那些弟子們對他越是百般吹捧，他越會受到權勢人物警惕的關注。別人對他越是關注，他就越容易被捲進當時複雜的政治中來。他不是沒有能力玩政治，只是沒有這個興趣。

而對於那份新任命，王陽明給出了真心實意的回答：「我不想去。理由有三：第一，我健康狀況每況愈下，根本無法承受廣西的惡劣氣候，如果我真的病倒在廣西，豈不是耽誤大事；第二，廣西形勢還沒有到最危急時刻。盧蘇和王受只是當地居民，他們和土匪不同，因為有家有業，所以只要採用和緩的行政措施，他們必會放下武器；第三，如果非要讓人去廣西，我有兩個人選，一個是胡世寧，另外一個是李承勳。他們都比我強，保證能完成任務。」

胡世寧自朱宸濠垮臺後就被朱厚照重新起用。一五二五年，胡世寧在兵部做副部長（侍郎），他的才能王陽明最瞭解。李承勳是個出色的行政專家和軍事天才，一直在南京任職，曾多次參與地方上的剿匪，練就了一身本領，後來做到南京刑部尚書，和王陽明是最親密的好朋友之一，王陽明對他的能力也心中有數。

楊一清、張璁和桂萼收到王陽明的辭信後，不知是真是假。他們大概都模糊地認為，幾年來王陽明可能暗示他的弟子在中央政府掀起要他出山的巨大呼聲，只是因為他們的百般阻撓才未得逞。可有機會到他面前時，他居然不屑一顧，而且還自作聰明地推薦起人來。

張璁說：「王陽明這是在玩欲迎還拒。」桂萼說：「如果我們用了他推薦的人，那我們的價值何在？」楊一清不說話。

桂萼說：「必須要王陽明去廣西。」張璁表示贊同。楊一清看著桂萼，意味深長地笑了笑。桂萼被笑得心神不寧，連忙問楊一清：「你這笑是怎麼回事？」

楊一清說：「王陽明說得沒錯，他舉薦的兩個人在我看來也的確能勝任。我只是不明白你為什麼非要王陽明去不可。難道，還有其他事？」

桂萼突然發現楊一清的眼神具有某種洞察力，驚慌起來：「還能有什麼事，廣西的事就是最大的事。」

桂萼很可能是說謊了。

現在已沒有證據證明桂萼是否親自和王陽明本人有過書信往來，或許有，那就是桂萼透過王陽明弟子方獻夫或其他王陽明弟子明示過王陽明：你去廣西還有另外一件事，那就是解決安南問題。

安南國就是交趾國（越南北部），秦朝時稱為象郡。秦末，這裡宣布獨立。直到漢朝雄才大略的皇帝劉徹（漢武帝）時，它才被中央政府平定，並設置交趾、九日、日南三個郡。東漢初年，這裡出了悍婦級的兩姐妹造反，王陽明最崇拜的偶像之一馬援率軍平定，並且和越南南部劃清國界。北宋初期，開國皇帝趙匡胤對交趾總是鬧事頭疼得很，於是索性承認它為王國，安南國正式登上歷史舞臺。元朝時，忽必烈要安南國國王來俯首稱臣，安南國王置之不理。忽必烈一怒之下命令遠征軍進入安南國，雖然屢戰屢勝，但因為補給線問題只能撤軍，默認了它的存在。朱元璋建明帝國後，安南國國王來朝貢，宣稱效忠朱元璋，朱元璋很高興，也承認世界上有安南國這回事。

不過，安南國本身並不牢固，不停的血腥爭鬥始終損耗著它的國力。一四〇三年，國王陳日煒被他的女婿、丞相黎季犛所殺。黎季犛再接再厲，把陳姓王族斬草除根。然後宣稱自己是大舜後裔胡公滿的子孫，於是改名為胡一元，讓他的兒子胡蒼當皇帝，他自己則當太上皇和攝政王。他上奏章給中國皇帝朱棣說，陳氏王族不知什麼原因已全部滅絕，而他兒子胡蒼是公主之子，請中國政府允許他當安南國王。

朱棣當時正全力對付北方的蒙古人，沒有精力對此事的真偽進行調查，就冊封胡蒼為安南國王。胡一元和兒子胡蒼正在慶賀勝利時，陳氏王族一個漏網的王子陳天平跋山涉水跑到南京（當時明帝國的首都是南京）向朱棣控訴胡一元的惡行。朱棣不想捲入安南政治中，於是拒絕相信陳天平的身分。可巧的是，當時正好有胡一元的使節到南京，他們見了陳天平後，愕然下拜，陳天平的王子身分已毫無疑問。朱棣出於宗主國的立場，只好扛起這份責任。

一四〇五年，朱棣命令胡一元迎接陳天平回國繼位。胡一元滿口答應，中國政府派遣一支軍隊護送陳天平回國。第二年，中國政府軍和陳天平進入安南國境，沿途歡迎人員表現得既熱情又恭順，這讓中國部隊指揮官放鬆了警惕，所以走到山路險峻、樹林茂盛的芹站（富良江北岸）時，他們中了胡一元的埋伏，陳天平被殺，中國部隊損失慘重。

朱棣大怒，他發現如果不給這個小國一點血的教訓，他們就不明白世界上還有宗主國這回事。三個月後，中國遠征軍在軍事天才張輔的率領下強行進入安南境，胡一元擺出象陣抵抗，張輔大破他的象陣，活捉了胡一元和他兒子胡蒼。

朱棣對勝利大喜過望，宣布取消安南國把其領土併入大明版圖，設置交趾省。但是，中央政府派遣到交趾省的官員都是貪鄙之人。幾年後，這些官員靠貪贓枉法、欺壓當地百姓，意料之中地激起了土著的造反，其中一支由黎利領導的造反隊伍脫穎而出。一四二七年，中央政府派出的遠征軍在倒馬坡（越南同登）遭到黎利的埋伏，全軍覆沒。黎利現在有了談判的資本，於是向明帝國第五任皇帝朱瞻基（明宣宗）請求冊封陳氏王族的陳皓為安南國王。這無疑是要明帝國把二十多年前吞下的交趾再吐出來。

中央政府進行了激烈的討論，有人主張堅決不能喪失祖宗留下的國土，有人則堅信中央政府根本沒有能力控制交趾，朱瞻基審時度勢，同意後一種主張。於是，明政府冊封了那個不知是否確有其人的陳皓為安南國國王，明帝國勢力退出交趾。

幾個月後，黎利寫信給朱瞻基說，陳皓突然死亡，要求他來繼承安南國國王的位置。朱瞻基明知黎利在耍花招，可已經沒有能力再發動戰爭，只好同意黎利的請求。黎利獨立後，並沒有和中國對抗，而是採取了侍奉大國政策，兩國邦交更為敦睦。

兩國的友誼持續到一五二二年，安南國的權臣莫登庸控制了黎氏王族，一五二七年，也就是姚鏌重新把廣西變成叛亂者樂土時，莫登庸羽翼已豐，他殺掉了五年前就已控制在手的黎氏國王，自己稱帝。但黎氏王族在安南經營多年，擁有軍隊的成員多如牛毛。莫登庸必須要經過一場大的內戰才能站穩腳跟，也就是說，安南國現在處於大亂狀態。

桂萼敏銳地看到了這一點，他派王陽明到廣西的一個最重要的任務就是趁安南國局勢大亂時把安南重新併入明帝國版圖。

實際上，早在一四八〇年黎氏王族窩裡鬥得最凶時，明帝國第七任帝朱見深（明憲宗）的西廠領導人汪直就慫恿朱見深收服安南。全體政府官員都強烈反對，他們的論調是朱棣的頂級大學士解縉早就說過的：「交趾就是個不安分的惡棍，和他保持關係的最佳方式是承認它作為國家的存在，讓它按時進貢即可。它那地方的地理情況沒有設置郡縣的條件，把它納入版圖只是平添煩惱。」

朱見深不是雄圖大略的君主，所以他唯一一次拒絕了汪直的請求。此後明帝國對安南的態度，解縉的那番話始終是基調。但對有些雄心壯志，並瞭解帝國歷史的人來說，安南始終是他們心上的一個痛點。

桂萼就是這樣的一個人。桂萼不但有這樣的雄心壯志，而且還有犀利的政治眼光。他認為莫登庸打內戰至少要打上三五年。這三五年間，中國軍隊完全可以先幫黎氏打垮莫登庸，最後再消滅黎氏。

桂萼可能和朱厚熜提過這個計畫，但朱厚熜一口就否決了。打仗需要錢，而現在中央政府沒錢。這從王陽明在江西南部剿匪時，官員們競相上奏章盛讚王陽明就能看出，很多奏章都重點指出，王陽明的功績不僅僅剿滅了多年的匪患，還因為他只花了很少的錢。

桂萼雖然遇到挫折，卻沒有放棄這一想法。他後來強烈建議起用王陽明，無非是想讓王陽明平定廣西匪患後乘追擊殘匪之機南下，收服安南。楊一清看透了桂萼的想法，同時也確信王陽明不可能執行桂萼的計畫。很簡單，王陽明是個極能審時度勢的人，絕不會打沒有把握的仗。一旦真的進入安南戰場，王陽明沒有必贏的把握，到那時，本來就受到多人非難的王陽明，肯定成為眾人的靶子。王陽明不會做這種蠢事。

桂萼認為自己的權威會對王陽明產生影響，所以他讓朱厚熜在一五二七年農曆六月下旬再向王陽明發出旨意：必須立即啟程去廣西！

王陽明接到聖旨後，無可奈何地歎氣。他轉身對弟子們說：「看來廣西是非去不可了，不過你們看我的身體，還有活著回來的機會嗎？」

弟子們的鼻子一酸。王陽明開始劇烈地咳嗽，整個伯爵府的一草一木都能感受到那來自他肺中的疼痛。

走在成聖的路上

王陽明在一五二七年農曆七月初接到中央政府要他去廣西的聖旨，直到十一月二十才到達廣西梧州，走了將近五個月。從浙江余姚到廣西梧州在有路可走的情況下，距離大概是一千六百公里，一天即使走二十公里，三個月也足夠了。王陽明走得這樣慢，大概有三個原因：第一，他的身體狀況不允許，當他離開浙江余姚時隨身帶著一位醫生，他當時已不能騎馬，只能坐轎，他在這段時期給弟子們的信中經常提到他患上的可怕痢疾，廁所成了他待的時間最長的場所之一；第二，他在沿途各地都做了停留，和他的弟子們聚會講學；第三，多年對他不公正的風風雨雨消磨了他的鬥志，他已不可能擁有當年去江西南部剿匪時的朝氣，急如星火地上路。

他離開余姚前，發生了王陽明心學史上最光彩奪目也是最後的一幕：四句教的解析。

「四句教」全文如下：

無善無惡心之體，有善有惡意之動；知善知惡是良知，為善去惡是格物。

他的兩位弟子各持己見，王陽明詳細地向他們做了解析。

很多王陽明心學研究者都認為「四句教」是王陽明心學繼「致良知」後的又一次昇華，不過我們不必看王陽明的解析，只在這二十八個字上望文生義，就可以發現，它可能僅僅是王陽明致良知的一個程序，也就是面對一件事時如何「致良知」。用一種不客氣的話來說，「四句教」被後來王陽明心學的服膺者們極不明智地誇大了。

我們以一個例子來說明下。假設我們坐在天空下，只是沒有目的地望著天空，這個時候，我們的心就是「無善無惡」的。但當天空一顆隕石正墜向一個熟睡的人時，我們的心馬上就會動起來，這是「意之動」。我們的心動起來會產生兩種「意」，一種是善意，一種是惡意，所以這時就有了「善惡」。善意是，提醒那個即將被砸的人，惡意是，看熱鬧。這兩種「意」，是善是惡，我們是如何區分的呢？我們憑什麼說看熱鬧那個意就是惡的，提醒那個意就是善的呢？原因很簡單，因為我們每個人都有良知，良知能知善知惡。那麼，我們下面要做的事就是「為善去惡」，如果只是知道善意和惡意，卻不去行動，那也不是致良知。所以，我們必須提醒那個睡覺的倒楣鬼，有石頭要砸你，趕緊起來。這就是「格物」，也就是王陽明說的「煉心」，它煉的就是我們那顆慈悲的心。我們要經常實踐自己的善意來煉心，把自己的心煉成仁者的心。長此以往，我們就會成為偉大的人，因為孟子說了，仁者無敵。

「四句教」解析在王陽明心學史上被稱為「天泉證道」。王陽明一生中共證了三次道：一次是貴州龍場證出了格物致知的靈動之道——「心即理」；第二次是在江西南昌證出了「致良知」；第三次就是這次在浙江余姚證出了「四句教」。實際上，三次證道都是在加強它心學的「良知」宗旨，異曲同工，根本談不上是飛躍或者是變道，尤其是「四句教」只是王陽明心學中一個可有可無的補充。

王陽明這次去廣西可以看成是他對自己心學的一次檢閱和對往事的回首。一五二七年農曆九月中旬，他抵達錢塘江，拖著病體遊覽了吳山、月岩、嚴灘。在遊覽浙江桐廬縣南十五公里的釣台時，他感慨萬千。釣台位於富春江畔，東漢初期，大能人嚴子陵和東漢開國皇帝劉秀關係密切。劉秀請他輔佐自己，但嚴子陵婉言謝絕，隱居富春江畔以釣魚為樂，這就是釣台的來歷。

七年前，王陽明押解朱宸濠和他的餘黨路過釣台時，非常想遊覽此地，但當時的局勢緊張，他沒有時間。七年後他如願以償來到釣台，想到嚴子陵的高士之風，又想到劉秀對嚴子陵的體諒，於是自然而然地想到了當今聖上對他這個病夫的態度。他寫詩道：

滔滔良自傷，果哉未難己。

不過我們感到奇怪的是，據王陽明自己說他當時患有嚴重的肺病、痢疾，還有足疾，卻還到處遊玩。他年輕時求仙訪道，甚至還設想透過導引術使自己長生不老。但他不但沒有長生不老，反而大半輩子都處在病患之中。在他遊覽當時以道士聞名的浙江常山時，對道家的強身健體思想表現出了極大的質疑。他在《長生》中寫道：

長生徒有慕，苦乏大藥資。名山遍探曆，悠悠鬢生絲。微軀一繫念，去道日遠而。中歲忽有覺，九還乃在茲。非爐亦非鼎，何坎復何離？本無終始究，寧有死生期？彼哉游方士，詭辭反增疑；紛然諸老翁，自傳困多歧。乾坤由我在，安用他求為？千聖皆過影，良知乃吾師。

我們一定要特別關注這首詩，因為他是王陽明在人間的最後時刻對道家養生術的體驗總結，同時他還暗示了我們很多事情。

王陽明大半生都信奉道家思想和養生術，他後來和道家只是在思想層面劃清界線，王陽明一生中有很多道家朋友，而占絕大多數的是鍛鍊外丹的道教術士。據史料記載，王陽明在發配龍場之前就已經在服用這群道士給他的丹藥和謹遵他們給的藥方。比如有一個藥方就是少量的砒霜，王陽明一直在服用，目的是治療他的肺病。

肺病是王陽明一生中最大的心理和生理疾患，他千方百計想要袪除它，可我們都知道，在沒有青黴素的時代，肺病就是不治之症。為了消除痛苦，王陽明選擇服用術士們鍛造的所謂仙丹。眾所周知，道士的仙丹裡含有大量劇毒化學成分「汞」和「鉛」。偶爾服用不會有問題，但長時間服用就會積累毒性。明帝國中期的皇帝大都沒有活過四十歲（朱瞻基三十七歲、朱見深四十歲、朱祐樘三十五歲、朱厚照三十歲），和他們長期服用這種化學藥劑有直接關係。

也許王陽明服用仙丹是迫不得已，他有病在身。不過在他人生的最後一年，他終於發現靠道教的養生術達到長生不老，甚至是最基本的強身健體也是癡心妄想。所以他才寫了這樣一首詩：

乾坤由我在，安用他求為？千聖皆過影，良知乃吾師。

「九轉還丹」根本不在道士的手中，而是在我們的心中，它就是「良知」。

一五二七年農曆十月初，王陽明抵達江西廣信。三十多年前，他在這裡拜見理學大師婁諒，由此步入理學之門。三十多年後，對婁諒而言，創建自己心學多年的王陽明已是他的逆徒。遠在天上的婁諒可能永不會想到，正是這個逆徒才讓他婁諒的大名傳播得更廣。沒有王陽明，婁諒充其量不過是個理學研究者而已，因為他指點了王陽明，才一躍而成為理學泰斗。師傅靠弟子成大名，婁諒是個典型。

王陽明一進入江西，他的心學光輝史來臨了。不但他在廣信的弟子蜂擁而至，就連遠在貴州的信仰者也跑來向他請教。王陽明早就聽說廣信的弟子們已為他設下接風宴，他不想太高調，所以就在船上陸續接見他的弟子們。由於弟子太多，他發現在船上接見他們有危險性，所以就傳話說，等他從廣西回來再和他們長談。弟子們抱著希望，依依不捨而散。不過他後來失約了，回到廣信的是他的肉體，他的靈魂登上了天堂。

對廣信當地的弟子，他可以呼喚散去，但對從遙遠的貴州來的弟子，他就不忍心了。

一個叫徐樾的弟子在岸邊如信徒朝聖一樣虔敬地希望和王陽明見面，王陽明答應了。徐樾還處於王陽明心學的初級階段——靜坐，他確信在靜坐中理解了王陽明心學，得到了真諦。王陽明就讓他舉例子說明，徐樾就興奮地舉起例子來，他舉一個，王陽明否定一個，舉了十幾個，已無例可舉，相當沮喪。王陽明指點他道：「你太執著於事物。」徐樾不理解。王陽明就指著船裡蠟燭的光說：「這是光。」在空中畫了個圈說，「這也是光。」又指向船外被燭光照耀的湖面說，「這也是光。」再指向目力所及處，「這還是光。」徐樾先是茫然，但很快就興奮起來，說：「老師我懂了。」王陽明說：「不要執著，光不僅在燭上，記住這點。」徐樾拜謝而去。

王陽明連夜出發，第二天抵達了南浦。南浦沸騰了。南浦是王陽明當年和朱宸濠決戰的戰場之一，南浦百姓為王陽明能解救他們於水火之中已感恩戴德多年。王陽明在南浦受到的歡迎和廣信不同。廣信歡迎他的大都是弟子，而在南浦，歡迎他的更多是老百姓。老百姓歡迎王陽明的理由不僅是王陽明給他們帶來了穩固的秩序和新生活，還有一個重要原因：他們對王陽明的心學很感興趣。

王陽明心學本來就是簡易靈動的學說，只要有心，販夫走卒也很容易就能成為王陽明心學門徒。南浦的百姓把王陽明請到岸上，把他扶進轎子裡，你爭我奪地去抬王陽明的轎子，一直抬進了衙門。當時街道上出現了嚴重的交通擁堵，百姓們紛紛想近前看一眼他們人生中的導師王陽明。王陽明讓他的弟子們妥善安排，他自己坐在大廳正中，開了東西兩個門，大家排好隊，從東門入再從西門出。這些人和徐樾一樣成了虔誠的朝聖者，次第朝拜王陽明。

當時一個叫唐堯臣的人對這一場面萬分驚愕。唐堯臣幾年前曾聽過王陽明的課，但他無法理解王陽明心學，所以半路退學。不過自我修行後，漸漸感悟出王陽明心學的真諦，於是又跑來向王陽明學習。他看到南浦的壯觀而神聖的場面時，不僅發出感歎：「孔孟之後從來沒有這樣的氣象啊！」王陽明的其他弟子取笑這位迷途知返的羔羊：「逃兵又來投降了？」唐堯臣反脣相譏：「只有王老師這樣的人才能降服我，你等豈有這樣的能耐！」

王陽明在南浦引起的轟動還未降溫，南昌城再掀高潮。一五二七年農曆十月中旬，王陽明抵達南昌，南昌百姓近乎瘋狂。據王陽明的弟子們說，南昌城百姓在得知王陽明到來前，不經當地政府同意，就自發地帶著水果和新出爐的主食，出城分列迎接王陽明。

王陽明受到的接待是帝王般的規格。這並不奇怪，南昌百姓在朱宸濠的統治時期沒有過過好日子。同時，南昌城中的王陽明心學門徒遍佈大街小巷，王老師重返南昌，他們想不瘋狂都難。

據說，南昌城百姓超規格迎接王陽明一事傳到北京時，張璁和桂萼愕然驚歎，他們對王陽明又是佩服又是嫉妒。楊一清以超級政治家的素質讓二人不必大驚小怪。楊一清說：「普通百姓哪裡有這樣自發的能力，這肯定是在南昌城中的王陽明弟子們組織的。老百姓是群最健忘的人，對一個人的記憶不會超過三年。你對他壞和對他好，都是如此。」

無論楊一清是在玩「阿Q精神」，還是他真是就這樣認為的，王陽明在南昌城中受到熱烈的歡迎和頂禮膜拜卻是事實。

雖然南昌城百姓苦苦挽留，但王陽明還是婉言謝絕了大家的好意，帶著病體南下。當他到達當年平定寧王的指揮基地吉安時，吉安百姓的歡迎同樣如海洋般將他淹沒。他在吉安大會諸友和弟子，指導他們說，煉心一定要刻苦努力持之以恆，堯舜是生而知之的聖人，還不忘困知勉行的功夫，你們比堯舜差得很遠，必須要頑強地學習做聖人。

而對於吉安的普通百姓們，他則留下這樣一段話：致良知的功夫就是簡易真切，越真切就越簡易，越簡易就越真切。

這段話無非是告訴那些人：你們在生活中只要簡易地按良知去真切地為人處世，那就是聖人氣象。真心實意地對待自己的父母，安分守己地工作，這是多麼簡易的事，你把這些簡易的事真切地做明白了，每天都會感到心是充實的。我的心學也不過是讓你們內心充實，沒有煩惱。

這次講學大概是王陽明的最後一次講學，也許是他的良知在警告他，時日無多，也許是老天的安排，這次講學，可看作是他對其心學最透徹、最直接的一次論述。他拋棄了那些思辨的理論，單刀直入告訴世人，要學會王陽明心學非常簡單：只要按良知的指引去真切地為人處世，並持之以恆，聖賢的境界就在眼前。

一五二七年農曆十一月十八，王陽明抵達肇慶，這裡離廣西的梧州只有一天的路程。他的足疾開始發作，幾乎不能站立，當地潮濕、瘴癘肆虐的氣候也讓他的肺病加重。跟隨他的弟子們已能清晰地聽到王老師呼吸時發出只有蜥蜴才有的「嘶嘶」聲。在肇慶過夜時，他有一種很不好的感覺，我們說這是預感，王陽明說這是良知正在發揮作用。

王陽明感覺自己時日無多，他眼前突然出現廣西梧州的辦公衙門變成了閻王殿，在噩夢的持續侵襲中，他總是大汗淋漓地驚醒。在給浙江余姚的弟子的信中，他叮囑弟子們要幫他的家人謹慎處理他的家事。幾年以後，他的弟子錢德洪回憶說，一五二七年遠在肇慶的王陽明給他寫信，他在積極樂觀的字裡行間隱約能感覺到老師的內心不安。他當時還在想，經過千錘百煉的王老師的心怎會如此大動，他認為這是自己的錯覺。可事實是，王陽明在肇慶已半夢半醒地感覺到了自己的歸宿就在不遠的將來。

兩天後，王陽明終於抵達他在人間創建事功的目的地：廣西梧州。梧州是當時兩廣的政治、經濟、軍事、文化的中心，在南中國，它是萬眾矚目的重鎮。王陽明的到來讓梧州的身價猛增，直到近代，梧州在訴說它的歷史時，總會大肆渲染王陽明曾來過這裡，而且建下赫赫功勳。

謝謝諸位

一五二七年農曆十一月二十，王陽明到達廣西梧州正式辦公。和當初他到贛州一樣，開始了實地調查。這一調查是全面的，不僅僅包括盧蘇、王受的詳細履歷，還有他們作亂的情況，更有這個地區的歷史沿革，他想知道發展到今天這樣一發不可收拾的局面到底是什麼原因造成的。在進行這樣的全面調查後，王陽明向皇上朱厚熜呈上了《謝恩疏》，他要謝謝朱厚熜能委他以重任，這只是一筆帶過，他最想告訴朱厚熜的是他在田州叛亂上的態度以及方法。

王陽明承認，田州、思恩（今南寧以北及武鳴縣西北，百色市及田陽、田東）的地理位置相當重要，因為它是防禦安南國的最後一道屏障。如果帝國無法控制田州、思恩，就等於向安南國主動打開了大門。有些書生看著地圖認為，這裡是蠻荒區，可有可無。王陽明卻認為，田州在帝國地理位置上的重要性並不比北方抵禦蒙古人的軍事重鎮宣府、大同差。如果不是安南國正在自相殘殺，他們完全可以利用田州的叛亂而兵不血刃地進入中國本土。但為什麼這樣一個重地，竟成了今天這副模樣？

王陽明考察了岑猛的造反史後總結說：「岑猛本人固然有狼子野心，可那是被活生生逼出來的。我曾查閱廣西部隊遠征南贛的記錄，岑猛多次帶領他的部隊參與政府軍的軍事行動，但事後卻沒有得到任何獎賞。岑猛本就心懷不平，地方政府官員又向他索賄，這自然激起了他的反意。」

其實，地方政府官員，甚至是來廣西巡撫的中央政府官員都沒有注意到，廣西的政府部隊作戰能力極弱，岑猛一起，即成摧枯拉朽之勢。姚鏌耗費巨資，帶數萬部隊來對付岑猛，全憑一腔熱血，雖然消滅了岑猛，卻在後期治理上陷入錯誤的泥潭，導致形勢更加惡化，王受、盧蘇就是這一錯誤的產物。

王陽明說：「中央政府讓流官來統治廣西的效果遠沒有讓土官治理好。廣西田州本是荒蠻，沒有人願意來這裡做官，大多數官員都是抱著怨氣來，指望他們負起執政的責任，顯然不可能。

他們這些人來到廣西田州只有一個目的：盡快離開。毫不負責之外，他們還貪贓枉法，欺壓當地少數民族。這種行為註定將引起暴亂。」

王陽明有份資料，自廣西行政取消土官使用流官以來，少數民族（瑤族）造反超過八次，而土官管理廣西時，造反次數只有兩次。這份數據一目了然地證明：流官不適合廣西。雖然中央政府想把田州直接納入帝國行政區劃內的心情可以理解，但現實不允許。靠一廂情願去行動，就不是知行合一，自然就不是致良知。

王陽明最後對朱厚熜說：「我要謝謝皇上您能信任我，要我擔負如此重任，雖然我身體狀況不佳，但我會竭盡全力讓田州乃至廣西恢復秩序，保境安民。」

在呈上這道《謝恩疏》之前，王陽明提筆在一張白紙上沉思了很久，他要寫信給內閣的大學士們。王陽明必須要寫這樣一封信，他雖然是被內閣推薦來的，可內閣的諸位仍然謹慎地監視著他，因為他一旦建下功勳，就會對內閣產生壓力。要王陽明來內閣的呼聲振聾發聵，可不是一天兩天了。王陽明必須要讓內閣成員放心，讓他們同意自己在廣西自作主張、大施拳腳，只有這樣，他才能心無掛礙，行動無阻地付出。

這封信寫給誰，他必須慎重。本來他的舉薦者是桂萼，不過桂萼希望他能解決安南問題，如果主動給桂萼寫信，固然可以得到他的全力支持，但如果他不解決安南問題，那會被桂萼連根拔起。張璁在舉薦他的問題上意見不多，給他寫信是事倍功半，那麼只剩下一個人，就是首輔楊一清。

王陽明從前對楊一清的印象不錯，這緣於楊一清不顧身家性命地剷除劉瑾的正義感，還有八年前向他推薦了太監張永，正是楊一清的幫助，才使王陽明擺脫了朱宸濠這顆定時炸彈，又在張永的維護下全身而退。不過自楊一清重回政壇後，據他在中央政府的弟子們透露給他的消息，楊一清似乎變成了另一個人：功利性十足的政客。

給人的感覺是，楊一清在想方設法地排擠他的同僚們，以使自己成為一言九鼎的人。據王陽明的弟子們說，王老師不被召入中央，楊一清的意見舉足輕重。這可能是王陽明弟子們認為的真相，可當我們站在楊一清的角度來看，這一真相甚為荒唐。

楊一清始終對國家和政府懷抱熾熱的責任心。當他重返中央政府後，他發現這個皇帝和先皇朱厚照在本質上沒有什麼區別。朱厚照好動，喜歡扮演英雄，是有著不可遏制的表現欲的那類頑主。朱厚熜給人的感覺是很安靜，但在安靜的背後卻是他的頑梗，他對「大禮議」那麼上心，固然有孝道之心，更多的卻是他性格中的陰沉。他當上皇帝沒幾年，就安靜地躲在後宮中很少露面，原因是沉溺在道家的長生之術上。

楊一清總想把權力掌握在自己手裡，目的是希望把朱厚熜拉回正軌。他對張璁和桂萼一味縱容朱厚熜的性格非常鄙視，身為前朝重臣，他不希望再出現另一個版本的朱厚照。大多數時候，人們的想法都是好的，但現實卻總讓人們失望。直到他被迫辭去首輔時，都沒有實現這個理想。

楊一清的確在千方百計地阻止王陽明來中央政府，但絕不是世上所傳言的他嫉賢妒能，而是他恐懼王陽明的學術思想會把皇上帶入萬劫不復的深淵。朱厚熜在宮廷中不但有技術上的道士，還有理論上的道士，這些道士向他不停傳授異端思想，但這些道士的異端思想和王陽明思想一比，簡直是小巫見大巫。

在楊一清看來，身為皇帝必須遵循理學規範，在這些規範的作用下成為聖君。外在的規範作用相當重要，而王陽明恰好忽視外在的規範作用，認為所有的規範都在我心。朱厚熜本來就是個我行我素的人，如果王陽明再為他灌輸這種思想，後果不堪設想。

所以，他必須阻遏王陽明。我們無從得知王陽明是否理解楊一清的苦衷，不過從他給楊一清的信中我們可以知道，他應該是把楊一清當成了世人傳言中的人物。

他首先把自己能身負重任的功勞堆到了楊一清的頭上：合格的朝臣報效祖國的方式就是舉薦賢能，楊公你為朝廷舉薦了那麼多人才，我王陽明是佩服得五體投地的。如今您舉薦我，真讓我受寵若驚，我何德何能，不過我相信您的眼光。等我料理了廣西的事情後，希望楊公能向皇上推薦我做個閒差，我感激不盡。這是我最真實的想法，因為我身體狀況太差，不能再過度勞累。

這封信情真意切，乃王陽明用良知寫成。楊一清非常感動，甚至還歎息，如果王陽明不創建他的心學該多好！

在自信內閣不會牽絆他後，王陽明又給當時的兵部尚書李承勳寫了封信。王陽明為什麼要給兵部尚書李承勳寫信，需要稍作補充明帝國的上層政治情況。

在朱元璋和朱棣之後，明帝國的政治領導層就由三部分構成。一部分是宦官，和漢唐的宦官不同，明帝國的宦官都有行政編制，派到各地的監軍在行政級別上就是當地的軍政二把手，宦官左右明帝國政局的事時常發生，導致土木堡之變的王振、朱厚照時的「立皇帝」劉瑾就是典型；第二部分則是內閣大學士，注意，內閣嚴格意義上來講不屬於政府部門，它是皇帝的私人秘書團，所以他們和宦官構成了皇帝的內廷；第三部分則是外廷，代表部門就是大名鼎鼎的六部。

明帝國的皇帝們始終是在用內廷控制外廷，所以內廷淩駕於外廷之上。但外廷也不是好惹的，尤其是明帝國中期，內部盜匪和外部蒙古人的軍事騷擾使得帝國的軍事成為政治主題，於是，兵部尚書的地位變得舉足輕重起來。明帝國的兵部有不需透過吏部任用將軍的權力，這個部門叫武選司，王陽明就曾在這個部門待過。

不但如此，兵部尚書還有一項特權：如果某地有叛亂，在內閣或是吏部任命該處巡撫時，他有給這位巡撫提督軍務的權力。王陽明當初在江西南部剿匪，王瓊就透過這一權力讓王陽明提督軍務。也就是說，兵部尚書對去有軍警之地巡撫的人有監督權，兵部尚書和提督軍務的巡撫如果合作無間，那將是再好不過的事，當初王瓊和王陽明的合作就是例子。反之，那將是糟糕透頂。

所以，王陽明必須給李承勳寫信，要他在中央政府支持自己。李承勳明大義，又是王陽明的朋友，他讓王陽明放心。他說：「雖然我沒有王瓊那樣的本事，但肯定竭盡全力支持你。」

王陽明還是不太放心，他又寫出第三封信，信的接收人是他的弟子黃綰。他提醒黃綰，也讓黃綰提醒他在中央政府的弟子和崇拜者們，不要再拚命地推薦自己，一定要把王陽明這個人淡化，最好是讓中央政府的官員們忘記有個王陽明在廣西剿匪的事。他對黃綰說：「我現在的注意力全集中在廣西，你們如果在中央政府總是談到我，肯定會引起某些人的不安。他們也會把注意力集中到廣西來，到那時，我就不好做事了。」他同時還叮囑黃綰說：「舉薦人一定要慎重，要多方考察。否則不但這個人會壞了事，你身為舉薦人也脫不了關係。」

他又談到了一件往事，就是平定寧王後的賞賜問題。他說：「這件事過去七八年了，很多當時立下功勞的人等賞賜等得已近絕望。我一直想向中央政府提這件事，可這個時候提，有些人會認為我在要脅政府。所以，你們如果有時間有精力，應該把這件事當成重中之重。」

最後他要弟子們放心，說：「廣西的叛亂頭目不過是小疾病，比當年江西南部那些造反大佬們差遠了，所以你們不必為我擔心。你們要擔心的是政府內部的政治鬥爭，這才是心腹之患。」

朝中高層的政治鬥爭不是黃綰和他的另一位身居高位的弟子方獻夫能解決的，即使預防，二人都不能勝任。所以王陽明的這番訓誡，不過是證明他深遠的眼光而已。

一五二七年最後的一個多月，王陽明始終沒有採取任何軍事行動，原因只有一個：他之前調集的湖廣和福建、廣東的部隊沒有到達。三處的行政長官和軍事長官們給出的藉口都是一樣的：正在集結軍隊，籌措軍餉。

王陽明苦笑，連連發信催促。幾支部隊終於在一五二八年正月抵達梧州，而王陽明仍然沒有採取軍事行動的意思。

實際上，他心中早已有了解決問題的方法，那就是招撫。按他對王受和盧蘇資料的瞭解，這兩人武裝暴動完全是政府官員逼出來的。而他們後來攻城略地，並沒有獨立的意思，只是想增加和政府談判的籌碼。

這是王陽明要解決的問題，他不想讓對方的籌碼變得有價值。所以剛過了元宵節，王陽明組織幾萬人的部隊進駐南寧，就在南寧郊區進行了大規模的軍事演習。這場軍事演習把王受和盧蘇驚到了，他們急忙加緊戰備應對王陽明。

王陽明和他的指揮官們開會商議，有人說既然部隊已來了，就應該打。王陽明卻說，王受和盧蘇的實力不可小覷，田州和思恩的防禦都被他們加固，短時間內根本打不下來。用軍事手段，耗費金錢不說，還會死成千上萬的人，得不償失。

有人想不到別的辦法，這緣於他們的不知變通。在他們心中，對付少數民族的叛亂就應該用鐵血手段，和他們擺事實、講道理是對牛彈琴。非我族類，其心必異，沒有溝通的可行性。另外，部隊已經集結，如果不打，那在面子上也說不過去啊！

王陽明說：「除了打，還有很好的方法，即招撫。」

廣西的地方官們強烈反對，他們舉出一個例子來說明這種想法的不切實際。在姚鏌灰頭土臉地走人之前，曾招撫過王、盧二人，但兩人開出的條件不可理喻。只要稍懂成本核算的人都知道，打比招更節省成本。

王陽明說：「他們之所以提出那些苛刻的條件是因為他們手中有籌碼，姚鏌和他們談判時，手上沒有軍隊，人家當然會獅子大開口。但現在我們大軍雲集，那場軍事演習就是給他們看的，目的是要讓他們明白我們的實力，提示他們，我們是先禮後兵。」

與會眾人被王陽明說服，但他們口服心不服。尤其是湖廣軍隊的指揮官們，他們千里奔波來到廣西，目的是建立軍功。如果王陽明招撫，那他們就是無功而返。他們決定從中作梗，讓王陽明的招撫計畫流產。

陰謀悄無聲息地進行著。在王陽明的使者還未到達王受和盧蘇基地時，王、盧二人便收到可靠消息：王陽明的招撫不可信，王陽明是想透過這一方式向你等索賄，而且數額巨大。如果你們不能滿足王陽明，後果可想而知。

王、盧二人對此深信不疑。因為兩人的前輩們都曾遇到過前來剿匪的巡撫向他們索賄的經歷，兩人趕出了王陽明的使者，拒絕去見王陽明。

王陽明陷入了困境。這和他當初在江西南部剿匪時面臨的情況截然不同。他當初在徹底清除了山匪隱藏在政府中的內鬼後，整個政府上下一心。如今，本該是他朋友的人卻成了他的敵人。有人建議他整頓政府軍內部，他沒有同意。他總感覺自己時日無多，而治理整頓是耗費時間的事。在考慮了幾天後，王陽明決心用良知這一武器直攻王受和盧蘇。

他親自寫信給王受和盧蘇。首先是站在他們的立場來考慮問題，對他們當初的遭遇表示深深的同情，重點指出，你們現在的錯誤實際上是政府有錯在先；其次，他真誠惻怛地向二人保證，只要兩人放下武器，將來絕不會再發生「官逼民反」的事，他保證會給他們生命和自由，把廣西建成一個他們心目中的理想家園；最後，王陽明嚴肅地說：「你們投降對你們和我都有好處，大家可以免掉兵戎相見的尷尬，你們的決定會存活很多人，活人一命可是最大的功勳。」

這封信並沒有取得意想中的效果，因為王受和盧蘇有顧慮。

平定思田

王受對盧蘇說：「王陽明這老頭是出了名的不靠譜，江西那群笨蛋都是這樣栽到他手裡的。」

盧蘇說：「豈止是他不靠譜，我看中國的所有官員都不靠譜。咱們老大岑猛就純粹是被這群狗官逼反的。」

王受和盧蘇不再說話，看上去正在思考人生大事。兩人沉默了很久，最後異口同聲地說：「要不，咱們試試？」

王受接著說：「我聽說王陽明這老頭只對十惡不赦和不思悔改的人才動殺機。」

盧蘇說：「我也聽說了。咱二人屬於十惡不赦那類人嗎？」

王受搖頭：「也不屬於不思悔改的那類吧。」

盧蘇說：「肯定啊，咱二人根本就不想反，或者可以這樣說，咱二人一直在等著朝廷出個明白事理的官員來和咱們談談。」

王受說：「據我所知，我總感覺王陽明這老人家還不錯。」

盧蘇說：「我覺得也是。」

兩人最後決定派個不重要的人去和他談談。

王陽明熱情地接待了王、盧二人派來的不太重要的人。這人帶來王、盧二人的意思：我們早就想放下武器，回歸祖國的懷抱，可有許多官員總是欺詐我們，我們好多同道中人放下武器後遭到屠殺，或者是提出的很多改善我們自由的條件被漠然置之。

王陽明要王、盧二人放心，送走這位使者後，他就命令湖廣部隊回老家，只有廣西一支沒有規模的部隊駐紮在南寧。

王受歡喜地對盧蘇說：「王陽明這是真心實意啊。」

盧蘇想起王陽明在江西對池仲容的所作所為，謹慎地說：「還是看看再說。」

王陽明知道他們在猶豫，所以派人給他們送去了免死牌，聲稱這要他們投降，既往不咎，並且要給他們理想的生活。

王受催促盧蘇，咱們的架子也擺得差不多了，不能讓人家王大人以為他是在熱臉貼冷屁股。

盧蘇想知道王受的想法。王受說：「咱們還能等人家上門來勸降？應該主動去投降啊。」

盧蘇沉思了一會，有了主意。他傳信給王陽明：我們可以去南寧，但南寧的防務要我們來維持，諸如城上的士兵，衙門口的站崗衛兵，還有南寧城中的巡邏隊。

王陽明的弟子、廣西省的高級官員王大用失聲叫了起來：「這不就是換防嗎？萬一他們趁此機會向咱們動手，咱們可就是甕中之鱉。」

王陽明教訓他說：「怎麼可以把別人想得那麼壞，你的良知呢？通知他們，就按他們的意思辦。」王陽明最後又看著各位官員，一字一句地說：「要乾淨地辦，不要耍小動作」。

一五二八年陰曆二月中旬，王受和盧蘇再把南寧城的部隊都換成自己人後，慢慢地進了南寧城。盧蘇發現眼前的南寧城和他想像中的不一樣，街道被打掃過，還灑上了清水。街市繁華，行人如流。王陽明在南寧的臨時衙門口張燈結彩，像是在歡迎貴客。他遠遠地就看到衙門口的衛兵是他的人，在整個南寧城的武裝部隊中，他沒有見到陌生人。這回，他徹底放下心來。他想的是，即使和王陽明談砸，就憑他在南寧城中這麼多武裝部隊，他和王受也能全身而退。

王受很開心，他看到此情此景時，當即確定從前在刀口上的日子已經成了遙遠的噩夢，新生活的曙光已經越過地平線正照耀著他的心。在南寧衙門門口，他和盧蘇停下來，按之前二人的約定，隨從們把他們反綁，並在兩臂之間插上一支荊條，這就是失傳多年的「負荊請罪」。

王陽明坐在上面，儀態威嚴。王受和盧蘇跪在地上，請求王大人對他們的過失進行責罰。

王陽明對二人說，本來你們主動來降，不應該責罰你們。可是，你們造反是事實，違法亂紀，衝擊政府，這是有罪，如果不懲罰你們，會讓更多的人抱有僥倖之心，所以我要懲罰你們。

王受和盧蘇吃了一驚。王陽明馬上接著說：「你們可穿上生平最厚重的盔甲，讓我揍你們二百軍棍。」

說完就讓人托著軍棍給二人看，二人險些樂出來：軍棍是空心的，好像一根半死不活的竹子。對於這一明目張膽的「造假」，二人開心地同意了。他們穿上厚重的盔甲，由於不能走路，所以被人抬到王陽明面前，二百「軍棍」執行完畢，王陽明走下來，命人把他們的盔甲脫掉，拉著二人的手說：「兩位深明大義，對我深信不疑，我真的很感動。既然二人對我如此真心，我也就不客氣了，有件事需要二人幫忙。」

王受激動得手直抖：「王大人但說不妨，我哥倆萬死不辭。」盧蘇用眼神支持王受的話。

王陽明點了點頭說：「很好，我希望二位能幫我穩定廣西。」

王受拍著胸脯說：「這事包在我哥倆身上。我二人有武裝部隊七萬，能掃平一切王大人要掃平的人。」

王陽明笑著搖頭：「你們呀，我之所以招安你們就是想讓你們過平靜的生活，讓你們離開血雨腥風的戰場，怎麼可能會再把你們推到沙場上去呢！」

盧蘇疑惑不解：「那王大人如何讓我幫你穩定廣西？」

王陽明再笑道：「很簡單，解散你們的部隊，回家安分守己地過日子，這就是幫了我最大的忙。而且我答應諸位，官府一定不會再發生欺壓你們的事。」

二人恍然大悟，跪拜王陽明。

王陽明僅憑幾封信就把廣西最大的叛亂武裝化解得無影無蹤，這種能力，恐怕只有王陽明才有。

無論是在江西還是廣西，王陽明的戰場不在外而在心上。他最擅長的實用心理戰既簡單也不簡單。說他的心理戰簡單，不過是用真情實意感動對手，或是用虛虛實實、真真假假的招數讓對手暈頭轉向，然後發出致命一擊。說他的心理戰不簡單，是因為他的心理戰表面上看沒有規律可循。什麼時候該用招撫，什麼時候該採取軍事行動，看似隨心所欲，其實背後都有一個複雜的分析過程。

對於王受和盧蘇的情況，王陽明曾做過多方面的資料收集和分析。最終他得出的結論是，這二人並無野心，而且是無法忍受當地政府官員的欺壓才奮起反抗。當他們具備一定實力後，也沒有再擴展，這就足以說明，他們的本心還是傾向於和政府談合作。他們的良知依然光明著，心腸沒有變成鐵石，對於這類人，用招安就最合適不過。而對有些冥頑不靈的人，比如江西叛亂大佬池仲容，就毫無效果，所以唯一的辦法就是採取虛虛實實的軍事打擊。

王陽明的一位弟子對老師這次不費一兵一卒、不發一箭一矢就解決了思恩、田州的事誇張地評價說：這比多年前大禹治水有過之而無不及。

事情的確剛剛開始，因為「平」和「定」是兩回事，王陽明現在只做到了「平」，怎樣才能讓南寧地區「定」，這才是關鍵。

他把當初向中央政府提交的治理思、田方案迅速執行：第一步是改流為土，讓當地有責任心和能力的政府官員擔任軍政一把手，讓類似王受和盧蘇這樣的少數民族首領擔任軍政二把手和行政秘書。這樣一來，軍政大權在政府手裡，而少數民族因為參政獲取了榮譽感。雙方互相監督互相砥礪，其樂融融。

第二步，把「十家牌法」在廣西如法炮製。

第三步，也是最重要的一步：拯救人心，通俗的說法就是思想教育。世界上最不穩的就是人心，只要人心靜了，世界也就靜了。百姓心中有了道德基石，才能遵紀守法，才能做個好人。普及倫理道德的場所在學校，王陽明自己出錢興建學校，邀請百姓免費來聽他和他弟子們關於良知的講課。

據他的弟子後來說，南寧百姓聽了王陽明心學課程後，心靈受到極大的洗禮，對自己從前渾渾噩噩的日子直唾棄，決心此後為人處世必以良知為師。

王陽明心學能在最短的時間裡迅速傳播開，緣於心學的簡易明快，更緣於王陽明在教學方法上的理念：因材施教，不以主觀淩駕別人，順著對方的思想。用心學術語來講就是「不執」。

下面這件事就是證明。

田州城外河邊有塊怪異巨石，形狀如烏龜，更使人驚奇的是，「烏龜」靜臥不動時，田州太平無事，當它如長了腳遠離河邊時，田州就有刀兵。這有事實為證，岑猛造反前，「烏龜」很老實地待在河邊；岑猛作亂不久，「烏龜」就離開了河邊；岑猛被平定後，「烏龜」又神奇地回到河邊；王受和盧蘇造反時，它又離開了河邊。王陽明招降了王、盧二人後，大概是烏龜的消息不靈，所以還沒有回到河邊。

當地百姓都確信一件事：這塊石頭是治亂的風向標，他們都希望這塊石頭永遠待在河邊，不要跑來跑去，背後的意思就是，希望和平，不希望動亂。這當然是典型的迷信，不過王陽明卻認為這是當地的傳統，他沒有理由不尊重別人的傳統。所以當百姓來請他對付那塊石頭時，他煞有介事地在河邊舉行了一場巫術表演。

這場表演的步驟是這樣的：首先把石頭抬回原處，然後他趴到石頭上假裝和石頭談話，再然後又假裝聽石頭說話，最後他站起來指著石頭大喝一聲：「你敢作亂，不怕我毀了你？」說完，就命人取來紙筆，寫下：田石平，田州寧，千萬世，鞏皇明。然後讓人把字刻到「烏龜」身上，百姓們被這場面震住了，堅信王陽明已經搞定了這個禍害，頓時歡呼雀躍。

王陽明能搞定「神龜」，卻搞不定自己的身體。在南寧操勞四個月後，一五二八年農曆六月，他一病不起，萬不得已要出去辦事必須要躺在寬大的轎子裡。他向中央政府提出退休的要求，桂萼死活不同意，要王陽明必須在安南的事情上給他交代。

王陽明情緒低落地對弟子們說：「廣西要成我葬身之地啊。」

弟子們安慰他：「吉人自有天相，肯定能渡過難關。」

王陽明搖頭歎息：「生死關容易過，可心上的關卻難過。」

弟子們問原因。王陽明說：「桂萼讓我進攻安南，這是異想天開，他只分析了別人的缺點，卻沒有檢討自己的缺陷。安南的確在內亂，可廣西全境有幾處是安寧的？如果我不照他的做，這次廣西之行的功勞又是竹籃打水一場空。如果我照他的做，可能會引起更多事端。」

有弟子疏闊地說：「那咱們就回余姚，管他什麼桂萼和吏部！」

王陽明聽到這句話，怦然心動。如果不是發生了下面這件事，他可能真的就提前違抗中央政府的命令回余姚了。

這件事和兩個地名有關，一個是斷藤峽，另外一個是八寨。

雷霆掃穴

斷藤峽原名為大藤峽，位於廣西桂平境內潯江兩岸。兩岸之間有一條粗藤，身手敏捷的人可以攀附著這條大藤來回兩岸。潯江兩岸高山夾峙，山勢巍峨，犬牙交錯，尤以大藤兩岸附近的地勢最為險峻惡劣，是為大藤峽。

明帝國第七任帝朱祁鈺（景泰帝）在位時，此處發生了以侯大苟為首的大規模瑤族叛亂。他們把大藤峽當作基地，並建立數個寨子（軍事據點）鞏固基地。由於此地易守難攻，所以政府焦頭爛額。大藤峽叛亂的同時，八寨（廣西紅水河南岸的思吉、周安、剝丁、古卯、羅墨、古鉢、古蓬、都者等八個寨堡）也湊熱鬧般地和政府勢不兩立，一時之間，廣西境內烽煙四起，民不聊生。

一四六五年農曆十一月，中央政府派官員韓雍到大藤峽剿匪。韓雍文武雙全，帶領十萬人馬進入廣西，以秋風掃落葉的氣勢一鼓蕩平大藤峽匪患，當他視察勝利戰場時發現了那根藤，他認為這根藤是不祥之物，於是命人砍斷，改「大藤峽」為「斷藤峽」。接著又掃滅了八寨之賊，凱旋而歸。

韓雍離開廣西時，曾向中央政府建議說：「瑤人的性情，最不喜歡面見官吏，最鄙視官吏。如果還像從前那樣以流官鎮撫其地，肯定還會產生動亂。我以為應該用當地有影響力的少數民族首領作為他們的父母官，不必去改變他們的風俗習慣，也不必用我們的倫理去要求他們，讓他們自治，只要不鬧事，制度是可以改變的。」

韓雍的建議得到中央政府的認可和執行，因韓雍的政策，斷藤峽安靜了四十多年。韓雍提出的政策的確有優點：減少了政府官員對當地瑤人的欺壓，讓瑤人自己治理自己，充分尊重了他們的權利。這是一種變相的民主。但也有顯著的缺點：由於管理者本身就是瑤人，同宗同族的原因，他會在很多地方偏袒本民族的人，律例不能很好地執行，自然而然地就養出了一群刁民。這群刁民不務正業，靠著政府對他們管理上的鬆懈就做起了盜匪。

由於地方政府和中央政府的聯合不作為，這群盜賊膽子越來越大，一五一〇年，那根大藤被他們銜接上，於是「斷藤峽」就成了他們的基地，盜賊們很快就控制了潯江上下數百里的廣大地區。八寨緊跟其後，也死灰復燃，廣西境內又成了百姓痛不欲生之地。

讓人奇怪的是，近二十年的時間裡，沒有人把斷藤峽盜匪當成一個重要事情來談。即使是王陽明來廣西前，也不知道廣西境內居然還有這樣一股力量雄厚的土匪。

一五二八年農曆七月初，王陽明在南寧和一群當地的士紳聊天。士紳們首先對王陽明能還他們南寧一個太平世界感恩戴德。不過之後，他們就陷入惆悵。王陽明問原因，他們對王陽明說：「對廣西而言，田州叛亂是雷聲大雨點小，真正讓百姓生不如死的是斷藤峽和八寨的盜賊。他們好像人人都有反社會傾向，燒殺搶掠無惡不作，簡直是天理難容。」

王陽明打起十二分的精神傾聽老士紳們的傾訴。當老士紳們走後，王陽明兩眼茫然、沉思不語。許久，他的弟子才輕輕地打斷他，問：「老師在想什麼？」

王陽明歎了口氣，說：「我一想到百姓受苦，心裡就很不是滋味。」

弟子又問：「是否是斷藤峽和八寨的盜賊？」

王陽明點頭，劇烈地咳嗽了一會兒，說：「不解決他們，我良心不安。」

弟子急了：「您的身體都這樣了，還是趕緊回余姚休養吧。況且，中央政府也沒有讓您解決這兩處的盜賊。如果您擅自做主，恐怕會被人抓住把柄攻擊您！」

王陽明看著弟子，笑了笑：「我只憑良知做事，管不了什麼規定不規定。我的良知告訴我，這兩處的盜匪必須解決掉，這就是天理。我怎麼可以逆天理而行。」

「可您的身體啊！」弟子們焦急起來。

「不要緊，如果進展順利，一個月足夠了。」王陽明擺了擺手。

王陽明說做就做，他召集廣西方面的所有高級官員，包括新歸附的王受和盧蘇，研究解決斷藤峽和八寨的盜賊計畫。

廣西省省長（布政使）林富是王陽明的獄友，王陽明當初被劉瑾扔到錦衣衛大牢中，林富也因得罪劉瑾在裡面關押。林富就給王陽明講《易》經，兩人從此結下深厚友誼。林富多年來一直關注著王陽明，對王陽明的用兵如神印象深刻。尤其是他親眼見到王陽明不費一兵一卒就降伏了王受和盧蘇後，更是歎服王陽明的能力。所以他的意見就是：一切聽王陽明的。

王受和盧蘇的意見是，應該招撫他們，這緣於他們是同類。廣西副省長（參議）汪必東認為應該剿撫並用，這是說起來最容易的辦法，也是最不容易見效的辦法，因為立場不堅。

王陽明透過查閱大量的資料後，對眾人說：「無論是八寨還是斷藤峽的盜匪，都被政府招安過，可他們屢降屢叛，已喪失了重新做人的想法。對付諸如此類良知被遮蔽的人，用招撫的辦法只會讓他們得寸進尺，認為政府好欺負，所以只能用剿。這正如花園裡長滿了雜草，誰也沒有能力讓它們變成花，必須毫不猶豫地剷除，還花園一個乾淨世界。」

另一位廣西省副省長（廣西按察使）、王陽明最忠誠的弟子王大用拿出了他的方案：先攻斷藤峽，後攻八寨，這叫先難後易。

王陽明不認可。他說：「八寨是兩廣地區的心腹之患，斷藤峽只是外疾。八寨是該地區盜賊的源泉，斷藤峽不過是羽翼。先攻斷藤峽，八寨自會頑強死守，我們消耗不起。所以要同時出擊。」

眾人大驚失色。因為此時王陽明能調動的部隊只有一萬五千人，還包括王受和盧蘇未遣散的雜牌軍。沒有人知道斷藤峽和八寨盜匪數目的確切數位，不過有一點很清楚：斷藤峽和八寨的盜匪數量絕不只一萬五千人，而他們又有地利，也就是說，王陽明的兵力顯然處於絕對的劣勢。

有人拿當年韓雍剿滅斷藤峽的例子來說明，韓雍動用了十幾萬部隊，經過一個多月強攻才消滅斷藤峽盜匪，王陽明的確比韓雍厲害，可還不至於厲害到這個地步：用低於韓雍十倍的兵力去同時攻擊兩個斷藤峽！

王陽明並未把這看成是了不起的障礙，因為他有剿匪的超級武器：不靠譜。用軍事術語來講就是：虛虛實實，進示以退，攻示以守。總之，就是先把你弄得暈頭轉向，在你神經錯亂時，他發出致命一擊。

王陽明開始使用他的超級武器。他當初來廣西時，斷藤峽和八寨的盜賊早就聞聽過他的大名，所以馬上緊張起來。由於過度緊張，他們緊閉寨門，大門不出二門不邁，作息時間極度不規律，大白天坐在椅子上就開始出現幻覺。一個多月後，他們聽說王陽明不發一箭就收服了王受和盧蘇，更變得神經質起來。斷藤峽缺糧多日，他們也不敢下山搶劫，只靠山中有限的植物充饑，又一個多月後，他們兩眼通紅，幾乎成了兔子。

再過一個多月後，他們探聽到王陽明正在南寧辦學，才放下心來。按他們有限的智慧，他們以為王陽明來廣西只是對付田州，解決了田州後，王陽明就會拍拍屁股走人。於是，他們又活躍了起來。

一五二八年農曆七月，王陽明制訂對付他們的計畫後，開始放出消息：他要在五日內對斷藤峽和八寨採取軍事行動。盜賊們又恢復緊張，五日過後，什麼事都沒有發生。他們去打探王陽明的情況時得知，王陽明正在養病，而且已得到可靠的情報：王陽明正準備回浙江休養。盜賊們大都頭腦簡單，馬上就相信這是真的。而即使稍有頭腦的人也會相信，王陽明已是個臥床不起的病夫，怎麼可能還有精力對付他們？

幾天後，盜賊們又得到消息說，王陽明來廣西的確就是要來對付田州賊的，他的工作列裡根本就沒有斷藤峽和八寨。盜賊們徹底放下心來，為了犒勞自己多日以來繃緊的神經，他們大肆慶祝，守衛鬆懈至平時水準以下。

王陽明向早已部署完畢的兩路指揮官發出了總攻令，這兩路部隊都在八千人以下，悄無聲息地摸到了斷藤峽和八寨的邊緣。第一路指揮官林富，攻八寨，王受和盧蘇擔任主攻。第二路指揮官汪必東，攻斷藤峽，王大用擔任主攻。

八寨戰役第一個打響。王受和盧蘇率領一大批敢死隊猛攻八寨的前哨石門。石門不僅是八寨的前哨陣地，還是八寨的門戶。拿下石門，八寨的防禦指數就會急速下降。所以，石門是個很難啃的骨頭。由此可以知道，王陽明安排王受和盧蘇主攻石門的意圖：二人剛歸順，急需立功獻上投名狀，所以必然傾盡全力。尤為重要的一點仍然是王陽明剿匪智慧的體現：以賊攻賊，因為賊最瞭解賊。

王受和盧蘇果然不負眾望，只用了半天時間就敲開了石門。指揮官林富把部隊推進到八寨的第一個寨子前。王受和盧蘇依然擔任主攻，但對手的抵抗也不容小覷。林富按王陽明事先的指示，一面命王受和盧蘇繼續進攻，吸住敵人的兵力，一面分兵從側面進攻。八寨的第一個寨子很快被攻陷，如同起了連鎖反應，八寨的其他寨子雖然進行了有效抵抗，但由於神兵突降的震懾力把他們嚇傻了，只抵抗了一會兒，就紛紛繳械投降。

八寨戰場進入尾聲時，斷藤峽戰場剛剛開始。汪必東完全按王陽明的指示指揮戰鬥，實際上這次戰鬥方略王陽明模仿了韓雍，首先是用人猛攻，然後是放火燒山。當時是七月，鬱鬱蔥蔥，生機勃勃。如你所知，一旦放起火來，就是濃煙滾滾，斷藤峽如陷於煙霧迷茫的妖魔世界，伸手不見五指。

作為主攻，王大用並未發揮超絕的能力。他本是文人，沒有在戰場上歷練過。王陽明用他作為主攻，原因不明，大概是想讓他在「事上練」。可一個從沒有經歷過刀光劍影的人，突然把他扔到戰場上磨煉，顯然高估了人心的力量。王大用的主攻遲遲不能產生效果，但攻擊部隊的偏師卻發揮了重大作用。他們很快就攻破斷藤峽的前哨，並且用火箭和長矛開路。戰鬥進行到一半時，王陽明派人送來口信，說八寨方面已結束戰鬥，並且要嗓門大的士兵齊聲高喊。

這是心理戰，立竿見影。斷藤峽盜賊一聽八寨的同志們已經被全殲，原本就並不堅強的抵抗意志瞬間瓦解，他們一直向山頂潰逃，哭爹喊娘。然而他們是幸運的，王陽明不是韓雍，沒有用殘酷的方式對付他們。王陽明同意他們的投降，只要放下武器，王陽明的部隊都會優待俘虜。

斷藤峽戰役雖然不是最先開始，卻是最先結束的。當斷藤峽戰役結束時，八寨最後的據點仍在頑強抵抗，尤其是他們看到斷藤峽方向濃煙滾滾直衝霄漢時，更堅定了困獸猶鬥的決心。他們以為王陽明放火燒山，像是燒荒一樣把他們的同志都燒死了。他們也知道自己罪大惡極，不可能得到寬恕，於是在臨死前發揮全部力量，抱著「殺一個夠本，殺兩個賺一個」的格言玩命搏鬥。

人在絕境之中的奮力一搏會產生奇蹟。林富發現在他們改守為攻的情況下，他的攻擊部隊先是停滯不前，接著就是後退，即使是王受和盧蘇帶領的敢死隊也只能被迫轉攻為守。

林富雖然沒有慌，卻不知道如何應對這種突變。王受和盧蘇在關鍵時刻發揮了作用。他們扯起震天動地的嗓門喊道：「殺啊！」、「衝啊！」、「完事回去吃肉啊！」在這種充滿激情的口號煽動下，政府軍先是頂住壓力，然後一步一步地向前推進，最終完全把敵人的氣勢壓垮。

王陽明繼續擴大成果，命令所有部隊全力掃蕩各處巢穴的盜賊。決戰只用了一天，而掃蕩卻用了一個多月。一五二八年農曆八月，王陽明宣布，斷藤峽和八寨盜賊已全部消滅。這是兩場最值得大書特書的戰役，雖然純粹從軍事上的戰果來看，王陽明的部隊只消滅了三千人，成果可憐兮兮，但如果我們對斷藤峽和八寨，以及對王陽明這次用兵的成本稍作瞭解後，就會發現王陽明不是進行了兩場戰役，而是進行了一次奇蹟的創造。

自明帝國以來，兩廣的穩定與否主要取決於安南和八寨、斷藤峽是否平靜。尤其是廣西，由於多山多洞的複雜地理，一旦有盜賊作亂，必然就是曠日持久的消耗戰。明帝國政治清明時，政府是有力使不出，政治不清明時，是心有餘而力不足。所以斷藤峽和八寨的叛亂一直隱隱約約地存在，兩廣所以能局勢表面上穩定，全是因為他們力量不足，尤其是沒有和安南聯合，一旦他們內外聯合，後果不堪設想，這就是王陽明所謂的八寨是兩廣心腹之患。

八寨之賊也曾被明軍反復征剿過，但每次都以失敗而告終。唯一的一次成功發生在朱見深時代，當地少數民族首領岑瑛帶領他的本族部隊和政府派遣的雇傭軍聯手攻寨，而成績也很寒酸：斬殺二百餘人，仍未斬草除根。

如果對明帝國中後期的軍事制度不瞭解，就會認為無論是韓雍還是岑瑛，所耗費的錢財只是單純的軍費開支，其實絕不是這樣的。

明帝國在軍事上的「衛所制」在朱棣後期已經失效，原因很簡單：衛所制是朱元璋指望軍隊能自給自足，不必靠帝國的財政過活。所以，身在衛所制的士兵們大部分時間是在務農，訓練時間非常少，再加上衛所長官們對士兵的壓迫和剝削，所以衛所士兵逃亡的情況非常嚴重。有資料表明，很多衛的規定人數是五千六百人，但實際上真正的士兵不足此數的一半。

一四四九年，朱祁鎮（明英宗）帶領從衛所抽調出來的帝國主力四十萬人去迎擊蒙古兵團，最終在土木堡被全殲，這件事證明了一點：衛所制培養出來的士兵已不能打仗。朱祁鎮之後的朱祁鈺（景泰帝）在民族英雄、兵部尚書于謙的建議下，改革軍事制度，但收效甚微。於是，政府採用了另外一種方式讓軍隊更富有戰鬥力，那就是雇傭制。各地方組織民兵，一旦有戰事，就雇傭他們上戰場，當然，政府雇傭他們不是給他們現錢，而是抵消他們本該繳納的賦稅。

還有一種雇傭軍則是少數民族武裝，王陽明在江西剿匪時有人建議使用的廣東狼兵就是少數民族武裝。先前韓雍剿匪動用的十幾萬兵力除了衛所提供的少得可憐的兵力外，其他都屬於雇傭軍，比如河南的精於使用匕首的爬山高手、各地強悍善戰的礦兵、善於使用長棍把人當成狗打的山東兵、單兵作戰能力強的佛教寺廟的和尚，以及福建泉州的拳師。很明顯，這個成本相當大。

再看王陽明。王陽明所動用的兵力共為一萬五千人，這裡還有王受和盧蘇的幾千人。而這一萬人是他用來平定田州和思恩的，也就是說，縱然這一萬人是雇傭軍，他們已經領了工資，而且田州和思恩的戰役並沒有打響，王陽明是順水推舟，二次利用，除了必需的軍費供應外，王陽明沒有費國家一文錢。與韓雍相比，王陽明就是在創造奇蹟。

幾個月後，當王陽明的報捷書傳到北京時，高級官員霍韜用對比的方式對朱厚熜說：「王陽明在斷藤峽與八寨之戰中為朝廷省了數十萬的人力、銀米。他的前任（姚鏌）調三省兵若干萬，梧州軍門支出軍費若干萬，又從廣東布政司支用銀米若干萬，戰死、得瘟疫而死的官兵若干萬，但如此巨大成本的付出換來的卻是田州不到兩個月的安寧。王陽明的作戰成本已低到不可思議的地步，而且把八寨、斷藤峽這樣的積年鬼樹連根拔起，縱然是神仙下凡，恐怕也只能做到這種地步吧！」

王陽明在廣西沒有考慮作戰成本的問題，他病懨懨地投入到善後工作中。他希望中央政府能同意他所提出的處置八寨、斷藤峽的意見。第一：把廣西的一處叫南丹的衛所遷到八寨，震懾當地的刁民；第二：把思恩府城遷到軒豁秀麗、便於貿易的荒田，這是希望當地百姓從閉塞的環境中走出來。不封閉，就不會亂想；第三：調整基層佈局，要各地的縣長深入鄉村。這個辦法和朱元璋的政策是抵觸的。朱元璋對基層的政策是：鄉村可以完全自治，縣長和縣長的吏員們不許下鄉村。他的出發點可能是好的，不允許地方官員騷擾百姓。但問題是，廣西這地方的百姓受到的教化不多，朱元璋希望全靠鄉村裡德高望重的人教化百姓而高度自治，顯然不適用於廣西鄉村，所以王陽明認為應該讓縣長的權威抵達鄉村，可以起到監督的作用。

讓王陽明死不瞑目的是，他的這三條建議都未被中央政府採納。實際上，他對廣西地方行政管理層面的建議根本沒有人關心。王陽明在和廣西官員接觸了幾個月後，發現了一個大問題：這些官員整體素質不高，無論是道德還是行政能力，都難以在廣西這個複雜的地方擔任要職。他希望中央政府能把各種人才派到廣西來，而中央政府對他的提議置若罔聞。王陽明離開廣西前，讓林富和王大用暫時分別代理軍事長官（都指揮司）和行政長官（布政使），但他也知道，這二人是道德有餘能力不足。這實在是無可奈何的事，一方面，廣西再無可用之才；另一方面，他已沒有氣力再培養人才。他必須離開廣西，回浙江，最好能去趟北京，見見他從未謀面的那位神祕的皇上。

追憶祖先

一五二八年農曆九月，王陽明已決心離開廣西。他認為在八寨、斷藤峽的善後工作已經做到位了；而最重要的原因是，他的生命已近尾聲。在他給皇帝朱厚熜的一份辭職信中，他以平靜的筆調訴說他每天要面對的肉體之苦，而我們讀來卻是異常傷感。從這封辭職信中，我們知道了下面的事。

從浙江余姚啟程時，王陽明的肺病就已嚴重惡化，夜裡持續的咳嗽而無法入睡，臉色越來越難看，青黑得猶如鬼魅。以今天的醫學角度看，他可能已是肺癌早期，或是中期。除了幾乎是與生俱來的肺病之外，王陽明在江西剿匪時又染上了炎毒。炎毒又加重了他的肺病，使劇烈的咳嗽和他形影不離。只有在涼爽季節，他的咳嗽才會好一些，如今來了廣西，更是雪上加霜。

王陽明從余姚來廣西時，曾帶了一位醫生。想不到這名醫生來廣西才一個月，不但沒有伺候好王陽明，反而自己先因水土不服而病倒。醫生可以拍拍屁股走人，但王陽明不能。炎毒持續發作，導致他遍體腫痛，咳嗽成了他呼吸的一部分。在從浙江余姚出發前，他的腳因為長了瘡而無法走路，後來更吃不下飯，每天只能喝幾杓粥，稍多一點就會嘔吐腹瀉。

王陽明就是用這半條命上岩入洞，穿越瘴氣逼人的森林，確立了他在廣西的一系列方針。然而，他將用這半條命換來的方針政策送交中央政府後，得到的卻是杳無回音。從他招撫王受和盧蘇的一五二八年農曆二月開始，他持續不斷地向中央政府遞交他的方略，可直到本年九月，才得到一個回覆：朱厚熜送來了獎狀：田州的事做得很好，獎你五十兩白銀。而對於其他的方略申請，朱厚熜和內閣隻字未提。

王陽明在辭職申請中說，他實在沒有力量再在廣西多待一天，現在的他一直在船上靜臥，希望中央政府能儘快批准他的請求。

讓人氣憤的是，他仍然沒有回音。

就在他等待中央政府的意見時，他支撐著病體在弟子們的守護下參觀了伏波廟（東漢馬援廟）。他年輕時曾在夢中來過廣西南寧，並見到了這位平叛英雄的廟，如今親眼所見，不禁想起自己輕狂的少年。那時，他的血液始終沸騰著，縈繞在心的只有建功立業。他渴望血戰沙場，保衛邊疆。他仍然欽敬馬援，可總有那麼點苦澀的味道。自一五一六年走向戰場後，他已建下了遮天蔽日的功勳，完全實現了「建功立業」的理想，然而他一點都不開心。他發現建功立業遠不如他對建功立業的想像帶來的快感大，他一方面要對付戰場上的敵人，一方面還要對付他所效忠的中央政府的敵人，心力交瘁。用他的話說，如果不是有心學支撐，他早就撒手人寰了。

一五二八年農曆十月的某一天，他到增城（今屬廣東）祭祀他的一位祖先，這位祖先叫王綱，曾為朱元璋效力，後來到兩廣剿匪，死在回去的路上。看到這位祖先的塑像，王陽明第一次有意識地踏進了回憶祖先的河流。

王陽明的祖先可追溯到晉朝名人、孝悌楷模王覽。王覽和親爹、親媽以及同父異母哥哥王祥生活在一起。他的親媽經常對王祥非打即罵，王覽總為哥哥解圍。有一次，他的親媽在酒裡投毒，準備謀害王祥。王覽事先得知消息，從他哥哥手裡搶過酒杯滿眼含淚要一飲而盡。他的親媽驚慌地奪下酒杯，發現了王覽的苦衷。從此以後，這位母親奇蹟般地變成了慈母。

朝廷知道這件事後，就任命王覽為祿大夫（政府名譽顧問），王家成了官宦人家。多年之後，王覽的一個曾孫，大名鼎鼎的書法家王羲之的後代把家搬到浙江會稽。又過了好多年，王陽明的二十三世祖王壽把家遷到浙江余姚，直到王陽明為止，王家就始終在余姚繁衍生息。

王家更精彩故事的上演始於王陽明六世祖王綱。王綱生活在元王朝後期，曾得到一個神奇道士傳授法術和養生術。當他在幽靜山林中修煉時，朱元璋後來的軍師劉伯溫和他一見如故，相談恨晚。劉伯溫出去輔佐朱元璋時對王綱說：「將來我若有了大好前程，必關照你。」

想不到幾年後，劉伯溫真就幫助朱元璋奪取天下，建立大明朝。劉伯溫果然說話算話，就把王綱介紹給了朱元璋。王綱當時已七十多歲，但看上去卻還像中年人。朱元璋大為驚異，立即任命他為兵部高級官員。

王綱還未準備好過官癮，兩廣地區發生叛亂，他被指定為後勤部長，向叛亂發生地運送軍需物資。在一次運送物資的途中，他中了山賊的埋伏一命嗚呼，跟隨在他身邊的兒子王彥達也被活捉。王彥達寧死不降的氣節讓山賊也很敬服，於是放走了他，王彥達就用一張羊皮把老爹的遺體背回帝國都城南京。不知什麼原因，政府沒有給王綱半分撫恤金。王彥達一怒之下，又用羊皮把老爹的遺體背回老家，並立下家法：凡我王家子孫絕不許做明帝國的官。

王彥達的兒子王與准謹遵家訓，埋頭鑽研《周易》，很快就成為當地家喻戶曉的奇人異士。政府知道後來請他，王與准一面背誦家法一面逃進深山老林，政府就跟蹤他也進了深山老林。王與准一咬牙一跺腳，把一條腿摔到石頭上，醫生確診為骨折，即使康復後也會是個瘸子。官員要有威儀，不能是殘疾人，政府這才放過了他。

王與准的下半生在猶豫中度過，因為他不知道祖宗定的這條家法是否符合天理。臨死前，他對兒子王世傑說：「你以後想做什麼就憑良心，別的都是小事。」

王與准之所以說這樣的話，是因為王家的經濟狀況越來越差。王世傑為了家庭生活能有所改善，真的違背祖訓參加了科考。當他進考場前發現每個考生都要被搜身，血管裡流淌的高傲血液沸騰起來，他和當年陶淵明面對五斗米俸祿時一樣地高傲道：「我怎麼可以為了做官而讓一群俗人在我高貴的身體上摸來摸去。」說完就憤然離開。

王世傑再也沒有參加科考，臨死前，他對兒子、王陽明的爺爺王天敘說：「我的遺產夠你受用一輩子的了。」王天敘一本正經地繼承了他的遺產：幾大箱子王世傑的著作。

王天敘果然受用了一輩子，他就是靠父親的這些著作把自己鍛造成了超凡脫俗的人物。他才華橫溢、性情恬淡、與世無爭；他思想開放，告訴兒子王華，要想揚名立萬，必須走科考這條路；他道德至上，常教導兒子王華要做一個道德完人。王華也正中其下懷，從小就擁有中華傳統美德。

有一次王華在河邊撿到一袋金子，他就在那裡坐等一天。當失主喜極而泣地拿到金子準備給他一點報酬時，王華拒絕說：「如果我貪圖報酬，你的一袋金子都是我的，何必在這裡等你！」另外一則故事說說，王華對不該親近的女色從不動心。他曾到他富裕的朋友家做客，夜晚，一位妙齡女郎走進他的房間，聲稱是奉了主人之命伺候他就寢。因為主人不育，而王華已高中狀元，是個讀書種子，女郎羞答答地對王華說：「欲借人間種」。王華請女子離開，他的回答是：「恐驚天上神。」

有史料指出，王陽明被下錦衣衛大獄時，劉瑾曾向王華暗示過，如果王華能站到他這一邊，他可以考慮對王陽明從寬發落。劉瑾和王華相識，王華中狀元後到翰林院工作，後來偶爾被調到東宮給太子朱厚照講課，劉瑾在那時和王華結下了友誼。好學的劉瑾曾多次向王華請教哲學和歷史知識，王華傾囊相授。劉瑾曾說，王華是擁有橫溢的才華和無懈可擊的道德的好人。然而，當劉瑾暗示王華可以用他的立場來交換兒子的前途時，王華斷然拒絕。他說：「如果我真的這樣做了，即便史書原諒我，我兒子無論如何都不會原諒我。這就是為人的基本準則，每個人都有這樣的準則，它沒有是非對錯的區別，只有適合不適合的分別。」

一五二八年農曆十月，王陽明站在廣東增城王綱的廟前，短暫地回顧了他的祖先們，他發現，他和他的祖先沒有什麼不同，尤其是和他的父親王華，有一個顯著的共同點。那就是：堅持良知，雷打不動，風雨不改。

賞還是罰，這是個問題

如果說人間真有一條亙古不變的人生準則，那肯定就是良知。理論上，人應該把自己的良知當成唯一的人生準則，但現實是，很多人向來都不聽從良知的命令，逆天理而行。桂萼就是這樣的人。

王陽明的平定報捷書送到中央政府時是一五二八年農曆四月，直到本年農曆八月末，朱厚熜和他的大學士們才商定派人去廣西獎賞王陽明。拖了這麼長時間的原因很簡單：楊一清認為對王陽明封賞會給王陽明帶去更大的榮耀，榮耀會讓王陽明那群上躥下跳的弟子們重新呼籲王陽明來北京，這是他最不願意看到的事。而桂萼一直在拖獎賞王陽明的事，是因為他希望王陽明能進攻安南，王陽明不進攻安南，他就有十萬個理由不讓榮譽落到王陽明頭上。

至於朱厚熜又在一五二八年農曆八月末同意派人去獎賞王陽明的原因，是因為張璁在一旁出了力。張璁幫王陽明說話，不是他一時的感情用事，而是政治角逐的結果。

張璁的政治直覺甩出桂萼和楊一清幾條街，他當初和桂萼走得那麼近，而且心甘情願把自己和當時籍籍無名的桂萼拴到一根繩上，就是因為他覺得利用桂萼能成大功。他和桂萼聯手排擠楊廷和以及楊廷和的代理人費宏，用盡全力，是因為他感覺到從這個方向努力必有回報。再後來，他和桂萼聯合舉薦楊一清，又聯合壓制楊一清，都是因為他能預感到事情的成敗。當桂萼推薦王陽明去廣西時，他悄無聲息地和桂萼分道揚鑣。因為他預感王陽明不可能遂了桂萼的心去進攻安南，而且，他對戰場毫無興趣。他和桂萼分離後不久馬上意識到這是個錯誤，因為桂萼和楊一清走到了一起。

楊一清和桂萼在對待王陽明態度上出奇一致，使得兩人成為戰友，在一五二八年的大半年時間裡，張璁能明顯感覺到兩人的權勢蒸蒸日上，他的壓力由此而生。

前面我們說過，政治無非是處理各種關係的一種能力，政治沒有是非，利害即是非。張璁權衡利弊後，發現如果不尋找新盟友，他的現在和將來會是一片迷霧。但核心領導層中，沒有人能與楊一清分庭抗禮，何況又多了個桂萼。在張璁的准盟友名單上只有兩個外人能擔當重任，一個是正在北方巡撫的王瓊，另外一個就是在廣西巡撫的王陽明。

張璁認真地衡量了二人的潛力後，發現王陽明更適合當他的盟友。原因很簡單，一直有聲音呼喚王陽明來京城做大學士，他只需要推波助瀾就可以；另外一個原因是，楊一清和桂萼對王陽明長時間的抑制，王陽明心知肚明。張璁甚至想過，他根本不必去主動爭取王陽明，王陽明就會站在他這一邊。

一五二八年農曆七月，王陽明遞交給中央政府關於如何穩定田州的行政報告，楊一清和桂萼置之不理，張璁便適時地開始他的計畫。他和王陽明在中央政府的弟子們談話，對王陽明表示出濃厚的興趣，暗示這些弟子上奏摺請求恩賞他們的老師。弟子們得到當時炙手可熱的大學士張璁的支持，心花怒放，連連上奏摺請求對王陽明進行封賞。由於張璁這次計畫的隱秘和迅速，楊一清和桂萼被打個措手不及，朱厚熜下令要內閣研討獎賞王陽明。楊一清和桂萼用盡招數拖了兩個月，終於不能再拖。於是，新任吏部尚書、王陽明的弟子方獻夫被任命為犒賞王陽明大使前去廣西。

人人都以為，這次吏部尚書親自出馬的犒賞實際上就是請王陽明來京，王陽明的弟子們幾乎要提前慶祝。但就在一五二八年農曆九月初，王陽明平定斷藤峽和八寨的報捷書來到京城，桂萼像是在家徒四壁的屋子裡發現了黃金一樣，狂呼亂叫起來。

他馬上去見朱厚熜，當他出來後，滿臉春風，笑得花枝亂顫地對方獻夫說：「不必去廣西了。」

方獻夫萬分驚愕，問原因。

桂萼說：「王陽明違抗命令，私自對斷藤峽和八寨採取武裝行動，不但不能賞，還要罰。」桂萼以一副權謀家的嘴臉說：「這是擅權，居功自傲，時間一久，必是尾大不掉。」

方獻夫驚叫了起來，他無論如何都想不到桂萼居然會有這樣的想法，這簡直是昧著良心在栽贓陷害。方獻夫氣得渾身發抖，咬牙切齒地穩下情緒後說：「當初要王陽明去廣西，皇上已許可王陽明有『便宜行事』的權力，斷藤峽和八寨的盜賊，人人得而誅之。王陽明只是做了他該做的事，怎麼就要扣上居功自傲的大帽子？」

桂萼以一副委屈萬狀的語調說：「這又不是我扣的帽子，而且這也不是帽子啊，你老師就有這樣的行為，皇上最忌諱的就是這種行為。」

方獻夫發現桂萼臉上升起一股無恥的神韻，便冷冷地質問桂萼：「那準備怎麼懲罰王陽明？」

桂萼恨恨道：「先削了他的爵位再說。」

方獻夫終於不能忍住他對桂萼的鄙視，狂笑道：「撫招田、思二州，未動政府一兵一卒；平定斷藤峽和八寨，未費財政一文錢。有功如此反而嚴懲，你們就不怕天下人恥笑？」

桂萼這種人根本不怕天下人恥笑，所以他氣定神閒地站著。

方獻夫死盯著他的眼：「桂大人，這樁公案，不用說日後，就是今天的史官該如何書寫，你這不是給史官出難題嗎！」

桂萼換了一副腔調：「即使不罰，也不能賞。」

方獻夫又是大笑：「爾等的目的恐怕就是如此吧！」

桂萼冷漠地看著揚長而去的方獻夫，吐出了兩個字：「不錯。」

對王陽明深表同情的人都會譴責桂萼包括楊一清的行為，但如果讓桂萼為自己辯護，他的辯詞足以讓人心服口服。他舉薦王陽明的終極目的是突襲安南，而不是揍幾個小盜賊。王陽明沒有按他的意願行事，這讓他很下不了台，即使他的想法沒有幾人知道，他還是認為王陽明蔑視了他的權威。一個權謀家最憎恨的就是：根本沒有資格蔑視我的權威的人卻蔑視我了，那這個人就是我最大的敵人。

如果用王陽明的良知學來解讀桂萼，桂萼的良知已被權力和威嚴這些外在的物質所遮蔽。

他明知道那樣做對王陽明不公正，卻非要去做，這就是知行不能合一，也就是不能致良知。桂萼的人生準則和世上許多人的人生準則一樣──唯利是圖。

張璁的人生準則不一定是唯利是圖，但也絕不是良知。他也明知道王陽明受到了不公正待遇，但是，當方獻夫來找他希望他能站在良知一邊時，他轉身了。他發現桂萼扣到王陽明頭上的那頂帽子非比尋常，想要為王陽明摘掉這頂帽子要遠比不管不問容易得多。他對方獻夫說：「事已至此，已無辦法，還是聽天由命吧！」

方獻夫這一天來聽到的奇談怪論太多，幾乎要精神崩潰，他呆若木雞，愣愣地看著張璁。張璁沒有看他，事情好像已成定局，等待王陽明的不是獎賞而是懲處。

方獻夫和他的師弟們當然不能眼睜睜看著老師走向灰暗的前途，他們四方奔走，最終得到了楊一清的同情。楊一清表示：「不賞也不罰。」這並非是楊一清良知光明了，而是他知道王陽明不可能再來京城，痛打落水狗對他毫無意義，可能還會落個罵名，所以他做了個順水人情。

而正當王陽明的弟子們要感謝他時，王陽明又給這群弟子們出了個難題：未得到任何命令，他便擅自離開廣西回浙江了。

桂萼興奮得一跳三丈高，叫囂道：「如果再不懲治王陽明，國法何在！」

王陽明的弟子們大為懊惱，他們遠在京城，恐怕永遠都不知道此時王陽明老師面臨的境況。王陽明不能不離開，他已清醒地意識到自己將不久於人世。

有一點值得補充，王陽明不能來京，表面上看，楊一清和桂萼是罪魁禍首，實際上他們只是推波助瀾，真正的問題在朱厚熜身上。

朱厚熜開始時想要王陽明來京，那是因為他有大麻煩，楊廷和把他壓得抬不起頭。但他在「大禮議」中勝出後，他很快就擺正了自己的立場：王陽明不能來京。根由是，同行是冤家。

朱厚熜是個自以為是的半吊子儒家知識份子，他年輕時曾受過儒家專業教育，做了皇帝後喜歡經常推出自己的思想，當然，他的思想還是在朱熹理學中打轉。在身邊一群擅長阿諛奉承的人全力吹捧下，朱厚熜斷定自己哲學的造詣已深厚到難以想像的境界。

一五二六年，朱厚熜用他有限的智慧寫下哲學文章《敬一箴》，被翰林院的那群腐儒吹捧為「帝王傳心之要法，致治之要道」的人間天書。朱厚熜馬上揚揚得意地讓工部建敬一亭，並命令翰林院摹刻於北京和南京的各個學院以及地方學院的校門前。兩年後，當王陽明在廣西等待他的召喚時，敬一亭建成了，群臣爭相祝賀，朱厚熜沾沾自喜卻還是裝出少有的謙虛說：「我也只是學有粗得，但這卻是我自己所悟的哲學，非比尋常。」

實際上，他的所悟是照著朱熹畫瓢。他既然畫瓢，當然絕不能容忍別人居然能製造瓢。王陽明的心學就是王陽明自己製造出來的瓢，朱厚熜對王陽明顯然有羨慕嫉妒恨的情結。他不但嫉妒王陽明，而且嫉妒所有和自己的哲學有抵觸的學說。一五二九年農曆三月，有臣子獻上《大學中庸疑》，朱厚熜暴跳如雷，說：「朱老夫子的東西你都敢疑，給我燒了。」

有這樣的皇帝，自得之學的王陽明心學顯然不會受到禮遇，連帶著王陽明也就不會受到朱厚熜的青睞。

這是王陽明的不幸，也是整個中國文化的不幸。

此心光明，亦復何言

王陽明大概是一五二八年農曆十月末離開廣西的，一路走得異常緩慢。有兩個原因：其一，他的身體狀況實在不能適應遠途勞頓；其二，他還是抱著一絲希望，他希望能等到皇帝的關心和許可他退休的命令。遺憾的是，當他已進入江西地界時，還是什麼都沒有來。

在王陽明人生最後也是最寶貴的時光裡，他仍不忘諄諄告誡弟子們要好好「致良知」。他強撐著病體給他的弟子聶文蔚寫信，申明「事上磨煉」的真諦。他說：「人做學問，一生也只是為了一件事。自小到老，從早到晚，不管有事無事，也只是做這一件事，這件事就是致良知。所謂『事上練』也不過就是『致良知』，但這裡有個訣竅，要勿忘勿助，不要忘記你時刻要致良知，但也不要揠苗助長。致良知是個循序漸進的生命過程，要一步一步來。偉大的都城北京不是一天建成的。我們必須要遵循下面的原則：事情來的時候，盡我的良知應付。沒有事情來的時候，也不要去找事，只要在心上時刻想著致良知就對了。」這就是古典儒家所謂的「必有事焉」，在你心上，一定會不停地有事，而這個事就是光明你的良知。事上磨煉，並不一定非要沒事找事，當你靜坐並光明你的良知時，這也是事上磨煉。

他又給他在浙江老家的弟子們寫信，信中總是在追問弟子們的學業是否有進展，同時談到了他的病。弟子回信說很擔心他。他苦笑了一下，當他到達江西梅嶺時，世間所有的一切都變得模糊起來。王陽明意識到這不是好現象，他對一直從廣西跟隨過來的弟子王大用說：「你知道諸葛亮託付薑維的故事嗎？」

王大用馬上哽咽起來，他不敢去看王老師那張已變成青紫色的臉，拚命地點了點頭。王陽明咳嗽了一會兒，似乎是用了渾身的力氣吸了一口氣說：「兩廣地區穩定性差，想要真的太平無事，必須要以良知對待本地居民，將心比心，否則還會大亂。」

王大用明白，王陽明用諸葛亮臨死前託付薑維的故事是明示他：兩廣將來就靠你了。可是王大用沒有薑維的能力，幾年後，廣西再度爆發民變，王陽明那時已在天上，只有歎息的份了。

王大用此時此刻想的只有一點：「老師快不行了。」他向王陽明告辭，去找木匠打造棺材。

一五二八年農曆十一月二十五，王陽明乘船抵達南安。岸上已有多名弟子在等候他，但他沒有上岸。並非他不想上岸，他現在最想做的事就是舍筏登岸和弟子們探討心學。可惜，他幾乎已到了寸步難移的地步，只能萎靡不振地躺在船中。他的弟子、南安地方官周積和張思聰被叫到船上，兩人一見王老師的模樣，鼻子一酸，流下淚水。

王陽明緩緩地搖頭，說：「不要這樣，你們近來的學業如何？」

周積擦了擦眼淚，簡單地說了說自己在工作中如何致良知，王陽明微合雙眼，聽了一會兒就緩緩地點頭。

張思聰已不知該說什麼，憋了半天，才聲音打顫地問：「老師身體還好吧？」

王陽明擠出笑容來，正要回答，一陣劇烈的咳嗽襲來。周積和張思聰急忙上前，一個輕拍他的背，一個則安撫他的胸口。王陽明好不容易才停了下來，用盡全身力氣說道：「所以還沒有離開你們，只是一口氣在。」

周積像個孩子一樣哭出聲來，王陽明握住他的手勸慰他說：「不必難過，要時刻注意學問的增長。」

說完這句話，王陽明就閉上了眼睛，呼吸悠長。人們小心翼翼地滑槳，槳拍到水上無聲無息。船好像自己在前進，拖著旖旎的水光靜靜地駛向天堂。

直到此時，王陽明才第一次有時間追憶他的人生。他的這一生應該是無怨無悔的，年輕時他曾縱容自己的性格去做那些被別人所譏笑的事，他在精神上的豔遇讓他早年的內心世界放蕩不羈。一個人如果在年輕時代不釋放自己最本真的性格，他這一生將是不完美的。因為人到中年，就必須負起社會所賦予他的責任。這個時候，就需要內斂，有時候應該委曲求全，有時候應該忍辱負重。無論是年輕時的浮誇還是中年以後的老成，王陽明都做得很好，因為他在憑良知做事。

他創造了很多人都不可能創造的人生成績，散發了很多人都不可能散發的光輝，他的人生價值得到了最極限的體現。完美的人生，就應該是這樣：盡可能在良知的指引下創造引以為傲的人生價值。

一五二八年農曆十一月二十八夜，王陽明從一個美得出奇的夢中醒來，他問弟子：「到哪裡了？」

弟子回答：「青龍鋪（今大餘縣青龍鎮赤江村）。」

王陽明又問：「船好像停了？」

弟子回答：「在章江河畔。」

王陽明笑了一下：「到南康還有多遠？」

弟子回答：「還有一大段距離。」

王陽明又是一笑：「恐怕來不及了。」

他讓人幫他更換了衣冠，倚著一個侍從坐正了，就那樣坐了一夜。第二天凌晨，他叫人把周積叫進來。周積匆忙地跑了進來，王陽明已倒了下去，很久才睜開眼，看向周積，說：「我走了。」

周積無聲地下淚，問：「老師有何遺言？」船裡靜得只有王陽明「嘶嘶」的呼吸聲。王陽明用他在人生中最後的一點力氣，向周積展現了一個微笑，說：「此心光明，亦復何言？」

他的眼睛開始迷離，慢慢地閉上，呼吸停止，船不易察覺地晃了一下。王陽明離開人世，時間是農曆十一月二十九日辰時（即陽曆一五二九年一月九日，早上七點至九點）。

王陽明被裝入棺材，一路向浙江。他的肉體和精神在南康、贛州、南昌受到史無前例的緬懷。他的弟子們和崇拜者哭聲震天，讓整個南方山搖地動。這是人們對一個慈悲人物和神奇人物最具敬意的膜拜，在整個明代乃至中國歷史上，能與他分庭抗禮的人幾乎沒有。

普通百姓為他哭泣，是因為他為百姓做了好事；弟子們哭他，是因為他的人格魅力和心學思想已深入他們的骨髓。他們為王陽明哭，其實就是在致良知。

只有那些良知被遮蔽的人才不會哭，楊一清、桂萼，以及那個已開始服用道家丹藥的皇帝朱厚熜。一五二九年農曆二月，王陽明去世的消息傳到北京，桂萼突然產生一種失落感，這可能是他人性中光芒的一閃，但稍縱即逝。他恢復了權謀家的本色，向朱厚熜提出要嚴厲懲治王陽明，理由是，王陽明開小差。楊一清得到王陽明去世的消息後，如釋重負地笑了。他對人說：「即使王陽明在世，我也要把他的心學掃進垃圾堆。」

伴隨王陽明去世而來的是，他弟子在北京政府被大批驅逐，黃綰、陸澄等人都被請出了中央政府到南京去坐冷板凳。他們沉浸在老師離世的憂傷中，而且也沒了為老師說話的權力。於是，遲到的也是註定的對王陽明的處分來了：削奪新建伯爵位。

用桂萼恬不知恥的話來說：「這已是皇恩浩蕩了。」

王陽明如果在天有靈，絕不會對這樣的懲罰動心。因為他受不公正待遇已經習慣了，他的後半生一直就在不公正待遇的泥潭中遨遊。他只對人類的不能致良知而動心，但這又是他所不能操心的了。

一五二九年農曆十一月十一，王陽明被葬於浙江紹興蘭亭洪溪（浙江，紹興市蘭亭鄉花街村）。

王陽明離開人間的整四十年後的一五六八年，明帝國第十二位皇帝朱載垕（明穆宗）追封王陽明為新建侯，謚文成。從伯到侯是個提升，但恐怕在天上的王陽明仍然不會動心。即使他是喜歡追逐名利的人，遲來的封賞也會讓人的興奮大打折扣。

尤為重要的是：一個此心光明的人最希望得到的獎勵就是良知給予的獎賞，其他，亦復何言！

外篇之一

心學對我們有什麼用？——強大內心的終極武器

我是自己的上帝

眾所周知，王陽明心學是人類歷史上少有的簡易明快的哲學之一。無論是它的思想，還是表達思想的語句都讓人一目了然。王陽明心學又是一門實用的哲學，它告訴我們極易被我們忽略的真理，同時也為我們每個人規劃出了一張完美的、直觀的人生路線圖。王陽明心學對我們有什麼用，答案已不言自明。

它首先告訴我們的是這樣一個極易被我們忽略的真理：人人平等。

有一天，那個個性極強的王艮出遊歸來，王陽明問他：「都見到了什麼？」

王艮以一副異常驚訝的聲調說：「我看到滿街都是聖人。」

我們應該注意，王艮這句話別有深意。王艮來拜王陽明為師前就是狂傲不羈的人，拜王陽明為師後，也未改變「傲」的氣質，王陽明多次說：「人人都可以成為聖人。」王艮不相信。他始終認為聖人是遙不可及的，所以他說的「我看到滿街都是聖人」這句話，是在譏笑王陽明的言論：「你瞧，那些在大街上的凡夫俗子都是聖人，我怎麼就不相信，天下會有這樣多聖人啊？」

王陽明大概是猜透了王艮的心意，於是就借力打力：「你看到滿大街都是聖人，滿大街的人看你也是聖人。」

王艮尷尬地一笑：「都是聖人。」

王陽明點頭說：「對！人人都是聖人，誰也不比任何人差。」

他的另外一名弟子叫董蘿石的也出遊歸來，同樣興奮地對王陽明說：「今日見一怪事。」

王陽明問：「什麼事？」

董蘿石興奮地說：「見滿大街都是聖人。」董蘿石和王艮不同，他是真的悟透了王陽明「人皆可成聖」的思想，所以王陽明只是淡淡地回道：「這算什麼怪事，常事罷了。」

無論是對不懷好意的王艮，還是發自肺腑的董蘿石，王陽明的訓導只有一條：人人確實都是聖人。

那麼王陽明憑什麼說「人人都是聖人」呢？

在他的文章《書魏師孟卷·乙酉》中，他給出了答案。魏師孟是王陽明弟子魏良輔的弟弟魏良貴，他的幾個哥哥都拜到王陽明門下，學習心學，對於王陽明「人人都是聖人」的論點，他覺得不可思議。一五二五年，他來請教王陽明：「您說人人都可以成為堯舜那樣的人，但堯舜是如此偉大，凡夫俗子怎麼可能成為他們那樣的聖人呢？」

王陽明解釋說：每個人心中都有個良知，良知能知是非善惡，「是非」屬於智慧，「善惡」

屬於道德，聖人也不過是既有智慧又有無懈可擊道德的凡人，而你一出生就具備這兩種素質，所以你就是個潛在的聖人。只要你按良知的指引去思考做事（致良知），那就是聖人了。自然而然致良知的，是聖人；勉強自己而致良知的，是賢人；不肯去致良知的說明他的良知被遮蔽了，那就是愚人。雖然愚人的良知被遮蔽了，但他的良知卻仍然存在。如果能致良知，那和聖賢就沒有區別。也就是說，聖愚的良知是一樣的，只要肯「致」，那就是「人人皆可為堯舜」。

在《傳習錄》中，王陽明重點指出，良知在人，永遠不可能消失，即使是盜賊，你喊他賊，他也不愛聽，這就是良知永遠存在的體現。那些不肯致良知的人，只是良知被物欲所遮蔽，並不是說他沒有良知了。正如烏雲遮蔽了太陽，你能說太陽消失了嗎？

關於「盜賊也有良知」這個論點，王陽明並非信口開河，而是有事實依據的。據說他在廬陵擔任縣令時，抓到了一個罪惡滔天的大盜。這個大盜冥頑不靈，面對各種訊問強烈頑抗。王陽明親自審問他，他一副死豬不怕開水燙的架勢說：「要殺要剮隨便，就別廢話了！」王陽明於是說：「那好，今天就不審了。不過，天氣太熱，你還是把外衣脫了，我們隨便聊聊。」大盜說：「脫就脫！」過了一會兒，王陽明又說：「天氣實在是熱，不如把內衣也脫了吧！」大盜仍然是不以為然的樣子：「光著膀子也是經常的事，沒什麼大不了的。」又過了一會兒，王陽明又說：「膀子都光了，不如把內褲也脫了，一絲不掛豈不更自在？」大盜這回一點都不「豪爽」了，慌忙擺手說：「不方便，不方便！」王陽明說：「有何不方便？你死都不怕，還在乎一條內褲嗎？看來你還是有廉恥之心的，是有良知的，你並非一無是處呀！」

這就是良知中的羞恥心，連無惡不作的大盜都有，何況普通人！

為什麼王陽明要不厭其煩和矢志不移地宣導「人人都是聖人」的觀點，他到底想告訴我們一個什麼樣的真理呢？

這個真理其實就是人人平等。王陽明是想告訴我們，良知可致聖賢，無所不能。所以人人都是平等的，任何人都沒有資格充當別人的上帝，任何人也就不可能有資格控制別人。在這個世界上，只有一個人才有權力控制和支配你，那就是你自己；只有一個人能主導你的人生，那也只能是你自己。

「人人平等」思想的背後其實就是主張人的「自尊」。王陽明心學在某種意義上而言，有「驕傲」的成分，既然我有能知是非善惡的良知，既然我是聖人，那我就是自信的，我就是獨尊的。

有弟子問王陽明：「老師您說過，人心與物同體，我不太明白。固然，我的身體裡血氣暢通，所以能稱同體。而我和別人，那就是異體了，至於您說的與禽獸草木同體，簡直就是兒戲啊。」

王陽明回答：「豈止禽獸草木，就是天地也是與我同體的，豈止是天地，如果世界上有鬼神，那鬼神也是與我同體的。」

這名弟子大惑不解。

王陽明問他：「你看看在天地之間，什麼東西是天地的心？」

弟子回答：「聖人說，人是天地的心。」

王陽明又問：「人又把什麼東西稱為心？」

弟子回答：「恐怕是那個良知吧。」

王陽明見已把弟子帶進了門裡，就滿意地笑了笑，解釋說：「這就很明白了，充盈天地之間的，唯有這個良知。人只是具有形體，把自己與其他一切都隔離開了。我的良知就是天地鬼神的主宰。」

他的弟子急忙打斷他：「等等，老師，您說人能主宰天地鬼神？」

王陽明很吃驚的反問：「難道不是嗎？」

弟子也吃驚：「怎麼可能啊。」

王陽明說：「那我問你，天高不高？」

「高！」

「地厚不厚？」

「厚！」

「你是怎麼知道天高地厚的？」

弟子回答：「天高是我看到的，地厚是我感覺到的。」

王陽明追問：「你是用什麼感覺到的？」

「當然是用良知啊。」

王陽明更為滿意了：「好。天如果沒有我的良知，誰去看它的高？地如果沒有我的良知，誰去感覺它的厚？天高地厚，只是因為你用良知去看它感覺它了。我們可以繼續發揮，鬼神如果沒有我的良知，誰去分辨它的吉凶福禍？即使是石頭，如果沒有我的良知，誰去感覺它的堅硬？如果這一切離開了我的良知，你認為它們還存在嗎？」

弟子正在琢磨，他總感覺哪裡不對勁。王陽明已接著說了下去：「但是我的良知如果離開了天地鬼神萬物，也就是說，我的良知不工作了，那麼，良知也就不存在了。」

弟子琢磨出了哪裡不對勁，他以高尚的唯物主義的身分質問：「天地鬼神萬物是客觀存在的，為何認為沒有我的良知它們就不存在了？」

王陽明：「你去問問那些死人，他們的天地鬼神萬物何在？」

實際上這段話和唯心唯物思想沒有絲毫關係，它是王陽明強烈主張人「自尊」的終極演繹。我們每個人都應該成為天地鬼神萬物的主宰，而不應該成為他們的奴隸，這種情況是終我們一生的。

如果世界上真有上帝，那上帝就在我們心中，就是我們自己。我們不必求神拜佛，因為我們本身就是神佛。

所以，在我們的人生中，我們不要做任何人和事物的奴隸，只俯首於自己那顆擁有良知的心，就可以了。

只俯首於自己的心

只俯首於自己的心，實際上是要求人們要蔑視權威、追求自由，崇尚獨立人格，這是王陽明要告訴我們的第二大人生真理。

王陽明說，一切真理都在我心中，所以不需外求。既然所有的真理都在我心中，那外在的說教，無論它有多麼權威，只要和我心中的真理不相符，就是錯的。程頤曾說，「天理」這兩個字可是他自己揣摩出來的，王陽明也說，「良知」二字也是他自己揣摩出來的。這兩位超級思想家這樣說並非炫耀，而是想告訴人們，無論是學問還是人生的道理，都要「自得於心」。只有「自得於心」的才是最適合你的，對你而言，也是最有用的。

在和他最得意的弟子徐愛談話時，王陽明舉例子說：「孔子有兩個高徒，子夏和曾子，前者篤信聖人經典，後者讀完聖人經典後，反躬自省。假設聖人說的全是對的，那子夏只是個複讀機，而曾子則是榨汁機。被人像餵鴨子一樣灌輸的正確學問遠不如自己從內心深處感悟出來的學問真切。」

所以王陽明說，「至聖先師」孔子說的話，如果它不能和我的心相符，那就是錯的，就不是真理；而販夫走卒說的話，如果它能和我的心符合，那就是對的，就是真理。所以說，一切真理都在我心中，我們只需俯首於自己的心，因為世界上唯一的權威只在我心中。

於是，「自得於心」肯定會蔑視權威。我們都知道，權威普遍存在於人類政治、經濟、文化、思想的各個領域，它們是大人物為了控制普通人的行為和思想而苦心孤詣構想出來的。

主的人。

既然是出於「控制」的目的，顯然就違反了王陽明「我是自己上帝」的思想，而王陽明對權威發起挑戰的目的只是為了讓人獲得更多的自由，諸如生存的自由、言論的自由，做一個獨立自主的人。

要成為一個獨立自主的人，最根本的就是不要做自己的心的奴隸。讓你的心不要迷信權威，不要人云亦云，吠聲吠影，更不要違背自己的良知，逆來順受，甘心做「權威」的犧牲品。當然，王陽明所謂的獨立自主的人，是建立在良知的基礎上，不是要你胡作非為。所以當我的良知認為我受到了不公正待遇時，就要勇於抗爭。

孔夫子曾說：「真可以稱之為人的（志士仁人），向來是殺身以成仁，從來不求生以害仁。」一位弟子問王陽明，這話該如何理解？

王陽明歎息道：「志士仁人何其少啊。為什麼會這樣少，就是因為世人將性命看得太重，所以遇到不公正待遇時，良知明明告訴他不要忍受，他卻非委屈地以求保全性命，這就是喪失了天理的表現。一個人如果忍心傷害天理，還有什麼事幹不出來？如果違背了天理，那就和禽獸無異了。即便在世上苟且偷生成百上千年，也不過做了成百上千年的禽獸。」他舉出兩個沒有傷害天理的人來：「比干、龍逄，只因他們看得清楚，因此，他們能成就他們的仁。」

比干是商紂王的大臣，因規勸商紂王改邪歸正而被挖心，關龍逄則是夏桀的大臣，因讓夏桀注意到了自己暴虐的政治而被炮烙，兩人都是儒家陣營中被交口稱讚的聖人。王陽明說兩人遇到「不公」時會奮起反抗，殺身成仁。當然，這種「不公」是寬泛的，聖人以百姓心為心，商紂和夏桀對百姓不好，所以他們為百姓爭取權益就是在反抗不公。

王陽明的這段話其實是想告訴我們，人活在世上遇到不公正待遇時如果不爭，就是傷天害理。這話乍聽簡直莫名其妙，我當鴕鳥和烏龜是我自己的事，怎麼就傷天害理了呢？

其實，讀懂王陽明心學就能明白這個邏輯。王陽明說，因為我有可以分清是非善惡的良知，所以天理就在我心中。而當我遇到不公時，良知是知道的。良知是個直性子，對於不公，它給出的答案就是：馬上反抗。可很多人卻違背良知的指引，做了縮頭烏龜。他本人違背良知時他是知道的，因為他受到不公正待遇未反抗時心裡會很難受，心裡受到了傷害。由於「心即理」，心裡受到傷害，天理也就受到了傷害，所以說，你沒有按良知的指引去做事，就是沒有致良知，沒有致良知，就是傷害了天理。

中國人經常說，一忍百忍，百忍成金。問題是，這句話不是規律，而只是某些人信口開河的格言而已。勾踐忍辱負重甚至吃屎而鹹魚翻身，畢竟是少數，而且忍耐過後心理扭曲，成了一個良知被蒙蔽的人。如果人人都在面對不公時採取忍受的態度，那後果可想而知。

王陽明無非是想告訴我們，你對不公正的忍讓和你殺人放火本質上沒有不同，都是在傷天害理。一個擁有良知的人應該是在遇到壓迫時，即使前面是刀山火海，即使屠刀架脖，即使不能成功，也要奮勇向前。這是為你的道、你的信仰、你的責任和你的良知必須付出的犧牲，這就是「殺身以成仁」和「無求生以害仁」。

由於天地萬物和我是一體的，所以當我們在替自己抗爭時，同時也是在為別人抗爭，而有時候為別人抗爭時，其實就是在為自己抗爭。波士頓猶太人屠殺紀念碑上有這一段話，一針見血地說明了不能致良知的惡果：「他們來抓猶太人，我沒有說話，因為我不是猶太人；他們接著來抓工會會員，我沒有說話，因為我不是工會會員；他們再來抓天主教徒，我沒有說話，因為我是新教教徒；他們最後來抓我，這時已經沒有人替我說話了。」

王陽明說人反抗不公就是致良知，這裡還有個成本核算的問題。當我們遇到不公正未反抗時，我們的心靈就會受到煎熬，實際上這是良知給你的懲罰，因為你沒有聽它的命令。這種代價是高昂的，遠比你聽從良知的命令去做出自己的選擇要高得多。所以，權衡之後，你應該選擇後一種，而不應該選擇做烏龜。

這就是王陽明告訴我們的真理：人人平等，自己是自己的上帝，要做一個獨立自主、勇於反抗的致良知的人。

去心中賊之私情

王陽明曾說「破山中賊易，破心中賊難。」我們心中的賊有很多，不過不出七情六欲（七種情感：喜、怒、哀、懼、愛、惡、欲；六種欲望：色、聲、香、味、觸、法）。在心學家們看來，王陽明心學的目標就是祛除心中賊的學說，所以雖然難，但王陽明還是給出了很多心法。

在七情中，我們最容易犯的就是哀傷憂愁。因為人生在世，不如意事十之八九。面對不如意時，很少有人能保持平衡的心態。《傳習錄》中記載了這樣一件事，是王陽明為哀傷憂愁開出的藥方。

王陽明的弟子陸澄有一天收到一封家信，信上說，他的兒子病危。由於鞭長莫及，所以陸澄很哀愁。

王陽明發現了這一情況，問明原因後，問陸澄：「你這樣憂愁，對你兒子的病有什麼幫助嗎？」

陸澄慘然一笑：「當然沒有幫助。」

王陽明於是說：「那你應該快樂一點。」

陸澄幾乎要跳起來，兒子病危，不哭也就罷了，居然還叫我快樂，這不是狼心狗肺嗎？

王陽明看出了陸澄的心理，說：「我經常要你們在事上練心，這正是個好機會，你如果錯過這樣的機會，平時把心學思想說得頭頭是道只能算窮嚼爛穀子！」

陸澄愕然，問：「那我此時該如何練心？」

王陽明就講解道：「父親愛兒子，這是良知的意思，良知認為對的就是天理。不過，『天理』之所以稱為『天理』就是因為它有個中和處，一旦過了就是私心，就不符合天理了。」

陸澄說：「我的良知就是要求我現在應該哀傷啊，我覺得我沒有『過』。」王陽明笑笑：「你和很多人的認識是一樣的，以為面對不幸時就應該憂愁哀傷，而且還認為這就是良知的意思。可你不知道，此時你的良知已被你過分的情感所遮蔽，沒有完全展現，所以它的意思可能是錯的。一般而言，人們在七種情感中表露『過』的多，『不及』的少。我剛才要你快樂，這不是真話，如果你真的快樂，那就是『不及』，同樣不符合『天理』，但你太『過』就更不好了。

不過，人人都這樣，父母去世，做兒女的都哭得死去活來，口吐鮮血。但《孝經》上說：『不能過分悲傷而失去本性』，『本性』就是天理。」

陸澄恍然：「其實只是要掌握個度。」

王陽明點頭。

陸澄問：「這個度該如何掌握呢？」

王陽明想了一下，說：「理論上我已經解釋得很清楚，這個需要你自己去感悟。有一個掌握度的方法是這樣的，哀傷憂愁是心理的病痛，如果它不能影響到你的健康，那就是掌握了度。人不能因為哀傷憂愁而病倒。當然，每個人的承受能力不同，所以這個度的把握也不同。」

陸澄懊惱道：「人為什麼要有七情啊，做個無情的人該多好，就不必因遇到不幸的事而哀傷憂愁了。」

王陽明正色道：「話可不是這樣說。那群朱熹門徒就是你這種心態，希望能把七情從我們的心靈中驅趕出去。可是，七情是人心與生俱來的，所以它的存在就是合理的。只是你應該用你的良知來清醒地認識它們，不要被它們控制。如果良知是太陽，那麼七情就是浮雲。太陽是移動的，不可能總停留在一處，無論何處，只要有一線光明，就全是陽光所在。天空即使佈滿烏雲，你還是能看得清，這就是良知的妙用。而這妙用無非是掌握一個度罷了。按你所說的，因為雲能遮日，就要抹去天生的浮雲了嗎？」

陸澄沉默。

王陽明接著說：「其實在傷痛的情緒上掌握好一個度，無非是要你在這上面不要太認真，用書面語來講就是「不執」。有些事必須認真，而有些事絕對不能認真，哭完了就拉倒，不要時刻都把哀傷、憂愁放在心上。你要是真這樣做了，那就是太認真了。認真就會「過」，就不符合天理。

除了那些有事沒事就喜歡尋愁覓恨的矯情之人外，絕大多數人的悲傷都有顯而易見的理由：有人生計無著會憂愁，有人被戀人甩了會哀傷，有人損失了一大筆錢會難過，有人則因為失去親人而傷心。但這些哀愁必須要有個度，生計無著而憂愁可以，可你不能一直憂愁下去，要去奮鬥；失戀了哀傷也可以，可你不能每天都萎靡不振，這是作踐自己；失去親人當然要傷心，可死者已矣，你的心不要隨死者而去。」

王陽明認為，七情只是浮雲不是太陽，誰如果在浮雲上較真，不但傻而且還傷天害理。人在情感上的措置最傻的還不是過度憂愁哀傷，而是憤怒。

有人可以不哀傷過度，但從來沒有人不會憤怒。它在人類的七種情感中排在第二位，說明了它地位的舉足輕重（嬰兒三個月時就懂得憤怒），我們會因為別人的挑釁而憤怒，會因為對某些事物不滿而憤怒，會因為願望不能達成而憤怒，會因為行動受挫而憤怒。總而言之，這個世界上一切事物都能引起我們的憤怒。

有一種論調說，憤怒，就是拿別人的錯誤來懲罰自己。這種懲罰是相當殘酷的。生物學家曾透過實驗得出這樣的結論：一個人生氣十分鐘所耗費的精力不亞於進行了一次三千米長跑，而且人在憤怒時的生理反應非常劇烈，同時會分泌出許多有毒性的物質，這些毒素甚至可以毒死一隻小白鼠。也就是說，憤怒和慢性自殺只是名稱不同而已。

王陽明認為，憤怒在我們心中不可能沒有，但卻是我們最不應該有的。因為「一個人在忿怒時，就會感情用事，有時會怒得過分，就失去了心的本體。因此，有所忿怒，心必然不會中正」。

既然憤怒是我們心中固有的，當我們憤怒時該如何不失去心的本體呢？

王陽明的理論是：「只要順其自然，不過分在意。」他舉了這樣一個例子，「出門看見有人打架，對於錯誤的一方，我心中當然很憤怒。不過雖然憤怒，因為這事和我無關，所以我不會怒火攻心。如果你對別人有怒氣時，你可以這樣想，這件事和我無關，雖然我生氣，但不會因怒火喪失理智。」

這種方法乍一看上去大有阿Q的神韻，其實不是這樣。王陽明提倡的這種消除憤怒的方法不是逃避，而是規避，把當事人巧妙地變成旁觀者。不過很多人無法知行合一：雖然明白這一點，卻無法做到。畢竟我們和別人起衝突時，為了面子、利益難免會憤怒，很多人不可能放棄面子和利益而抽身退開變成旁觀者。

可如果你認真思考後就會看清王陽明對待憤怒的理論源泉：我們憤怒的原因往往是因為別人挑戰了我們外在的一些東西，諸如身分、地位、名利、面子。這些外在的東西在王陽明心學中是不值一提的，王陽明真正關注的是內心的良知，每個人只有在面對良知時才是當事人，面對其他一切外物時，就是個旁觀者。

憤怒來襲時，我們可以是旁觀者。那麼，恐懼呢？

人人都會恐懼，人類最基本的恐懼就是怕鬼。

那位曾因兒子病危陷入憂愁中的陸澄問王陽明：「有人晚上怕鬼，如何是好？」

王陽明回答：「這種人，平時不肯行善積德，內心有所欠缺，所以害怕。若平時依良知做事不違神靈，坦蕩光明，又有什麼可怕的？」

旁邊一個叫馬子莘的弟子搖頭道：「您說的那些是正直的鬼，誰做了壞事，它們自然會去找當事人。可世界上有種可惡的鬼，不分青紅皂白，找到誰算誰，這種鬼，肯定要怕的。」

王陽明堅定地說：「我從未聽邪惡的鬼能被致良知的人撞上。如果真有人怕這種鬼，那就是心邪，還是沒有完全致良知。」

兩個弟子都無話可說，因為王陽明這種回答，實在讓人無可反駁。正如你虔誠信佛，可總遇到倒楣事，你問佛祖，佛祖說：「你呀，還是信得不堅定。」

致良知「致」到什麼程度才算是「完全」，本來就沒有尺規。

不過王陽明下面的話卻說明了人恐懼的根源：「比如你好色，就會撞到色鬼；你貪財，就會撞到財鬼；你總發怒，就會撞到怒鬼；你不能發揮良知的力量而總處於恐懼之中，那就會撞到懼鬼。」

也就是說，我們怕的鬼不在外而在內，是我們的心養出來的鬼。我們怕的是「鬼」這個概念，而不是鬼本身。而我們恐懼也是如此。恐懼不是真實的，它只是對未來的一種自我暗示，是我們心靈的產物。雖然危險是真實存在的，但恐懼與否是你的選擇。面對危機時，你可以選擇恐懼，也可以不選擇，這是你的自由。

遺憾的是，很多人都不曾擁有這種自由。原因正如王陽明所說，你經常去追尋外在的聲色貨利，這些聲色貨利佔據了你的頭腦，遮蔽了你的良知，當它們一旦出現異常情況時，你就會做賊心虛，馬上恐懼起來。歸根結底，我們之所以沒有選擇是否恐懼的自由，就是因為我們不能時刻致良知的緣故。

因違背良知而得到的名利權勢，會時刻牽引著你的心，你總會擔心失去它們，恐懼自然而然就產生了。人必須在良知的指引下去爭取你應得的東西，才有可能擁有選擇是否恐懼的自由。這就是王陽明心學告訴我們的破除心中賊的一個道理。

去心中賊之私欲

什麼是私欲，過了的基本欲望就是私欲。或者說，良知認為錯的欲望就是私欲。人不可能沒有欲望，一個人如果沒有欲望，那和僵屍差不多。問題是，我們的欲望應該控制在一個合適的度內，而不能讓它像野草一樣野蠻生長。

先來看人們最容易也是最嚴重的「私欲」——好名（愛慕虛名）。

人人都喜歡追逐虛名，這是「表現欲」的極端。王陽明有個叫孟源的弟子就有這種毛病，王陽明曾多次讓他改正，他也總是說會改，不過一旦有機會表現，他總是奮不顧身地抓住。

有一天，王陽明剛教訓完他，有個弟子談起了近來學習心學的心得，說還有不明處。孟源把身子向後一仰，大笑道：「你這毛病可是我當年犯過的，哈哈！」

王陽明看了他一眼，語氣冰冷：「你坐正了吧！」

孟源發現自己的確坐沒坐相，趕緊坐正了。王陽明說：「你的老毛病又犯了。」孟源很無辜的樣子，要爭辯。王陽明馬上止住他，開導道：「好表現的人必是自以為是的人，這是你人生中最大的缺點。我給你打個比方吧。在一塊一丈見方的地裡種一棵大樹，雨露的滋潤，土地的肥沃，只能對這棵樹的根供給營養。若在樹的周圍栽種一些優良的穀物，可上有樹葉遮住陽光，下被樹根盤結，缺乏營養，它又怎能生長成熟？所以只有砍掉這棵樹，連鬚根也不留，才能種植優良穀物。否則，任你如何耕耘栽培，也只是滋養大樹的根。」

那棵大樹就是「好名」之病，一旦有了這棵大樹，其他一切優良穀物（品德和能力）都無法生長。原因很簡單：一個「好名」的人，非常喜歡和人爭辯，而且他一定認為自己是正確的，對方是錯的。當他確認這一點時，那麼他就把自己看成是君子，對方是小人。於是，所有和他意見不同的人都成了小人，自然地，那些意見他就不會入耳了。沒有任何意見可以進來，良知就會被這種妄自尊大遮蔽，後果可想而知。

人為什麼會有表現欲？就是為了貪圖虛名，而貪圖虛名的最終目的是獲得利。這就是為什麼老祖宗把「名利」放在一起談的緣由。人貪圖名利，眼睛直盯著名利，必然會做出違背良知的事。所以王陽明說：「人生在世，最大的弊病就是好名。」

他的弟子薛侃介面說：「是啊，聞譽而喜，聞毀憂鬱，就是好名的毛病在發作。但是該怎麼治療這種病呢？」

王陽明給出了方法：「名與實相對。務實的心重一分，求名的心就輕一分。若全是務實的心，就沒有一絲求名的心。如果務實的心猶如饑而求食，渴而求飲，還哪裡有時間和精力好名？」他接著說道，「過度追求『名』就會把『實』忽視，名和實不相符，活著的時候還可以彌補，如果死了那就真來不及了。」

「好名」還有一種表現，那就是把抱怨和指責別人當成是一種生活。王陽明有位弟子就是這樣的人。王陽明和他談話，認為必須改掉這種毛病：「真正的修行之道應該經常反省自己。如果一味地去指責別人，就只會看到別人的錯誤，而對自己的缺點視而不見。如果能反身自省，才能看到自己有許多不足之處，當你看到自己有那麼多缺點時，你還有時間去指責別人嗎？」

這位弟子聽了這番話，露出慚愧的樣子來。王陽明知道他雖然有認識，可未必能實踐，所以又叮囑道：「你今後只要不去議論別人的是非，在要責備別人的時候，把它當作自己的一大私欲加以克制才行。」

批評、指責、抱怨，都是我們瘋狂生長的表達欲和表現欲在聯合作怪。沒有人想過這樣一個問題：當我們批評、指責、抱怨他人時，就會把自己的缺點和成見掩蓋起來，我們如同在玻璃後面辨認犯罪嫌疑人，只看到別人的罪過，卻看不到自己。

況且，抱怨和毫無理性地批評、指責別人，是毫無效果的。現代心理學家指出，當一個人遭受批評時，心跳會加速，然後防衛本能就會出現。為了維護面子，他必然會採取反攻的手段。這樣看來，批評和指責只能造成更多的衝突，衝突就意味著可能到來的風險。所以說，當你批評別人、指責別人時，就是在冒一種風險。一個基本的人性常識是：即使你的批評和指責是出於善意，但對方因為自尊受到傷害，明知道錯了，也要為自己辯護，死不認錯，情緒激烈時，他必會和你針鋒相對。

在《書王嘉秀請益卷．甲戌》這篇文章中，王陽明說，人人都喜歡鳳凰麒麟，人人都厭惡毒蛇猛獸。所以你不能把毒蛇猛獸放到別人懷裡，也不能要求別人厭惡鳳凰麒麟。方法就是「己所不欲，勿施於人」，自己不喜歡的，不要強讓別人喜歡。這是良知的要求，良知所以能辨別是非，就是因為好惡。你不喜歡吃狗屎，就不能強讓別人吃。你特別喜歡獲得金錢，你就不能讓別人破財。有一天，你發現很多人都討厭你，也許並非你具備了毒蛇猛獸的心，但肯定是具備了毒蛇猛獸的形。這種形就是「己所不欲，強施於人」。你明明不喜歡痛苦，可聽說了別人痛苦的往事後，卻當成笑料，毫無悲憫之心，這就是自己不想要的，卻希望發生在別人身上。如果在社會生活中遇到這樣的人，最好敬而遠之，如果你本人就是這樣的人，最好馬上改正。

人的私欲看似有六種，實際上只有兩種，那就是名利之欲和生存之欲。關於「名」，王陽明論述得很多，而關於「利」，王陽明只有一段論述。

有弟子歎息說：「既然我們要祛除私欲，那對於財富的追求肯定是不對的了。因為古人說了，小人才經常談利。」

王陽明正色道：「我什麼時候說過不要爭取富貴？只是你爭取富貴的時候要憑良知的指引，不能違背良知。你只有好好光明你的良知，才能在富貴逼人時坦然面對，不被它控制，而是要控制它。只要你做到用良知去發家致富，那就符合天理，誰說君子不能談利？」

王陽明又說：「要祛除聲色貨利的私欲，就要在靜坐時把那些好色好名好利的禍根都搜尋出來，然後祛除。」

有位弟子靈光一閃，搖頭晃腦地問王陽明：「老師，那些禍根是瘡，你剜了它們是好事，可剜掉的地方不是又有了新瘡，這不是剜肉成瘡嗎？」

王陽明險些被噎了個跟斗，因為這個弟子的問話太厲害了。厚黑教主李宗吾揚揚得意地說：「王陽明的意思是，我們見了一星之火，就要把他撲滅，雖然不會有燒房子之事，請問拿什麼東西來煮飯呢？換言之，即是把好貨之心連根去盡，人就不會吃飯，豈不餓死嗎？把好色之心連根去盡，就不會有男女居室之事，人類豈不滅絕嗎？」

王陽明的那位弟子和李宗吾的看法一樣，實際上，這是不懂王陽明。王陽明的意思是，那些私欲正如我們身上的瘡，它是有害的，必須要除去。剜肉補瘡，不是剜肉，而是剜有病的瘡。而新長出來的肉看上去是瘡，但沒有危害，這是不得已而為之的事。

王陽明對這位自作聰明的弟子訓斥道：「這是我為人治病的藥方，能完全鏟除人的病根。即使他的本領再大，十幾年之後，依然用得上。如果你不用，就收起來，不要敗壞我的藥方。」這位弟子發現王老師發怒了，急忙道歉。

實際上，學習心學，本身就是自己領悟的問題，失之毫釐就會謬以千里。很多弟子都向王陽明請教如何剷除私欲的具體方法。王陽明被問得很煩，於是說：「我沒有其他的辦法可以講。從前有位禪師，別人向他請教佛法，他只把拂塵提起來。有一天，他的徒弟把拂塵藏了起來，看他還有什麼辦法。禪師因不能找到拂塵，只好空手做出提拂塵的樣子。我要你們祛除私欲的講解就是啟發人的拂塵，除此而外，還有什麼可提的？」

過了一會兒，有位弟子小心翼翼地問祛除私欲的關鍵。

王陽明幽默了一把，側過頭去，看著旁邊問：「我的拂塵在哪兒？」

眾人恍然，都笑起來。

私欲在王陽明看來，是人不能充分發揮良知的一個根由，良知被種種私欲遮蔽，雖然有是非善惡之心，但因為受私欲的誘惑而無法去致良知。長久以往，我們的智慧和道德漸漸銷聲匿跡，留給我們的只是一個腐爛的軀殼。

而關於生存的欲望，王陽明說得很沉重：「人生在世，可能對一切聲色名利和嗜好，都能擺脫殆盡。但如果仍有一種貪生怕死的念頭存留在心，就不能和整個本體融合。人的生死之念，原本是從生身命根上帶來的，因此不能輕易去掉。如果在此處能識得破、看得透，這個心的全體才是暢通無阻的，這才是符合天理的表現。」

人可以沒有名利之心，但不可能沒有生存的欲望，螻蟻尚且惜命。所以誰能真的看淡生死，誰就真的成為聖人了。

閒思雜慮也是私欲

有段時間，王陽明的弟子陳九川表現出了抑鬱的氣質。他對王陽明訴苦：「自從跟了老師後就開始厭惡泛覽博觀，常常想獨自靜坐，以求摒棄閒思雜慮。可讓人惱火的是，不僅未達到目的，反而更覺得心神不寧，我這是怎麼了？」

王陽明笑道：「你這是癡心妄想啊，閒思雜慮怎麼可能祛除？只能讓它歸入正軌。」

陳九川又驚又喜：「您的意思是，人不可能沒有閒思雜慮的時候？」

王陽明點了點頭。

陳九川起了疑惑：「既然如此，為什麼聖人們要說『靜』呢？」

王陽明回答：「『靜』不是讓你一動不動，動也並非不靜。戒慎恐懼（對一個人喜怒哀樂情感及思想未發作時的一種警覺，有防患於未然的意思）就是念頭，為何要區分動和靜？」

陳九川又問：「那為什麼周敦頤說，沒有私欲就能靜。按這種說法，您說不能靜，看來我們還有私欲？」

王陽明回答：「沒有欲望當然能靜，但這個靜是『定』的意思，定的是什麼？不是心，而是『意』。戒慎恐懼是在你心裡流動，是活潑潑的，這就是所謂『上天賦予人的命運，悠遠深邃，永不停歇』。你說上天動了什麼？可它一直在動。如果你的心真不動了，那就是死人。如果你的心亂動，而不是為了戒慎恐懼，那就是私念，就是不靜了。」

這段問答的意思其實是這樣的：思慮是人固有的。王陽明說，除非是死人，否則人人都有思慮。但要看你胡思亂想的內容是什麼，如果內容是色、利、名，那就是私欲。

對於這個問題，陸澄很不明白。他問王陽明：「好色、好利、好名等心，固是私欲，可閒思雜慮，怎麼也稱為私欲？」

王陽明回答：「閒思雜念，到底是從好色、貪財、慕名這些病根上滋生的，自己尋求本源定會發現。例如，你自信絕對沒有做賊之想，什麼原因？因為你根本就沒有這份心思，你如果對色、財、名、利等想法，似不做賊的心一樣都剷除了，完完全全只是心之本體，還哪裡有閒思雜念？這便是『寂然不動』，便是『未發之中』，自然可以『發而中節』，自然可以『物來順應』。」

也就是說，我們平時的「閒思雜慮」並非是閒的、雜的，而是有所指的。人在胡思亂想時可能會想好的，也可能會想壞的。人人都會想自己發財，人人也會想自己可能會碰上倒楣事。這些胡思亂想的背後，其實都是我們對名利的奢望和怕失去的擔憂，它們都屬於非分之想。如果你真看淡名利，如果你真看透生死，你就不可能在平時胡思亂想。

當然，王陽明所以說閒思雜念也屬於私欲，還因為閒思雜慮只存在於我們的腦海中，還沒有被實現。所以我們思慮的善惡、是非，並非如白晝和黑夜那樣容易分辨。我們以為正在對未來憧憬，實際上卻是貪欲。我們以為正在勾勒當一個偉大的人，實際上卻是好名的私欲。在這些真假難辨的閒思雜慮中，很容易會讓良知無法判斷，最終會遮蔽良知。

所以王陽明說，一定要根除閒思雜慮，唯一的辦法就是把那些影響閒思雜慮的私欲給克掉。但這又是個難題，誰不喜歡名利，誰不垂涎美女，誰不愛聽靡靡之音，誰不對生猛海鮮大吞口水？

正如王陽明的另一位弟子蕭惠所擔憂的：「想念私欲的心真是難以克除啊。」蕭惠說這句話時，仰面朝天，一副看透宇宙玄機的樣子。王陽明讓他坐正了，向他伸出手掌做要東西狀。

蕭惠茫然：「您要什麼？」

「把你想念私欲的心拿來，我替你克！」

蕭惠很尷尬，扭捏起來。

王陽明接著說：「人必須要有為自己著想的心方才能克除想念私欲的心（克己），能夠克除想念私欲的心，才能成就自己。」

蕭惠馬上介面：「為自己著想的心我有啊，可就是不知為什麼不能克己？」

王陽明笑道：「你說說你那顆為自己的心是怎樣的？」

蕭惠沉思起來，沉思了好久歎息道：「我也一心要做好人，便自我感覺很有一些為自己的心。如今想來，也只是一個空有軀殼的我，並非真實的自我。」

王陽明搖頭：「你這是玩和尚那一套，沒意思。真正的我怎能離開身體？你所說的『空有軀殼的我』，豈不是指耳、目、口、鼻、四肢嗎？」

蕭惠連連點頭說：「正是為了這些。眼睛愛看美色，耳朵愛聽美聲，嘴巴愛吃美味，四肢愛享受安逸。因此便不能克己。」

王陽明語重心長地解說道：「老子說過，美色使人目盲，美聲使人耳聾，美味使人口傷，放縱令人發狂。所有這些對你的耳目口鼻和四肢都有損害，怎麼會有益於你的耳目口鼻和四肢呢？如果真的是為了耳目口鼻和四肢，就要考慮耳朵當聽什麼，眼睛當看什麼，嘴巴當說什麼，四肢當作什麼。只有做到『非禮勿視，非禮勿聽，非禮勿言，非禮勿動』，才能實現耳目口鼻和四肢的功能，這才真正是為了自己的耳目口鼻和四肢。『非禮勿視，非禮勿聽，非禮勿言，非禮勿動』並非你的耳目口鼻和四肢自動不看、不聽、不說、不動，這必須是你的心在起作用。你心的視、聽、言、動透過你的眼、耳、口、四肢來實現。如果你的心不存在，就沒有你的耳目口鼻。

所謂的心，並非專指那一團血肉。所謂的真正的心，是那能使你視、聽、言、動的『性』，有了這個它，才有了生生不息之理，也就是仁。性的生生之理，顯現在眼時便能看，顯現在耳時便能聽，顯現在口時便能說，顯現在四肢便能動，這些都是天理在起作用。因為天理主宰著人的身體，所以又叫心。這心的本體，本來只是一個天理，原本無非禮存在。這就是你真實的自我。它是人的肉體的主宰。如果沒有真我，也就沒有肉體。你若真為了那個肉體的自我，必須依靠這個真我。做到戒慎於不視，恐懼於不聞，害怕對這個真我的本體有一絲損傷。稍有絲毫的非禮萌生，有如刀剜針刺，不堪忍受，必須扔了刀、拔掉針。如此方是有為己之心，方能克己。你現在正是認賊為子，反而說什麼有為自己的心，但為何不能克己呢？」

這通大道理讓蕭惠俯首。

它是王陽明心學傳授給我們剷除私欲的指導思想，也是做「真我」的大方針。

人生在世，不可拘泥常規

王陽明的弟子黃省曾向王陽明請教說：「《論語》上說，『君子對於天下的人和事，沒有出於私利的厚薄親疏，只是按照義去做。』世間的每件事都要這樣嗎？」

王陽明回答：「當然，不過需要一個『主宰』才可。『義』，也就是良知，是適宜的意思。明白了良知是主宰，才不會拘泥固執。例如，接受別人的饋贈，有今天應該接受，而改天不該接受的情況，也有今天不該接受而改天應該接受的情況。你若固執地認為今天該接受的就統統接受，或者今天不該接受的就統統拒之門外，又豈能稱作『義』呢？」

孟子也說，真正的大丈夫，言不必信，行不必果，唯義所在。這和王陽明的意思相差無幾，都是告訴人們：千萬別被一些傳統和常規所束縛，你要與時俱進，隨時而變，大丈夫不能被諾言、世間的規矩所控制。只要是良知認為「適宜」的事，大膽去做，勇敢地去打破常規。

王陽明非常讚賞《周易》，他說，「易」就是變，隨時隨地而變化、變通，如此才是真正擁有智慧的人。

中國歷史上發生過兩件事，曾讓活在常規窠臼裡的人大為頭疼。第一件事是舜沒有通知家長，就娶了老婆；另一件事是周武王未處理完老爹的喪禮就去攻擊商紂王。

這些人不無懊惱地指出，舜和周武王都是聖人，怎麼可以不遵守當時的規矩呢？又有些人對孟子也頗有微詞，因為孟子認為舜和周武王做的是對的。有弟子就問王陽明，孟子說舜和周武王做的是對的，那兩人肯定遵循了當時的規矩吧。

王陽明搖頭說：「那時哪裡有常規可供他們遵循？舜娶老婆前，根本就沒有「不告而娶」的規定。周武王出征前，根本就沒有「不葬而興師」的規定。可他們這樣做了，而且絲毫不影響他們的聖人地位，原因就在於，他們遵守了內心的成規。這個成規當然就是良知。舜娶老婆前，他的良知就告訴他，不孝有三，無後為大，必須娶妻生子了；周武王正在處理老爹的喪事時，他的良知也告訴他，商紂王統治下的百姓正倒懸於水火中，你還有時間在這裡哭喪？還不去解救百姓！」

兩人都認為這是適宜的，所以就去做了。你如果非要說世界上有成規，那這個成規就是你的良知。

不拘泥常規，說起來容易做起來很難，我們生活在社會中，總會自覺或不自覺地尋找行事的參照物，這些參照物有時是傳統道德，有時則是法律法規，我們不可能不遵守這些。

王陽明的弟子陸澄就向王陽明請教說：「您提到必須要在人情事變上下功夫，這裡恐怕要有些規則吧？」王陽明回答：「當然有規則，那就是『致中和』：調節自己的思想和行為，使之符合我心中良知所知道的準則。如果一個規則你調節來調節去都不被你的良知認可，那就是錯的，你為何要遵守？如果一個規則調節後被你的良知認可，那就是對的，你必須要遵守。不過一定要注意，這個被你調節後的規則並非外在的，因為是你良知認可的，所以它是內在的。」

人生在世，準備遵循任何外在規則和違反任何外在規則前，首先要問自己的良知是否合適，因為常規不在外，就在你內心中。

我們該追求什麼？

人的一生應該追求什麼，人人都有自己的說法。有人說是功名利祿，有人說是安居樂業，也有人說是用無限的知識充實自己。不論是哪種追求，都需要用心。專心做事才有可能實現追求。

那麼，王陽明認為一個完美人生的追求是什麼呢？

他的弟子陸澄有一天問他：「什麼才算是用心呢？比如，讀書就一心在讀書上用功夫，接客就一心在接客上用功夫，這能否稱為用心呢？」

王陽明反問：「迷戀美色就一心在女人身上用功夫，貪愛財物就一心在財物上用功夫，這能算是用心嗎？」

陸澄吃了一驚，問：「那這算什麼？」

王陽明回答：「這叫逐物。人最應該追求的是追求天理。天理在我心，說白了，還是追求良知的光明。」

什麼是「逐物」呢？王陽明有兩個很有意思的比方。

第一個比方是這樣的：我們的良知就是一位國君，他只需要端坐拱手，六卿各司其職，天下一定大治。而良知統領五官，也須如此。如今眼睛要看時，心就去追求美色；耳朵要聽時，心就去追求美聲。這就如同君主要挑選官員，就親自到吏部；要調遣軍隊，就親自去軍營一樣。這樣，不僅君王的身分蕩然無存，六卿也不能盡職盡責。

第二個比方是來自佛家：一隻小狗被主人耍得團團轉。原因是，主人向遠方扔東西，小笨狗只盯著東西，主人扔什麼，扔多遠，牠雖然能叼回來，卻累個半死。按王陽明的意思，小狗最應該盯著的是主人，即良知，而不是那些東西，即外物。

我們應該努力追求光明良知，其實是一勞永逸的事。只要良知光明，我們就擁有了智慧和道德，那麼，還有什麼追求是不能到手的呢？

如何對付惡？

人生在世，要和各式各樣的人打交道，這各式各樣的人中就有惡人。所謂惡人，未必就是十惡不赦的人。按王陽明心學的觀點，凡是那些我們良知不肯承認的人都是惡人。如何與這樣的「惡人」打交道呢？

王陽明曾以身說法過。在他晚年，某天有鄉下父子二人訴訟，請王陽明判案。王陽明三兩句話，父子二人抱頭痛哭，和好離去了。王陽明的弟子大為驚訝，問王陽明是如何辦到的。

王陽明神祕地笑道：「我對他們說，舜是世上最不孝順的兒子，他的父親瞽叟是世上最慈祥的父親。」

他的弟子已經出離了驚訝，變成驚駭了。

關於舜和他老爹瞽叟的故事，需要做簡單介紹。舜的老爹是個瞎老頭，老婆死後，他又續弦。這個女人後來又生了個兒子叫象，當時的社會傳統可能是這樣的：家產都要由長子繼承，所以舜理所當然是瞎老頭家產的繼承人。但是他老婆和象不允許這樣，瞎老頭也不希望舜能繼承，於是就和老婆還有最小的兒子象聯合要置舜於死地。他們想出謀殺舜的方法很多，比如要舜挖井，當舜下到井中後，瞎老頭團夥就把井口封死。舜死裡逃生，因為他挖井時就知道父親要謀害他，所以在井壁上挖了條通向地下的隧道。瞎老頭又讓舜去修理房頂，當舜登上房頂後，瞎老頭就把火把扔到房頂，那上面都是茅草，舜要麼被燒死，要麼就跳下來摔死。但舜又死裡逃生，因為他上房之前藏了一把梯子，所以安然無恙地落到地面。對於這兩件事，舜都假裝不知道，瞎老頭見舜是個機靈鬼，又見舜沒有責怪自己，所以從此再也不謀害他了，還和他恢復了父子親情。

這個雖然像是三流編劇編出的劇情，但儒家門徒都硬著頭皮說，這是事實，舜就是這樣孝順。所以王陽明的弟子才表現出了驚駭之情。

王陽明就解釋說：「舜常常自以為是最不孝的，因此他能孝；瞽叟常常自以為是最慈祥的，因此他不能慈愛。瞽叟只記著舜是他養大的，而如今舜為什麼不讓他快樂？他不清楚他的心已被後妻迷惑而改變了，還自以為能慈愛，因此他就更不能慈愛。舜總是記著小時候父親是多麼愛他，而如今之所以不愛了，是因為自己不能盡孝。舜每天想著自己不能盡孝之處，因此他就更加孝順。等到瞽叟高興時，他只不過是恢復了心中原本就有的慈愛的本體。所以，後世之人都稱舜是一個古往今來的大孝子，瞽叟也就變成了一個慈祥的父親。」

這段解釋正是王陽明心學思想赤裸裸的體現：凡事都要從自己身上找原因，只要在自己身上找到原因並且修正，就能讓對方也改邪歸正，符合自己良知的要求。

從自己身上找原因，在王陽明心學中就是要自我克制。王陽明接著說：「像象這樣的人，就是我們平常所見的惡人，他們的常態是文過飾非。所以千萬別去責備他們的過錯，如果這樣的話，不但於事無補，反而會激起他的惡性。」

他的弟子們不明白。

王陽明說，象和瞎老頭要三番五次地謀害舜，估計是舜責備了他們的過錯，激起了他們的惡性。這就是舜要象向善的心太迫切了。可能舜注意到了這個問題，所以明白功夫只在自己身上，不能去怪罪惡人，於是他開始默默地忍受陷害，最終換來了瞎老頭和象的改邪歸正。

在王陽明看來，和惡人打交道只要記得一條：試圖改變他的惡性，往往會適得其反。所以，盡量不要揭發他的惡性。當然，王陽明也不主張「惡人自有惡人磨」的觀望態度。他主張進取，用你高尚的道德和完美的智慧（舜的提前挖洞和架梯子）來不停地暗示他：不要以為我好欺負，我只是不跟你一般見識。

有惡人自然就有惡行，在我們遇到的惡行中，毀謗是最流行也最讓人無法忍受的一種。有弟子疑惑地問王陽明：「《論語》中說，孔子也經常受到毀謗，孔子可是完美無缺的大聖人，怎麼會受到毀謗？即使真有，難道聖人就不能避免嗎？」

王陽明無可奈何地回答：「毀謗是從外來的，聖人也無法避免。我們雖然無法控制外來的毀謗進攻，但我們可以在無聲無息中消滅它。這個方法就是：注重自身修養，克制自己（控制自己的情緒，降低情緒波動的干擾，也就是要情緒穩定）。若自己的確清白方正，縱然世人都毀謗他，又不能說倒他，能將他怎麼樣？這就如同浮雲遮日，如何能損壞太陽的光輝？若自己是個外貌恭敬莊重，而內心空虛無德的人，縱然無人說他壞話，他隱藏的惡終有一天會暴露無遺。因此，孟子說，『有求全之毀，有不虞之譽。』毀譽來自外界，豈能躲避？只要能加強自身修養，外來的毀譽算得了什麼？」

在一篇《答友人．丙戌》的文章中，王陽明淋漓盡致地發揮道：面對外來評價，尤其是毀謗時，非但不要動怒心，而且還要把它當成是磨煉強大內心的機遇。平時感覺不會被毀譽所動的人，在此時能不為所動，那才是真本領。即使現在要動心，也要強烈控制自己的情緒。只要在情緒最激烈時控制住，一切都好說。如果沒有這樣的定力，那後果可就難以想像。世上有無數人，聽到對自己的讚譽，馬上手舞足蹈；聽到對自己的毀謗時，馬上就氣沖斗牛。這種聞譽則喜，聞毀而怒或是戚戚然的人，是不是像個被人控制的木偶？而外在的評價就是他的主人。主人要他笑，他就笑；要他怒，他就怒。要跳也可，要他爬也可；要他死，甚至都可能實現。

一個被外物所控制的人，他的自我在哪裡呢？

不要被外來的毀謗所擊倒，因為不值得，也說明你太脆弱了。王陽明心學是一門要人自信的學問，自信自己，就不會受到外來毀謗的侵蝕。而做到自信，必須時刻光明你的良知，讓它擁有道德和智慧。

對付惡人和一些惡行，終極的解決方案無非如此。

不要操心

王陽明對人生有別致的看法，他的弟子問他：「那些偉大人物能做出驚天動地大事業，是不是預先都有計畫啊？」

王陽明回答：「怎麼可能有計畫。他們的良知光明，守株待兔而已。事情來了就做，事情不來也不去找事，不過是隨感而應罷了。」

也就是說，王陽明相信人生是多變的，沒有人可以預料下一步將發生什麼。「操心」的事，是愚蠢的人做的，你只要順其自然就好。

馮友蘭對那些經常「操心」人提出告誡說：「你最好不要操心。你的根本錯誤就在於找個道理打量計算著去走。若是打量計算著去走，就調和也不對，不調和也不對，無論怎樣都不對；你不打量計算著去走，就全對了。人自然會走對的路，原不需你操心打量的。遇事他便當下隨感而應，這隨感而應，通常是對的。要於此外求對，是沒有的。」

不要操心，並不是指你真的什麼事都不做。王陽明評價孔子時說：「孔子氣魄大，只要是帝王的事業，他都能從心上一一加以體會。例如一棵大樹，無論有多少枝葉，也只是從根本上用培養的功夫，因此枝繁葉茂，並不是從枝葉上用功去培養根本。學者向孔子學習，若不在心上用功，只匆匆忙忙地學那氣魄。如此，只是將功夫做顛倒了。」

由此可見，我們最應該在根上操心，也就是光明良知，而光明良知的一個主要途徑就是去事上磨煉。

有弟子向王陽明抱怨說：「平時無事的時候覺得自己的修為很好，心境也不錯，總想著遇到一件事後就能把它處理得很好。可一遇到事情就不同了，心亂導致手忙腳亂，什麼事都做不成。」

王陽明說告訴他：「這是因為你只知道靜養，而沒有在實際事情上用『克己』的功夫。只知道靜養，就會養成好靜的毛病，這樣面對突如其來的事情，心態就會亂，事情就會處理不好。所以呢，人必須透過做事來磨煉自己的心志，磨礪自己的心境，這樣面臨事情時心才不會亂，處理事情才能從容不迫，遊刃有餘，才能做到『靜時心也定，動時心也定』。」

我們之所以在平時端坐如聖人，說起話也頭頭是道，是因為我們未遇事時，情緒始終處在平靜狀態。但一遇事來時，情緒就會發生波動，在這個時候，如果你能控制住情緒，讓它恢復到你平時無事的狀態，就能把事做好。王陽明要人到事上磨煉內心，實際上就是讓每個人的內心都成為一塊冰，而不是湖水。湖水在未受外物衝擊時是平靜的，可一受外物衝擊就會起漣漪，而冰則不會。

王陽明告訴他的弟子們：平時無事時有多麼從容的風度都是扯淡。人真正的風度應該是遇到變故遭遇屈辱時，在這個時候，平時憤怒時到此能不憤怒，驚慌失措者到此能不驚慌失措，始是能有得力處，亦便是用力處。

不要操心你的人生，但要操心你的良知。這就是王陽明心學，它高屋建瓴，直指終極密碼。

獲得幸福的方法：不要和外物對立

所謂幸福，就是長久的快樂。在很多人的印象中，獲取幸福的方法很多，我們都耳熟能詳。比如保持樂觀的心態，要懂得知足，有追求幸福的決心並付諸實踐。

理論上，這些方法不錯，且真正踐起來卻很難。僅以知足為例，世上沒有幾人可以做到知足，甚至連這個意識都沒有。和很多哲學一樣，王陽明心學的終極目標也是讓人獲得幸福，不過它的方法卻是釜底抽薪的。

《傳習錄》中有這樣一個故事，講的就是王陽明心學對獲取幸福的一個簡單有效的方法。

王陽明的弟子薛侃有一天在花園中除草時，大概是疲憊不堪，所以哀歎道：「為什麼天地之間，善難培養，惡難剷除？」

王陽明當時就在花園中賞花，聽到薛侃的歎息，接口道：「你就沒培養善，也沒有剷除惡。」薛侃莫名其妙，因為他勞碌了大半天，剷除了很多棵草，而且他經常澆灌花朵，這怎麼能說是沒有培養善，沒有剷除惡呢？

王陽明發現了薛侃的疑惑，卻沒有繼續深入這個話題，而是轉到另外一個問題上去了：「你呀，如此看待善惡，因為從形體上著眼，錯誤在所難免。」

薛侃這回如墜雲裡霧裡，更不知王老師的話是什麼意思了。

王陽明馬上解釋說：「天生萬物和花園裡有花又有草一樣。哪裡有善惡之別？你想賞花，花就是善的，草就是惡的。可如有一天，你要在門前搞個草坪，草又是善的，草裡的花就肯定被你當成惡的了。這種『善惡』都是由你的私意產生，所以就是錯誤的。」

薛侃吃驚地問：「這不就是無善無惡了嗎？」

王陽明正色道：「天下任何事物本來就沒有善惡，它所以有善惡全是你強加給它的。我問你，黃金是善還是惡？」

薛侃搓著手興奮地說：「黃金這樣的好東西，當然是善的。」

王陽明問：「這要看黃金在什麼地方。它在你手上，肯定是善的，可如果它在你胃裡呢？」

薛侃搖頭道：「那這就是惡的了。」

王陽明又問：「糞便是善的還是惡的？」

薛侃肯定地回答：「那玩意兒肯定是惡的。」

王陽明笑了：「糞便可以讓莊稼生長，在老農心中，它就是善的。所以說，天下的萬事萬物哪裡有善惡之分？都是人強行加到它上面的。同樣是一座大山，旅遊的人就認為它是善的，有急事要翻越它的人就會認為是惡的。同樣一個人，在朋友心中是善的，而到了他的敵人心中，他就是十惡不赦的。」

薛侃思考了一會兒，說：「老師您的這種觀點聽上去很有趣，可沒有實用性啊，這種觀點能對我們的生活有什麼幫助嗎？」

王陽明說：「當然有用，它能讓你獲得幸福。」

薛侃請教。

王陽明就解釋說：「人為什麼會常常感到不幸福？表面看是因為我們的身體總受到束縛，

精神也不能自主，我們受到了客觀條件的種種限制。實際上，我們之所以受到客觀條件的限制，是因為我們和外物產生了對立。我們所以和外物產生對立，是因為我們總是以自己的標準來衡量外物，於是，就有了是非好惡之情。當我們對外物有了是非好惡之情，就是給外物貼上是非善惡的標籤。一旦你給它們貼上標籤，它們就有了生命，反過來干擾你。也就是說，我們被客觀條件所限制，全是我們自己造成的。」

薛侃茫然。

王陽明就舉例子說：「比如你剛才對野草發出的感歎，你就是給它貼上了『惡』的標籤，對於『惡』的東西，人人都會動氣，一動氣，心情就受到甘擾，你心情不好，還談什麼幸福！不僅僅是被你評價為『惡』的事物會對你產生干擾，就是被你評價為『善』的事物也會對你產生干擾。比如被你評價為『善』的黃金，表面上看是你喜歡它，你擁有它，實際上，當你喜歡上它時，它已經控制了你，時刻干擾你。它在你手裡，你就過度興奮；當它遺失時，你必然過度地憂傷，你已經成了它的木偶和奴隸，你如果被這樣一個『善』的東西所左右，失去自主力，也是沒有幸福可言的。」

或許有人會問，如果我們對任何事物都沒有善惡之分，那豈不成了不必奮鬥就可衣食無憂的和尚？薛侃就問王陽明：「您說的無善無惡和佛家的無善無惡有什麼區別嗎？」

王陽明嚴肅地說道：「當然有區別。佛教把『無善無惡』看得太重，總拿出來講，而且他說完『無善無惡』後就什麼都不管了。比如他說糞便沒有善惡，哪怕床邊就有一堆，他也不掃除。而我們心學說『無善無惡』，是不要刻意為善，更不可刻意為惡。」

薛侃好像有所領悟，點頭說：「既然草不是惡的，那麼，我就不拔除了。」

王陽明吸了口氣，說：「我才說完這是和尚的意思，你怎麼就來實踐了？如果草有妨礙，你就應該把它除掉。」

薛侃被王陽明弄得暈頭轉向說：「這樣不就是在有意為善、有意為惡了嗎？」

王陽明說：「我說不刻意為善去惡，並非說全無『好惡』，如果全無好惡，沒有是非之心，那連和尚都不如，你就會成為一個麻木不仁之人。所謂『不刻意』，就是說『好惡』全憑天理，再無他意，就是不要刻意和事物對立。你現在是為了保持花園，花園裡有草，這就妨礙你了，它妨礙你，你就該把它拔除。如果沒有拔除乾淨，你也不要放在心上。比如你今天拔了一天草，可還沒有拔完，那你也不要晚上想著草，一想草，就會想到它是惡的，如此，你就和草對立起來，它主導了你的情緒。你不能控制情緒，自然會被情緒所控制。」

薛侃這次好像真的明白了，說：「看來，善惡全然與事物無關了。」

王陽明說：「當然。善惡在你心中，遵循天理即為善，為氣所動即為惡。」

其實王陽明的意思只是想告訴我們，想要獲得幸福，只要不和外物的對立就可以了。不以自己的好惡來評價外物，讓外物按照它們自己的規律去發展。比如你被雨澆成了落湯雞，不必惱火，因為雨就是要落到地上的，這是它的規律；比如你被別人誹謗，也不必憤怒，你不理它，它自然就按它的規律慢慢消亡；大風起的時候，要順風走，不要逆風行，你要遵守風的規律，這就是順應萬物，不要和萬物對立。

財富、名聲、地位自有它們的規律，你不要給它們加上標籤，讓它們來指揮你，你不必把它們放在心上，只需要向前努力就是了。

當我們做到不以自己的私意來衡量外物時，我們就不會受到外物的限制和支配，我們就可以支配自己，使自己的心靈得以安放，達到幸福的境界。

很多人和外物對立，歸根結底，是因為有「出人頭地」的野心。「出人頭地」固然重要，但不能為了「出人頭地」而喪失掉人本應具有的最寶貴，也是我們最容易獲得的東西：幸福感。

在這個世界上，有太多的人都希望能擁有功名利祿。的確，功名利祿是可以讓人產生幸福感，但問題是，人有一樣東西是和別人無法平等的，這就是天賦。儒家把人分為三等：只需要稍加學習就能成為聖人的人（生知安行者），透過刻苦的學習可以成為聖人的人（學知利行者），最後一種是被動的刻苦學習才有可能成為聖人的人（困知勉行者）。

人之不幸就在這裡。有人天生睿智，有人投胎到大富大貴之家，而有人則天生愚笨如牛，有人出身貧苦。要追求外在的成功，前一種人比後一種人要輕鬆百倍乃至萬倍。那麼，如果很倒楣，我們成為後一種人該怎麼辦？

答案就是：掂掂自己的分量。

王陽明和他弟子的下面這段對話給出了我們答案。

他的弟子問：「人固然可以透過學習成為聖賢，但是，伯夷（商朝末年的聖賢）、伊尹（夏朝末年的聖賢）和孔子相比，在才力上終究有所不同。而孟子卻把他們同稱為聖人，這是什麼緣故？」

伯夷是商朝的臣子，周武王滅商後他發誓不吃周王朝的食物，跑進深山而餓死；伊尹是商湯的宰相、帝王師級別的人物；而孔子，據儒家人士說，是聖賢中的聖賢，如同太陽（天不生仲尼，萬古如長夜）。依王陽明弟子的觀點，這三人的「才力」有大小之分，伯夷是節操領域的大聖人，伊尹則是政治領域的大聖人，孔子是太陽系內的最大聖人。而孟子卻把他們都稱為聖人，難道聖人是雨後的狗尿苔，凡有點名氣的就能稱為聖人嗎？

王陽明給出了解釋：「這些人的確都可以稱為聖人。聖人之所以被稱為聖人，只因他們的心純是天理而不夾雜絲毫人欲。這就好像精金之所以為精金，只因它的成色充足而沒有摻雜銅、鉛等。人心到了純是天理時就是聖人，金子純到是百分之百時就是精金。」

他的弟子若有所悟：「也就是說，心即理，只要人的良知是完完全全的，每個人都可以成為聖人？」

王陽明回答：「就是這個道理。不過呢，聖人的才力，也有大小之分，這就好比金的分量有輕重一樣。堯、舜那樣的聖人就如同一萬兩重的黃金，文王、孔子如同九千兩重的黃金，禹、湯、武王如同七八千兩重的黃金，伯夷、伊尹如同四五千兩重的黃金。

才力雖然不同，但他們的良知卻同，所以都可以稱為聖人。正如黃金的分量不同，但只要在成色上相同，就可以稱為精金。把五千兩重的一塊金子放到一萬兩重的金子裡，從成色上而言，沒有不同。把伯夷、伊尹和堯、孔子放在一塊，他們的純是天理的心也沒有任何不同。

精金所以為精金，在於成色足，而不在分量的輕重。這就如聖人之所以為聖人，在於良知光明，而不在『才力』的大小。因此，平常人只要肯學，使自己的良知光明，同樣可以成為聖人。正如一兩重的精金，和萬兩重的精金對比，分量的確相差很多，但就成色足而言，則毫不遜色。

『人皆可以為堯舜』，根據的正是這一點。學者學聖人，只不過是去人欲而存天理罷了。好比煉金求成色充足，金的成色相差不大，鍛鍊的工夫可節省許多，容易成為精金。成色越差，鍛鍊越難。人的氣質有清純濁雜之分，有中人以上、中人以下之別。對於道來說，有生知安行、學知利行的不同。資質低下的人，必須是別人用一分力，自己用百分力，別人用十分力，自己用千分力，最後所取得的成就是相同的。

後世之人不理解聖人的根本在於純是天理，只想在知識才能上力求做聖人，認為聖人無所不知、無所不會，我只須把聖人的許多知識才能一一學會就可以了。因此，他們不從天理上下功夫，白白耗費精力地從書本上鑽研，從名物上考究，從形跡上摹仿。這樣，知識越淵博而人欲越滋長，才能越高而天理越被遮蔽。正如同看見別人有萬鎰之精金，不肯在成色上鍛鍊自己的金子只妄想在分量上趕超別人，把錫、鉛、銅、鐵都夾雜進去，如此分量是增加了，但成色卻越低下，煉到最後，不再有金子了。」

這次談話不久，有個很較真的弟子對王陽明說：「您把精金比作聖人，用分量的輕重比喻聖人才力的大小，用鍛鍊比喻學者的功夫，這些喻義很深刻。但我認為，您的話有點失衡，您說堯舜是一萬兩的黃金，孔子是九千兩的黃金，我覺得孔子應該更沉一些。」

王陽明很惱火，訓導他：「你這是從外形上著眼，是在為聖人爭輕重。如果不從外形上著眼，那麼，堯、舜是一萬兩黃金不為多，孔子九千兩黃金也不為少。堯舜的一萬兩也就是孔子的，孔子的九千兩也就是堯舜的，彼此之間就沒有區別。因為從良知上而言，人人都是平等的。所以稱他們為聖，只看精一與否，不在數量多少。只要此心同樣純為天理，便同樣可稱之為聖。

至於力量氣魄，又怎麼會完全相同呢？你這就是在給事物加標籤，和事物對立了。

後世儒者只在分量上比較，所以陷入功利的泥潭之中。如果剔除比較分量的心，各人盡己之力與精神，只在此心純是天理上下功夫，就能人人知足，個個功成，如此就能大的成就大的，小的成就小的，不必外求，無不具足。這就是實實在在的明善誠身的事。後儒不理解聖學，不懂得從自心的良知良能上體認擴充，卻還要去瞭解自己不知道的，掌握自己不會做的，一味好高騖遠。不知自己的心地宛如桀、紂，動不動就要做堯、舜的功業，如此怎麼行得通？終年勞碌奔波，直至老死，也不知到底成就了什麼，真可悲啊！」

這段話使人振聾發聵。

其實，我們很多人都和王陽明的這位弟子一樣，特別重視外在的東西，比如名利。很多人都在拚命追名逐利，原因很簡單：我們把名利看成了「善」，如此一來，我們就和它們產生了對立，而它們自然地會牽絆著我們。如果僥倖得到，那最好不過；如果得不到，我們會牽腸掛肚。一個情緒總受到外界控制的人，根本不可能有幸福感。功名利祿，本是外在的，得之我幸，不得我命。你根本不知道自己有多大能量來獲得它們，倒不如像王陽明的指示一樣：專心在良知上下功夫，用良知去做事，你就能獲得幸福，成為心靈的聖人。

外篇之三

知行合一的修煉法門

格物致知

我們已經知道，王陽明能有驚駭天地的龍場悟道，全因為他對朱熹式「格物致知」的懷疑。「龍場悟道」實際上是王陽明對朱熹式「格物致知」的重新解析，由此捕獲了「心即理」的心學法則。談心學法則「心即理」之前，就必須瞭解朱熹式的「格物致知」和王陽明心學的「格物致知」的區別。

如果把一隻烤鴨端到朱熹和王陽明面前，二人的反應會截然不同。

朱熹會認真地盯著烤鴨看一會兒，當他看了許久後也搞不懂鴨子是如何成為烤鴨後，他會向烤鴨師請教。他請教的問題很多，比如幾歲的鴨子最適合烤、烤鴨子之前有什麼儀式、都放哪些調料、烤多久，等等。不過如你所知，飲食業特色菜的秘方是不外傳的，所以朱熹從烤鴨師那裡得不到什麼有價值的信息。於是，他連香噴噴的鴨子也不吃了，轉身去了書店，買了幾十本關於烤鴨的書籍，回家日夜苦讀。最終，他可能學會了烤鴨，也可能沒有學會。如果他學會製作烤鴨，就會把烤鴨的製作流程當成知識傳授給後人。當然，最重要的是，他會從鴨子成為烤鴨中得出一個天理來。這個天理可能是：活生生的鴨子一點都不好吃，但經過專業的烘烤後，就成了美味。所以，人生在世都應該記住這樣一個天理：不經歷風雨，怎能見彩虹。

我們上面論述的整個過程就是朱熹的「格物致知」。「格」是探究的意思，「物」是萬事萬物，包括意識的和物質的，在烤鴨的例子中，則是烤鴨。「致」是求得、獲得的意思，「知」是知識，用烤鴨這個例子來解釋朱熹的「格物致知」就是，朱熹用兩種探究方法（一是實踐，問烤鴨師；二是書本，買《烤鴨大全集》）來探究烤鴨，最後獲得了烤鴨的知識。注意，這還不算完，這個「知識」不僅是常識，它還必須上升到天理層次。正如我們剛剛說的，朱熹透過探究烤鴨的知識，得出一個人生哲理。

當王陽明面對那盤烤鴨時，他可能會有兩個反應。第一，他抄起筷子就吃；第二，他會在朱熹走後，看著鴨子說，請你不要見怪，如果你是活的，我是絕對不會吃的。但你現在是死的，而且你的命運就是被人扔到烤爐裡烤，最後端到飯桌上被人吃掉的。所以，我吃你是心安理得的。至於你是怎麼被烤出來的，我不想知道，我又不是烤鴨師，幹嘛要知道這些？我只需要知道吃你沒有錯就是了。這段話就是王陽明的「格物致知」。「格」是正的意思，物就是事，是意之所在。換個通俗的說法就是，我們意識到一件事時，就要存一種好的想法，用當時的理學大師湛若水的說法就是：格物就是正念頭。如果念頭不好，馬上改掉，念頭好，就要維持。

王陽明意識到吃鴨子這件事時，只是說鴨子被我吃，是天經地義，是天理。所以他繼續保持這種意識，進而「致知」。「致」是停止、實現的意思，「知」則是良知。

王陽明的「格物致知」通俗而言就是這樣的：透過在事上正念頭而實現良知。用烤鴨的例子來說就是，透過吃鴨子時的正念頭（心安理得）來實現良知。

那麼，或有人會問：「你憑什麼說『物被格了後，良知就實現了呢』？」

王陽明的回答是：「良知是主宰我們心的，它是我們的本性，比如小孩子都知道喜愛自己的父母，都知道尊敬自己的兄長，這就是良知的作用。但是這個良知不能被私欲所遮蔽，我們每個人遇到事情時都有私欲（自己的小算盤）來遮蔽，所以只要正了念頭（別打小算盤），就能實現良知。」

我們還可以用一個淺顯的例子來說明朱熹和王陽明對「格物致知」大相徑庭的解釋。比如孝順父母，朱熹認為，孝順父母是個複雜的活，你必須要探究學習孝順父母的各種知識，最後得出一套理論，然後再開始孝順父母。而王陽明則認為，只要在孝順父母這件事上端正好態度（正念頭），良知就會指引你去如何孝順父母，這些孝順父母的行為是不必向外學習的。

兩人的認識所以不同，原因就在於，王陽明認為，心即理；而朱熹則認為，性即理。

「心即理」與「性即理」

在理學語境中，心分為性和情兩種，這兩種都與生俱來。「情」主要指的是七情六欲，情欲是表現出來的，是外在的；而理學家則主張「靜」，就是說，一個人應該時刻保持莊重的儀態，要注意體統，不能追趕跑跳蹦，更不能放肆地喜怒哀樂。程頤的態度就是，人應該像僵屍一樣，面無表情，行動起來一板一眼，只有這樣才符合「性」。性是一個人作為人最基本也是最重要的要求，也就是天理。正是因為有這樣奇妙的理論，所以，理學家要求別人「存天理（性）滅人欲（情）」。於是，朱熹就說，心可不是天理，心的其中一部分的性才是天理，情不是。

問題是，心分性和情正如水（H_2O）分為氫原子（H）和氧原子（O）一樣，一旦分割了，就不可能稱為水，把「情」從「心」分出去，甚至咬牙切齒地想把它滅掉，這太不現實。朱熹也認為這有點不現實，所以他認為，我們的心是不足的，因為「情」被扔出去了，必須要找點什麼東西補充進來代替「情」。這種想法是正確的，因為性和情是心的兩條腿，缺一不可。如果你把右腿給砍了，即使把左腿練成金剛腿，你還是個殘廢，必須要去外面找來一條腿，才是解決問題之道。於是，朱熹到心外去尋找另外一條腿，希望透過對萬事萬物的探究，不停地得到各式各樣的天理和道理，來彌補心的不足。

老實說，這種方法沒錯。我們必須要向外界學習，才能充實自己。比如我們要想開車，必須要去考駕照，比如我們想知道原子彈為什麼有那麼大威力，我們必須要從最基本的數理化學開始學起。這些都是外在的知識，我們學習它沒有錯，但理學家們卻在這裡來個大轉折：學習了這些基本的常識後，還要累個半死，把它上升到天理的高度。本來，我們考駕照的目的就是為開車，會開車後，這個「格物致知」的流程就走完了。朱熹卻說，從考駕照後到會開車這一過程中，我們必須要得出個人生道理，然後把它寫進我們的修身寶典中。

從前在洛陽城，程頤對一隻破殼欲出的小雞「格物致知」，他的確得到了知識。他發現小雞破殼時是先用腦袋撞擊蛋殼，而不是別人說的用嘴巴啄蛋殼。到了這個階段，「格物致知」已經完成，程頤卻一驚一乍地說：「啊呀！看到小雞出生，我就看到了天地的生機生生不息。」

在王陽明看來，理學家的愚蠢莫過於此，把原本屬於心的情扔了出去，又拼死拼活地去外面尋求代替情的東西，這不是吃飽了撐著嗎？王陽明說，我們的心本身就是個與生俱來、無所不能的東西，因為它裡面有良知，良知是個法寶，能辨是非，能知善惡，你知道了是非善惡，天下還有什麼事不能解決的？

至於人心中的「情」，它遠沒有理學家們說得那麼恐怖。它不過是蒙在「性」上的一層塵埃，不過是遮住良知的一片烏雲。塵埃一吹就逝，烏雲一陣風來就散，不必大驚小怪。

既然心是無所不能的，那我們何必畫蛇添足地去外面尋求什麼天理？天理就在我心中。理學家們在外面尋求，費了九牛二虎之力，其實他們所探究的一切，在自己的心中早就有了。所以說，心即理。

王陽明同時還向理學家們提出一個質問：假設你們能從心外尋求到真理，但這個真理因為是從外面尋求到的，如何與我的心相融？正如做器官移植手術的人，如果不匹配，那是要出人命的。舉個例子，理學家向外尋求真理的手法之一就是透過書本知識。但書本裡的知識一定都是對的嗎？如果書本上說砒霜能吃，難道你不用心想一想，拿起來就吃？

這就是心學和理學的一個重大區別，實際上，心學和理學分道揚鑣，也只是這一個區別。

在「格物致知」上，理學家和心學家還有個不易被察覺的區別。理學家為了彌補心的缺陷，會毫無目的地去外面尋求知識，這有點像肉豬，只要牠認為是能消化的東西，牠都要去吃。而心學家首先是在心裡認為這個知識有必要去追尋，然後才去追尋。前者是先探究，後用心；後者是先用心，後探究。

心外無理

王陽明的妹夫、他最得意的弟子徐愛曾對王陽明的「心即理」產生疑問。他問王陽明：「您說天下的道理都可以在心上求，這可能有點問題吧？世界上那麼多道理，你如果不去心外探求，怎麼可能得到？不說遠的，就說孝順父母，忠誠領導，如何在心上求？」

王陽明歎息說：「你這種認識，許多人都有。我想問你，你孝順父母的道理是去父母身上求來的還是你在心上求來的？如果是從你父母身上得來的，那如果你父母死了，你那孝順的道理是不是也跟著死了？你肯定是先有了想要孝順父母的心，然後才有種種孝順父母的行為，孝順父母的心，不過是你的良知指引你而已。如果你的良知光明，沒有被私欲遮蔽，那麼，你表現在侍奉父親上就是孝，表現在侍奉領導上就是忠誠，等等。你只需要專注你的良知，不要讓它被私欲遮蔽，天下所有的道理都會在你行動時出現，你到外面去尋求什麼呢？」

這段話的意思其實就是說，我們好好地關注自己的良知，當我們去做事時，良知就會自動自發地告訴我們該怎麼做。而良知在我們心中，所以你只需要在心上用功就是了，所以說，心外沒有任何道理。正如一個殺豬的，只要把手中的刀磨得鋒利，天下就沒有殺不死的豬。

我們有點遺憾，徐愛問的只是儒家最關注的「忠孝」問題，如果徐愛問王陽明：您說心外無理，那麼，如果我要製造一把神機營（明朝京城禁衛軍三大營之一）使用的火槍，那製造火槍的這個「道理」是在心內求還是心外求？如果王陽明活在今天，我們也會有很多問題，例如，我是個文盲，卻非常想製造一枚中子彈；我每天早上醒來都會吐三升血，我是在心中求解救的方法，還是去醫院；我對數學一竅不通，卻想證明畢氏定理。這些問題，我能在心中求嗎？

王陽明會說：「能。」

因為「心外無理」還有另外一個秘鑰，這個秘鑰就是用心。天下一切事情就怕「用心」兩個字，任何一件事，只要你肯下苦功，肯用心，幾乎就沒有做不到的。因為天老爺在我們降生前就給了我們一個法寶，它就是良知。在王陽明看來，這個良知是無所不能的，能生天生地，成鬼成神。而這個良知就在我們心中，我們想要製造神機營的火槍，那就用心去探求，如果你是文盲卻想要製造一枚中子彈，那就用心去學習知識，每天進步一點點，幾十年後，那就會取得天大的成就。你如果每天都吐血，那你的良知就會告訴你，趕緊去醫院啊！

所以說，心外無理。

這種回答，乍看像是朱熹的理念，但實際上不是。前面我們說過，朱熹是在沒有問題的情況下去尋找問題，而王陽明則是面對問題時，才來探究問題。雖然如此，但很多人對上面的回答肯定不滿意。實際上，如果你翻遍《王陽明全集》和《明儒學案》，以其他所有關於王陽明的一切，你都會發現這樣一個問題：王陽明談的都是儒家思想靈魂中的三綱五常，也就是倫理學，他對自然科學的探尋恐怕只有那次失敗的格竹子事件。

以今人的角度來看，在這點上，王陽明遜色於朱熹。朱熹雖然也有理學家傾向於倫理研究的特徵，但他也喜歡探究自然科學。研究朱熹的專家說朱熹使用各種天文儀器探索宇宙，還說他對節氣的研究已可使他躋身專家行列，更有人說，石油就是這老頭發現的（石油應該是沈括發現的）。

中國人和西方人有個明顯的差異。中國人喜歡在人際關係中獲得幸福，而西方人則喜歡在和大自然的搏鬥中獲得幸福。王陽明就是中國人裡典型的代表，他在自己心學史的論述中，「心即理」就是解釋人際關係的倫理學的。把「心即理」這一法則從倫理學中挑出來，放到別的學科中，就有點重心不穩、搖搖晃晃了。

不過，這也正是心學的偉大之處。它永遠把重心放到自己的內心上，時刻在內心上用功致良知，這樣就少了外界的很多煩憂。今天的我們知道，人生在世第一大難題不是洪水猛獸這些大自然的挑戰，而就是人與人之間的關係。

「心即理」法則正是在這方面讓人徹悟到解決這種關係的最佳方法。

萬物一體

王陽明心學「心即理」法則衍生出來的一個非常重要的次法則就是「心外無物」。心外怎麼會沒有物質，對於唯物主義者而言，這話實在驚世駭俗。在瞭解王陽明的「心外無物」之前，必須瞭解心學的另一個法則：「萬物一體」。

「萬物一體」是理學宗師程頤的發明。這位一本正經的老先生有一天靜坐閒暇，看到窗外飛過一群喜鵲，不由讚歎：生生不息，萬物一體。

按程頤的主張，人和萬物（主要是動物）都是從天地互相摩擦產生的氣中誕生的，但人很僥倖，那些特別有靈性的氣產生了人，由此成為萬物之靈。不過，追本溯源，人和各種動物，包括醜陋的癩蛤蟆和美麗的天鵝一樣都是由氣生成的，所以大家在本質上都是一樣的。人有責任把萬物看成是自己的好朋友，甚至把萬物看成是自己的手足軀體。萬物受到傷害，我們的心就會不由自主地動。孟子就說，看到小孩子在井口茫然無知地玩耍，我們的心都揪了起來。真正的君子要遠離廚房，因為廚房裡總殺雞鴨，看到牠們血淋淋的樣子，心都碎了。這是什麼？這就是仁。

但這是高調的理想主義，很多人是不能實現萬物一體的。不能和萬物一體的人是什麼樣的人呢？就是不仁的人。仁，古典儒家解釋為愛人。這個解釋毫無意義，正如我問你，什麼是刀？你說，可以殺豬。程頤和他的理學家朋友們對仁的解釋是，生生不息就是仁，也就是對萬物懷有活潑的、敏感的態度。我們今天說一個冷酷無情的人是麻木不仁，麻木就是不仁。最後，理學家們給「仁」下的定義是：生理上有對萬物的知覺，這一知覺進而能感悟到道德性的東西。

王陽明進一步闡釋「萬物一體」。他說：「之所以說『萬物一體』，是因為我們的心是天地萬物的主宰。天地萬物依我們的心而存在。沒有我們的心去看，天高地厚就不存在。反過來說，沒有天地萬物，我們的心也就不在了。所以二者是一氣貫通的。」

王陽明的這段話似乎是唯心論，他的駁論是：「你看那些死去的人，他們的天地萬物在哪裡？」

世界上只有一種人沒有天地萬物的概念，那就是心不在了。只有死了的人心才不在了。

「萬物一體」除了上面的解釋外，還有一種更通俗的解釋。比如，肉豬和我們是一體的，因為肉豬出生後就註定要被我們吃掉，牠的肉到了我們的胃裡，就成了我們身體的一部分；植物也是和我們一體的，中醫在這方面發揮得淋漓盡致，大部分中藥都是植物，它們進入我們的胃裡後，幫我們驅除病痛，由此成為我們的一部分。就是連糞便也是和我們一體的，它們被農夫用來當作肥料栽培蔬菜，蔬菜被我們吃進肚子裡，成為我們身體的一部分。

但這種解釋似乎並未被王陽明認可。王陽明的解釋是，天地萬物所以一體，是因為我們的心和萬物有感應，見到豬被殺，我們心裡不舒服，說明我們和豬有感應；見到草木被折斷，我們心裡不舒服，說明我們和草木也有感應。所以萬物是一體的。

我們為什麼能感應到萬物，就是因為我們內心深處有靈明，這個靈明就是良知。良知提醒我們，要把萬物和自己當成一個整體，對萬物說，我愛著你的愛，痛著你的痛，傷悲著你的傷悲，快樂著你的快樂。

萬物一體，其實就是萬物即我心，我心即萬物。沒有了我的心，萬物就不存在；相反，如果沒有了萬物，那我的心也就沒有了用武之地。簡單來說就是，我和萬物，誰都離不開誰。王陽明說，眼睛存在的價值是以萬物顏色為基礎的，耳朵存在的價值是以萬物的聲音為基礎的，嘴巴存在的價值是以萬物的味道為基礎的，而心之所以存在，就是以萬物的存在為基礎的。

這就是體用論。所謂體用論是和因果論相對立的。如果說，因果關係是風同波的關係，那麼，體用關係就是水同波的關係。因果論者認為，為什麼會有波濤，是因風而起的。體用論者則說，哪裡有什麼因為所以，水之為主體，波是派生的，兩者雖然是不平等的，但絕不是什麼因果關係，而是誰也離不開誰。水離開了波，就失去了它作為活的一面，波離開了水，就失去了它作為死的一面。這正如一個水杯，中間空的是「用」，四壁是「體」，體和用能互相離開嗎？

我們對「中體西用」這四個字絕不陌生，它是被西方列強打得鼻青臉腫的大清帝國中的知識份子和官員們提出的一個振興祖國的計策。意思是，中學為體，西學為用。以中學為杯子的四壁，以西學為杯子的中空，問題是，誰能離開誰？

王陽明的萬物一體的感應論，就是體用論，大家相互依存，本就是一體，單方面是不可能存在的。

心外無物

知道了「萬物一體」，我們正式來談「心外無物」。

王陽明心學史上「心外無物」的故事很浪漫，這個故事是這樣開始的：有一年春天，王陽明和他的朋友到山間遊玩。朋友指著岩石間一朵花對王陽明說：「你經常說，心外無理，心外無物。天下一切物都在你心中，受你心的控制。你看這朵花，在山間自開自落，你的心能控制它嗎？難道你的心讓它開，它才開的；你的心讓它落，它才落的？」

王陽明的回答很有味道：「你未看此花時，此花與汝心同歸於寂；你來看此花時，則此花顏色一時明白起來。便知此花不在你的心外。」

這就是王陽明心學中詮釋「心外無物」最漂亮的樂章。它的意思是這樣的：你的眼睛受心的控制，你未看那朵花時，你的心在花身上就沒有動，於是你的心和它一樣，都處於沉寂狀態，由此可知，花不在你的心外，因為它和你心的節奏是一起的，這其實就是萬物一體，只不過萬物和我都在沉寂狀態；當你來看它時，你的心在它身上，你的心動了，而花也映入你的眼，所以它的顏色和你的心一樣，都鮮豔、動了起來，這還是萬物一體，也就是動的狀態的萬物一體。花和你的心處於同等頻率和狀態中，請問，花在你心外還是在你心內？

其實，我們還可以換個方式來理解王陽明的心外無物。按今天科學的角度來說，我們眼睛看到的一切物質其實都是光的反射，不是物質本身。所以我們就可以這樣說，花在你眼中（心中）明亮起來，但並非是它自身明亮起來，只是光的反射。我們看見的花其實是映射到我們心中的花，而不是岩間的那朵花，它映射到我們心中時就已是我們心的一部分，所以，它不在我們的心外。

我們看一位美女，認為她很美，其實這個美女是映射到我們心中的美女，和美女本身無關。美女被我們看到眼中時已經成了我心中的一部分，她不在我的心外。當她消失在我們的視線中時，我們還能記得她的形象。所以說，心外無物。

心外無事

「心外無事」可以最通俗地來解釋，你意識到的事和做的事，都是心主使你做的，如果你的心不動，就沒有任何事，所以說，心外無事。

實際上，與其說「心外無物」、「心外無事」，甚至是「心即理」是心學的法則，不如說它們是王陽明的諄諄教誨。如果用現代心靈修行的角度來說，那就是王陽明其實是告誡我們，對天下萬事萬物不要總是動心，不要總是讓心內有太多的事。我們追逐權勢名利尊位，實際上對很多人而言，這都是心外的事，但他們非要把這些都拉到自己心中來。

但這和王陽明的意思有雲泥之別。

王陽明說的「心即理」、「心外無物」、「心外無事」，與佛家人說的迥然有異。佛家也說，心外無物，但是消極的，他不但希望心外沒有物、沒有事，就是心內，也不要有物，也不要有事，佛教徒都設想把自己鍛造成一個心如死灰、形如槁木的活死人。

王陽明曾對佛家的「心外無事」有過很深刻的批評，他說：「佛家為了做到心外無事，拋棄父母妻兒，跑到深山老林裡枯坐。」他評定說，「這些和尚是膽小鬼，不負責任的懦夫，只知道逃避。他們恐懼做兒子太累，就離開父親；恐懼做丈夫太累，就離開妻子；恐懼做父親太累，就離開兒子；恐懼工作，就離開社會。而我們儒家截然不同，做兒子，就用孝順的心；做父母，就用慈悲的心；做員工，就用忠誠的心，多麼自在。」

從這段話中，我們可以看出，在王陽明看來，一個真正的聖人要做的事是非常多的。但這些事必須要符合下面的條件：一、你是可以做到的，也就是說，這些事是你能控制的。比如孝順父親，任何人都能做到。但比如造反，恐怕你沒有這個能力，所以就不要去做，這種事就不應該是你心內的事；二、聽從良知的指引，有些事可能是你能做到的，但你不做，這就不是真正的心外無事，心外無事不是逃避。比如你遇到有人恃強欺弱，這就是你該做的，如果你這個時候說心外無事，只要不動心，就不去做，那就不符合心即理的要求；三、有些事雖然被道德家們鄙視，但如果在你能力範圍內，你依然可以做。比如追逐權勢名利尊位，如果你有超人的智慧，在不違背良知的情況下，為什麼不去做？

毋庸置疑，「心即理」、「心外無物」、「心外無事」首先要求的就是要我們在內心的良知上用功，良知光明了，它會指引你，做到心外無物、心外無事。如果宇宙中的那些天理就在我們心中，那麼，每個人不必向外去尋求，就可以在內心建立一個自己的世界。

這個世界裡有屬於你自己的天地萬物，屬於你自己的功名利祿，它是一個精神和物質並駕齊驅的光明世界。

心即理的立言宗旨

最後，我們來談談王陽明提「心即理」的用意，也就是他所謂的立言宗旨。

在多次講學中，王陽明的弟子都對「心即理」有過疑問，在這個問題上，王陽明可能解釋了很多次，他自己都解釋煩了。所以有一次有弟子再問他時，他沒有對「心即理」進行解釋，而是說：「你們啊，問來問去的。你們從來沒有問過，我提出這個法則的用意是什麼？現在，我就要你們知道我的立言宗旨。我為什麼要提『心即理』呢？除了我經常解釋的我們心中有無所不能的良知外，還有一個原因。從古到今，太多的人本心和表現出的外在的道理一分為二，這樣就出現了許多讓人備感傷痛的問題。比如春秋時期陸續出現的那五位霸主表面上宣傳他們『尊王攘夷』，實際上，他們內心真實想法是想自己做老大，『尊王攘夷』只是一個口號，一個手段，而不是一個道理。這就和他們內心的想法分道揚鑣了。心就不是理。

我提倡心就是理，是希望大家都要心理合一，言行合一，按本心的想法來做事，不要矯飾，凡事在心上下功夫，而不要到心外去尋求，這才是王道的真諦，亦是我立論的宗旨。」

有一個例子很能說明這點。

春秋時期齊桓公的宰相管仲臨死前對齊桓公說：「我有個祕密要告訴你，你一定要記住，不然，霸業將在你身上終結。」

管仲幫齊桓公取得了春秋五霸之首的位置，齊桓公對其言聽計從，尤其這是管仲的臨終遺囑，所以齊桓公馬上提起十二分精神等著管仲要說的祕密。

管仲沒有說，而是問：「你的寵臣易牙如何？」

齊桓公回答：「他曾把親生兒子烹飪給我吃，對我太好了。」

管仲又問：「你的寵臣豎刁如何？」

齊桓公回答：「他主動閹割自己陪在我身邊，大好人。」

管仲再問：「你的寵臣齊開方如何？」

齊桓公回答：「他更沒的說，自己是貴族，卻主動當我的奴僕，寸步不離，三十多年都沒回過家，沒人比他更忠誠了！」

管仲在床上歎了一聲說：「這三個人都不怎麼樣。你想啊，誰不喜歡自己的親生兒子，易牙卻把他宰了。誰願意自發地做太監，豎刁卻把自己閹了。誰不喜歡和家人在一起，齊開方卻三十多年不回家！」

齊桓公不以為然地問：「你到底想說什麼？」

管仲說：「我上面說的是天理人心，他們違反了天理人心，所以他們都不是真的為您好。」

如果王陽明在管仲身邊就會用心學解釋說：「這三人表現出的一臉忠貞並不是真心的，只是一種手段，不是道理，心與理不合。再進一步說，這三個傢伙在演戲。」

管仲的遺囑齊桓公完全沒聽進去，結果幾年後他得了重病，三人聯合把齊桓公活活餓死在宮中，齊國霸業也就此終結。

最後，王陽明告誡他的弟子們：做人一定要心理合一，在心上好好用功，使「心即理」成為一種生活狀態。

為何說「知」、「行」是合一的？

很多人都有這樣的經歷：看到一位美女，馬上會由衷地喜歡上她，因為她美貌動人；進入衛生條件不合格的公共廁所後，馬上會皺起眉頭，因為臭氣熏天。

按王陽明的解釋，這就是「知行合一」的兩個絕佳例子：喜歡美色（好好色）、討厭惡臭（惡惡臭）。看到美色是「知」，喜歡上美色是「行」；聞到惡臭是「知」，討厭惡臭是「行」。

正常人永不會出現這樣的情況：看到一位美女後，先思考一下，我要不要喜歡她呢？聞到臭狗屎的味道後，先思考一下，我要不要厭惡它呢？

正常人永遠都是這樣的：看到一位美女後，馬上就會喜歡上她，在「看到」和「喜歡上她」之間沒有任何縫隙，沒有停頓。聞到臭狗屎的味道後，馬上就會厭惡它，在「聞到」和「厭惡狗屎」之間沒有任何縫隙，沒有停頓。簡單來說，我們喜歡上美女和厭惡臭狗屎，是發自本能，是條件反射。這就好像我們突然被火燒到會迅疾產生某些動作（大叫、跳起來）一樣。從來沒有人被火燒後和有所動作之間還要思考一下：我要不要有所動作，或是大叫一聲，或是跳起來，甚至來個號啕大哭？

我們從反面來理解就是這樣的：我們喜歡一個女人，因為她具備美的素質；我們討厭臭狗屎，因為它具備臭的素質。為什麼美的素質和臭的素質會讓我們喜歡和討厭？很簡單，因為在我們心中的良知就是喜歡美和討厭臭的，這種「勢利眼」的作為與生俱來，無需證明，也無法更改。

那麼，知行就是合一的。前提是，你的良知必須光明，必須可以發揮作用。如果你的良知被遮蔽了，它不能發揮作用，於是就會出現這樣的情況：你成了瞎子，看到美女，也不會喜歡上她；你是個鼻炎患者，拚命地嗅臭狗屎，也不會厭惡它的味道。

這兩個例子中，表面看，你的確看到美女了，也的確聞到臭狗屎了，就是說，你的確「知」了，可你並沒有表現出「行」來：流著口水看美女；捂著鼻子避開臭狗屎。原因很簡單：你根本就沒有「知」，美女的映射進入不了你的視網膜，臭狗屎的味道雖然進了你的鼻子，但你的鼻子失去功能了。既然沒有「知」，那你就不可能有「行」。這恰好又從反面證明了：「知行合一」這一顛撲不破的真理。

王陽明有另外關於「知行合一」的例子更為直觀。他說：「說一個人孝順，肯定是他有孝順的行為，如果沒有孝順的行為，只憑他滿嘴大話，稍有分辨能力的人就不會承認他孝。」他又連續舉了幾個我們能切身體會到的例子，你為什麼知道痛的感覺，你肯定被什麼東西弄疼了；你為什麼知道饑餓的感覺，你肯定是真的餓了；你為什麼知道寒冷的感覺，你肯定是被凍到了。

痛的感覺、饑餓的感覺、寒冷的感覺都屬於「知」，你被銳物刺痛了、你被餓到了、你被凍到了屬於「行」，「知行」怎麼就不是「合一」的呢？

既然是「合一」的，那就沒有主次先後之分，它們就是火車運行的兩條鐵軌，如果只有一根鐵軌，那就不能稱為鐵軌，而是一根鐵棍。

不過很多人都有這樣的疑問：有些人知道很多事，但就是不去做。比如有人知道孝順是美德，但就是不去做，有些人知道應該見義勇為，但也不去做。人人都知道屎是臭的，但中國歷史上卻有兩個人吃了屎，一個是春秋末期的越國國王勾踐，另一個是唐朝武則天時期的郭霸。如果說，勾踐吃屎是被逼無奈，郭霸吃屎可是心甘情願。郭霸是為了討好生病的上司，而自動自發，非常愉悅地把上司的屎吃掉的。

那麼，這些反常的知行不一，又該如何解釋呢？

王陽明說，這是因為被私欲隔斷了。

古人為何單獨提「知」、「行」？

有弟子問王陽明：「我不管怎樣都搞不懂知行怎麼合一的。比如，學問思辨就屬於「知」，去實踐屬於「行」，我可以學問思辨而不去實踐啊，您怎麼就能說，知行是合一的呢？」

王陽明做了這樣的解釋：「所謂『行』就是認真地去做一件事，學問思辨是不是一件事？所以說，你學問思辨這個探求『知』的過程就是在『行』了。你說『去實踐』屬於行而不屬於知，可你去實踐為了什麼？不可能什麼原因都沒有，突然就大跳大叫吧？這個『為了什麼』就是『知』。『學問思辨』中有『知行』，『去實踐』中也有『知行』。那麼，再問你，你『學問思辨』為了什麼？肯定是『去實踐』。如果不是要去實踐，那你學問思辨做什麼？所以『學問思辨』和『去實踐』也是知行合一。」

知的真切篤實就是行，行的明察精覺就是知。如果你只學問思辨了，沒有去實踐，那就不是真的「知」，如果你只去實踐，而沒有學問思辨，那就不是真的「行」。所以，在這種情況下，「知」、「行」都是贗品，不合一也就正常了。

這位弟子又問：「既然知行是合一的，那為什麼古人要單獨提『知』和『行』呢？這就好像是我去酒鋪買酒，我總不至於說，給我來個酒罐，再來點酒。」

王陽明回答：「把『知』、『行』單獨拿出來說，這實在是古人的用心良苦，全是因為世界上有兩種人的緣故。有一種人懵懵懂懂地去做，在做事中就像是流水線上機器人，只是機械地做，不懂得思考。對這種人，就要特意提個『知』，告訴他，不要做機器人，要在做事中用過腦子，這樣，他才能真的『行』。

還有一種人，每天茫茫蕩蕩地、沒有目的地思考，任憑想像把自己拖進幻想的夢囈中，從來不想去實踐。對這種人，就要特意提個『行』字，告訴他，就是胡思亂想，也應該有個思路在。這樣，他才能真的『知』。

這就好比我們喝茶，茶水是由茶葉和白水組成，兩者缺一不可。但有人就吃茶葉，而有人就喝白水。對吃茶葉的人，我們要告訴它，用水，這樣他才能喝到茶水；對喜歡喝白水的人，我們要告訴他，放茶葉，這樣他也能喝到茶水。」

這就是古人何以要單獨提知行的原因。

知是行之始，行是知之成

從空間來看，「知行」是兩道鐵軌，不可分割；從時間來看，知是行之始，行是知之成。知行合一就是一件事的開始和終結，絕不能有始無終，更不能虎頭蛇尾。

關於這一點，王陽明是這樣解釋的：就算你是個吃貨，也肯定是有了想要吃的心才知道你要吃東西了。要吃的心屬於「意動」，是「知」，這就是「知是行的開始」；而你吃的東西是什麼味道，肯定是放到嘴裡後才知道，這就是「行是知的完成」。比如你喜歡戶外，你肯定是有了想要走路的心，才會去走路。想要走路的心就是「意動」，是「知」，這就是「知是行的開始」；而路是坎坷還是平坦，只有你走了之後才知道，這就是「行是知的完成」。

我們想要知道番茄好不好吃，必須要吃它，要吃它就是「意動」，是「知」，這就是「知是行的開始」，而番茄到底味道如何，只有你吃了後才知道，這就是「行是知的完成」。

想要知道衣服是否合身，必須去穿；想要知道水的溫度，必須要去感覺；想要知道紅燒牛肉好吃還是水煮牛肉好吃，必須要去吃。你不吃，就沒有「行」，你就不知道哪道菜好吃；你不想知道兩道菜哪個好吃，就沒有「知」，你更不可能知道哪道菜好吃。所以，缺了「知」和「行」的任何一個都不成，因為它們是合一的。

問題是，王陽明說，現實中就有一種人，總是希望自己先知，然後再去行。但天下的知識那麼多，這樣只會把自己活活累死，而終身不能行。

有一點值得補充，王陽明所說的「先知後行」的人，不僅僅指不去實踐的人，還有一種是死背書本知識而不思考的人。因為王陽明說過，有目的性的思考本身就是行。

一念發動便是行了

幾百年來，很多唯物主義者都把王陽明的「知行合一」強橫地意淫成「實踐出真知」，這並沒有錯，但卻不是王陽明提出「知行合一」的本意。

王陽明提「知行合一」的本意是這樣的：每個人眼睛都能看到一百米開外的事物，但對於近在咫尺的眼睫毛卻看不到。每個人談到「知行」的問題時，只能看到在現實中發生的事，這樣就產生了一種觀點：有些好事，我只「知」不去「行」，固然是錯的。但有些壞事，我只「知」不去「行」，那肯定就是對的了。

比如，我每天都想殺人，不過我沒有去殺人，這是沒有關係的。但王陽明卻說，因為知行是合一的，你的意一發動（知），就是行了。這種危言聳聽的說法實在讓人無法理解，難道我心裡想想還不成？

王陽明說，每當你想一件醜惡的事時，其實就是你的欲望過了頭，成為私欲。私欲就像是雲彩，你每想一次醜惡的事時，雲就會加重一次。天長地久，白雲就會成為烏雲，遮蔽了你的良知，由於沒有良知的監控，你就真的可能會去實踐了。

《刑法》上有個名詞叫「犯罪預備」，講的是一個人為了犯罪做了種種準備，但因為某種原因（外部原因：風聲太緊，或內部原因：良知發現後加以制止）而停止了犯罪行為。

王陽明談到的問題就是客觀版的「犯罪預備」。你在頭腦裡不停地產生那些私欲，其實就是在為犯罪做準備，即使你永遠不會去實踐，但在你的心中已經實現無數回了，你已經把你的心變成了一個罪犯。

如果我們的心是個罪犯，那我們的這個軀體恐怕也好不到哪裡去。

既然知道了一念發動時就是已經「行」了，我們該如何做呢？

王陽明的方法就是，只要有一個惡念湧上心頭，馬上就把它克掉，絕不能讓任何一點惡念留在心頭。

怎麼克掉惡念（私欲），那是我們在致良知中要講的問題。

從上面的論述中，我們可以看到王陽明提「知行合一」和提「心即理」的思想一樣，都是告誡我們要防範，希望我們能時時警惕我們的私欲。

這種諄諄告誡隨著地球轉動和光陰荏苒，漸漸地銷聲匿跡，「知行合一」留給後人的只有「實踐和理論」的淺薄表演。

實踐出真知

實踐出真知，並非是王陽明「知行合一」思想的精華，至少不是他提倡「知行合一」的本意。有一點需要注意，王陽明提「知行合一」是從其心學磐石「心即理」衍生來的。也就是說，提「心即理」是為了讓人心理合一，言行合一，那麼「知行合一」實際上也有這方面的提示。你很難想像，一個「知行不一」的人在和別人打交道時的成敗如何。

王陽明說，想要知道番茄的味道，就必須要去吃。這就是「實踐出真知」，不過這可不是他的發明。穿越到他說這句話的幾百年前的北宋後期，程頤的哥哥程顥正在給他的弟子上課。

他的弟子突然說：「我出現了幻覺，看所有的東西都是獅子，我害怕獅子，都快嚇死了。」

程顥問他：「你現在看我是什麼？」

這名弟子渾身發抖，臉色蒼白，說：「獅子。」

程顥向他招手：「來，撲我。」

這名弟子不敢，程顥大喝一聲：「過來抓我！」

這名弟子硬著頭皮、咬著牙撲過來，發現程顥只是個人。後來，他用這種方法，見到「獅子」就撲上去，漸漸痊癒。

這就是實踐出真知。

有人每到晚上就怕鬼，於是請了位道士驅鬼。夜晚來臨，道士沒有設壇作法，卻把燈滅了。客戶大叫起來，聲音淒慘。道士抽了他一嘴巴，讓他冷靜下來，問他：「哪裡有鬼？」客戶捂著半邊臉，指著床下。道士擦亮火石，塞到客戶的手中，大喝：「去看！」

客戶不肯，道士連踢帶踹地把他逼到床邊，他只好掀起床簾，當然，下面除了他的臭襪子外，什麼都沒有。

這也是實踐出真知。

程顥認為，理學家修行的法則是坐在那裡莊敬持守，這很不對，應該去實踐，莊敬持守才有意義。明朝的理學大師吳與弼是最先提出「知行合一」這四個字的人。他每天淩晨起床後就開始不停地勞作，一個人頂十頭牛。他對弟子們說，上天賜給我們一副軀體，就是讓我們來實踐的，不要坐在那裡枯想，要去實踐中學得真知識。

他重視「實踐」簡直到了走火入魔的程度，反而把「知」這一塊淡化了。我們今天看吳與弼的思想手冊，發現幾乎全是空白。他的修行手冊中記的最多的是對基本物質生活的關心，比如他記載了這麼一件事：天降大雨，房屋漏水，他就在大暴雨中爬上房頂去修葺。每當他看到弟子拄著鋤頭在歇息時，他以為人家在發呆，就偷偷地湊到人家耳邊，使出吃奶的力氣大喝一聲：「咄！如此懶惰，死後有何臉面見程頤、程顥？」

實際上，從「知行合一」衍生出來的「實踐出真知」根本算不上理論，它只是一個常識。詩人陸游就說：「紙上得來終覺淺，絕知此事要躬行。」無數的人都說過實踐的重要性，這正如餓了吃飯、睏了睡覺一樣，你能說這種基本常識是理論嗎？況且，有一個例子就完全可以推倒「實踐出真知」：人人都知道屎難吃，但有幾個人吃過屎？

王陽明就能解釋這個例子：我們心中的良知是無所不知的，它知道屎難吃，不需要外界的實踐。

王陽明的「知行合一」的精華就是「好好色」與「惡惡臭」，只要我們的心沒有被私欲阻隔，知行就是合一的。王陽明提「知行合一」的苦心還是讓我們在良知上用功，「實踐出真知」不過是個附帶戰利品而已。

但有時候，人生、世界乃至宇宙就是會有太多的戲劇性，純粹的東西消失後，像猴子一樣活蹦亂跳的往往是殘渣餘屑。

良知就是判斷力

做聖人有什麼好處？或者說，如果我們的良知沒有被物欲遮蔽，使其正常運轉，我們能得到什麼，再或者說，良知的功效如何？

王陽明說，「良知」是千古聖賢相傳的一點真骨血，這是儒家聖人們的傳家寶，是人世間最貴重的寶貝。誰如果能完全擁有它，那就如坐在船上得到了舵一樣，你掌握了舵，平瀾淺瀨無不如意，就是遇到大風大浪，只要舵柄在手，也可以免於被淹。所以，王陽明讚歎道：「良知啊，你就是個試金石，你就是個指南針。」

他後來又把「良知」擬人化：良知就是造化的精靈。這些精靈，產生天和地，造就了鬼神和上帝，所有一切都由它產生，任何事物都不可與它相比。所以，如果你能徹底光明良知，無一絲缺陷，你就會發現其樂無窮。到那時，你會發現：你就是電，就是光，就是聖人。你會手舞足蹈，天地間再也沒有任何樂趣可以取代這種樂趣。

其實，這段話並不是王陽明發神經，如果我們知道它的「萬物一體」感應論就能明白，良知就是造化的精靈，能生天和地，能造鬼和神，能度一切苦，能化一切哀。總之，只要你擁有了良知，你此生就生活在極樂世界。

因為良知能分清是非善惡，世界上的一切事，無非就是是非善惡，分清了是非善惡，你就是絕頂的聰明人和大慈大悲的佛，這樣的人，想不在極樂世界都不行。

——分清善惡是良知作為品德方面的能力，而分清是非就是良知作為智慧方面的能力。什麼事該做，什麼事不該做，這就是智慧。所以，提到良知時，不要認為它僅僅就是良心，它應該是品德和智慧齊飛的良知。

王陽明說，良知和天下一切事情的關係，就如圓規、方矩、尺子與方、圓、長短的關係。事情隨時都在變，而不可預料，猶如方圓長短的不可窮盡。因此，規矩一旦確立，方圓與否就已註定，而天下的方圓也就不可勝用；尺度一旦制定，長短與否就已註定，而天下的長短也就不可勝用。

也就是說，良知能解決天下一切事，它就如圓規可以解決天下一切圓一樣。

如此看來，良知似乎是哆啦A夢肚子前那個口袋，裡面什麼都有。問題是，王陽明承認人人是個哆啦A夢，也承認人人都有那個口袋，但是，我們如何把口袋裡的東西拿出來呢？也就是說，我們如何獲得不被物欲遮蔽的良知呢？

物欲和私欲，被王陽明認定是一個「欲」。為了更清晰地理解，我們暫時分作兩個「欲」來理解，「私欲」指的是在我們心裡過度的七情六欲，而物欲是外界給我們內心的刺激所產生的欲望。私欲是井中水，物欲是倒進杯裡的水。一個是自身就可以產生，另一個必須要靠外界的幫助（刺激）。私欲在我心中，不必需要外界的刺激就會產生，比如莫名的惆悵、哀傷。而物欲必須要外界的刺激，比如嫉妒、與他人比較。不過據王陽明所說，你嫉妒別人有錢有勢，是在心的指使下用眼去看到的，所以說，物欲還是私欲，還是在心裡產生的。

這並不是我們關心的問題，我們要說的是，每個人都有良知，而每個人的良知都會被物欲、私欲遮蔽，想要獲得完全的良知，只要把物欲和私欲袪除就是了。

這話說來輕巧，做起來實在困難。人生在世，由於要維持我們的肉體不至死亡，必須要解決生存的問題。而在解決這一問題時，你難免會有物欲遮蔽良知的時候。比如你饑餓萬分，又沒有正當的辦法得到吃的，你會不會去偷？如果你不去偷，那就會被活活餓死，身體髮膚受之父母，把自己餓死，那就是犯罪。基督徒認為，人要頑強地生存，如果輕易地放棄生存，就是自殺，自殺的人無論做了多少好事，都上不了天堂。但如果你去偷吃的東西，那就違背了良知。

王陽明對此的解釋是，可以偷，因為這是權宜之計，偷了後要記得以後還給人家。我們光復良知要從平時做起，而不是臨時修行。

如何光復良知？

有一天，王陽明看到許多弟子都坐在地上，毫無表情，像是睡過去的石頭。王陽明就把那些石頭敲醒，問他們：「在想什麼？」

有弟子愉快地說：「什麼都沒想，心裡空空的，猶如在太空遨遊，真是爽快。」

王陽明說：「你這不是我提倡的靜坐，這是枯禪，和那群老和尚們沒什麼兩樣。」

弟子不太愉悅了，說：「您不是教我們要靜坐，安定紛亂的情緒，達到物我兩忘的境界，光明良知嗎？」

王陽明說：「我是要你們安定情緒，物我兩忘。不是什麼都不想，死人才什麼都不想呢。」
弟子惘然失措。
王陽明就說：「佛家和道家講物我兩忘，不但把心外的物忘了，連心內的也都忘了，甚至連心都忘了，這不是我的意思。我的意思是，你在安定思緒不要胡思亂想後，要一心一意地省察克治。所謂省察克治，就是透過反省檢查發現和找出自己思想和行為中的不良傾向、壞的念頭、毛病和習慣，然後克掉它。
這一功夫絕不要間斷，如同你剷除盜賊，要有一個徹底杜絕的決心。無事時，將好色、貪財、慕名等私欲統統搜尋出來，一定要將病根拔去，使它永不復發，才叫痛快。再打個比方，就好比是貓逮鼠，眼睛盯著，耳朵聽著。摒棄一切私心雜念，態度堅決，不給老鼠喘息的機會。既不讓老鼠躲藏，也不讓它逃脫，這才是真功夫。如此才能掃盡心中的私欲，達到徹底乾淨俐落的地步，自然就恢復良知了。」
也許有人會提出異議，王陽明這樣做是不是大驚小怪？壞的念頭，人人都有，而且時刻都有，比如看到美女，百分之九十的人會想到床。老舍寫過一部小說，裡面的男主角看書時一看「女」字旁的字就想入非非，但那男主角是個真正的漢子。
其實，這正是王陽明「知行合一」的注腳，你的心一動（知），其實就已「行」了。不要認為一個小私心無傷大雅，時間一久，肯定會出大問題。
民國厚黑學大師李宗吾說：「小私心就如星星之火，你就是不踩滅它，它也不會燎原。」當然，這只是李宗吾的一面之詞，沒幾年後，毛澤東就說：「星星之火可以燎原。」

由於我們的私心就像是呼吸般永恆存在，所以我們就要時時刻刻留意他，這即是王陽明提倡的「必有事焉」。

「必有事焉」字面即使是，肯定有事。有什麼事？就是狠鬥私心。狠鬥私心的目的是什麼，就是光復良知。千萬不能忘記這件事，這就是「勿忘」；但你也不要揠苗助長地去光復良知，不要著急，慢慢來，這就是「勿助」。

但有些人就是著急，恨不得一天內就能把良知光復，然後一勞永逸，永遠活在極樂世界。王陽明對這種心態提出警告說：「你們呀，做功夫時千萬不要著急（助長）它。上等智慧的人很少，幾乎沒有人生下來就具備聖人的心性。所以說，光明良知的學業必然是一起一伏、一進一退的。千萬不要因為我從前用了功夫，到現在這功夫不管用了，我卻還勉強裝出一個沒有破綻的樣子，這就是助長。這種做法的危害就在於：連從前的那點功夫也被遺棄了。這可不是小小的錯誤。好比一個人走路，不小心跌了一跤，站起來就走。這就是假裝一副沒有跌倒的模樣來，其實疼痛與否，只有你自己知道。

各位只要經常懷著一個『自然而然，不焦急』的心，耐心地去用功，別人嘲笑你、誹謗你、稱譽你、侮辱你，你都不介意，功夫上無論是進還是退，你不要管，只是悶頭在良知上用功，時間久了，你就能體會到快樂了。」

致良知：聽從第一感覺

致良知，有兩個內容。第一是向外的：用你的良知施加於萬事萬物，也就是用良知去做事。第二是向內的：就是我們前面說的光復良知。實際上，這兩個內容在王陽明看來就是一個內容，因為王陽明說心外無物，你去做事時，事就在你心裡，還是在心中光復良知。

不過，王陽明對第一個內容討論得特別多，他曾說，人的良知是不倚仗見聞（心外的事）的，孔子說：「多聞，擇其善者而從之；多見而識之，知之次也。」其實只是在見聞的細枝末節上尋求，要抓住主幹（內心上用功）。

有弟子就問他：「您居然說見聞是次要的，我不明白，難道見聞可以去掉嗎？」

王陽明說：「你誤會了。實際上我想說的是，良知是和我們與生俱來的，它就在我們心中，所以不可能是從見聞上產生的。但是呢，良知不可能離開見聞。現在有好多人總是在見聞上用功，那就是捨本逐末。實際上在日常生活中，見聞酬酢，雖千頭萬緒，都是良知的作用。如果離開了見聞酬酢，也就無法致良知了。那麼，你說，良知和見聞是不是一件事？因為你在日常生活中所有的一切見聞，都是你心動後的產物，它在你心內，而你做出了某些行為和決定，就是良知在起作用。」

人是社會的人，不可能離開社會，正如魚不能離開水。人在日常生活中，只要「見到善的而從之，聽到善的而學習之」，其實就是在致良知。離開了見聞，你的良知算什麼東西？

既然，我們致良知離不開見聞，那麼，如何致良知呢？

王陽明深情地說了下面這段話：「你那點良知，正是你自己的行為準則。你的意念所到之處，正確的就知道正確，錯誤的就知道錯誤，不可能有絲毫的隱瞞。只要你不去欺騙良知，真真切切地依循著良知去做，如此就能存善，如此就能除惡。此處是何等的穩當快樂！這些就是正念頭（格物）的真正祕訣，致良知（致知）的實在功夫。若不仰仗這些真機，如何去正念頭？關於這點，我也是近年才領悟得如此清楚明白的。一開始，我還懷疑僅憑良知肯定會有不足，但經過仔細體會，自然會感覺到沒有一絲缺陷。」

我們先放掉王陽明致良知的方法，來談一個名詞：直覺。

我們今天對直覺的定義是：沒有經過分析推理的直觀感覺。

不過，還是荷蘭哲學家兼數學家魯伊茲．布勞威爾對直覺的定義最有深度和趣味。他說：「直覺就是意識的本能反應，不是思考的結果。大概是意識的源反應，比以語言要素透過邏輯關係構建的反應系統要更加高效、更具準確性。只是能引起意識源反應的機會很稀少。也許人類在語言意識未建立前，依靠的就是這種意識的本能反應——直覺。而當人類語言意識建立後，到今天，這種本能就逐漸退化了。」

他舉個例子說，蜜蜂能以最省的方式精准地建造堅固的六角巢穴，它肯定不懂人類的物理學，它靠的就是本能的直覺。

王陽明致良知的方法乍一看去，是不是就是直覺？由於良知知道是非善惡，所以它能在第一時間做出迅疾的判斷，而這種判斷正如直覺那樣：比以語言要素透過邏輯關係構建的反應系統要更加高效、更具準確性。

為什麼直覺比以語言要素透過邏輯關係構建的反應系統要更加高效、更具準確性？因為我們在構造邏輯關係時，有極強的目的性，這個目的性就是私欲，為了構造完美的邏輯關係，我們會左右論證和辯駁。這就是說，我們從我們私心的立場出發在製造一種東西，這種東西製造出來後可能是完美的，但它總有雕琢的痕跡。雕琢的東西必有私欲在，因為我們製造它出來的目的無非是獲得成就感。

致良知就是靠直覺，正如一塊磁石，你用它去觸碰鐵時，它會吸引，你用它觸碰木頭時，就沒有任何感應。致良知和「知行合一」的理論一樣，磁石觸碰鐵時，不是思考，它是鐵，所以我要吸它，在觸碰木頭時，也沒有思考，它是木頭，所以我不吸它。二者之間沒有縫隙，沒有停頓，致良知就是如此。

那麼，為什麼我們很多人不致良知呢？用王陽明的解釋來說，就是因為我們人類總是在外部世界不停地折騰，把外部世界弄得極為複雜。在和外部世界的較量中，我們必須絞盡腦汁，反復思考，如此才能取得勝利。在明代，一個富裕家庭的孩子才開始說話，就要背誦詩書，少年時期就開始接觸「四書」，目的就是為了考中進士做官，所有精力都用在這上面，哪裡有時間去關注良知？在今天，一個孩子的腦子裡除了必要的書本知識外，還要被迫上各種才藝班，他們哪裡有時間來關注良知？當外部世界已成為一個極為複雜的世界時，我們面對它時，首先想到的不是光明自己的良知，而是如何來適應它，如何擊敗它。這諸多的想法就成了私欲，成了烏雲，遮蔽了我們的良知。當我們有一天想要把良知光明時，才發現為時已晚，因為遮蔽它的灰塵已成了一座大山。

另外還有最重要的一點，隨著社會的發展，一切現成的東西都已具備，我們在這個世界上被動地接受一切。把米放進電鍋裡就能吃到米飯，其間不用我們費任何力氣，不用動任何腦子，把屁股放到車座上，就能到達目的地，我們也不費任何力氣，也不用動腦子；這都是現成的，是不用我們費力就可以做到的，何必去問直覺？因為事情本來就是那樣啊！

雖然如此，但王陽明還是認為，我們的良知一直在發揮作用，只是你不理睬它。很多人都會對下面例子的判定深信不疑：高樓上掉下一個冰箱來，我們第一反應就是逃跑。而當我們看到高樓上掉下一個嬰兒時，絕大多數人的反應是去承接。這就是致良知，遇到冰箱逃跑，是因為我們的良知告訴我們，它是惡的，砸到你會把你砸死，而生是本能，所以要躲開。看到嬰兒掉下，良知馬上會告訴我們，他是善的，因為他是一條生命，我們的良知對自己的生命重視，當然也重視別人的生命，所以要去接住。

在這兩件事中，你沒有思考的時間，你只能靠我們今天所謂的直覺去做出行動。如何致良知，就是聽從我們良知的指引，也就是直覺。

實際上，如果你的良知光明，沒有烏雲和塵埃的遮蔽，它在剎那間給你指引的聲音猶如滾滾天雷。可當我們被物欲遮蔽後，它的聲音雖然微弱，卻仍然能被我們聽到。那麼，問題就在這裡，我們雖然聽到了，卻不遵循它的指引，這就是不能致良知了。

不能致良知，有兩種情況：一種是，我乾脆聽而不聞；一種情況是，我雖然聽到了它的聲音，但一定就對嗎？我要好好考慮一下。正如王陽明所說，你思考的時候，就已經摻雜了私欲，思考出來的結果可能是正確的，但那是歪打正著，大多是錯誤的。為什麼錯誤？無非是私欲讓你迷失了方向。

我們舉張學良的例子來說明。張學良當年在東北有百萬東北軍，當日本人準備進攻東北的消息傳到他耳裡時，他魂飛魄散。多年以後，他在口述實錄中說，他第一個感覺就是，不能撤，因為東北有那麼多百姓，如果撤了，就是把家鄉父老送進火坑。但他沒有遵從第一感覺，因為他有很多私欲。他魂不附體地考慮幾天，在這些考慮中，他想到生命，想到他的家底——東北軍，想到真要和日本人打起來肯定會失敗，一旦失敗，他的家底就全沒了，他在蔣介石那裡腰杆子就不硬了。這種種私欲的集合最終讓他做出了違背良知的決定：不做任何抵抗，把軍隊撤進關內。

多年以後，他始終為這件事懊悔。但正如世界上很多人一樣，即使給他個重來的機會，把當時的場景復活，他做的決定和第一次還會一樣。因為他的良知已被外界的物欲遮得奄奄一息了。

王陽明說得很簡單，只要良知判定是非善惡，你照著去做就對了。實際上，就是這麼簡單的一個遞進句，歷史上真正做到的人卻屈指可數。

致良知：聽從內心的聲音

所謂四句教，是王陽明晚年向眾弟子提出的恍恍惚惚的四句話：

無善無惡心之體，有善有惡意之動，知善知惡是良知，為善去惡是格物。

據心學的擁躉、思想家耿定向說，「四句教」實際上就是「致良知」的步驟。他在給王陽明作傳時，提到了這樣一個例子，這個例子正是王陽明本人的現身說法。王陽明在功成名就後回浙江老家休養。有一天，一個老鄉來找王陽明。這個老鄉是個年邁的農夫，據他說，自己無兒無女，身體已不允許自己耕種，所以想把他的一塊土地賣給王陽明換點養老錢。王陽明毫不客氣地拒絕了，他說，土地買賣不合法，另外，他不忍心讓一個做了一輩子農夫的人臨死前看不到他自己的土地。於是，他給了老農夫幾兩銀子，打發走了。

王陽明做完這件事後，很為自己的良知又光明了一分而沾沾自喜。不過很快地，他就險些在致良知的路上栽了跟頭。

事情是這樣的：有一天風和日麗，王陽明和他的弟子們到山間遊玩。正在興頭上，忽然他的一個弟子指著眼前一塊飄來清新的泥土氣息的土地對王陽明說，那就是幾天前想售賣給您土地的老農的地。

王陽明順著弟子的手指看去，讚歎一聲，真是個修身養性的好地方。他不禁懊悔起來，心說，當時真應該買下來！這念頭剛一起，王陽明馬上打了個寒顫，他問自己：「我怎麼會這樣想？我怎麼會懊悔？為什麼懊悔，就是因為我覺得那塊地很不錯，這就是貪欲。我絕對不能有這樣的想法，必須立即把他祛除。」在很長的一段時間裡，王陽明閉口不語，學生們感到很奇怪，直到太陽落山時，王陽明才長噓一口氣道：「終於把它祛除了，真難啊！」

耿定向講完整個故事後，就用四句教做了精緻的分析：王陽明和弟子們在山間遊玩，心上是何等的坦蕩，沒有任何善惡，這就是「無善無惡心之體」。可當弟子告訴他那個老農土地的消息後，王陽明馬上就動了懊悔之心：天啊，這裡真是個好地方，當時我怎麼就不買下來呢！這就是「有善有惡意之動」。「意」動了後，王陽明突然就感覺不對，這是私欲，是惡的。他是怎麼知道的呢？當然是良知告訴他的，因為良知能知是非善惡。這就是「知善知惡是良知」。良知告訴他了是非善惡後，他立即沉默不語，開始專心祛除這種被良知判定的「惡」，這就是「為善去惡是格物」。

這就是致良知的步驟，簡單易行。但正如世上很多人知行不合一，人人都能知，卻很少有人行。

當我們面前沒有一盤紅通通、肥滋滋的紅燒肘子時，由於我們還沒有和紅燒肘子發生感應，所以我們的心體是無善無惡的。而當紅燒肘子被端到我們面前時，我們的意就動了，它會射出兩道射線，一道是吃，一道是不吃。那麼，對於一個身體健康的人而言，吃就是善的，不吃自然就是惡的。

補充一點，王陽明認為，惡就是「過」或「不及」。在王陽明看來，善惡是一條路的上下坡，誰都離不開誰，離了善，無從談惡，離了惡，也就沒有了善。

為什麼說不吃就是惡的呢？因為人的本性中都有吃的欲望，而且紅燒肘子非常好吃，如果非常想吃卻不吃，那就是矯情。

但是，如果你是個重度脂肪肝患者，面對一盤紅燒肘子時，吃就是惡；不吃就是善了。因為你的良知會告訴你，吃了紅燒肘子，會加重病情，不吃的話，就沒事。

那麼，我們探討的問題就是：善惡是外界的評判還是內心的評判？

毋庸置疑，是我們內心的良知的評判。

所以當你在開始致良知的步驟時，一定要注意，聽良知的，不要理會外界的評判尺度。

後記

高中時讀書，讀到唯物主義和唯心主義時常心潮澎湃。唯物主義是一定正確的，但我特別喜歡唯心主義，與其說我喜歡唯心主義，不如說我喜歡「心」這個字。它靈動清新，「物」字和它一比，簡直是頭蠢笨的牛。

教科書談到「唯心主義」時，特意舉個例子，這個例子就是王陽明的。說有一天他和朋友去看花，朋友問他，你常說天下無心外之物，你看這朵花，在山中自開自落，不隨你的心而開落，你做何解釋？

王陽明的回答：「你未看此花時，此花與汝同歸於寂，你來看此花時，則此花顏色一時明白起來，便知此花不在你的心外。」

教科書嚴肅地批判道：「這是典型的主觀唯心主義，堅決要不得。」

我倒覺得這段話非常有意蘊，至少它比「世界是物質的，物質是客觀存在的，不以人的意志為轉移」這種「高大上」有趣味一百倍。

後來，看到介紹王陽明的書，說他是劊子手。因為他在江西和廣西剿匪，殺了好多革命的農民兄弟。

再後來，我看了他的各種公正客觀的傳記和他的文集，發現王陽明其實是個很厲害的偉人，值得我們學習。

但學習他什麼呢？

恐怕直到今天，很多人都在繞著他的心學理論打轉。依我之見，王陽明的心學不是理論，而是生存和解決問題的工具。這個發現就是這本書的由來。我是用王陽明自己創建的心學來解構他本人的一生，得出的結論應該就是我們每個人都需要的生存「天理」。因為他說了，人心是古今中外相同的。

今天寫王陽明，實屬費力不討好。太多珠玉在前，已先入為主，不至於班門弄斧，卻有望風而動之嫌。然而還是在《帝王師劉伯溫》一完稿就開始寫王陽明，在讀客公司盛亮編輯的督促下，前後修改數次，終於有此書現世。

其實，我最奢望的不僅僅是《知行合一　王陽明（1472——1529）》這本書，還應該是王陽明的靈魂。

度陰山

知行合一 王陽明 (1472-1529) 暢銷經典版

作者　度陰山

發行人　林敬彬
主編　楊安瑜
編輯　林奕慈、林子揚
行銷企劃　戴詠蕙、趙佑瑀
編輯協力　陳于雯、高家宏
出版　大旗出版社
發行　大都會文化事業有限公司
11051 臺北市信義區基隆路一段 432 號 4 樓之 9
讀者服務專線：(02) 27235216
讀者服務傳真：(02) 27235220
電子郵件信箱：metro@ms21.hinet.net
網　址：www.metrobook.com.tw
郵政劃撥　14050529 大都會文化事業有限公司
出版日期　2019 年 02 月初版一刷・2023 年 04 月三版一刷
定價　450 元
ISBN　978-626-7284-06-3
書號　B230402

Metropolitan Culture Enterprise Co., Ltd.
4F-9, Double Hero Bldg., 432, Keelung Rd., Sec. 1,
Taipei 11051, Taiwan
Tel:+886-2-2723-5216　Fax:+886-2-2723-5220
E-mail:metro@ms21.hinet.net
Web-site:www.metrobook.com.tw

國家圖書館出版品預行編目（CIP）資料

知行合一 王陽明 (1472-1529) / 度陰山著 . -- 三版 . --
臺北市 : 大旗出版 : 大都會文化發行 , 2023.04
464 面 ;17×23 公分
ISBN 978-626-7284-06-3(平裝)

1.(明) 王守仁 2. 人文思想 3. 陽明學

126.4　　112003074

大都會文化　　讀者服務卡

書名：知行合一 王陽明 (1472-1529)

謝謝您選擇了這本書！期待您的支持與建議，讓我們能有更多聯繫與互動的機會。

A. 您在何時購得本書：＿＿＿＿年＿＿＿＿月＿＿＿＿日

B. 您在何處購得本書：＿＿＿＿＿＿＿書店，位於＿＿＿＿＿＿＿(市、縣)

C. 您從哪裡得知本書的消息：

1.□書店　2.□報章雜誌　3.□電臺活動　4.□網路資訊

5.□書籤宣傳品等　6.□親友介紹　7.□書評　8.□其他

D. 您購買本書的動機：（可複選）

1.□對主題或內容感興趣　2.□工作需要　3.□生活需要

4.□自我進修　5.□內容為流行熱門話題　6.□其他

E. 您最喜歡本書的：（可複選）

1.□內容題材　2.□字體大小　3.□翻譯文筆　4.□封面　5.□編排方式　6.□其他

F. 您認為本書的封面：1.□非常出色　2.□普通　3.□毫不起眼　4.□其他

G. 您認為本書的編排：1.□非常出色　2.□普通　3.□毫不起眼　4.□其他

H. 您通常以哪些方式購書：(可複選)

1.□逛書店　2.□書展　3.□劃撥郵購　4.□團體訂購　5.□網路購書　6.□其他

I. 您希望我們出版哪類書籍：（可複選）

1.□旅遊　2.□流行文化　3.□生活休閒　4.□美容保養　5.□散文小品

6.□科學新知　7.□藝術音樂　8.□致富理財　9.□工商企管　10.□科幻推理

11.□史地類　12.□勵志傳記　13.□電影小說　14.□語言學習（＿＿語）

15.□幽默諧趣　16.□其他

J. 您對本書(系)的建議：

＿＿＿＿＿＿＿＿＿＿＿＿＿＿＿＿＿＿＿＿＿＿＿＿

K. 您對本出版社的建議：

＿＿＿＿＿＿＿＿＿＿＿＿＿＿＿＿＿＿＿＿＿＿＿＿

讀者小檔案

姓名：＿＿＿＿＿＿＿　性別：□男　□女　生日：＿＿年＿＿月＿＿日

年齡：□20歲以下 □21～30歲 □31～40歲 □41～50歲 □51歲以上

職業：1.□學生 2.□軍公教 3.□大眾傳播 4.□服務業 5.□金融業 6.□製造業

7.□資訊業 8.□自由業 9.□家管 10.□退休 11.□其他

學歷：□國小或以下 □國中 □高中／高職 □大學／大專 □研究所以上

通訊地址：＿＿＿＿＿＿＿＿＿＿＿＿＿＿＿＿＿＿＿＿

電話：（H）＿＿＿＿＿＿＿＿（O）＿＿＿＿＿＿＿＿　傳真：＿＿＿＿＿＿＿

行動電話：＿＿＿＿＿＿＿＿　E-Mail：＿＿＿＿＿＿＿＿＿＿＿＿＿＿

◎謝謝您購買本書，歡迎您上大都會文化網站（www.metrobook.com.tw）登錄會員，或至 Facebook（www.facebook.com/metrobook2）為我們按個讚，您將不定期收到最新的圖書訊息與電子報。

知行合一
王陽明

（1472 — 1529）

北區郵政管理局
登記證北臺字第9125號
免貼郵票

大都會文化事業有限公司
讀者服務部 收
11051臺北市基隆路一段432號4樓之9

寄回這張服務卡〔免貼郵票〕
您可以：
◎不定期收到最新出版訊息
◎參加各項回饋優惠活動